REAK

to be new and different

打開一本書
打破思考的框架，
打破想像的極限

高寶書版

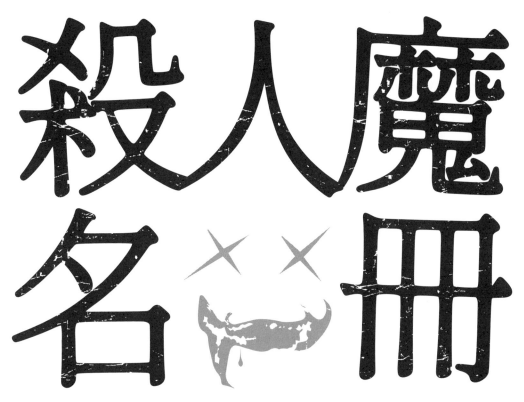

全球150名極惡連環殺手檔案

Jack Rosewood傑克・羅斯伍德 & Rebecca Lo蕾貝卡・洛————著

翁雅如————譯

The Big Book of Serial Killers

150 Serial Killer Files of the World's Worst Murderers

高寶書版集團

前言

　　數百年來，連續殺人魔就在世界上各個角落橫行。《殺人魔名冊》將俄羅斯、美國、德國、澳洲、韓國、中國、丹麥和英國史上道德最敗壞、最泯滅人性且令人恐懼至極的150名殺人兇手集結成一本大全集。

　　從伊立爾斯·亞布里森，到黃道十二宮殺手，收錄每個殺人兇手的類別資訊，包含部分史上最駭人聽聞的殺人兇手背景、受害人、殺人手法、逮捕狀況、審判過程以及刑罰內容。紀錄中也載名日期資訊，例如他們於何時開始殺人，何時遭逮，相關情節中若有處決日期也一併列入。

　　這本大全集內容精簡且根據事實編寫，是一本具有教育功能的工具書，提供給有意研究殺人的讀者使用。

　　請使用目錄來尋找你想要讀的連續殺人魔的頁次，也可以直接開始閱讀。

伊立爾斯·亞布里森
ELIAS ABUELAZAM

出生年月日：1976.08.29

別名／暱稱：伊立爾斯·亞布里森

做案特徵：種族攻擊

受害人數：5人

犯案日期：2009年3月到2010年8月

逮捕日期：2010年8月11號

殺人手法：刀刺

已知受害人：大衛·默特立，31歲；艾曼紐·亞布杜·穆罕默德，59歲；達爾文·馬歇爾，43歲；法蘭克·凱立布，60歲；亞諾·麥諾，49歲

犯罪地區：美國密西根州、維吉尼亞州、俄亥俄州

狀態：終生監禁，不得假釋

個人背景

　　亞布里森出生於以色列拉母勒的一個富裕基督教阿拉伯家庭，在他還小的時候，他們一家便遷居到了美國。他的母親改嫁後順利取得綠卡，不過從未取得公民身分。

　　他在現已改名為北泉行為健康保健中心（North Spring Behavioral Healthcare）的皮蒙特行為健康中心（Piedmont Behavioral Health Center）擔任心理健康護理人員一段時間。他在該機構工作到2008年，這段時間的工作背景可能就是讓他後來因為殺人罪嫌被捕時，以精神錯亂做辯護的靈感來源。

2004年7月30號，亞布里森與潔西卡·赫斯成婚，但是這段婚姻並不持久。兩人於2007年離婚，潔西卡的父母後來得知其罪行後震驚不已。她的母親以為他是個「好人」，但是潔西卡的父親宣稱亞布里森有虐妻行徑，這也是潔西卡會提出離婚的原因。

凶殺紀錄

亞布里森犯下的罪行以及疑似涉入的案件，都發生於2010年5月到8月之間。據聞他會開著雪弗蘭開拓者，在夜裡繞行，鎖定個子較小、正好單獨一人的男性下手。亞布里森會用一個理由接近對方，例如問路或是車子出了問題，然後他會拔刀刺殺對方，攻擊瞄準的位置都是腹部與胸腔。他的受害者多為黑人，也因此產生他的動機是種族仇恨這樣未經證實的說法。

2010年8月4號，已經有證據顯示自從5月開始發生的大量刺殺案件都是同一個攻擊者的行為，當局組成了一支專案小組調查案件。僅僅幾天的時間內，里斯堡警方便發現轄區內三起黑人男性遭襲案件，皆為同一名男子的攻擊行為。不僅受害人提供了嫌疑犯的外觀描述，警方也找出了三起攻擊事件的監視攝影畫面進行分析。

正當警方開始篩除嫌犯人數時，亞布里森就在8月5號，於維吉尼亞州阿靈頓郡被逮捕。他是在例行攔車檢查的時候被攔下來的，經查發現他有攻擊前科產生的通緝令。雖然他被逮捕後，付清保釋金離去，但是他的資料已經進入了系統，讓警方得以完成拼圖，確認他就是主要嫌犯。

逮捕行動與庭審

2010年8月11號，亞布里森於哈茨菲爾德·傑克遜亞特蘭大國際機場被逮，當時他企圖登機前往特拉維夫。他可以選擇被引渡到密西根的處置，不過他拒絕了。因此他於8月26號被轉移到密西根弗林特市。由於涉嫌的案件特殊，亞布里森被限制不得假釋，並單獨監禁，等候庭審。

亞布里森最終因為數起案件遭判有罪，包含以下：

- 2010年6月26號——比爾·費雪，42歲。意圖殺人行兇，有罪。
- 2010年7月12號——安東尼·傑克森，29歲。意圖殺人行兇，有罪。
- 2010年7月19號——李察·布克，意圖殺人行兇，有罪。
- 2010年7月26號——達爾文·馬歇爾，43歲。謀殺，有罪。
- 2010年7月27號——安端·馬歇爾，26歲。意圖殺人行兇，有罪。
- 2010年7月29號——達凡·若爾，20歲。意圖殺人行兇，有罪。
- 2010年7月30號——法蘭克·凱立布，60歲。謀殺，有罪。
- 2010年8月1號——艾德文·威爾森，18歲。意圖殺人行兇，有罪。
- 2010年8月2號——亞諾·麥諾，49歲。謀殺，有罪。
- 2010年8月7號——姓名不明，59歲男子。本案起訴。

他同時也涉嫌犯下以下罪行，但截至今日尚未被判刑：

- 2010年5月24號——大衛·默特立，31歲。遭謀殺。
- 2010年6月21號——艾曼紐·亞布杜·穆罕默德，59歲。遭謀殺。
- 2010年7月23號——刺傷一名姓名未知的21歲男子。
- 2010年7月29號——刺傷一名姓名未知的59歲男子。
- 2010年7月30號——刺傷一名姓名未知的28歲男子。
- 2010年8月3號——攻擊一名姓名未知的青少年。
- 2010年8月5號——刺傷一名姓名未知的67歲男子。
- 2010年8月6號——持榔頭攻擊一名姓名未知的男子。

　　初次庭訊針對亞諾·麥諾一案，於2012年5月8號開庭。法官異於往常地同意在審判過程中採用亞布里森其他涉及案件的證據。其中一件重要證據，是在亞布里森的長褲上發現的一滴血跡，該血跡經檢測，為亞諾·麥諾的血液。

　　偵查過程中，傳喚了50名目擊者，包含亞布里森的舅舅，他協助警方逮捕其

外甥。面對大量證據，辯方團隊選擇以精神失常辯訴。只有一名專家證人接受辯方安排出庭，為亞布里森的精神狀態作證，不過這名精神科醫師的可信度遭檢方質疑，指出該醫師的專業領域為藥物及酒精成癮，並非精神疾病。

檢方派出兩名心理專家，兩人宣稱雖然亞布里森可能有某種人格異常的問題，卻沒有證據顯示謀殺案件發生期間他的精神狀況失常。亞布里森並不符合法定精神失常的條件。

陪審團於2012年5月22號開始討論，僅花了一小時便做出決定。陪審團認為亞諾・麥諾一案中，亞布里森謀殺有罪。

結果

亞布里森於2012年6月25號被判刑，刑罰為終身監禁，不得假釋。

史蒂芬‧艾奇穆洛
STEPHEN AKINMURELE

出生年月日：1977年

別名／暱稱：後巷殺手

做案特徵：年齡歧視謀殺／搶劫

受害人數：5人

犯案日期：1995年到1998年

逮捕日期：1998年11月1號

殺人手法：勒殺、鈍器重擊

已知受害人：艾瑞克‧博德曼，77歲；瓊‧博德曼，74歲；潔麥亞‧卡吉爾，75歲；桃樂絲‧哈里斯，68歲；瑪喬莉‧艾希頓，72歲

犯罪地區：英國黑潭與蘭開夏

狀態：關押待審期間上吊自殺

個人背景

　　關於艾奇穆洛早年生活的資訊不多，他的母親來自曼島，父親是奈及利亞人。童年時期，他便受到某種沒有提及名稱的心理疾病所擾，不過沒有任何重大事件或引發嚴重疑慮的紀錄。到了18歲的時候，他已經搬到了英國本島居住，並在福利局工作。他同時也在當地一家叫做「流言」的酒吧當酒保，賺取外快。

凶殺紀錄

　　1998年10月，一對年長的夫婦被人發現在黑潭自家中遭謀殺。77歲的艾瑞

克‧博德曼以及他74歲的妻子瓊遭到重擊致死後，由女兒發現遺體。現場找到一支自製「短棒」，調查人員在上面取得指紋，經對比與艾奇穆洛的指紋相符。

稍早之前，75歲的潔麥亞‧卡吉爾疑似死於一場公寓火災，地點與博德曼夫婦的住所位於同一社區。然而，警探發現艾奇穆洛不僅就住在這個社區之中，還與潔麥亞‧卡吉爾一起分租公寓，因此判定該案應該是另一起謀殺案件，而非意外致死。

事件並未到此平靜。艾奇穆洛也與1996年2月在曼島發生的桃樂絲‧哈里斯凶殺案有關。桃樂絲一樣是死於家中火災，雖然該事件一開始被判定為慘痛的意外，現在已經改判定為凶殺案了。

調查人員越是仔細搜查，就有越多疑似艾奇穆洛的受害人浮出水面。1995年，瑪喬莉‧艾希頓於家中遭人勒斃，艾奇穆洛也可能與該死亡事件有關聯。

逮捕行動與庭審

艾奇穆洛被逮捕後，隨即因博德曼夫婦、潔麥亞‧卡吉爾，以及桃樂絲‧哈里斯凶殺案遭起訴。在訊問期間，可觀察到艾奇穆洛的態度舉止會突然改變，可能現在有禮又安靜，下一秒就暴怒又駭人，其中一名警探說他是「我遇過的人之中最危險的一人」。

等待庭訊期間，艾奇穆洛就被拘留在監獄中。這段時間裡，他攻擊了其中一名醫師，造成對方受傷，並且時時威脅要傷害其他人。他自稱還犯下另外一起凶殺案，雖然照他過去的犯罪史看來，十分有可信度，不過事後證實他的自白並非事實。

艾奇穆洛似乎對長者有著一股恨意，這點加上他的精神狀態，讓調查人員開始檢視其他在同樣區域以及曼島發生的類似案件。他們檢視的年限一路回溯到1994年，發現多起疑似與艾奇穆洛有關的案件。

結果

　　1999年8月28號，艾奇穆洛被人發現在牢房中自縊身亡。他用自己的衣物做成結繩，固定在窗戶上來上吊。再過一週就是開庭日期，他留下一封遺書給母親，上面寫道，「我已經無法繼續承受現在這種感覺了，我一直想要殺人。」

　　按照程序規定，相關單位必須驗屍。在這段時間中，司法體系中的幾個問題浮上檯面。艾奇穆洛不僅已經二度自殺未遂，他的女友也警告過當局，說他會危害自身安全，也說他並不想要開庭審訊。

　　在他被監禁期間，艾奇穆洛接受過好幾位專家訪談，包含醫生和法醫心理專家。根據心理專家表示，艾奇穆洛宣稱「（自己下手的）受害人的模樣一直糾纏著他」──那些人一直在他腦海裡。

　　在隔離牢房中自殺未遂後，艾奇穆洛被移到監獄裡的病房安置。然而他仍成功利用牙刷製成武器，並且表示會幻想要抓其中一名女性員工作為他的人質。因此，他又被移回了隔離牢房。獄方安排了防自殺監控措施，但是他仍在兩天後自殺身亡。

後記

艾奇穆洛語錄

　　「我控制不了自己的感覺，我的行為是錯的──我很清楚，我也替那些人難過──但是這不代表我不會再次下手。」

查爾斯・艾爾布萊特
CHARLES ALBRIGHT

出生年月日：1933年8月10號

別名／暱稱：達拉斯開膛手、達拉斯殺人魔、眼球殺手

做案特徵：挖除受害人雙眼

受害人數：3人

犯案日期：1990年12月到1991年3月

逮捕日期：1991年3月22號

殺人手法：槍擊

已知受害人：雪莉・威廉斯；瑪麗・露・普萊特；蘇珊・彼得森

犯罪地區：美國德州

狀態：無期徒刑，不得假釋

個人背景

　　弗瑞德和黛兒・艾爾布萊特夫婦在育幼院見到他之後，便領養了他。由於黛兒是一名老師，也十分投入於艾爾布萊特的教育之中，幸運的艾爾布萊特在學校得以跳兩級就讀。作為家長，她很嚴格，同時也過度保護孩子。

　　青少年時期，艾爾布萊特開始用槍射殺小動物，也開始對製作標本產生興趣。他的母親由於一心想要鼓勵孩子培養嗜好，願意協助他完成動物屍體的填塞手續。到了他13歲的時候，艾爾布萊特已經因為加重攻擊罪，有被逮捕的紀錄，同時也是一名小偷。但他比同儕還要更上一層樓的教育程度，讓他得以在15歲完成學業被大學錄取。雖然他想要成為一名醫師，卻沒有辦法完成醫學院預科。

到了16歲的時候，他再次遭警方逮捕，這次是因為竊盜行為，也因此入監1年。出獄後，他被一間師範學院錄取，主修醫學院預科。但是在他的個人物品中發現贓物之後，他便被校方開除了。

就在這時候，艾爾布萊特踏上偽造這行。他先是假造文書，宣稱自己已經取得學士與碩士學位，然後就開始假造簽名。他娶了大學時期的女友，兩人喜迎一女。艾爾布萊特在高中擔任教師的同時，也持續假造支票，就在這時候，他的偽造文書被識破了，因此開始了緩刑期。

艾爾布萊特夫妻倆於1974年離婚。他被抓到在五金行偷取價值數百美金的商品，再次被關入大牢，這次的刑期長達2年。不過他服刑6個月後就被釋放了。

被釋放之後，他開始與鄰居交好，在社區附近成為受人信賴的褓姆。1981年，他前往友人家中拜訪，卻被抓到他猥褻朋友家的9歲女兒。他在法庭上承認有罪，遭判緩刑處置。艾爾布萊特後來宣稱自己無罪，會認罪只是想省點麻煩。

1985年，艾爾布萊特住在阿肯色州的時候，認識了一名叫做狄西的女子，對方很快就搬來與他同居。沒過多久，狄西便扛起了兩人的經濟重擔，支付所有帳單費用。不過艾爾布萊特會在清晨時分去送報紙。然而事實上他並非僅僅是去送報紙——他也會去找妓女，只是把狄西蒙在鼓裡。

凶殺紀錄

艾爾布萊特第一次犯案時間是1990年12月13號。有人在達拉斯橡樹崖一區發現了妓女瑪麗・露・普萊特的屍體。她被人用.44口徑的槍枝射擊後腦勺身亡。死者身上只穿了內衣和一件T恤，衣物全被往上推，露出乳房。瑪麗・露・普萊特的雙眼緊閉，臉上和胸口滿是瘀青。驗屍官掀開她的眼瞼時，發現她的雙眼都被挖除並帶離現場。

1991年2月1號，又有人發現了另一名妓女的屍體，她一樣幾乎全裸。蘇珊・彼得森的頭頂和後腦勺以及左邊乳房的位置各被開了一槍。她的屍體在南達拉斯近郊被發現。她一樣也被挖除了雙眼。

該地區第三名被發現遺體的妓女是雪莉・威廉斯。她被開槍射擊兩次，一次是頭頂，一次是臉部。她也曾受到毒打，臉上多處瘀青，鼻樑斷裂。跟另外兩位死者相同，她的雙眼也被挖除。

凶殺案發生時間順序：
- 1990年12月13號——瑪麗・露・普萊特，33歲
- 1991年2月10號——蘇珊・彼得森
- 1991年3月10號——雪莉・威廉斯

逮捕行動與庭審

艾爾布萊特於1991年3月22號，因涉三起凶殺案遭逮。庭審始於1991年12月13號。一開始由於所有證據都是間接證據，檢方看起來有點站不住腳。不過還是有強而有力的法醫證據，就是在雪莉・威廉斯遇害現場採集到的毛髮經查與艾爾布萊特的毛髮相符。

到了1991年12月18號，陪審團已經退庭，開始討論。他們很快地帶著有罪的決議回到庭內，不過此判決僅針對雪莉・威廉斯一案。

結果

遭判處有罪後，艾爾布萊特遭處無期徒刑，不得假釋。他這輩子剩下的時光都要在獄中度過了。

後記

他會挖除受害人的雙眼，受害人全都是妓女。

據稱他其實非常博學多才——法語與西語流利，同時是個很有天賦的畫家，還會用鋼琴彈奏蕭邦前奏曲或引用詩人濟慈的詩句來取悅女性。

羅德尼・亞卡拉
RODNEY ALCALA

出生年月日： 1943年8月23號

別名／暱稱： 愛情乒乓球殺手、約翰・伯格、約翰・波格

做案特徵： 強暴殺人

受害人數： 5到100人以上

犯案日期： 1977年到1979年

逮捕日期： 1979年7月27號

殺人手法： 勒殺、毆打

已知受害人： 蘿賓・珊姆索，12歲；吉兒・芭爾蔲姆，18歲；喬治雅・威克絲提，27歲；夏洛特・蘭姆，32歲；吉兒・佩倫托，21歲

犯罪地區： 美國加州

狀態： 死刑，等待執行

個人背景

　　羅德瑞哥・傑克斯・亞卡拉・布寇爾出生於德州聖安東尼奧。他的父母親拉烏和安娜・瑪莉亞・葛蒂耶茲於1951年舉家搬到了墨西哥。僅三年後，他的父親便拋家棄子。亞卡拉大概11歲的時候，他與母親和兄弟姊妹一起搬到了洛杉磯。

　　1960年，亞卡拉17歲的時後加入了美軍，擔任文員。不過到了1964年，情況突然開始急轉直下，亞卡拉從軍隊中擅離職守，搭便車到了母親家中。一名精神科醫師聽命評估亞卡拉的狀況，判定他是反社會性人格障礙患者。因此，他便因醫療緣故從軍隊退役了。

亞卡拉接著到了加州大學洛杉磯分校就讀美術學系，並完成學業。他第一次被警方鎖定，是在1968年，他強暴了一名8歲女孩。有目擊者指稱見到他引誘小女孩進他的公寓，只可惜警方趕到之前，他便逃離了現場，只留下遭到毒打的小女孩。亞卡拉後來進入紐約大學電影學院，成為羅曼・波蘭斯基（Roman Polanski）的門生，並使用約翰・伯格這個名字來擺脫警方的追蹤。

接下來的幾年裡，亞卡拉持續因為數起罪案遭逮捕，包含攻擊一名年輕女子，以及持有毒品。後來他也承認自己假裝是專業攝影師的時候，重擊一名15歲女孩，使其失去意識後再強暴。雖然他曾經因為強暴罪刑被定罪，也被註記為性犯罪者，他仍成功於1978年成為了電視節目《愛情乒乓球》的參賽者。該節目的主持人對他的描述是喜歡騎重機和高空彈跳的攝影師。最後亞卡拉竟贏得了與節目中單身女子雪柔・布萊蕭約會的機會，不過她覺得他有點令人害怕，最後拒絕跟他出去。

凶殺紀錄

吉兒・芭爾蔻姆從紐約逃家後，在1977年失蹤。她的遺體在洛杉磯溪谷中被尋獲，身軀被「蜷成球狀」。一開始，調查人員以為她可能是「山腰絞殺手」（參考48頁）的受害者，但是後來DNA證據顯示，亞卡拉才是真正該為她的死負責的人。

同樣在1977年遭到殺害的，還有喬治雅・威克絲提，她在馬里布自家公寓中被暴打致死。夏洛特・蘭姆是在她的公寓大樓洗衣房中被謀殺的，死前遭到強暴和絞頸。吉兒・佩倫托也是在自家公寓被殺害，地點位於洛杉磯柏本克。這四起謀殺案件的DNA證據，全都指向亞卡拉。

另一起發生於1977年的凶殺案，死者為潘蜜拉・珍・蘭森。潘蜜拉去了洛杉磯漁人碼頭與一名攝影師見面之後便失蹤。她的遺體在加州馬林縣一條登山步道附近被尋獲，全身赤裸，死前遭到毒打。

克莉絲汀・露絲・索頓在1977年於懷俄明州失蹤。她的遺體一直到1982年才

被找到，且遺體一直無法辨識身分，直到取得親屬樣本來比對DNA為止。亞卡拉後來宣稱他的確替克莉絲汀拍了照，可是否認殺害她。

12歲的蘿賓·珊姆索於1979年6月20號失蹤，失蹤地點在芭蕾舞教室和去海邊之間的這段距離。數天後，有人發現了她的遺體，被丟在洛杉磯的小山丘邊。

凶殺案發生時間順序：

- 1971年，蔻妮莉亞·克萊利
- 1977年，艾倫·霍芙
- 1977年，吉兒·芭爾蔻姆
- 1977年，喬治雅·威克絲提
- 1977年，潘蜜拉·珍·蘭森
- 1977年，克莉絲汀·露絲·索頓
- 1978年，夏洛特·蘭姆
- 1979年，吉兒·佩倫托
- 1979年，蘿賓·珊姆索

疑似涉案列表：

- 1977年7月——安朵妮特·威特克，13歲
- 1978年2月——喬伊斯·岡特，17歲

逮捕行動與庭審

警方一直拿著殺害蘿賓·珊姆索的兇嫌合成素描四處找人，因此亞卡拉被自己的假釋官舉發。警方搜查了他母親的住家，找到一張在亞卡拉名下、位於西雅圖的倉庫租借收據。他們去搜查那個倉庫的時候，發現了數百張年輕女孩的照片，大多是裸照，以及一對耳環，經查屬於蘿賓·珊姆索所有，同時找到的另一對耳環後來經DNA比照，屬於夏洛特·蘭姆所有。

亞卡拉於1979年7月27號，遭警方以殺害蘿賓‧珊姆索的罪嫌逮捕。他的庭審結果為有罪，於1980年判處死刑。到了1984年，他的死刑被推翻，因為當時陪審團事先得知了他之前的罪刑，然而此舉是被禁止的。到了1986年，他的罪名又被推翻了一次，這次的理由竟是目擊證人被催眠了！

2003年，亞卡拉的DNA又與兩起凶殺案連上關係。到了2010年，他必須出庭接受五起凶殺案的審判——蘿賓‧珊姆索、喬治雅‧威克絲提、吉兒‧芭爾蔻姆、夏洛特‧蘭姆以及吉兒‧佩倫托。亞卡拉在五起謀殺案中都被判有罪，刑罰維持死刑不變。2011年，他因為艾倫‧霍芙和蔻妮莉亞‧克萊利的凶殺案被起訴，於2012年12月認罪。

亞卡拉另涉嫌犯下數起案件，但是其中不少不會進入審判流程，因為他已經被判下最重刑罰，也就是死刑。

結果

亞卡拉的犯案手法中最主要的一個環節，就是假扮成攝影師。調查人員在他被逮捕後，發現他持有超過1000張照片。調查人員公開了其中120張，希望能夠透過民眾來協助辨認其中的女性和年輕女孩的身分。警方想知道這些人之中是否還有其他凶殺案的受害者。

照片公開後的第一個禮拜，約莫有21名女性出面指認自己的照片。在2013年，一名家屬認出其中一張照片拍攝的對象是1982年在懷俄明州被殺害的克莉絲汀‧索頓，28歲。亞卡拉最後因該案遭以謀殺罪起訴，但由於他的健康狀況，他沒能前往懷俄明州出庭受審。

亞卡拉持有的照片中，還有900張因為太過煽情暴露，無法公開。

後記

- 連續殺人魔羅德尼‧亞卡拉在庭審時為自己辯訴，在訊問時則一人分飾二角。他在法庭上以低沉的嗓音審問自己五小時，並稱呼自己為「亞卡拉先

生」，然後再用平時的聲音回答問題。

- 在加州遭處死刑後，他又因為謀殺2名女性，被紐約判了25年刑期。

- 在監禁期間，因為滑倒意外，對加州政府提告。也曾因為無法取得低脂飲食，對加州政府提告。

- 傳聞他的智商有160分。

丹尼爾・卡馬戈・巴博薩
DANIEL CAMARGO BARBOSA

出生年月日：1930年1月22號

別名／暱稱：曼努爾・保加利亞・索利斯、虐童狂

做案特徵：謀殺與強暴

受害人數：72到150人

犯案日期：1974年到1986年

逮捕日期：1986年2月26號

殺人手法：刀刺與勒殺

已知受害人：無名年輕女孩

犯罪地區：哥倫比亞、厄瓜多

狀態：1994年11月13號於獄中遭殺害

個人背景

巴博薩還小的時候，母親就去世了。旁人形容他的父親個性冷漠又專橫，後來再婚。巴博薩的繼母有施暴傾向。她常常處罰他，還叫他在其他孩子面前穿上女孩子的衣服羞辱他。

長大後的巴博薩與一名叫做艾希拉的女子維持同居關係，後來兩人生了兩個孩子。不過，巴博薩後來卻愛上了艾絲朋蘭薩，兩人打算結婚，直到他發現她不是處女。巴博薩說服了艾絲朋蘭薩，只要她能找來處女讓他發生性關係，他就會繼續跟她在一起。艾絲朋蘭薩答應了。

艾絲朋蘭薩會引誘年輕女孩到公寓裡，用安眠藥下藥，好讓巴博薩強暴她

們。5名年輕女孩就這樣被強暴了，但是她們沒有受到其他傷害便被釋放。不過第5名女孩報了案，兩人因此被捕。巴博薩因性暴力罪刑遭起訴，被判入獄3年。但是另一名法官介入後，刑期被改判為8年。服刑滿期後，巴博薩就被釋放，回到社會上。

巴博薩在1973年在巴西因為身分文件問題被捕。（當時他用假名在巴西旅居，因此導致哥倫比亞當局無法立即提供犯罪紀錄，最後他被驅逐出境。）他回到哥倫比亞後，開始在巴蘭基亞街頭賣電視機。此後不久，他便開始了兇殘的犯案行為。

凶殺紀錄

1973年，就在他回到哥倫比亞後不久，巴博薩有天經過一所學校，便綁架了一名9歲女孩。他強暴了那位女孩，並且殺人滅口，讓她無法去向警方報案。這是他的第一起有案謀殺行為，而顯然這不是最後一起。他在事後回到案發現場想取回電視機，結果因該案遭逮，他被判25年有期徒刑。1977年12月，他被送往哥倫比亞外島，哥戈納島的監獄。

巴博薩花了不少時間研究海中洋流，於1984年11月，靠著一條粗製的小船逃獄。巴博薩逃獄後，當局料想他若不是已經被鯊魚吃掉，就是死在海中。然而他已成功地逃到了厄瓜多的基多。他從基多一路移動，到了12月5號抵達瓜雅基爾。12月18號，他綁架了另一名9歲女孩。隔天，他又綁架了一名10歲女孩。

1984年到1986年間，據估計，巴博薩在瓜雅基爾犯下了至少五十四起強暴謀殺案。因為受害者人數眾多，當局一開始還以為犯罪者是集團行動，沒想過這些案件竟是一個人的行為。

為了要在市區外圍引誘年輕受害者，巴博薩常常假裝是在尋找教堂的外國人。他會在她們面前亮出大筆現金，說只要她們願意帶他去教堂，他就會付她們錢。他的受害者年紀都很輕、無助且貧窮，其中有好幾個都在街上想要找工作。巴博薩說服她們之後，他會告訴她們，他知道一條捷徑可以穿過樹林。如果她們

露出猶豫或擔心的樣子，他就會放對方走，畢竟外頭還是有很多其他對象可以讓他拐騙。一旦脫離可能的目擊者視線後，他就會強暴並殺害對方，通常是勒斃或是用刀刺。一般遺體會被大卸八塊。

有人問巴博薩為什麼總是挑孩童下手，他說是因為喜歡聽她們的哭聲。

逮捕行動與庭審

1986年2月26號，巴博薩剛謀殺完一名小女孩就被逮捕了。有兩名警察因為覺得他形跡可疑，上前盤查，接近後才發現他身上背著的袋子裡面裝有沾了受害人血跡的衣物，以及部分生殖器官。

起初他告訴警方自己叫做曼努爾·保加利亞·索利斯，但是後來有一名生還者指認他為巴博薩。審訊的時候，他宣稱自己在厄瓜多對72名女孩下手。後來他還帶當局去找他多次棄屍的地點，大部分的遺體都已經被支解。他於1989年被判刑，刑期僅僅25年，但這在厄瓜多已經是最重刑期了。他被送到基多的加布里埃爾·莫雷諾監獄。佩特羅·愛朗索·羅佩茲（參考208頁）也是這裡的囚犯。

結果

巴博薩於1994年11月在監獄中被謀殺。謀殺他的路易斯·馬撒切·諾菲亞斯是他眾多受害人之一的表親。

後記

- 在記者採訪的時候，巴博薩試圖向記者索取高額費用換取與他對談的機會。
- 他宣稱找小女孩下手是因為她們會「哭喊」，他覺得這樣殺人的過程更讓他有滿足感。
- 巴博薩殺人是因為他「憎恨」女性都「不像（他）認為的女性該有的樣子。」

羅伯特 · 貝爾德拉
ROBERT BERDELLA

出生年月日：1939年1月31號

別名／暱稱：堪薩斯城屠夫、綁綑殺人魔

做案特徵：折磨、強暴、謀殺，受害人遺體下落不明

受害人數：6人

犯案日期：1984年到1987年

逮捕日期：1988年4月2號

殺人手法：下藥致死及窒息致死

已知受害人：羅伯特 · 薛爾頓，18歲；傑瑞 · 霍威爾，20歲；馬克 · 瓦勒斯，20歲；詹姆斯 · 費利斯，20歲；陶德 · 史都普斯，21歲；賴瑞 · 皮爾森，20歲

犯罪地區：美國堪薩斯城

狀態：終生監禁不得假釋，於1992年自然死亡

個人背景

　　貝爾德拉於1939年出生於一個基督教家庭，他的父親是福特汽車公司的沖模員，母親是家庭主婦。貝爾德拉有重度近視的問題，5歲的時候就要戴著厚重的眼鏡。貝爾德拉在校表現很好，不過老師們在教他的過程中經歷了很多困難。他常常被其他同學霸凌，原因多是因為那副眼鏡。

　　他的父親39歲時突然去世，貝爾德拉當時僅16歲。不久後他的母親便再婚了，這點讓貝爾德拉非常憤怒，滿心怨恨。差不多在這時候，貝爾德拉開始在當地一間餐廳工作，他後來宣稱自己當時遭到一名男性同事性侵害。

1967年的時候，貝爾德拉開始在坎薩斯藝術學院求學。他一心希望能夠成為教授。在校期間，他開始折磨動物，對象包含狗、雞和鴨。他也是在這段期間開始販毒以及飲酒。19歲的時候，貝爾德拉便因為持有大麻和LSD興奮劑被警方逮捕。不過幸運的是，五天後他就因為證據不足被釋放了。

貝爾德拉最後因為疑似藝術創作的緣故屠殺了一條狗，遭到校方退學。離校後的他，開始接受廚師的訓練，在這件事上他表現得十分成功。他甚至還協助成立了一套訓練課程，培訓想要成為廚師的後進，並加入當地主廚協會。諷刺的是，貝爾德拉同時也是當地社區鄰里守望相助隊和犯罪防治協會的成員。

到了貝爾德拉32歲的時候，他成了一名出櫃男同志。辭去主廚的工作後，他開了一家復古風格的店面，名為鮑勃的怪奇市集（Bob's Bizarre Bazaar）。他與一名越戰退役軍人交往了一段時間，不過這段感情結束後，他便開始把時間花在男妓身上。他會與他們建立友誼，並想辦法協助對方脫離娼妓的圈子。然而貝爾德拉的動機，可不只是想要幫助他們過上更好的生活而已。

凶殺紀錄

1984年7月，貝爾德拉對自己的朋友傑瑞·霍威爾下藥，對方是一名性工作者。下藥後，貝爾德拉把他徹夜囚禁在自家地下室。在這段時間中，他反覆地強暴他，最後以窒息的方式結束了他的虐待行為。不到一年後，貝爾德拉又對另一位友人，羅伯特·薛爾頓下藥，一樣把他監禁在地下室。此時他一度感到愧疚，帶薛爾頓去就醫。但是貝爾德拉後來又把他帶回地下室，直到4月15號動手殺了對方。

貝爾德拉6月的時候發現馬克·瓦勒斯跑到他的小屋裡躲風暴，於是邀請他到自己家來。一進到屋內，馬克·瓦勒斯就跟其他人一樣被下了藥，接著被強暴和酷刑致死。9月時，貝爾德拉在一家同志酒吧認識了詹姆斯·費利斯。貝爾德拉帶詹姆斯回到自家中，將其軟禁數星期，反覆強暴並折磨這位年輕人，直到最後命喪貝爾德拉手下為止。

1986年6月，男妓陶德‧史都普斯被引誘到了貝爾德拉家中，做到這點其實不難，因為兩人其實已經認識了一段時間。陶德被軟禁了六個禮拜，最後由於失血及感染去世。隔年，貝爾德拉保釋賴瑞‧皮爾森出獄，接著將其監禁在地下室。貝爾德拉對皮爾森失去興趣後，他先將皮爾森重擊至失去意識，然後用袋子套住他的頭，再用繩索套住他的脖子勒斃。

貝爾德拉的最後一名已知受害者是克里斯‧布萊森，他是1988年遭綁架的男妓。雖然他也一樣被關在地下室，最後卻成功脫身，跑到隔壁鄰居家求救成功。

凶殺案發生時間順序：
- 1984年7月5號——傑瑞‧霍威爾，20歲。遭監禁二十八小時
- 1985年4月12號——羅伯特‧薛爾頓，18歲
- 1985年6月22號——馬克‧瓦勒斯，20歲
- 1985年9月26號——華特‧詹姆斯‧費利斯，25歲
- 1986年6月17號——陶德‧史都普斯，21歲。遭折磨，包含電擊眼皮
- 1987年6月23號——賴瑞‧偉恩‧皮爾森，20歲。遭監禁六週

逮捕行動與庭審

1988年4月2號，貝爾德拉遭逮。警方搜索他家的時候，發現貝爾德拉留下了受害人的酷刑紀錄，還有過程中拍攝的大量拍立得照片。折磨手段包含用拳頭塞入受害人的肛門、使用電擊、注射清潔劑到受害人的聲帶，以及使用棉花棒沾漂白水到受害人雙眼。他還試圖挖出其中一名受害人的雙眼，只為了想要「看看會發生什麼事」。

貝爾德拉一度將兩顆頭顱埋在後院一段時間，然後再挖出來，跟信封裡的牙齒一起放在衣櫥裡。他的受害人遺體都被支解，放進垃圾袋，留在路邊給清潔隊員收到當地的垃圾掩埋場處置。因此他的受害人遺體全都沒有被找回來。

因為沒有遺體作為證物，檢方要在法庭上讓貝爾德拉被判有罪就非常困難，

他們不會要求判處死刑——他只會被判無期徒刑。不知道證據不足的貝爾德拉在自白後同意認罪。他被判處無期徒刑，不可假釋。

結果

1992年，貝爾德拉寫了一封信給當局，宣稱監獄管理人員不讓他取得心臟疾病的藥物。在那之後不久，貝爾德拉便死於心臟病。

後記

- 他留有一系列受害人及他們受到折磨時拍下的拍立得照片。
- 在被逮捕之前一個月，他常去的酒吧熟客意識到羅伯特‧貝爾德拉已經醉得無法自己回家，便送了他一程。回家路上，他向對方「自白」，說自己折磨並殺害了6名男子，但因為貝爾德拉已經酩酊大醉，沒有人把他說的話當真。
- 賴瑞‧偉恩‧皮爾森的頭顱就被埋在貝爾德拉家的花園裡。

大衛・伯科維茨
DAVID BERKOWITZ

出生年月日：1953年6月1號

別名／暱稱：山姆之子、理查・大衛・法爾寇（出生登記姓名）、.44口徑殺手

做案特徵：鄰居家的狗命令他殺人

受害人數：6人

犯案日期：1976年到1977年

逮捕日期：1977年8月10號

殺人手法：槍擊

已知受害人：唐娜・洛瑞雅，18歲；克莉絲汀・芙蘭德，26歲；維吉妮亞・娃可契安，21歲；范倫蒂娜・絲瑞安妮，18歲；亞莉珊德・伊索，20歲；史黛西・馬絲可維茲，20歲

犯罪地區：美國紐約市

狀態：3項無期徒刑，不可假釋

個人背景

　　大衛・伯科維茨（他出生時的名字其實是理查・大衛・法爾寇）於1953年出生於紐約，是伊莉莎白・博洛德與其已婚戀愛對象喬瑟夫・克萊曼之子。奇怪的是，他母親決定要給他法爾寇這個姓氏，這是她前夫的名字。沒有人知道此舉背後真正的原因，但是有些理論認為可能是克萊曼威脅她不可使用自己的名字，因為克萊曼當時其實已婚。

　　伯科維茨進入了等候領養的系統中。一對在布朗克斯經營一家五金行的夫

妻，奈森和珍珠・伯科維茨，因為無法孕育自己的小孩，前來領養了他。隨著伯科維茨漸漸長大，他的智力高於一般水準這件事也越來越明顯，但是他並不想在學業上求進步，而是開始著迷於縱火和竊盜行為。

因為他惡劣又難相處的行為舉止，他的父母找了心理治療師尋求協助，但是卻沒有留下任何法律干預或任何特定診斷結果的紀錄。伯科維茨剛滿14歲的時候，他的養母便因乳癌去世，養父再婚以後，他也不喜歡繼母。

到了18歲的時候，伯科維茨加入了美軍。於1971年被派往南韓。1974年光榮退伍的他，開始尋找自己的生母伊莉莎白的下落。兩人開始見面，不久後她告訴他，他當時是私生子的身分出生的，這點讓伯科維茨十分在意。最後伯科維茨中斷了與伊莉莎白的聯繫，不過他與同母異父的妹妹蘿絲琳之間的交談還延續了一小段時間。

據信得知自己的出生狀況，包含對他毫不感興趣的生父，以及當時他的生父生母之間那段不可告人的情感關係，讓他當時已經非常紛亂的人生急轉直下。彷彿發現這一切之後，摧毀了他的自我認同。

凶殺紀錄

伯科維茨第一次意圖殺人是在1975年的聖誕夜，他持刀攻擊兩名女子。其中一名女子是蜜雪兒・福曼，當時的她僅是一名青少女。雖然她的傷勢並沒有危及性命，仍需住院治療。下手失敗後不久，伯科維茨便移居紐約揚克斯。

1976年，7月29號這天，朱蒂・范倫蒂和唐娜・洛瑞雅坐在范倫蒂的車內聊天。時間剛過凌晨一點，洛瑞雅剛打開車門要離開，就看見一名男子朝車子走來。這名男子就是伯科維茨，他從手中的紙袋拔出一把槍。他蹲下身子，雙手握槍瞄準目標，朝兩名女子開槍。洛瑞雅當場斃命，范倫蒂則被射中大腿。伯科維茨很快地離開了現場，什麼話也沒有說。

1976年10月23號，卡爾・迪那洛和蘿絲瑪莉・肯能坐在肯能的車內，突然間，車窗全部碎裂。肯能反射性地發動引擎，高速駛離現場。兩人一開始並沒有

意識到有人持槍攻擊他們，直到發現迪那洛的頭部槍傷。最後傷口必須以金屬板材來修復。

接下來的這起槍擊，發生於11月27號午夜後沒多久。喬安·洛米諾和唐娜·瑪塞看完電影正在走回家的路上，到了洛米諾加的時候，兩人站在前廊聊了一會兒。一名身穿軍服的男子走上前來問路，接著便拔槍朝兩名女子開槍。洛米諾背後中槍，半身不遂，瑪塞則是頸部中槍。

克莉絲汀·芙蘭德與未婚夫強·迪爾剛看完電影，坐在迪爾車上準備開車前往當地一家舞廳。大約凌晨12點40分左右，子彈射入車內，迪爾慌亂駛離現場。芙蘭德身中兩槍，幾小時候因傷勢過重去世。迪爾沒有受傷。

維吉妮亞·娃可契安於1977年3月8號晚上7點半，從哥倫比亞大學走路回家時，一名帶槍的男子突然威脅她。她試圖用課本保護自己，可是最後沒有成功。她因頭部遭到槍擊喪命。

下一名受害人是亞莉珊德·伊索和范倫蒂娜·絲瑞安妮。兩人於凌晨3點左右坐在離家不遠的絲瑞安妮車上。4月17號，一名男子突然出現，朝著兩人各開兩槍。絲瑞安妮當場死亡，伊索則於數小時後於醫院宣告不治身亡。

1977年6月26號，薩爾·盧波和茱蒂·普勒西多兩人坐在盧波車上，大約凌晨三點的時候，車輛遭到槍擊。盧波的前臂中槍，普勒西多的傷勢嚴重許多，子彈打中了她的太陽穴、肩膀和頸部。幸運的是兩人都生還了。後來據兩人表示，就在中槍前幾分鐘，他們正好在討論「山姆之子攻擊事件」。

最後一次槍擊案件發生於1977年7月31號清晨。這次一樣是一對年輕情侶，史黛西·馬絲可維茲和羅伯特·維亞朗就坐在停在公園旁的車內。兩人接吻時，一名男子走到副駕旁開了四槍。兩人都是頭部中槍。馬絲可維茲後來於醫院去世，維亞朗失去一邊眼睛，另一眼視力則嚴重受損。

這起槍擊案件有多人目擊，包含一名叫做湯米·贊諾的年輕人，當時他的車就停在維亞朗的車前方，兩車之間只有三輛車距離，他人就在車內。贊諾看見男子接近維亞朗的車，多虧了街燈和當天的明亮月色，他很清楚地看見了男子的長

相。這次,警方終於掌握了這名讓街坊受盡驚嚇的男子面貌的清楚描述。

凶殺案發生時間順序:

- 1976年7月29號——唐娜‧洛瑞雅,18歲
- 1977年1月30號——克莉絲汀‧芙蘭德,26歲
- 1977年3月8號——維吉妮亞‧娃可契安,19歲
- 1977年4月17號——亞莉珊德‧伊索,20歲
- 1977年4月17號——范倫蒂娜‧絲瑞安妮,18歲
- 1977年7月31號——史黛西‧馬絲可維茲,20歲

逮捕行動與庭審

馬絲可維茲和維亞朗的槍擊事件後四天,又有一名目擊證人聯繫警方,告訴警方自己當天晚上的所見所聞。瑟西莉亞‧黛薇絲看到一輛停在消防栓前的車輛被開罰單,也認出開單的警官是麥可‧坎坦諾。一名男子走過她身邊時用一種像是在審視她的眼神看著她。因為心生不安,她一路跑回家中。在跑的過程中,她聽見身後傳來槍響。

她的說詞讓警方開始搜查當天晚上在那條街上被開單的每一輛車。其中一輛就屬於伯科維茨。揚克斯警方已經將伯科維茨列入可疑人士名單,並告知調查人員,他們懷疑伯科維茨就是「山姆之子」。

8月10號,警方來到了伯科維茨家門外。透過他的車窗往車內看,即可清楚看見一把來福槍放在裡頭。雖然沒有搜捕令,警方仍搜查了車內,並找到更多與案件相關的物品。警方立刻申請了正式的搜捕令,但是伯科維茨在搜捕令發下來之前就現身。警方認定眼下的情況除了逮捕伯科維茨已外別無選擇,便舉槍逮捕了他。

警探問伯科維茨,「我抓到的人是誰?」伯科維茨回答道,「你知道的。」警探說他不知道,問他進一步解釋自己是誰。伯科維茨轉過身看著他說,「我是

山姆。」

　　伯科維茨只花了半小時就坦承自己犯下槍擊案，並主動表示要認罪。不過他在訪談中宣稱是鄰居家的狗叫他去殺人，因為狗想要「漂亮女孩的鮮血」。「山姆」這個名字是前鄰居山姆‧卡爾(Sam Carr)的名字，伯科維茨宣稱被惡靈附身的，就是山姆的狗。

　　伯科維茨雖然有這樣古怪又令人不安的幻想，仍分別由三名精神醫師判定有能力出席庭審。被告團隊希望能夠以精神異常訴請無罪判決，但是伯科維茨並沒有同意。1978年5月8號，伯科維茨站在法庭上，對所有罪刑認罪。

　　伯科維茨第一次出席被判刑時又做出更多古怪行為，隨後便接受了另一次精神狀況評估。但是這一次他仍被判定為精神狀況正常。因此，1978年6月12號，他因為多起謀殺案件，被判處25年到無期徒刑不等的刑期，並且必須連續服刑。不可思議的是，由於認罪的條件使然，刑期滿25年後，他便得以申請假釋出獄。

結果

　　被判刑之後，伯科維茨在精神科機構待了兩個月，才被送往亞地加監獄，這是美國最嚴密的行為矯正獄所。他一直在該獄中待到1990年，接著先是被送往沙利文懲教所，最後再轉到沙文甘克懲教所。

　　1979年，伯科維茨遭獄中囚犯攻擊，頸部留下一道傷口。傷勢之嚴重，必須縫五十針才能把撕裂處閉合。伯科維茨不願指認攻擊者的身分，反而表示自己心存感念，認為這是他「應得的懲罰」。

　　伯科維茨於2002年申請假釋，遭到拒絕。到了2016年，他又試了一次。不過即便有著「模範囚犯」的身分，他的假釋申請再次遭拒。目前他仍在獄中服刑。

後記

伯科維茨語錄

　　「外頭還有其他的『兒子』，願主救救這個世界。」

「一隻『被附身』的狗不准我停止殺戮，必須讓牠對鮮血滿足才行。」

「我是個禽獸。我是山姆之子。我熱愛獵殺。」

「我一直對謀殺和死亡有著狂熱。」

「我有好幾個小孩，我會把他們變成殺人兇手。等著看他們長大吧。」

「我也不想傷害他們，我只是想殺掉他們。」

「我殺完人回家的路上還真的唱起歌來。那種緊張感、那種想要殺掉一名女子的感覺累積到快要爆炸的量，直到我終於扣下板機，所有的壓力、緊繃和憎恨就這樣消失了，不過只能維持很短暫的一段時間。」

「魔鬼想要我的屌。」

保羅・坎尼斯・伯納多
PAUL KENNETH BERNARDO

出生年月日：1964年8月27號

別名／暱稱：保羅・傑森・堤爾、斯卡波羅強暴犯、女學生殺人狂

做案特徵：強暴謀殺

受害人數：3人

犯案日期：1990年12月到1992年4月

逮捕日期：1993年2月17號

殺人手法：勒殺、下藥

已知受害人：譚美・霍莫卡，15歲；蕾絲莉・莫赫菲，14歲；克莉斯汀・法蘭屈，15歲

犯罪地區：加拿大安大略

狀態：25年有期徒刑，分類為危險級人物，釋放可能性很低

個人背景

　　他人對於伯納多小時候的描述常是一個總是面帶微笑的快樂小男孩，即便環繞著他的家庭生活其實是一團混亂。他的父親坎尼斯曾因猥褻一名年輕女孩，遭到逮捕判刑，並且調查人員也發現他曾性侵自己的女兒。知道了自己丈夫的罪行之後，伯納多的母親陷入重度憂鬱。她決定遠離並從家庭生活中抽身，搬到了屋子裡的地下室去住。

　　伯納多16歲的時候，母親在跟父親吵架過後告訴他，他是一次婚外情的產物。伯納多因此對自己的母親心生厭惡，開始在各種場合對母親惡言相向（例如

用「婊子」叫自己母親），絲毫不在乎誰會聽見。

　　從威爾弗里德・勞里爾爵士學院學院畢業後，伯納多開始在安麗工作。他對公司用來鼓舞人心的影片以及銷售文化十分著迷，常常對自己在酒吧遇見的女性練習銷售技巧。伯納多開始在多倫多大學士嘉堡分校上課，這時候的他沉浸在黑暗的性幻想之中，常常毆打自己交往的對象，也喜歡在公開場合羞辱女性。

　　1987年10月，他認識了一名年輕女子，卡拉・霍莫卡，兩人立刻被對方的性魅力吸引。對伯納多來說更棒的是，卡拉會鼓勵他那黑暗的幻想以及性虐待的行為。這時候的他終於能隨心所欲，享受扭曲的思想中那些幻想成真的感覺了。

凶殺紀錄

　　身為強暴慣犯，伯納多的惡行在1990年變得更兇惡，謀殺了自己的小姨子。譚美・霍莫卡是伯納多的未婚妻卡拉的妹妹，他總是跟她打情罵俏。他隨後對這位年輕女孩十分著迷，從一開始窺視她的房間窗戶，到後來會趁著她睡著的時候跑進房間裡看著她打手槍。一心想要討好伯納多的卡拉，竟親手破壞了譚美房間的窗戶鎖扣，只為了讓伯納多進房更容易。

　　1990年7月24號晚上，卡拉煮了晚餐，並在料理中加了抗焦慮藥物煩寧藥丸的粉末給譚美吃。譚美很快就失去了意識，卡拉則看著伯納多強暴譚美。而這並非他們對譚美做的最後一次攻擊。

　　1990年12月23號，有人給了譚美一杯加了安眠藥的蘭姆蛋酒。15歲的譚美很快就再次失去意識。但是這一次，在他們脫去她的衣物後，卡拉在她的口鼻覆蓋了一塊吸滿麻醉藥鹵乙烷的布料。兩人接著架設了攝影機，拍攝自己強暴這名失去意識的女孩的過程。過程中，譚美開始嘔吐。急救失敗後，兩人才終於叫了救護車。不過他們先確保譚美的衣物都穿上了，並且把她移動到另一個房間來掩飾自己做的事。譚美再也沒有醒過來。幾個小時候，醫院宣告譚美身亡。

　　六個月後，1991年6月15號，伯納多開車在柏林頓的時候，遇見了蕾絲莉・莫赫菲。當時時間還非常早，因為錯過了門禁時間，蕾絲莉被鎖在家門外。伯納

多走向她，她問伯納多身上有沒有菸。她跟著他走回車旁，接著馬上就被蒙住了雙眼，壓上伯納多的車。

車子開到伯納多和卡拉的住處時，兩人又重新施展了對譚美做過的老把戲。他們折磨並強暴莫赫菲，錄下整個過程。她的雙手被綑綁，矇眼布綁在頭上。過程中，她宣稱矇眼布滑掉了，這代表她能看見伯納多和卡拉。兩人整夜持續強暴與虐待她。

隔天，莫赫菲被餵下致命劑量的鎮定藥劑三唑侖，（根據伯納多的說詞）是由卡拉下的手。不過卡拉的說法則完全不同——她宣稱這名年輕女孩實際上是被伯納多勒斃的。不論如何，現在兩人得想辦法棄屍了。兩人決定將她的遺體支解，再分塊用水泥封起來。隔天，伯納多買了好幾包水泥，還蠢到留下了收據。

兩人用伯納多祖父的電鋸，將莫赫菲鋸斷，再封成一塊塊水泥磚。接著兩人又把水泥磚丟到吉布森湖裡，就這樣跑了好幾趟。其中幾塊水泥塊很重，即便使盡了力氣，其中一塊仍離湖岸很近，並且在1991年6月29號，被一名帶著兒子去釣魚的男子發現。

接下來的凶殺案發生在1992年4月16號。兩人這時會在街上到處找可能的目標，這天下午，他們看見了15歲的克莉斯汀・法蘭屈走在街上。卡拉手拿地圖，假裝迷路的樣子走向女孩問路。法蘭屈正要幫助卡拉的時候，伯納多就從她身後拿刀逼她跟著他們上車。

法蘭屈的受的折磨比另外兩位還要漫長：她被強暴、強迫肛交，酷刑持續了整個復活節週末三天之久。為了控制住她，法蘭屈被迫喝下大量的酒。這一切過程再次被兩人錄了下來。這次他們連矇眼都懶得矇，兩人的動機看起來一開始就是打算要殺掉法蘭屈。

隔天，法蘭屈就被處決了。伯納多後來宣稱是卡拉用橡膠槌子打她，而法蘭屈是不小心被本來綁在她胸口的繩圈給勒斃的。不過卡拉則是說伯納多花了七分鐘把女孩勒死，自己是在旁邊看。

法蘭屈的裸屍於1992年4月30號被人發現時，明顯可見她已經被清洗過，頭

髮也被剪掉。她的遺體被丟在柏林頓路邊的一條水溝裡。調查警官一開始以為頭髮被剪掉是殺手想要留作紀念的緣故，但是卡拉後來解釋，他們這麼做只是為了拖延遺體身分辨識的速度。

凶殺案發生時間順序：

- 1990年12月23號——譚美・霍莫卡，15歲
- 1991年6月15號——蕾絲莉・莫赫菲，14歲
- 1992年4月16號——克莉斯汀・法蘭屈，15歲

逮捕行動與庭審

伯納多與卡拉在此之前都已經多次因不同理由接受過警方訊問，包含譚美之死、斯卡波羅強暴案，以及伯納多喜歡跟蹤女性的這個癖好。1992年5月12號的一份報告指出，應該要針對法蘭屈一死，再訊問伯納多一次。他接受了短暫的訊問後，警方覺得他不太可能是嫌疑犯。

三天後，綠絲帶特別小組（Green Ribbon Task Force）成立了，旨在調查莫赫菲與法蘭屈命案。伯納多與卡拉提出申請，將姓氏正式改為堤爾，這是一部電影中的虛構角色，一名連續殺人魔的名字。12月時，卡拉遭伯納多毆打，被送往當地醫院治療。她決定對他提出告訴。伯納多被逮捕後釋放，而卡拉則搬到親戚家去住。這時犯罪現場的證據與兩年前伯納多提供的DNA樣本比對已經完成了。

DNA比對結果相符，調查人員開始監控伯納多，並於1993年2月9號訊問卡拉。他們告訴她調查人員現在懷疑他跟強暴謀殺案有關，但是她什麼都沒說——直到當天晚上，卡拉才對自己這陣子同住的叔叔和阿姨坦承一切。兩天後，卡拉與律師見面，希望能透過配合調查來換取豁免權。可是到了2月13號，當局判定以她的涉案程度，豁免已經是不可能的事。

伯納多終於在1993年2月17號遭逮。因為搜索令的權限和規範有限，調查人員花了71天才完成伯納多的屋子內部全面搜索。他們努力想找到卡拉提過的錄影

帶，卻只找到一段短短的影片，內容是卡拉與另一名身分不明的女子口交的過程。1993年5月5號，檢方給了卡拉認罪的條件，這代表若她提出能夠指證自己丈夫的證據，就只需要服刑12年。她同意了。

伯納多於1995年，因莫赫菲與法蘭屈的案件出庭受審。雖然他想要說服陪審團卡拉才是真正的殺人兇手，或稱受害人的死是意外導致，他仍於1995年9月1號被判兩條一級謀殺罪名以及兩條重度性侵罪成立。他被判終身監禁，25年後可申請假釋。不過他被判定為「危險罪犯」，這代表他被假釋的機會微乎其微。

結果

伯納多在監獄裡的時候，遭到多次攻擊。因此為了安全起見，他被轉移到隔離牢房。因為他的罪刑本質，他被從監獄中釋放的機會極低。

後記

- 伯納多曾是安麗業務員。
- 伯納多在病態人格列表40項特徵中，符合了35項。
- 他有會計學位。
- 在監禁期間，伯納多寫了一本書，並在2015年11月，於線上平台Amazon出版，書名為《瘋狂的世界秩序》(*A MAD World Order*)，是一本對暴力細節鉅細靡遺地描述的驚悚小說，因為民眾抗議的緣故，亞馬遜在該書成為暢銷書後，將某從平台上下架了。

瑪莉・貝斯納
MARIE BESNARD

出生年月日：1896年8月15號

別名／暱稱：盧丹的好心小姐

做案特徵：下毒取財

受害人數：0到12人

犯案日期：1927年到1949年

逮捕日期：1949年7月21號

殺人手法：砒霜下毒

已知受害人及疑似受害人：奧古斯・安提格尼，33歲（第一任丈夫）；瑪莉・勒康，86歲；圖桑・雷凡特，64歲，布蘭奇・雷凡特，49歲；皮耶・達華勞德，78歲（父親）；露易絲・古英，92歲（血緣祖母）；馬瑟林・貝斯納，78歲，（繼父）；瑪莉・露易絲・貝斯納，68歲（繼母）；露西・波頓，45歲；寶琳・波德諾，88歲；維吉妮亞・勒朗，83歲；瑪莉-露易絲・達華勞德，71歲（母親）

犯罪地區：法國盧丹

狀態：三場審判後宣告無罪

個人背景

　　1896年，瑪莉・約瑟芬・菲律賓・達華勞德在法國盧丹出生了。她的父母過著節儉的日子，她進入了修道院女子學校就讀。跟瑪莉當過同學的人形容她道德敗壞、個性兇暴、是個小偷，也是會跟著男孩子到處瘋的女生。

　　1920年，瑪莉與奧古斯・安提格尼結了婚，他是她的表親，兩人的婚姻關係

一直維持到1927年奧古斯去世為止。瑪莉很快地在1928年與里昂‧貝斯納再婚。兩人很快地意識到，所有增加財富的機會都要等到親戚去世才有可能實現。而說也奇怪，沒過多久，好幾個親戚就去世了，把財產留給瑪莉和里昂。

凶殺紀錄

里昂的父母親繼承了一大筆錢過後不久，就受邀搬去與里昂和瑪莉同住。很快地，里昂的父親就死於中毒，原因推測是吃到毒蘑菇。三個月後，他的母親也去世了，死因為肺炎。後來兩人將房間分租給一對富裕且沒有子嗣的夫妻。雷凡特夫妻，圖桑與布蘭奇兩人都是里昂的朋友。1939年7月14號，圖桑因肺炎去世，1941年12月，布蘭奇死於主動脈炎。兩人的遺囑中將瑪莉列為唯一繼承人。

瑪莉同時也在表親寶琳‧波德諾和維吉妮亞‧勒朗的遺囑中被列為受益人。1945年7月1號，88歲的寶琳顯然是不小心把一碗鹼水當做甜點誤食導致身亡。一週後，維吉妮亞一樣撒手歸西，據聞她是犯了一樣的錯誤。六個月後，1946年1月16號，瑪莉的母親瑪莉－露易絲‧達華勞德也去世了。

瑪莉一度發現里昂劈腿其他女人。里昂對一位友人表示，他認為瑪莉在毒害他。他堅稱有天晚上瑪莉端湯給他喝，可是在她舀湯之前，湯碗裡已經有其他液體。不久後，在10月25號，里昂去世了。死因為尿毒症。

因為里昂宣稱遭到毒害的發言，法國憲兵下令啟動調查，並進行驗屍。法醫發現李昂的體內有19.45毫克的砒霜。瑪莉被即刻逮捕，所有其他與她有關的可疑死亡事件都被重新開棺檢驗。此舉導致瑪莉被控十三起謀殺。

逮捕行動與庭審

驗屍報告顯示，每一位受害人都是長期少量累積的砒霜中毒。但是當時很難證實這點，因為毒物學當時仍是很新的科學研究，法醫伯洛德難以解釋驗屍結果，也很難在法庭上被辯護律師質問的時候捍衛自己的理論。因此，頭兩次庭審的結果都是無罪。

貝斯納於1961年第三次出庭受審。然而，這次辯方仍成功地削減了砒霜證據的相關性，瑪莉被控的所有謀殺罪嫌都被判無罪。

結果

- 雖然在今天的法律體系中，瑪莉很可能會因為驗屍結果被判有罪，但是在1961年的時候情況卻不是這麼一回事。由於沒有定罪，可以說她就不該被視為連續殺人魔，但是證據卻證實了另一個故事，因此本書仍收錄她的紀錄。
- 瑪莉‧貝斯納死於1980年，據悉是自然死因。她直到死前都是自由人。

肯尼斯・阿列西奧・比揚齊與安傑洛・布諾
KENNETH ALESSIO BIANCHI AND ANGELO BUONO

出生年月日：1951年5月22號、1934年10月5號

別名／暱稱：山腰絞殺手

做案特徵：綁架、折磨、強暴、謀殺

受害人數：12人

犯案日期：1977年到1979年

逮捕日期：1979年1月13號、1979年10月22號

殺人手法：勒殺

已知受害人：尤蘭達・華盛頓，19歲；茱迪絲・安・米勒，15歲；麗莎・凱斯汀，20歲；珍・金，28歲；狄洛芮絲・瑟佩達，12歲；索妮雅・強森，14歲；克莉絲汀・威克勒，20歲；蘿倫・偉格納，18歲；金柏莉・馬汀，17歲；辛蒂・李・哈德絲佩，20歲；凱倫・曼丁，22歲；黛安・魏爾德，27歲

犯罪地區：美國加州洛杉磯郡

狀態：比揚齊無期徒刑，布諾無期徒刑，不得假釋；布諾於2002年9月21號死於獄中，死因為自然死亡。

個人背景

肯尼斯・阿列西奧・比揚齊

　　知名殺手雙人組成員之一的肯尼斯・阿列西奧・比揚齊於1951年出生於紐約羅徹斯特。他的母親是流鶯，且有酗酒問題，還不到兩週大，他就被送到領養機構。僅幾個月後，他便被尼可拉斯・比揚齊以及法蘭西絲・希亞隆妮・比揚齊領

養，而養母正是安傑洛・布諾母親的姊妹。

　　年紀還很小的時候，比揚齊就被說是個會隨意撒謊的孩子。他母親總說，「他天生就有這種習慣。」根據目擊者指出，比揚齊會進入一個像是被催眠的狀態，對外在事物毫無反應，雙眼上吊。他後來被診斷出小癲癇的病況。他也有泌尿問題，看了好幾個醫生並做了數次檢驗，期間他的生殖器被仔細檢驗、戳弄，讓比揚齊覺得非常羞辱。

　　比揚齊一直受到脾氣暴躁的問題所苦，其行為也讓他與精神科醫師有多次會診紀錄。他10歲的時候就被診斷出患有被動攻擊性人格違常。一年後，他接受了智商測量，結果是116分，高於平均數字。儘管如此，他的在校成績並不理想，與老師也相處不來，導致他轉學兩次。

　　他的父親於1964年去世時，比揚齊完全沒有流露一絲情緒。比揚齊的母親失去了丈夫，意味著她必須去工作，經常得讓比揚齊在家獨自待很長的時間。不過，比揚齊仍在1971年順利從高中畢業。

　　畢業後不久，比揚齊就結婚了，但是他的妻子在數個月後便離開了他。他進了大學就讀，不過只撐完一學期就休學。自那時開始，他便開始四處打工，最後終於在珠寶店找到一份警衛的工作。這份工作讓他有機會行竊，他的數個女友以及常常聯繫的妓女則三不五時會收到價值不斐的贈禮。

　　1977年，比揚齊搬到了洛杉磯，他開始與表哥安傑洛・布諾長時間相處。布諾的年紀比比揚齊大很多，比揚齊很欣賞表哥身上的穿著和珠寶，以及表哥同時約會多名女性這件事。兩人決定開始搭檔拉皮條，而這就是後來一切的開端。

安傑洛・布諾

　　跟比揚齊一樣，布諾出生於紐約羅徹斯特。他的父母是從義大利來的第一代移民，後來離了婚，布諾便跟著母親搬到了加州格倫代爾。布諾還小的時候就開始厭女，原因不明。儘管如此，他仍與多名女性成婚，也有好幾名兒女。布諾對生命中的女性都展現驚人的殘暴。

1975年，布諾經營的汽車內部裝潢公司生意很好，他利用這點來引誘年輕女子成為他的強暴受害者。在他表弟比揚齊來訪後，兩人很快就發現彼此對於強暴謀殺女性有相似的幻想。

凶殺紀錄

兩人分別都是具有危險性的人物，變成搭檔後，兩人成為恐怖、好施虐且致人死地的組合。他們會在夜裡開著車，在洛杉磯街頭徘徊，假裝成臥底警察，對遇見的陌生女子亮出假警徽。然後他們就會要求女子搭上布諾的車，宣稱這是一輛臥底用車，然後找藉口把女子帶回布諾家裡。

他們的受害人沒有特別的特徵，年紀最小的受害人，在慘遭謀害時僅12歲。兩人都非常熱衷在謀殺死者之前，先性虐以及折磨受害人，謀殺的手段通常是勒殺。受害人通常都會遭受手段極為惡劣的虐待，包含電擊、注射化學藥物、一氧化碳中毒等。

比揚齊和布諾挑選對象下手謀害的時候，比揚齊通常會假扮為警察。他甚至還參加了好幾次警方的「隨行出勤」，以學習這份工作進行時的細節。其中幾次隨行出勤甚至還是搜查山腰絞殺手的行動。如果當局知道他們全程都坐在警車後座就好了。

兩人成功殺害了10名女性之後的某一天晚上，比揚齊告訴布諾隨行出勤的事，以及自己還被問了關於受害者的事。布諾一聽，非常惱火，他告訴比揚齊，如果他不搬到柏令罕就會殺了他。因此比揚齊便於1978年搬到了柏令罕。

比揚齊在柏令罕擔任警衛。1979年1月11號，他引誘兩名年輕女學生到一戶由他擔任警衛的屋子裡。他先叫第一名女學生下樓，然後他立刻出手將對方勒斃，接著對第二名女學生又做了一樣的事。

但是比揚齊不像布諾那麼聰明，他在現場留下了線索。現場證據讓警方在隔天就逮捕了比揚齊。被逮捕之後的比揚齊於是開口坦承自己和布諾曾經有一次綁架了一名女子，但最後放她走的事。這下他讓警方注意到了布諾。

凶殺案發生時間順序：

- 1977年10月17號——尤蘭達‧華盛頓，19歲
- 1977年10月31號——茱迪絲‧安‧米勒，15歲
- 1977年11月6號——麗莎‧凱斯汀，20歲
- 1977年11月10號——珍‧金，28歲
- 1977年11月13號——狄洛芮絲‧瑟佩達，12歲
- 1977年11月13號——索妮雅‧強森，14歲
- 1977年11月20號——克莉絲汀‧威克勒，20歲
- 1977年11月29號——蘿倫‧偉格納，18歲
- 1977年12月9號——金柏莉‧馬汀，17歲
- 1978年2月16號——辛蒂‧李‧哈德絲佩，20歲
- 1979年1月11號——凱倫‧曼丁，22歲
- 1979年1月11號——黛安‧魏爾德，27歲

逮捕行動與庭審

　　布諾被逮捕的根據是比揚齊的自白，兩人已確定要面臨謀殺審判。試圖說服當局的比揚齊表示自己有另一個人格，意圖透過精神問題聲請無罪。他宣稱另一個人格「史提夫‧沃克」才是犯下謀殺罪行的人。起初，精神評估的結論認為他的確有多重人格失常的問題。

　　調查人員於是又找了另一位精神科醫師來評估比揚齊的狀態，結論卻不一樣。這位精神科醫師在與比揚齊談話的時候，告訴比揚齊，一般人格分裂的病患會有三個以上的人格。比揚齊便立刻創造出另一個人格，導致自己的謊話被揭穿。這件事被質問的時候，他才承認一切都是自己裝出來的。不過後來他倒是被診斷出反社會人格異常。

　　審判期間，辯護團隊找來了薇若妮卡‧坎普頓，她在比揚齊被關在監獄時，與比揚齊展開戀情。她滿口謊言，編造故事來讓比揚齊像是無罪一樣。她還一度

宣稱想要跟另一位被判刑的謀殺犯一起買一間殯葬管理所，好滿足自己的戀屍癖。坎普頓甚至還企圖在一間旅館房內勒斃一名女性，只為讓警方誤以為山腰絞殺手仍在逃。比揚齊還給了他一點精液留在受害人身上。不過她的努力全都以失敗作收。受害女子最後活下來了，坎普頓則因為殺人未遂被判刑入監。

為求從寬判刑，比揚齊同意出庭指認自己的表哥布諾。但是到了出庭的時候，他卻又用盡各種方式讓過程變得特別困難，不僅說出自相矛盾的言論，還徹底不配合。最後他因為數起謀殺罪嫌被判刑終生監禁。

布諾的審判後來成了美國法律紀錄上最漫長的一場審判，從1981年11月開始，直到1983年11月才結束。雖然比揚齊努力想讓布諾不被判刑，或至少判得較輕，布諾仍因九起謀殺案被判有罪。他被判無期徒刑，終生不得假釋。

結果

- 比揚齊於1992年企圖對一名女子提出告訴，該女將他的頭像用在一套手卡的設計上。他宣稱自己的臉就是自己的商標，為此他向女子索取850萬美元的賠償金額。該案被駁回，法官表示「如果比揚齊殺害女性的時候，那張臉就是商標，那麼他就不會遮遮掩掩才對」。
- 2010年時，比揚齊已有假釋資格，但是申請手續於8月18號被駁回。他可以在2025年再次提出申請。
- 2002年9月21號，布諾因心臟病發，於獄中逝世。

後記

比揚齊：

- 比揚齊於1989年與一名路易西安那州的筆友在監獄的小教堂舉行婚禮。
- 曾經飾演過他的演員包含比利·贊恩、湯瑪斯·哈威爾、小克里夫頓　柯林斯以及傑夫·馬切利塔。
- 他曾測出智商116分，顯著高於平均智商。

布諾：

- 2007年，他的孫子克里斯多弗‧布諾先槍殺了自己的祖母然後自盡。克里斯多弗直到2005年才知道自己的祖父真實身分是誰。
- 曾經飾演過布諾的演員包含丹尼斯‧法瑞那、尼可拉斯‧特圖羅以及湯瑪士‧阿那拉。
- 布諾於1986年在監禁期間與克莉絲汀‧琪祖卡結婚。
- 他心目中的英雄以及學習對象是他那惡名昭彰的獄友凱里爾‧謝思曼。

聖經約翰
BIBLE JOHN

出生年月日：未知

別名／暱稱：聖經約翰

做案特徵：強暴、毆打、謀殺

受害人數：3人

犯案日期：1968年2月22號到1969年10月31號

逮捕日期：無嫌疑人

殺人手法：勒殺

已知受害人：派翠西亞‧達可，25歲；潔麥瑪‧麥當勞，32歲；海倫‧帕特克，29歲

犯罪地區：蘇格蘭格拉斯哥

狀態：懸案未結

個人背景

　　1968年到1969年間，格拉斯哥有3名年輕女子在去了巴羅蘭舞廳後遭殺害。雖然調查單位很快就發現這三起凶殺案是出自同一名男子之手，卻沒有任何線索可以追查兇手真實身分。這麼多年來，陸續出現了幾名嫌疑犯，其中一人嫌疑特別重大。然而調查單位始終沒有查出聖經約翰真正的身分，案件直至今日仍是未解之謎。

凶殺紀錄

　　21歲的派翠西亞‧達可的裸屍於1968年2月23號，由一名男子於上班途中發現。她陳屍的地點離自宅僅數公尺遠。前一天晚上她告訴父母，自己要去位於蘇格蘭格拉斯哥霍普街上的富麗舞廳。不過她也前往當晚舉行25歲以上才能參加的活動的巴羅蘭舞廳。她的驗屍報告顯示她遭人強暴勒斃，據信她是在巴羅蘭舞廳遇見兇手。雖然檢方進行了大規模的搜查，仍沒有找回她的衣物與包包。

　　接下來的受害人遺體被找到的過程實屬一場悲劇。潔麥瑪‧麥當勞32歲，是三個孩子的母親，她於1969年8月15號星期五晚上前往巴羅蘭舞廳。隔天，她的姊妹瑪格麗特聽孩子在談論他們在一棟舊大樓中看見的屍體。一開始，她沒有太在意。但是到了週一，她都沒有聽到自己姊妹的消息，所以瑪格麗特決定去調查從孩子們口中聽見的這個傳聞的真實性。在那棟大樓中，她找到了自己親姊妹潔麥瑪衣著完整的遺體。她的驗屍報告顯示她遭到強暴、毆打，最後被勒斃。數名目擊證人出面表示他們在週五約莫午夜時分見到潔麥瑪與一名年輕、身材纖瘦、一頭紅髮的男子離開巴羅蘭舞廳。接下來的調查中則找到目擊證人宣稱在潔麥瑪遇害當天晚上，聽見舊大樓中傳來尖叫聲，不過由於她無法提供聽見尖叫聲的時間，所以警方沒有認真看待其證詞。

　　第三名受害人是29歲的海倫‧帕特克，她的遺體於1969年10月31號，在自家後院被找到。跟其他人一樣，她遇害當天晚上也去了巴羅蘭舞廳。她和姊妹珍在舞廳認識了兩名男子，其中一人叫做約翰，自稱來自卡斯爾米爾克。另一名男子沒有表明身分以及來自何處。他們離開舞廳的時候，約翰逕自去趕公車，另一名男子則跟著海倫和珍一起搭上計程車。根據珍表示，男子十分善於言談，並喜歡引用聖經內容，這也是為何殺手最後被稱為「聖經約翰」。珍到了位於奈茲伍德的家後先下了車，計程車則往史考斯唐，也就是海倫家的位置駛去。

　　海倫跟其他受害人一樣，遭強暴後勒斃。她的手提包在不遠處被翻得亂七八糟，內容物四散一地，然而包包本身則不見去處。她的雙腳有草漬，顯示她很有可能企圖逃離兇手。她的其中一條腿上留有一記人類咬痕。

每個被殺害的女性在受害當時都適逢月經期。殺手將衛生棉或棉條留置在遺體上方或遺體旁。

嫌疑人

珍對於計程車上男子的描述：

- 穿著得體，談吐良好
- 身材纖細
- 紅／細髮
- 自稱「約翰·坦普頓」或是「山普森」
- 引用聖經內容
- 年約25到30歲
- 身高約170公分

然而當晚在巴羅蘭舞廳工作的保全則對於與海倫和珍一起搭計程車離開的男子，提出了完全不同的描述。他們的描述是：

- 矮個子
- 談吐良好
- 髮絲烏黑

警方傾向聽信保全的描述，因為珍當時已經喝多了。然而她否認自己在搭計程車時已喝醉，並堅持自己對於攻擊並殺害自己姊妹的男子的描述。當時的確有目擊證人指出，看見一名符合珍的描述的男子於凌晨1點半左右，在葛雷街上下公車。目擊證人描述男子看起來很邋遢，臉上似乎還有抓痕。

後來警方找到一名嫌疑人，約翰·厄凡·麥金尼斯。他曾於蘇格蘭衛隊服役，於1980年自殺身亡。1996年，為取得DNA樣本，檢方將他的遺體自墓中掘出，然而檢測結果卻是無法判定。他遭認定為嫌疑人的原因不明。最後當局判定沒有足夠的證據將麥金尼斯定罪。

2004年，在一起輕罪案發現場取得的DNA樣本顯示與聖經約翰謀殺案中的樣本有八成符合。此結果讓警方認為犯下這起輕罪案的男子非常可能與犯下謀殺案的兇手有血緣關係。然而從這個角度展開的偵查並沒有發現任何結果。

最為人知的嫌疑人是彼得・托賓（參考555頁），這本書也會提到他。他在2007年被判謀殺罪時成為可能的嫌犯。他被懷疑的原因如下：

- 托賓的每一張照片都與搜查聖經約翰時的容貌拼繪圖非常相似
- 托賓的前妻宣稱曾遭他扼喉、強暴與毒打
- 托賓曾住在格拉斯哥，後來於1969年移居他處
- 他曾是巴羅蘭舞廳的常客
- 托賓在謀殺案停止期間，於舞廳認識了第一任妻子
- 托賓是虔誠的天主教徒
- 托賓會因為女性的經期發怒

在警方調查「變位字任務」（Operation Anagram）的時候，一名女性出面宣稱她於1968年在巴羅蘭舞廳認識托賓，當時托賓強暴了她。2010年，另一名女性出面表示自己在巴羅蘭舞廳認識托賓，並形容當時的經驗「飽受威脅」。當時他堅持要她相伴出席位於卡斯爾米爾克的派對，但是她拒絕了。後來她在2010年看到托賓的照片時，她非常確信托賓就是聖經約翰。

不幸的是，後來已經完全無法取得DNA樣本與托賓對照了。根據警方表示，最初案件現場的樣本並沒有接受妥善保存，因而皆已腐敗無用。海倫的姊妹珍對聖經約翰提供的敘述最受大眾採用，但她也已在2010年逝世，直到最後都不知道是誰殺了自己的姊妹。

後記

檔案中有五萬筆目擊證人的證詞，共審訊過超過一千名嫌疑人，有一百多名警探參與過該案的偵查行動。

理察・貝格沃爾德
RICHARD BIEGENWALD

出生年月日：1940年8月24號

別名／暱稱：恐怖殺人狂

做案特徵：搶劫謀殺

受害人數：6到9人以上

犯案日期：1958年，1981到1982年

逮捕日期：1983年1月22號

殺人手法：槍擊、刀刺

已知受害人：史蒂芬・史勒達斯基，47歲（店主）；瑪莉亞・希亞娜拉，17歲；黛博拉・愛絲朋，17歲；貝斯堤・貝肯，17歲；安娜・奧西維茲，18歲；威廉・J・沃德，34歲（毒販）；約翰・P・沛琮，57歲

犯罪地區：紐約州、紐澤西州

狀態：死刑減刑至無期徒刑。於2008年3月10號自然死亡於獄中。

個人背景

　　理察・貝格沃爾德在酒鬼父親的監護下，人生一開始就過得十分艱難。出生於紐約州洛克蘭郡的貝格沃爾德經常遭到父親毒打。他5歲的時候，嚴重的問題開始浮上檯面。就是這個年紀的貝格沃爾德在住家縱火，遭送至洛克蘭郡精神病院觀察。

　　貝格沃爾德8歲的時候不只開始賭博，還會喝酒。他持續接受精神科治療，到了9歲的時候，被送往在紐約的貝爾維尤醫院接受電擊療程。緊接在療程之

後，他被送往一樣位於紐約的州立少年管束院。在管束院期間，他被指控煽動其它受刑人逃獄，且經常被指有偷竊行為。

貝格沃爾德會在母親來訪的時候偷母親身上的錢，在11歲那年的一次探訪期間，他縱火自焚。到了16歲，他被州立少年管束院釋放，開始就讀一般的高中。這段學生時光在他休學之前，只維持了幾個禮拜。此後不久，他便搬到田納西州納許維爾居住了。

在他住在納許維爾的兩年間，貝格沃爾德偷了一輛車，並在肯塔基遭聯邦探員以駕駛贓車越州為由逮捕。他被肯塔基當局釋放之後，他便前往史坦頓島再偷了另一輛車。這次，他開著這台贓車到紐澤西州貝雲市的一家雜貨店，企圖洗劫店家。就在這次搶劫行動中，貝格沃爾德犯下了第一起殺人罪行。

凶殺紀錄

第一起殺人罪行於1958年12月18號，發生在紐澤西州貝雲市，起因是一起搶劫事件。貝格沃爾德與共犯劫持一家雜貨店，貝格沃爾德槍殺了店主史蒂芬・史勒達斯基。雖然立刻就逃離了現場，貝格沃爾德仍在兩天後被查出行跡並遭逮捕。他被送回紐澤西，謀殺罪行定罪，當時他被判無期徒刑。但是在獄中17年保有良好紀錄的貝格沃爾德於1975年獲釋。

在1978年到1982年4月期間，至少又發生了三起謀殺案，但是一直到後來，才有線索指出貝格沃爾德與這些案件的關聯。1978年6月，前警方線民，同時也是前科犯的約翰・P・沛琮在紐澤西州富萊明頓的一座廢棄機場遭槍擊致死。1981年11月1號，瑪莉亞・希亞娜拉遭貝格沃爾德謀殺，並埋屍於他母親的住處。接著，在1982年4月8號，貝格沃爾德刺殺黛博拉・愛絲朋，同樣將其遺體埋在母親住處，就在希亞娜拉遺體上方。

1982年8月28號，安娜・奧西維茲沿著阿斯伯里帕克濱海大道行走時，遇上了貝格沃爾德。他誘拐這名年輕女子到自己車上，朝她的頭部開了四槍。她的遺體於1983年1月被棄置在35號公路一間漢堡王後方的林間，被一群兒童發現。

貝格沃爾德也是維吉妮亞・克雷頓的凶殺嫌犯，維吉妮亞・克雷頓17歲，於1982年9月8號遭綁架謀殺。她的遺體於三天後被發現，發現地點距離沛琮被埋的地點僅有幾哩距離。雖然被列為嫌犯，貝格沃爾德一直沒有因此案遭起訴。

　　威廉・沃德同樣於1982年9月失蹤。沃德是貝格沃爾德的友人，他是一名從逃獄囚犯，也是藥頭。他的遺體在一座墓園的淺墓中被人發現，頭部中了四槍。

已知受害人：

- 1958年——史蒂芬・史勒達斯基於紐澤西州貝雲市一起意圖搶劫案中遭槍擊致死。
- 1978年6月——約翰・P・沛琮，於紐澤西州富萊明頓的一座廢棄機場遭槍擊致死。
- 1981年11月1號——瑪莉亞・希亞娜拉，遭槍擊致死並分屍。遺體被埋在貝格沃爾德母親家。
- 1982年4月8號——黛博拉・愛絲朋，遭刺殺。遺體被埋在貝格沃爾德母親家，希亞娜拉的遺體上方。
- 1982年8月28號——安娜・奧西維，茲沿著阿斯伯里帕克濱海大道走的時候被誘拐，頭部遭槍擊四次。遺體於紐澤西州大洋鎮一家漢堡王後方被人發現。
- 1982年9月——威廉・沃德，遭貝格沃爾德於位在阿斯伯里帕克自宅中槍殺的毒販。

逮捕行動與庭審

　　貝格沃爾德的妻子一名友人向警方報案表示，貝格沃爾德讓他在阿斯伯里帕克自宅車庫中看見一具女性遺體，此後貝格沃爾德便遭到警方調查。1983年1月22號，警方包圍了貝格沃爾德與友人岱倫・費茲傑羅同住的家，用計讓貝格沃爾德走出屋外。他一踏出門，警方便抓住了他。費茲傑羅意圖躲在其中一個房間

裡，但是警方把他找出來並且一併逮捕。

　　費茲傑羅接受審訊的時候，也告訴警方貝格沃爾德曾經在車庫中給他看過一具年輕女子的遺體，並表示遺體後來被帶到漢堡王附近棄屍。他也承認自己曾協助貝格沃爾德將另一具屍體帶到貝格沃爾德母親家，兩人將遺體埋在地下室，在這次挖掘過程中，他們也將另一具已經埋了一陣子的遺體挖出來。最後，費茲傑羅告訴警方去哪裡尋找3名死者，以及2具遭埋在貝格沃爾德母親家中的遺體。

　　雖然有9名已知受害人，證據卻只足以以五起謀殺案來對貝格沃爾德提出一級謀殺罪行的起訴。在法庭中，所有罪行都被判有罪，貝格沃爾德遭判死刑。然而他的刑期後來經改判，最後的刑責是四起無期徒刑，不得假釋。

結果

　　2008年3月10號，貝格沃爾德被監獄移送至當地醫療中心，最後在醫院裡自然死亡。驗屍結果判定他患有腎衰竭以及呼吸衰竭。

亞瑟・蓋瑞・畢夏普
ARTHUR GARY BISHOP

出生年月日：1952年9月29號

別名／暱稱：羅傑・道恩斯、林・瓊斯

做案特徵：戀童癖

受害人數：5人

犯案日期：1979年到1983年

逮捕日期：1983年7月24號

殺人手法：溺斃、以槌子毆打致死

已知受害人：亞朗索・丹尼爾斯，4歲；金・彼得森，11歲；丹尼・戴維斯，4歲；特洛伊・沃德，6歲；葛蘭・康寧漢，13歲

犯罪地區：猶他州鹽湖城

狀態：1988年6月9號執行注射死刑

個人背景

畢夏普出生於猶他州欣克利，是六名兄弟中最年長的一個。這群孩子是在聖徒教會（又稱摩門教）家庭中成長，畢夏普19歲的時候，到菲律賓擔任傳教士。

這位曾是鷹級童軍的榮譽生先是因為挪用公款，於1978年遭逮捕。他被判處五年緩刑，但他卻無視假釋期，前往鹽湖城。人在鹽湖城的畢夏普使用了羅傑・道恩斯這個假名。因為盜用公款被判罪之後，畢夏普便遭聖徒教會驅逐出會了。

畢夏普用羅傑・道恩斯這個身分加入了「大哥哥計畫」，這個計畫是讓成年男子擔任哥哥一樣的角色，照顧弱勢孩童或者是需要男性榜樣的孩子們。但是後

來在畢夏普因為謀殺罪嫌被逮捕時，多名孩童出面指控他的虐行。

凶殺紀錄

畢夏普的第一名受害人亞朗索·丹尼爾斯遭畢夏普誘拐而離開自家公寓，於1979年10月14號被殺害。畢夏普用糖果作為誘餌，讓亞朗索自願進入畢夏普的公寓中。畢夏普企圖性侵男孩，最後將他溺斃在浴缸中。他將男孩遺體埋在荒地。

畢夏普利用類似的手法誘拐金·彼得森到自己公寓中。11歲的金本來在溜冰場想要賣掉一雙溜冰鞋，畢夏普假裝想要買。兩人一進入畢夏普的公寓，畢夏普就用鈍器將金重擊致死。他的遺體被埋在亞朗索·丹尼爾斯的埋屍處附近。當時例行訊問過程中有找畢夏普來問過話，但是他沒有被列入嫌疑犯。

1981年10月20號，畢夏普又成功從超市誘拐了一名年紀非常小的男孩。丹尼·戴維斯當時僅4歲，跟著畢夏普回到了他的公寓裡。丹尼失蹤的消息讓當局發起大型搜索行動，可是目擊者對於跟丹尼走在一起的男子，只能提供很模糊的描述。

6歲的特洛伊·沃德在1983年6月22號被畢夏普綁票。他是被畢夏普從公園帶回公寓的，這一次目擊證人一樣只能表示曾見到男子與特洛伊在一起，但無法辨認男子的樣貌。特洛伊就跟其他男孩一樣遭到性侵、鈍器重擊，最後被溺斃在浴缸裡。

突然，畢夏普的謀殺行為越演越烈。特洛伊的凶殺案過後僅一個月，畢夏普就找上了下一位受害人。7月14號，13歲的葛蘭·康寧漢在住家附近失蹤。這次，畢夏普犯下了致命錯誤。據了解，葛蘭當時正要與朋友去露營，另有一名男性監護人會跟兩人一塊去，這人就是亞瑟·畢夏普。這個消息讓警方更進一步審視畢夏普，接著發現畢夏普就住在4名失蹤兒童的區域範圍之中，而且他也是葛蘭父母的朋友。

凶殺案發生時間順序：

- 1979年10月14號——亞朗索・丹尼爾斯，4歲
- 1980年11月8號——金・彼得森，11歲
- 1981年10月20號——丹尼・戴維斯，4歲
- 1983年6月22號——特洛伊・沃德，6歲
- 1983年7月14號——葛蘭・康寧漢，13歲

逮捕行動與庭審

畢夏普被帶到警局問話，但他以為自己只是在協助警方調查葛蘭・康寧漢的失蹤案件。當時，畢夏普用的名字是「羅傑・道恩斯」。警方說服他說出自己的真名後沒多久，他就坦承了一切。

畢夏普承認自己殺了5名孩童。被逮捕的隔天，畢夏普帶警方到雪松堡的荒地，也就是3具遺體埋藏地點，接著又前往大柯頓塢溪，這是另外兩具遺體的埋屍處。畢夏普告訴警方，自己喜歡殺人是因為很喜愛那種刺激感，並表示自己還會再繼續這麼做。

他的庭審始於1984年2月27號，持續到1984年3月19號結束，五起謀殺重罪，五起綁架重罪以及一起對未成年人性侵的罪名，畢夏普都被判有罪。畢夏普遭判死刑，他要求死刑以注射方式執行。

結果

1988年6月10號，畢夏普的注射死刑在猶他州州立監獄行刑。在他被處死之前，他對於自己犯下的罪刑公開表示懺悔。他把最後一天的時間用來讀摩門教經文、休息，與律師、自傳作家、心理醫師以及一位主教見面。他拒絕用最後一餐，決心要禁食度過在世最後一天。

畢夏普在午夜前三十分鐘左右被帶到行刑室，凌晨12點15分，宣告死亡。跟其他死刑犯不同，畢夏普已經厭倦所有嘗試爭取減刑的枯燥過程。他已終止所有

上訴過程，準備赴死。

後記

- 畢夏普一度宣稱自己對兒童色情圖片的成癮症讓他產生這種暴力幻想。
- 他行刑前的最後一句話：「上帝之子耶穌，請憐憫我的靈魂。」
- 他對獄方心理醫師說：「我不想死，但我想這是必要之舉。」

畢夏普親筆信節錄內容，解釋自己為何犯下那些凶殺案：

「我是犯下謀殺罪的同性戀戀童癖，我之所以落得這個下場，色情刊物是一個很重要的因素。我不知怎麼地開始受到年輕男孩吸引，我會幻想他們裸體的樣子。有些書店有賣性教育書籍、圖片或者藝術作品，有時候會有一些裸體男孩的圖片。我會買那類書籍，讓我自慰時意淫用……找到、取得能讓我性慾高漲的材料這件事變成一股執念。我變得很興奮，必須想辦法滿足這股需求，否則就會爆炸。每個男孩子都變成像是只是性對象一樣。我的意識變得很遲鈍，性慾完全控制了我的行為。」

勞倫斯・西格蒙德・比特克和羅伊・路易斯・諾里斯
LAWRENCE SIGMUND BITTAKER AND ROY LEWIS NORRIS

出生年月日：1940年9月27號、1948年2月2號

別名／暱稱：工具箱殺人犯、萬用鉗

做案特徵：綁票、折磨、強暴、謀殺

受害人數：5人

犯案日期：1979年6月到10月

逮捕日期：1979年11月20號、1979年11月23號

殺人手法：以繩索勒殺

已知受害人：辛蒂・雪佛，16歲；安德莉亞・霍爾，18歲；賈桂琳・蘭普，13歲；賈姬・吉莉安，15歲；雪莉・列芙德，16歲

犯罪地區：加州

狀態：比特克被判死刑，等待行刑；諾里斯被判45年到無期徒刑

個人背景

勞倫斯・西格蒙德・比特克

1940年出生後，比特克被本來就不想要小孩的父母送往育幼院。他在還是嬰兒時期就被喬治比特克與妻子領養。由於養父在飛機工廠工作，這一家人在比特克的童年時期便經常搬家。

比特克第一次引起警方注意的時候，他年僅12歲，因為在店裡順手牽羊被發現而後遭逮捕。接下來的四年間，他又被逮捕數次，罪名都一樣。比特克後來宣稱童年時期的偷竊行為都是因為缺乏父母關愛的緣故。

比特克非常聰明，他覺得學校課業很乏味，所以在1957年的時候，他便休學了。這家人此時住在加州。從高中休學後不到一年時間，比特克便因為肇事逃逸、竊車、拒捕遭逮捕。他多次進出加州少年局，最後一次則待到滿18歲為止。

比特克被釋放後，發現不僅自己的養父母已經遷居到別州，還與他斷絕了親子關係。他再也沒有跟養父母見過面。

羅伊・諾里斯

諾里斯於1948年出生於科羅拉多州，出生時為非婚生子，不過父母後來有締結婚姻關係。當時那個年代，社會上對於非婚生子仍有許多負面態度，所以這場婚姻實為一種替父母親甚至是替這個孩子挽回顏面的一種手段。

諾里斯一家人住得非常近，多虧了諾里斯的祖父與房地產業的關係。他的母親是毒癮纏身的家庭主婦，父親在廢五金場工作。諾里斯的童年時光常常被安置到中途家庭，不過也的確斷斷續續與自己父母親生活過一些時光。

諾里斯16歲的時候，這時他與自己父母住在一起，他前去拜訪一名女性親戚，並開始用充滿性暗示的言語談話。對方對此很不愉快，要他離開，並立即告知諾里斯的父親這整件事。他父親威脅要揍他一頓。對此，諾里斯駕著父親的車來到落磯山，用針筒往動脈注射空氣，企圖自殺。不意外地，自殺行為失敗了，後來警方找到逃家的諾里斯，並將其送回父母身邊。

在輟學之後，諾里斯加入海軍，並於1965年到1969年被派駐聖地牙哥。滿21歲的時候，他被派駐到越南，不過在越南的四個月期間，他沒有遇上任何實際戰鬥機會，倒是在越南體驗了大麻和海洛英，那之後，他便常常使用大麻。

凶殺紀錄

比特克和諾里斯好幾次在路上讓女性搭順風車後又放她們離去，藉此改善自己的技巧，等著開始實踐自己心中的謀殺幻想。兩人將麵包車後方加裝了一張床墊，在床墊下方放了工具、衣物，以及一個裝有飲料和啤酒的冷藏箱。1979年6

月24號，兩人在海邊閒晃，抽大麻、喝啤酒，跟當地的女孩調情。

當天晚上，他們看見露辛妲·雪佛從教堂離開，走在一條小道上。兩人企圖說服她上車，讓他們送她一程，或是一起抽大麻，但是她拒絕了。他們把車往前開了一小段，接著諾里斯便下車等她走過，接著他抓住了她，將露辛妲拖上麵包車。諾里斯綁綑她的雙手雙腳並塞住嘴巴的時候，比特克就把廣播音量調大，蓋過後方傳來的聲音。

詭異的是，比特克還寫下文字，紀錄當晚發生的事。以下是他對於露辛妲在麵包車裡的態度：「展現出驚人的自制力，對於自己在現況中毫無控制力這件事坦然接受。沒有哭泣也沒有抗拒，對自己的安危沒有露出任何害怕的樣子……我想她明白接下來會發生什麼事。」

諾里斯在比特克去散步的時候先強暴了露辛妲。比特克回來後，就換他施暴，而諾里斯去散步。到了要決定該怎麼處置她的時候，兩人爭執了一番，後來兩人對於到底是誰想殺了她、誰想饒她一命的說法各執一詞。最後諾里斯企圖勒斃露辛妲，但他無法承受她的目光，最後跑到一旁去嘔吐。比特克接手企圖勒斃露辛妲，直到她失去意識，但她開始抽搐，仍沒有死亡。接著他拿起一支鐵絲衣架繞過她的脖子，再用萬用鉗扭緊，直到她不再抽搐為止。比特克和諾里斯接著用塑膠浴簾將露辛妲的身子捲起來，丟在峽谷中。根據諾里斯的證詞，比特克告訴他，野生動物會把露辛妲的身軀吃掉，不會留下證據。

1979年7月8號，兩人沿著加州1號公路行駛的時候，比特克和諾里斯遇上了想搭便車的安德莉亞·喬伊·霍爾。兩人將車子減速，打算載她一程，不過卻被前車搶先一步把人載走了。不過這沒有讓比特克和諾里斯打消念頭。兩人繼續跟著前車行駛，直到他們抵達雷東多海灘，讓安德莉亞下車。

諾里斯躲在麵包車上，比特克則前去請她喝飲料，告訴她麵包車後車廂比較涼爽。她接下飲料的時候，諾里斯朝她出了一拳。雖然她極力掙扎，他仍將她手臂反折，制住了她。接著她被封住了嘴，手腕和腳踝都被綑綁，諾里斯和比特克這計畫駛向聖蓋博山區。

安德莉亞被比特克強暴兩次，被諾里斯強暴一次。期間諾里斯一度以為看見車燈朝他們照過來。比特克立刻將她拖進樹叢中，諾里斯則驅車企圖找到那輛車。無功而返後，兩人決定駛向山中另一個地點。安德莉亞被逼著全身赤裸地走上山丘，然後替比特克進行口交。接著他又逼她擺姿勢供他拍照。

一行人又移動到第三個地點，這次安德莉亞再次被迫與比特克走上另一座山丘。諾里斯則在這時候去了附近的店家買酒。等他折返時，只見比特克一人。他給諾里斯看兩張照片，是在他告訴安德莉亞自己準備殺掉她之後拍下的。他拿碎冰錐捅入安德莉亞的耳朵，刺穿大腦，然後再把她翻過身來對另一只耳朵做一樣的事。他捅的力道之大，碎冰錐的把手都斷了，沒想到她居然還活著。最後他只得把她勒斃，再將屍體拋下懸崖。

賈桂琳・莉亞・蘭普和賈姬・多莉絲・吉莉安坐在巴士站的時候，吸引了比特克和諾里斯的注意。9月3號那天，兩名女孩一路搭便車，直到決定在巴士站休息一陣子。比特克和諾里斯停下來表示可以載她們一程的時候，兩人便上了麵包車。諾里斯立刻拿出大麻給她們，兩個女孩沒有拒絕。不過她們注意到比特克開的方向跟一開始討論的不同，出聲抗議。

賈桂琳試圖把麵包車滑門打開，但是被諾里斯用一袋鉛塊擊中頭部。遭到重擊的賈桂琳暫時失去了意識。諾里斯接著控制了賈姬。他塞住賈姬的嘴，把她綁起來的時候，賈桂琳甦醒了過來，再次試圖逃出麵包車。諾里斯把她抓回來，比特克意識到這些掙扎舉動很可能會被其他目擊者看見，於是停下麵包車，跳到後車廂來協助諾里斯完成兩名女孩的封嘴和綑綁工作。

兩名女孩遭重複強暴和肢體虐待長達兩天。賈姬一度遭碎冰錐刺傷胸部，還被萬用鉗將乳頭扯下。比特克再次要求其中一名女孩，賈桂琳，走上山丘，逼她裸體供他拍照。據聞他也在強暴賈姬時錄影留念，還逼她說自己是他的表妹。

最後又到了屠殺肉票的時間，賈姬先被碎冰錐刺穿左右耳，再被勒斃。賈桂琳則在比特克勒住她的時候，被諾里斯以長柄槌重擊頭部。期間比特克一度以為她已經死了，但她突然睜開雙眼，所以他再次緊勒賈桂琳，而諾里斯則又用長柄

槌重擊她數次。賈姬和賈桂琳的屍體就跟之前的受害人一樣被推落路邊。

凶殺案發生時間順序：
- 1979年6月24號——露辛妲·「辛蒂」·雪佛，16歲
- 1979年7月8號——安德莉亞·喬伊·霍爾，18歲
- 1979年9月3號——賈姬·吉莉安，15歲
- 1979年9月3號——賈桂琳·蘭普，13歲
- 1979年10月31號——雪莉·列芙德，16歲

逮捕行動與庭審

諾里斯於1979年11月與前科犯吉米·代爾頓碰面，對他透露自己與比特克犯下的謀殺罪行。代爾頓告訴自己的律師他對此案知情一事，律師建議他通知警方。這條情報便被傳到了雷東多海灘警方手上，警方開始著手調查諾里斯說的那些細節。

一名調查人員拜訪了一位遭強暴的受害人，那位受害人立刻指認了比特克和諾里斯的嫌犯照片。調查人員開始監視兩人，諾里斯於11月20號以違反假釋條例為由被捕，同時比特克則因強暴一名名為蘿貝克的女子被捕。

11月30號，諾里斯在初步聽證過程中坦承部分罪行。他告訴法庭兩人如何誘騙女孩上車，以及怎麼殺掉受害人，但是他暗指比特克才是主事者，他只是共犯。

1980年3月，面對四起一級謀殺罪行、兩起強暴罪行以及一起搶劫案起訴，諾里斯認罪。諾里斯於1980年5月7號被判45年到無期徒刑，2010年起可申請假釋。

比特克於1980年4月24號遭逮捕，逮捕原因是29起綁票、雞姦、謀殺和強暴罪行，以及持有武器以及共謀罪。1981年2月17號，陪審團判定五起謀殺罪行、五起綁票、九起強暴案、兩起強迫口交、一起雞姦、一起共謀犯罪、三起非法持

有武器皆為有罪。

比特克因罪行被判死刑。

結果

比特克本來排定於1989年12月29號執行死刑，但是他上訴後，執行日期便改為待訂狀態。最高法院維持死刑未改判，並將執行日期改至1991年7月23號。比特克再次提出上訴，1991年7月9號獲得暫緩行刑的判決。他目前被監禁在聖昆丁州立監獄等候行刑日期。

後記

比特克

- 聯邦調查局特別探員約翰・道格拉斯形容比特克是他經手的犯罪檔案中最令人不安的一個。

- 在因為謀殺罪被判刑之前，比特克因搶劫、攻擊行為、竊車以及肇事逃逸入獄過。

- 在聖昆丁監獄等待死刑執行期間，他與日落大道殺人犯道格・克拉克（參考138頁）以及連續殺人犯威廉・波寧（參考83頁）這些人結為好友。

- 他簽署給粉絲的回信時簽的是「萬用鉗」。

- 智商測量結果為138分。

- 聯邦調查局探員約翰・道格拉斯曾讓史考特・葛倫（在電影《沉默的羔羊》中飾演傑克・克勞福的演員）落淚，當時葛倫在維吉尼亞州寬提科行為科學部。道格拉斯播放了一段比特克和諾里斯在麵包車廂中折磨、強暴以及殺害年輕女孩的影片。在那之前，葛倫一直都強力支持廢除死刑。

羅伯·布萊克
ROBERT BLACK

出生年月日：1947年4月21號

別名／暱稱：臭鮑伯

做案特徵：戀童癖、強暴、謀殺

受害人數：4人

犯案日期：1969年到1990年

逮捕日期：1990年7月14號

殺人手法：勒殺

已知受害人：蘇珊·麥斯威爾，11歲；凱洛琳·霍格，5歲；莎拉·哈普，10歲；珍妮佛·卡蒂，9歲

犯罪地區：蘇格蘭、愛爾蘭、英國

狀態：被判無期徒刑，2016年1月12號因心臟病死於獄中

個人背景

　　非婚生子布萊克出生於蘇格蘭格蘭吉茅斯，母親是潔西·杭特·布萊克，父不詳。他的母親本想在移居澳洲之前把他送人領養，但是她一直沒有完成正式手續。最後布萊克在6歲的時候，被送往傑克與伊莎貝爾·圖利普的寄養家庭。當時的他的名字後面用的是圖利普家的姓氏。

　　布萊克很早就開始出現極端與反社會傾向。他的朋友很少，常常大發脾氣。布萊克被同儕霸凌，最後自己也成為一個欺凌弱小的霸凌者。雖然母親堅持要保持整潔，布萊克卻絲毫沒有維持個人清潔的意願，最終導致他被人戲稱「臭鮑

伯‧圖利普」。

　　布萊克5歲的時候，跟一名同年女孩互相看了對方的生殖器。自此布萊克不知怎地認定自己本該生為女孩。他開始對自己的、女孩的生殖器以及身上的孔洞部位產生極大興趣，8歲之後，他便開始將異物塞入自己的肛門，一直到成年都有這個行為。

　　布萊克身邊的人常常會看見他的臉上和身上有瘀青，於是遭受寄養父母虐待的疑雲四起。不過布萊克後來表示他不記得自己是怎麼弄到瘀青的。

　　他的寄養父母於1958年去世，布萊克被送去與另一個寄養家庭同住。不久後他便在公共場合的洗手間首次性侵了一名年輕女孩。布萊克的寄養母親發現此事後回報給社工人員，要求將他送往其他地方。因此他便被送到一所男女孩同住的育幼院。

　　布雷克在育幼院便時常對女孩露出生殖器，還有一次強迫將一名女孩身上的內衣褲脫除。此時院方便決定將他送往位於馬瑟爾堡一所只收男性的紅屋照顧之中心。抵達該中心不久，布萊克便多次淪為一名男性員工性侵的對象。性侵狀況持續了3年，直到該員工因自然原因死亡為止。

　　布萊克於1963年離開該中心，開始替當地屠夫送貨，後來他承認在送貨時若發現送貨地點有年輕女孩落單，便會猥褻對方。同年某天晚上，布萊克遇見一名獨自在當地公園玩耍的7歲女孩。他告訴小女孩防空洞裡有小貓咪，成功誘拐女孩跟他進入防空洞。一進入防空洞內，他便掐住女孩的喉嚨，直到女孩昏過去為止。接著他便對著失去意識的女孩自慰。

　　隔天布萊克便被逮捕定罪，出庭前被強制接受心理評估。評估報告表示這是特例案件，認為布萊克不需要接受任何治療。經過譴責之後他便被釋放了，布萊克移居到格蘭吉茅斯，寄住在一對老夫妻家中。後來布萊克開始與潘蜜拉‧哈格森交往，她是布萊克唯一正式交往的女友。布萊克宣稱自己對潘蜜拉求婚，而潘蜜拉不僅拒絕了他的求婚，也結束了兩人的關係，可能是因為布萊克奇怪的性行為要求的緣故。此時的布萊克陷入絕望。

一套行為模式在這段時間內悄然成形。布萊克的房東夫婦發現他一直在猥褻他們的9歲小孫女。因為不希望把小女孩送去接受警方訊問，他們決定不報警，只要求布萊克離開他們的家。布萊克搬回金洛赫列芬，與一對育有6歲女兒的夫婦同住。這對夫婦也發現他猥褻他們的女兒，進而報警，布萊克因三次猥瑣行為被起訴並被判有罪。

布萊克被送到波斯托，在這裡接受特殊訓練和復健治療。值得玩味的是，後來除了在波斯托的這段時間以外，布萊克對於自己的童年和人生各方面都很滿意。這個狀況讓人不禁猜測他在那裡的時候可能遭遇過不好的待遇。就是在波斯托的生活讓布萊克下定決心，此生再也不要入監。

凶殺紀錄

1981年8月12號，9歲的珍妮佛‧卡蒂從安特里姆郡自家騎腳踏車到朋友家的時候被綁走了。當天直到她沒回家，父母親才開始擔心。失蹤消息傳出後幾個小時，有人發現她的腳踏車被用樹葉和樹枝刻意掩蓋了起來。當局此刻確信這是一起擄人案件。

六天後，兩名獵人找到了她的遺體。她被棄置在離一處休息區不遠的保護區，離家22公里遠。驗屍報告證明她曾被性侵、淹溺，且很可能被繩索勒斃。她的手表於下午5點40分停下，表示她可能在被綁架後四小時後就被殺害。

11歲的蘇珊‧克萊兒‧麥斯威爾在1982年7月30號被布萊克綁走。當時她打完網球，正在走回家的路上，最後一次有人看見她是下午4點半的時候，那時她在橋上要越過特威德河。她被列報為失蹤人口後，警方於隔天展開了大型搜索活動，派出將近三百名警力參與此案的調查。

8月12號，一位卡車司機發現她的遺體被藏在灌木叢中。她身上仍穿著衣物，但是內褲和鞋子被移除了。她被捆住手腳、封住嘴巴，內褲則是摺好放在她的頭部旁邊。很顯然她也在死前遭受了性侵。

布萊克的第三名受害者也是最年幼的一名受害者。凱洛琳‧霍格於1983年7

月8號傍晚被帶離家的時候，年僅5歲。到了晚上7點15分，見她還沒回家裡，她的家人在附近到處尋找她的身影。一名年輕男孩告訴這家人，他曾在附近路上看見凱洛琳跟一名男子在一起，所以他們又更仔細地找了一遍該地區，然後才向警方報案。

搜索活動的規模十分龐大，有超過兩千名自願者協助約五十名皇家陸軍團尋找小凱洛琳。雖然凱洛琳失蹤的地區有9名登記有案的戀童癖居住，這些人都在調查中被除名了。當局發出當天晚上跟蹤凱洛琳的男子的畫像，還有一名青少女聽見凱洛琳對男子說「好，謝謝」，當時她以為男子是凱洛琳的父親。

許多人通報表示在附近的市集上見過凱洛琳與一名禿頭、戴眼鏡的男子走在一起。他們離開市集的時候小女孩看起來很害怕，但是沒有人往壞的方向想。7月18號，有人在特懷克洛斯鎮的M1公路旁的水溝裡找到了凱洛琳的遺體。她的遺體一絲不掛，已經進入初步腐爛階段，所以很難判定她的死因。據信她至少從7月12號開始就被丟在水溝裡了。

10歲的莎拉‧哈普在1986年3月26號這天，正要走到離家90公尺外的店面買麵包。店主後來表示她在晚間7點55分左右來到店裡買了東西，一名跟在她身後進入店面的光頭男子在莎拉付麵包錢的時候離開了店裡。兩名女孩是最後一次見到她身影的人，當時她走在回家的小巷裡。到了晚間8點20分，她的母親開始沿街尋找莎拉，後來便向警方報案莎拉失蹤一事。

莎拉的遺體於4月19號在特倫特河中被人發現，離家115公里遠，接近諾丁漢地區。她的身軀被綑綁、嘴部被塞住，身上衣衫不整。驗屍報告顯示她很可能是在被綁架後五到八小時就喪命。她的臉部、頭部、頸部都有多處傷痕，死因為溺斃。莎拉死前有相當長的時間遭到性侵，留下嚴重內傷。

以下同為疑似布萊克犯下之殺人案：
英國：
- 1969年4月8號——艾波‧費比，13歲，最後一次有人目擊費比，她正騎著腳

踏車要從梅頓往位於諾福克郡勞頓的姊姊家。她的遺體從未被尋回。

- 1973年5月21號——克莉絲汀‧馬坎姆，9歲，走路上學途中失蹤。她的遺體從未被尋回。布萊克曾因此案被訊問，但是此案仍為未解懸案。

- 1978年8月19號——蘇珊‧勞倫斯，14歲，離開位於倫敦附近的哈洛德丘姊姊家時失蹤。她的遺體從未被尋回。

- 1980年6月16號——派翠希亞‧莫里斯，14歲，在學校操場失蹤。失蹤兩天後於豪恩斯洛‧希思保護區尋回她的遺體，衣著完整。她被繩索勒斃。

- 1981年11月4號——潘蜜拉‧海斯媞，16歲，遭鈍物重擊並勒斃。遺體於1981年11月在倫弗魯郡的約翰史東被尋獲。目擊證人認出布萊克就是從現場跑走的男子，但是警方無法找到其他證據證明他曾出現在該區。

  愛爾蘭：

- 1977年3月18號——瑪莉‧博伊德，6歲，拜訪祖父母時於巴利香農失蹤。遺體從未被尋回。經查布萊克在她失蹤期間，人就在多尼戈爾郡。

  德國：

- 1985年6月20號——希兒克‧蓋本，10歲，在要去看牙的路上失蹤。她的遺體於隔天在小溪中被人尋獲。她遭受性侵與絞頸。據悉布萊克在蓋本被殺的期間就在附近送貨。

  荷蘭：

- 1986年8月5號——雪柔‧莫蘭，7歲，在荷蘭城市艾木登走到朋友家的路上失蹤。遺體從未被尋回。布萊克常常通勤到附近的阿姆斯特丹購買兒童色情刊物。

  法國：

- 1987年5月5號——維吉妮‧德瑪斯，10歲，在馬恩河畔訥伊遭綁。遺體於10月9號在巴黎一座果園被尋獲。她曾遭勒頸，但由於腐爛程度影響，無法判定她是否有遭到性侵。在德瑪斯失蹤那天，布萊克在巴黎四周送了幾次貨。

- 1987年5月30號——海瑪‧葛麗荷瑞，10歲，最後一次有人目擊她的身影後

兩小時，她的遺體就在巴黎近郊馬拉科夫被發現。她遭到強暴以及勒頸。布萊克負責送貨到北法期間，經常沿著她的遺體被發現的那條路往返。

- 1987年6月3號——派麗・維格朗，7歲，去買母親節卡片路上失蹤。她遭到勒頸，遺體於6月27號於榭樂的油菜籽田被人發現。目擊證人在謀殺發生的期間，在該區曾見過一輛跟布萊克的麵包車外型相似的車輛。
- 1987年6月27號——莎賓・杜蒙，9歲，她被勒頸與性侵，遺體隔天於沃爾朗行政區被人尋獲。2011年調查杜蒙案時，布萊克是此案的頭號嫌犯，但是本案仍是未解懸案。

逮捕行動與庭審

1990年7月14號，退休郵局局長大衛・賀柯斯在位於斯托的自宅前整理花園時，發現眼前就發生了一起綁票事件。只見一輛藍色麵包車停在對面，駕駛下車的同時，他注意到他鄰居家的6歲小女孩走過了他的目光範圍。而突然間，小女孩的雙腳就離開了地面。賀柯斯站起身正好看見駕駛把小女孩推進麵包車內。

麵包車疾駛而去，而賀柯斯記下了車牌號碼，然後跑到小女孩家裡告訴小女孩的母親。警方立刻接獲報警訊息。警察抵達現場後，賀柯斯注意到那輛麵包車，並大聲通知那男子正在駛向他們的方向。其中一名警官跳到車前逼車子停下來，而駕駛布萊克則被拖下車，銬上手銬、壓倒在人行道上。

被綁架的女孩的父親是其中一名在第一時間趕到現場的警官。一抵達現場，他就跳上麵包車後廂尋找女兒。他的女兒被包在睡袋裡，放在車上分隔板旁邊。她的雙手手腕和雙腿都被綑綁，嘴巴被膠帶封住，頭上被套著罩子。經過醫生檢驗後，確認她已遭受性侵。

在警局訊問的過程中，調查警官注意到這起幼童綁票事件與其他之前發生的謀殺案很相似。他聯繫了其他負責調查謀殺案的警官，請對方來訊問布萊克。雖然布萊克的答話並沒有太大幫助，警方仍確信兇手就是他。

發生在斯托的這起綁票性侵幼童案件於1990年8月10號開庭。面對所有罪

行，布萊克都認罪，所以庭審過程只花了一天時間。到了判刑的階段，法官參考了兩名心理醫師對布萊克心理狀態的評估結果，心理醫師認為布萊克永遠都會威脅幼童的安全，因此法官羅斯判處布萊克無期徒刑。

判刑之後，布萊克為蘇珊・麥斯威爾、凱洛琳・霍格以及莎拉・哈普這三起女童謀殺事件接受了深入調查，但他拒絕認罪。案件調查到這時候，還需要更多證據，調查小組便繼續搜查任何可能的證據或物證。他們已經握有為數不少的間接證據，包含能證明布萊克人就在綁票現場附近的收據。1991年5月，所有證據都呈交到了皇家刑事法院手上。

隔年3月，皇家刑事法院判定，證據已經足以開始以這些謀殺案以及企圖綁票案開庭審訊布萊克。庭審始於1994年4月13號，布萊克對數起謀殺、綁票、企圖綁票以及使人無法合法埋葬遺體不認罪。

5月19號，布萊克被控訴的所有罪名都被判有罪，每項罪名都是無期徒刑，每一條謀殺罪都要服刑至少35年。布萊克被帶出法庭的時候，他轉身對參與調查的警探說，「了不起。做得好，小子。」

布萊克於2011年9月22號再次上法庭，這次是珍妮佛・卡蒂的性侵案。雖然他不否認自己當時可能就在那一帶，但對於告訴內容仍是不認罪。這場庭審持續了六個禮拜，最後陪審團只花了四小時討論。再一次，所有控訴都被判有罪，他遭判另一個無期徒刑，至少要服刑25年。

結果

- 1995年7月，在威克菲爾監獄服刑的布萊克遭兩名牢犯攻擊。他的頭部被桌腳重擊、頸部遭刺、背部遭刺，還被潑灑煮滾的糖水。雖然攻擊手段非常狠，但布萊克並沒有受到嚴重傷害。

- 2016年1月12號，布萊克死於心臟病。他的遺體焚化時，沒有家人或朋友參加儀式過程。獄方牧師替他舉行了一場短暫的喪禮，2月時，他的骨灰被撒進大海。自始至終他都沒有承認自己殺害了那些女孩。

後記

布萊克語錄

「對於我對年輕女孩的那些想法，我不覺得光彩。」

「我心裡有一個部分知道自己錯了，知道這是錯的事，知道我不該做這種事，我根本連有這種想法都不應該。」

「但是還有其他部分告訴我，『你喜歡啊，去做吧。』」

泰瑞・布萊爾
TERRY BLAIR

出生年月日：1961年9月16號

別名／暱稱：無

做案特徵：強暴謀殺

受害人數：7人以上

犯案日期：1982年到2004年

逮捕日期：2004年9月10號

殺人手法：勒殺

已知受害人：他的懷孕女友安琪拉・夢露；薛萊雅・麥肯錫，38歲；安娜・尤英，42歲；派翠西亞・威爾森・芭特勒，45歲；達希・I・威廉絲，25歲；卡門・杭特，40歲；克勞黛特・朱妮兒，31歲

犯罪地區：密蘇里州坎薩斯城

狀態：無期徒刑，不可假釋

個人背景

　　說到家庭，泰瑞・布萊爾出生在一個對當局來說人人耳熟能詳；犯下多起暴力案件的家庭中。布萊爾在十個兄弟姊妹中排行第四，他的母親教育程度很低，還患有精神疾病。

　　布萊爾的哥哥瓦特入獄的時候，認識了一名獄友，開價6000美金給他，要他去殺掉自己的強暴案受害者，凱薩琳・喬・艾倫。瓦特答應了，等他被釋放之後，他便從凱薩琳的寓所把她綁出來，帶到空屋處開槍殺害。後來他被逮捕起

訴，因為凱薩琳之死被判刑。1993年，瓦特‧布萊爾被處死。

　　布萊爾有個同母異父的弟弟，叫做克里福特‧米勒，他從酒吧綁走一名女子，朝她的手臂開了一槍後，帶到空屋反覆強暴數次。克里福特把對方打到失去意識。除了手臂上的槍傷以外，這名女子還有顱骨、顎骨以及顴骨骨折。克里福特遭逮捕定罪，判2個無期徒刑，以及240年有期徒刑。

　　布萊爾的母親珍妮絲也不是什麼善良百姓。她槍殺了艾爾頓‧E‧葛雷，不過本案的細節線索甚少。她遭逮捕後定罪，不過使用了艾佛德認罪協議後，她的刑期縮減為緩刑。（這條協議表示的是證據已足以判罪，被告進而選擇認罪，但可以同時認罪和主張無辜。）

　　有這樣的家庭背景，不意外泰瑞‧布萊爾在成年後成了一名暴力分子。

凶殺紀錄

　　布萊爾兩個孩子的母親安琪拉‧夢露，布萊爾，被布萊爾殺掉的時候還懷有身孕。布萊爾宣稱自己生她的氣是因為她在接客。布萊爾入監服刑21年才獲釋。

登記有案之凶殺發生時間順序，以及發生過程：

- 1982年——安琪拉‧夢露
- 2003年——奈莉亞‧哈里斯，33歲
- 2004年7月14號—— 安娜‧尤英，42歲，遭勒頸致頸骨斷裂。
- 2004年9月2號——派翠西亞‧威爾森‧巴特勒，58歲，勒殺。
- 2004年9月2號——薛萊雅‧麥肯錫，38歲，遭勒頸致頸骨斷裂。
- 2004年9月4號——達希‧I‧威廉絲，25歲，遭勒頸致頸骨斷裂。
- 2004年9月4號——卡門‧杭特，40歲，勒殺。
- 2004年9月4號——克勞黛特‧朱妮兒，31歲，遭勒頸致頸骨斷裂。
- 日期不詳——珊卓拉‧瑞德，47歲。

逮捕行動與庭審

　　布萊爾於2004年10月15號遭逮捕，以八件一級謀殺案、三件強暴案以及一件一級傷害罪起訴。面對死刑，布萊爾放棄採用陪審團審判制度，以避免被判處死刑。最後他被判處四次無期徒刑，不可假釋。

結果

　　布萊爾目前被監禁於美國密蘇里州米納勒爾波因特的波托西懲教中心。

後記

布萊爾的陳述：

　　「他們把我帶到警方總部，並把我獨立拘禁。我問其中一名獄卒我之所以被獨立拘禁的緣故，她說，『他們不想讓你看新聞，』我問她，『新聞在說什麼？』她說，『你。』」

威廉・波寧
WILLIAM BONIN

出生年月日：1947年1月8號

別名／暱稱：公路殺手

做案特徵：強暴與謀殺

受害人數：14到44人

犯案日期：1972年到1980年

逮捕日期：1980年6月13號

殺人手法：勒殺、刀刺

已知受害人：丹尼斯・法蘭克・福斯，17歲；葛蘭・巴克，14歲；羅素・盧，15歲；勞倫斯・夏普，17歲；馬可斯・葛巴斯，17歲；唐納・海登，15歲；大衛・莫瑞歐，17歲；查爾斯・米蘭達，15歲；詹姆斯・麥凱，12歲；羅納德・蓋特林19歲；哈利・陶德・托納，14歲；史蒂芬・伍德，16歲；達倫・李・坎德克，19歲；史蒂芬・傑・威爾斯，18歲；湯瑪士・朗卓恩，13歲；哈洛德・泰德，15歲（倖存）

犯罪地區：加州

狀態：1996年2月23號注射死刑

個人背景

　　羅伯特與愛麗絲的三個兒子中，波寧排行老二。羅伯特好賭成性，並常常對自己的家人暴力相向。父母兩人都是酒鬼，孩子們經常無人看管。鄰居們常同情這幾個男孩子，提供食物和衣物給他們。偶而他們也會被送往祖父家暫住，然而

他們的祖父是戀童癖前科犯。祖父曾在他們母親年輕時騷擾過她，後來經查證，他也確實騷擾過自己的三名孫子。

1953年，男孩們被送往育幼院——此舉是孩子的母親為了讓小孩能夠脫離暴力相向的父親而採取的手段。這間育幼院向來因為小錯就重罰院童聞名，重罰的手段包含毒打、把院童壓進裝水的水槽，以及要求院童維持困難的姿勢。波寧後來拒絕談起在育幼院裡發生的事，只承認自己會答應年長的男性將自己的雙手反綁在身後，滿足他們的性需求。

波寧9歲的時候，三個孩子被送回父母身邊。他10歲的時候被抓到偷竊車牌，進而被送往青少年感化院。在感化院的期間，據聞他被多人虐待（性虐待與暴力虐待），其中一名施暴者就是他的輔導員。

這家人於1961年舉家搬遷至加州，主要原因是原住處遭強行法拍。搬家後不久，波寧的父親便死於肝硬化。波寧後來開始性騷擾自己的弟弟，以及住處附近的許多兒童。他會先騙對方要提供酒類，然後引誘對方到自己家中再動手。

波寧於1965年高中畢業，沒多久後就訂婚。之所以會訂婚，主要是因為他母親的堅持，因為母親擔心自己兒子的性傾向偏好男性。她以為讓波寧與女性成婚，這種性傾向就會消失。波寧於畢業那年便加入空軍，稍後參與了越戰。身為飛行機槍手，波寧在越南期間有超過七百小時的巡邏與戰鬥紀錄。

參戰期間，波寧曾一度冒險救下受傷同袍，因此他獲頒善行章。然而後來他宣稱自己在越南的經驗讓他相信人命的價值被高估了。波寧宣稱自己在越南期間與男性和女性都有性關係，同時也堅稱自己曾在春節攻勢一戰中，在槍口下被迫性侵兩名士兵。

於空軍服役三年後，波寧於1968年光榮退伍。他搬回母親家中，不久後便與未婚妻成婚。不過這段婚姻關係維持的時間並不長，兩人不久後便離婚了。

同年波寧犯下數起性侵案件，5名受害人年齡皆落在12到18歲之間。1969年初，他被逮捕並以這5名受害人的攻擊案件起訴。他認罪後因為被認為是精神失常的性侵犯，有治療可能，而被送往阿塔斯卡戴羅州立醫院。

他在醫院接受多次評估和測驗，結果顯示他的智商高於常人。他也出現躁鬱症的跡象。不僅如此，醫療人員發現他的大腦前額葉皮質受傷，代表他無法控制自己的暴力衝動。拘留於醫院期間，波寧多次對自己的男性獄友犯下強迫性行為。由於判定他的行為無法治療，波寧又被送往監獄。

1974年，當局判定波寧對自己與他人都無危險性，將其自獄中釋放。然而1975年，波寧證明他們錯了。他找上一名14歲的搭便車旅行者，大衛‧麥克維可，大衛一上車，波寧就問他是不是同性戀。

麥克維可當下一愣，接著請波寧停車。然而波寧不但沒有停車，反而拿出一把槍，開到空地，逼麥克維可脫掉衣物。接著波寧強暴他之後毒打他一頓，完事後波寧企圖用一件T恤勒斃麥克維可，但是男孩開始哭喊的時候，波寧就停下了動作，向他道歉，接著載麥克維可回家。他一離開，男孩就告訴母親事發經過，警方也接獲報案。

波寧因此被起訴判刑，又在獄中待了一段時間。出獄後，他找到了一份卡車司機的工作，同時他會讓青少年在他家喝酒開派對的名聲也在城裡年輕男孩間傳開來。透過鄰居的關係，波寧認識了一名21歲的男性，維農‧巴特茲，以及18歲的葛瑞格里‧麥立。巴特茲後來聲稱自己對波寧又恐懼又迷戀，並且很享受看著波寧折磨並殺害受害人。麥立有時也會自願陪同波寧犯案。

凶殺紀錄

男學生、搭便車的年輕男子以及男妓是波寧下手的常見目標。他會強迫或誘惑受害人搭上自己的福特小貨車，一上車之後，受害者就會馬上被強行壓制，並遭波寧以電線、手銬或類似繩索綁縛手腳。波寧接著會性侵受害人，並且猛力毆打受害人的頭部、臉部以及生殖器官。他會施以極刑，最後勒斃受害人，通常都是使用受害人自己的上衣作為工具，不過有時候他也會改用刀刺或毆打受害人致死。

波寧強迫達林‧坎卓克喝下鹽酸致死。還有3人死於遭到波寧以碎冰錐鑽入

耳中，馬克·謝爾頓則是死於休克，小貨車內副駕座位以及後廂的門把全部都被移除。波寧還有一袋工具和器材，用來對付受害人，其中包含刀、繩索以及各式各樣的家用工具。受害人通常都是在貨車後廂遭殺害，然後波寧會棄屍在南加州高速公路沿線。

波寧並非一直都是獨立犯案，而是常常有四名幫手中的一人協助。後人發現每一起謀殺案都比前一起更加殘忍與暴力，彷彿他每次殺人之後都要再追求更強烈的刺激。

目前已知受害人中第一人，湯瑪士·朗卓恩，於1979年5月28號在亞哥拉遭到波寧誘拐，或說遭綁的時候年僅13歲。當天早上10點50分左右，他離開自家，這就是最後一次有人目擊他還活著的身影。他遭到毒打的遺體於當天被人發現，穿著的衣物除了內褲和褲子不知去向以外，其他都還在身上。不見的衣物，以及被切除的生殖器官後來在附近空地尋回。

驗屍報告顯示他的頭顱有多處骨折，身上遭刺多次，喉嚨被劃破，最後是遭勒頸致死。

1979年8月4號，波寧在威斯敏斯特誘拐17歲的馬克·謝爾頓。這名少年遇到波寧的時候，正要去電影院。他失蹤的時候，住家附近有人聽見呼喊聲，因此調查人員相信他是被暴力強行帶走的。他在貨車後廂被以數種器具深入直腸，其中包含一支撞球桿。這段過程導致馬克·謝爾頓休克，最後死亡。他的遺體被棄置在聖伯納迪諾郡高速公路旁。

隔天，17歲的馬可斯·葛瑞伯斯沿著太平洋海岸公路搭便車時遭到波寧誘拐。他遭以點火電線綑綁後帶回波寧家中。馬可斯在屋內遭到毒打、雞姦，以及遭刺27刀至死方休。他的裸屍於隔天在馬里布溪邊被尋獲。

唐納·瑞·海登，15歲，於8月27號約凌晨1點左右遭綁，當時他正沿著聖塔莫尼卡大道旁行走。建築工地的工人於那天早晨在其中一個垃圾子母車中發現他的屍體。驗屍報告顯示他被綑綁、毆打與雞姦。他的頭部有鈍物重擊的痕跡，頸部遭刀刺。睪丸處顯示有意圖割下的痕跡，喉嚨被刀劃開。他的死因是被繩索勒

斃。

　　9月9號，波寧與共犯維儂・巴特茲在拉米拉雅綁走了騎著腳踏車、準備去戲院的17歲的大衛・莫瑞歐。他們把莫瑞歐騙上廂型車後很快就將他綑綁壓制住。這個男孩遭到多次性侵，頭部遭到拆輪胎的工具重擊數次，最後被繩索勒斃。他的遺體被拋棄在101號公路旁的路堤外。僅僅八天後，波寧又拐騙並殺害了18歲的羅伯特・威洛斯德克，當時受害人正騎著腳踏車要去雜貨店。傷痕累累的遺體於9月27號，在10號州際公路旁被尋獲。

　　波寧的已知作案紀錄中的下一起案件發生於11月1號，他與巴特茲聯手抓走一名身分不明的年輕男子。這名無名氏就跟其他受害人一樣，遭到嚴重毆打、強暴並勒斃。他的遺體被棄置於99號州道旁的水溝中，離克恩縣塔夫特市不遠。波寧後來承認，受害人被他殺害之前，他曾把碎冰錐往對方的鼻子和耳朵捅。

　　波寧於11月30號於柏弗勞綁走丹尼斯・法蘭克・福斯。他的遺體於兩天後在奧泰加公路被尋獲，頭部和臉部均有暴力且嚴重攻擊的痕跡，他的手腕和腳踝也都有繩索綁縛傷痕。12月13號，里亞托地區發現一名年輕男子的遺體。受害人（直到1980年8月才辨識出身分）是來自長堤15歲的約翰・奇爾派翠克，是在從家中出發去找朋友的路上失蹤。

　　1980年跨年那天，16歲的麥可・麥當勞被綁走。他遭到痛毆、虐刑，最後被勒斃，遺體衣著完整，於兩天後在聖貝納迪洛縣的711號公路旁被尋獲。他的身分一直到3月24號才查明。

　　波寧犯下的下一起殺人案件，幫兇是18歲的葛瑞格里・馬修斯・麥立。15歲的查爾斯・米蘭達沿著聖塔莫尼卡大道搭便車時遇上了波寧和麥立。麥立後來宣稱波寧和米蘭達是在麥立開著廂型車到處繞的時候，於車廂內合意性交。後來波寧在麥立耳邊悄聲說「這小子得死」，這時候兩人很快地綁縛了米蘭達的手腳。麥立企圖強暴米蘭達，可是無法維持勃起，挫敗的他便以尖銳物體攻擊米蘭達。米蘭達接著遭到波寧毒打後勒斃，期間麥立則坐在他的胸口。跟其他受害人不同的地方是他的遺體是在東二街的巷弄中被人發現的。

幾小時候，波寧和麥立便開始搜尋下一個受害者。波寧表示自己仍「慾火中燒」，想要再次出手攻擊和殺人。兩人在亨廷頓海灘遇見12歲的詹姆士・麥凱，他在公車站等車。波寧和麥立表示可以帶男孩到迪士尼樂園，結果是開到當地一家雜貨店的停車場。波寧爬到車後廂內，換麥立接手駕駛。波寧強暴毆打男孩的時候，麥立能聽見男孩的哭喊聲。兩人用換輪胎的鐵棒壓斷他的脖子，波寧再將他勒斃。三天後，麥凱的遺體在核桃市尋獲。

波寧因為違反假釋條例，入監一個月，於3月4號釋放。十天後，他便找上了下一名受害人。羅納德・蓋特林，18歲，離開朋友位於凡耐斯住家時被綁。跟其他人一樣，他遭到雞姦與毆打，以及被用碎冰錐捅進耳朵和頸部數次。最後，波寧用繩索將他勒斃，遺體於隔日在杜阿爾特尋獲。

14歲的葛蘭・巴克於3月21號在搭便車上學的途中，被騙上波寧的車。他遭強暴毆打，頸部數處遭菸頭灼傷。不僅一樣外物進入他的直腸，巴克最後遭繩索勒斃。同一天，15歲的羅素・盧在園林市公車站被綁，他被暴力虐待長達八小時之久。兩名男孩的遺體皆於3月23號在克里夫蘭國家森林尋獲。

波寧在3月某天晚上離開艾弗特・傅瑞舍家的時候，遇見了也要離開的17歲少年，威廉・瑞・普。波寧表示可以送普一程，兩人才剛上路，波寧就向普提出性交的提議。普當然非常吃驚，沉默了幾分鐘後，他便企圖在車子遇見燈號減速時下車。波寧抓住普的衣領，將他拉近，對普說他喜歡綁架年輕男性然後殺掉對方。他把普載回家後告訴普，他之所以沒有殺掉普，是因為有人目擊普跟著波寧一起離開傅瑞舍家。

普後來成為波寧的共犯，兩人於3月24號在街上綁走了從另一名男孩家跑出來、14歲的哈利・陶德・托納。兩人表示願意支付20美元換取托納提供性服務，把他騙上了車。托納被綁住手腳後遭到雞姦與毒打。普在波寧的命令下毆打男孩，接著波寧將托納勒斃。兩人將屍體留在一家店的送貨後門。驗屍報告顯示他的頭顱有8處骨折，生殖器遭切除。

史蒂芬・伍德，16歲，於4月10號在看完牙醫後走路上學途中被綁。他與其

他受害人經歷了相同的遭遇，最後一樣以繩索勒斃。他的遺體被棄置於長堤的巷弄中。4月29號，波寧在巴特茲的協助下誘拐了一位斯坦頓的超市店員上車。他們告訴19歲的受害人達林・坎卓克可以賣他毒品。他自願上了車之後，車子便駛向巴特茲的公寓。

　　一進入公寓，坎卓克便被壓制，綁縛手腳與雞姦。兩人勒住他的脖子，但沒有將他勒斃，這是他們施展的另一種虐待手法。他們逼坎卓克喝下鹽酸，導致他的口中、下巴、胸口與胃部留下可怕的燒灼傷痕。巴特茲兇猛地用碎冰錐捅入坎卓克的耳朵，傷及脊髓導致死亡。在阿蒂希亞高速公路旁尋獲他的遺體時，碎冰錐仍插在他的耳朵裡。

　　波寧的共犯之一，17歲的勞倫斯・夏普於5月17號被殺害，原因只是因為波寧厭倦了他一直跟在身邊。他被綁縛後雞姦，頭部與軀幹遭到毒打，最後遭到勒斃。他的遺體於隔天被人尋獲，就丟在威斯敏斯特的加油站後方。兩天後，波寧要巴特茲幫他犯案，但是巴特茲拒絕了。波寧於是獨自從唐尼市的公車站綁走了14歲的尚恩・金。他的遺體在橡樹峽谷路被尋獲。

　　幾天後，波寧邀請18歲的詹姆士・麥可・蒙羅搬進波寧與母親同住的公寓。蒙羅當時是個無家可歸的流浪者，想都沒想就答應了波寧的邀約。兩人展開一段性愛關係，雖然雙性戀者的蒙羅更偏好與女性發生性關係。一開始，蒙羅以為波寧是個「好人」，直到波寧於6月1號告訴他，他想要蒙羅幫他綁架殺害年輕的便車搭乘者。

　　波寧和蒙羅於6月2號遇上了18歲史蒂芬・威爾斯。威爾斯在等公車的時候被誘拐上了車。波寧發現威爾斯是雙性戀之後，表示要給他200美金，要他去他家，先綁縛手腳再發生性關係。威爾斯同意了。他一進入公寓，就被兩人綁縛、強暴、毆打。被勒斃之前，波寧告訴威爾斯他要殺掉他了。最後他的屍體被放進紙箱裡，運回巴特茲的家。

　　在車上的時後，波寧鼓勵巴特茲看屍體的樣子，然後據稱還問巴特茲哪裡是最好的棄屍點。巴特茲提議加油站，或者「上次的棄屍地點」。威爾斯的遺體最

後被棄置在亨廷頓海灘附近一座老舊的加油站。雖然加油站已經沒有營運,他的遺體仍很快就被發現——距離棄屍後僅過五小時。

已知受害人:

- 1979年5月28號——湯瑪士・朗葛文,13歲
- 1979年8月4號——馬克・謝爾頓,17歲
- 1979年8月5號——馬可斯・葛瑞伯斯,17歲
- 1979年8月27號——唐納・瑞・海登,15歲
- 1979年9月9號——大衛・莫瑞歐,17歲
- 1979年9月17號——羅伯特・威洛斯德克,18歲
- 1979年11月1號——無名氏,19～21歲
- 1979年11月30號——丹尼斯・法蘭克・福斯,17歲
- 1979年12月10號——約翰・奇爾派翠克,15歲
- 1980年1月1號——麥可・麥當勞,16歲
- 1980年2月3號——查爾斯・米蘭達,15歲
- 1980年2月3號——詹姆士・麥凱,12歲
- 1980年3月14號——羅納德・蓋特林,18歲
- 1980年3月21號——葛蘭・巴克,14歲
- 1980年3月21號——羅素・盧,15歲
- 1980年3月24號——哈利・陶德・托納,15歲
- 1980年4月10號——史蒂芬・伍德,16歲
- 1980年4月29號——達倫・李・坎德克,19歲
- 1980年5月17號——勞倫斯・夏普,17歲
- 1980年5月19號——尚恩・金,14歲
- 1980年6月2號——史蒂芬・威爾斯,18歲

逮捕行動與庭審

1980年5月，普因為竊車被捕。在拘禁期間，他向一位律師坦承自己認得新聞中提及的作案手法，跟波寧之前告訴他的一樣。這條情報傳到了警方手上，警方於是開始偵訊普。警方開始調查波寧背景的時候，發現他有非常多犯罪紀錄，其中包含性侵年輕男孩。因此，警方便開始對他展開監視行動。

在監視期間，警方注意到波寧於6月11號在好萊塢地區開著車到處晃，似乎想要誘拐青少年上他的廂型車。失敗四次後，終於成功說服一位男孩上車，警方跟蹤波寧，直到他把車停在好萊塢公路附近的一處停車場。警方躡手躡腳地接近箱型車，聽見車內傳來尖叫聲和敲擊聲響，立刻強行登上廂型車。當時波寧正在強暴哈洛德‧泰德。

被捕後，調查人員搜索波寧的廂型車和他的住家，發現數件證物讓他疑似就是公路殺手。除了束縛工具、刀子、老虎鉗和換輪胎的鐵棒以外，還在他家中某些地方以及廂型車內發現大量血漬。他們甚至還在廂型車的副駕置物箱中找到一本剪貼簿，裡面都是謀殺案相關的新聞報導。

雖然他企圖否認參與任何一起謀殺案，波寧最後還是放棄掙扎，認了罪。在好幾天的訊問後，他承認綁票、強暴和謀殺21名年輕男子與男孩。他沒有流露任何悔意，只懊悔自己遭逮一事。他也說出巴特茲、蒙羅和麥立是幫兇的事。

波寧最後於1980年7月29號以16條殺人罪名遭起訴，同時還有1條雞姦罪、11條搶劫罪和1條傷害罪。巴特茲也在同時間被起訴，共有6條謀殺罪和3條搶劫罪。11月14號，巴特茲又因為3起謀殺罪名被起訴，安排於1981年7月27號出庭接受審判。

蒙羅於1980年7月31號遭逮，以謀殺史蒂芬‧威爾斯的罪名遭起訴。面對所有起訴罪名，他皆宣稱無罪。麥立於8月22號遭逮捕，以謀殺詹姆斯‧麥凱和查爾斯‧米蘭達的罪名遭起訴。他與一名友人的通話內容被錄下，在這通電話中他承認了自己的罪行。他一開始宣稱無罪，後來又改口承認罪行。

波寧的第一次庭審於1982年1月6號結束，這時他已經有十起謀殺案的罪名成

立。判刑的裁量結果直到1月20號才公布，波寧遭判死刑。接著他到橘郡出庭4起殺人罪嫌的庭審。這次庭審進行了六個禮拜。1983年8月2號，四起謀殺罪名都成立，還有三起搶劫罪名。他同樣地被判處死刑。

1981年1月11號，巴特茲庭審開始之前，於獄中上吊自殺身亡。蒙羅謀殺史蒂芬·威爾斯一案，被判15年有期徒刑。麥立殺害查爾斯·米蘭達一案，於1982年2月判處25年至無期徒刑。他同時也因為殺害詹姆士·麥凱一案遭判25年有期徒刑。2016年5月25號，麥立因二天前受到獄友攻擊，傷重不治。

威廉·普因為哈利·陶德·托納謀殺案中，自願參與殺人行為被判處6年有期徒刑。他只在監獄中待了4年，於1985年獲釋。

結果

波寧等了14年才確定死刑執行日期。一開始，波寧被安排以毒氣室行刑。但是由於之前的行刑過程出了問題，這項判決改為以注射執行死刑。他的最後一餐吃了2份大比薩、3品脫冰淇淋和18罐可樂。他選了5個人陪他度過人生最後時光，包含他的自傳作家、一名牧師和他的律師。

他於晚間11點45分被帶往毒氣室（在這裡執行注射死刑），於凌晨12點13分宣布死亡。

後記

- 在等待死刑期間，他與幾名連續殺人犯結識，包含道格·克拉克（參考138頁）、勞倫斯·比特克（參考66頁）和藍迪·卡拉夫特（參考214頁）。
- 最後一餐：2張大份墨西哥肉腸與香腸比薩、3品脫咖啡冰淇淋以及3組6罐裝經典可口可樂。

波寧語錄

「如果有人真的想要做犯法的事，我建議動手前先找個安靜的地方，認真想過再說。」

波士頓勒殺狂
BOSTON STRANGLER

出生年月日：1931年9月3號

別名／暱稱：艾伯特・亨利・迪薩弗、綠男、丈量男、瘋狂波士頓勒殺狂

做案特徵：強暴謀殺

受害人數：13人

犯案日期：1962年6月到1964年1月

逮捕日期：1964年11月

殺人手法：勒殺

已知受害人：安娜・史萊瑟斯，55歲；瑪莉・莫蘭，85歲；妮娜・妮可思，68歲；海倫・布萊克，65歲；艾達・爾加，75歲；珍・蘇莉文，67歲；蘇菲・克拉克，20歲；派翠西亞・比塞特，23歲；瑪莉・布朗，69歲，比佛莉・珊門斯，23歲；艾弗林・蔻兒賓，58歲；喬安・葛萊芙，23歲；瑪莉・蘇莉文，19歲

犯罪地區：波士頓

狀態：直到最終都沒有因為謀殺罪名遭判刑，但是因為強暴罪刑被判無期徒刑。1973年11月25號於獄中遭刀刺身亡

個人背景

　　雖然一般認知裡艾伯特・迪薩弗就是波士頓勒殺狂，近年卻有另一種說法，認為這十三起謀殺案可能非他一人所為。所有受害人都是住在波士頓地區的女性，案件發生於1960年代初期。

　　這些案件常被稱為「絲襪殺人案」，因為每個受害人都是被絲襪勒斃的。雖

然艾伯特·迪薩弗是否參與這些案件仍有可疑之處，責任仍都歸屬於他。

在這個酗酒與暴力的家庭的五個孩子中，迪薩弗是其中之一。他在軍中待了一段時間，最後因為不聽命令遭勒退。退伍後他娶了一名德國女子厄姆葛特·貝克。兩人的第一個孩子出生便是殘疾之身，雖然兩人收入拮据，又多了孩子的開銷，這個家庭仍能勉力維繫生活。

根據他的妻子，迪薩弗「性需求很高」，但是出於害怕再生出另一名殘疾幼兒，她常避免與他發生關係。不過逃避並非長久之計，後來她還是生了第二個孩子，是個健康的兒子。迪薩弗的身分成了有妻室兒女的男人，雖然非常愛吹牛，同事仍很喜歡他。

年輕的時候，迪賽弗會上門拜訪年輕女子，宣稱自己在找新的模特兒，也成功說服了許多人讓他進入家門。一進入屋內，他就會表示要「量測身材」，看看她們有沒有成為模特兒的條件。此舉讓他最後因為性騷擾遭起訴，最後入獄18個月。

凶殺紀錄

勒殺狂的第一名已知受害人是55歲的安娜·史萊瑟斯。她的遺體在1962年6月14號，於波士頓貝克灣自家公寓中被尋獲。她被人以異物性侵，並用她的衣櫥裡的皮帶勒斃。

根據迪薩弗的證詞，他的下一次企圖做案日期是1962年6月28號。他進入了85歲的瑪莉·莫蘭家中，正當迪薩弗抓住她的時候，她倒地不起，於是迪薩弗逃離了現場，完全不知道她心臟病發。

1962年6月30號，68歲的妮娜·妮可思在自宅遭襲。她遭性侵，兇手用妮娜的尼龍絲襪將她勒斃。勒殺狂的下一個受害人是65歲的海倫·布萊克，她也是在同一天晚上遇襲，並且同樣遭兇手用自己的絲襪勒頸與性侵。

75歲的艾達·爾加於8月19號遭到殺害，她在波士頓比肯丘自家公寓中遭性侵與勒殺。8月21號在多徹斯特，67歲的珍·蘇莉文遭性侵後，兇手再以她的絲

襪將其勒斃。後來直到1962年12月5號，20歲的蘇菲·克拉克遭殺害之前，紀錄上都沒有出現其他殺人案件。這次，勒殺狂一樣性侵受害者，最後再將其勒斃。

23歲的派翠西亞·比塞特於1962年12月31號遭兇手以她的尼龍絲襪勒斃。她的遺體於波士頓貝克灣家中被發現。瑪莉·布朗的謀殺案發生於1963年3月6號，此案比起過去幾件案件來得暴力。瑪莉於麻省自家公寓中遭強暴、毆打、勒頸與刀刺。

下一名遭殺害的女子是23歲的比佛莉·珊門斯。她於1963年5月6號於麻省自家中經人發現。跟其他人被勒斃的受害人不一樣的是，她遭刺殺致死。9月8號，58歲的艾弗林·蔻兒賓遭性侵後以自己的尼龍絲襪勒斃，遺體於麻省賽冷家中被人發現。

1963年11月23號，23歲的喬安·葛萊芙被人發現遭自己的絲襪勒斃於自家公寓中。這起謀殺案發生後，兇手沉寂了一段短暫的時間，下一起案件發生於1964年1月4號。19歲的瑪莉·蘇莉文在波士頓自家公寓中被人發現遭性侵勒斃。這是波士頓勒殺狂的已知犯案紀錄中最後一件殺人案。

已知受害人：

- 1962年6月14號——安娜·E·史萊瑟斯，55歲，遺體尋獲地點為波士頓貝克灣根茲柏勒街77號的自家住宅
- 1962年6月28號——瑪莉·莫蘭，85歲，遺體尋獲地點為波士頓聯邦大道1435號自宅寓所。
- 1962年6月30號——妮娜·妮可思，68歲，遺體尋獲地點為遺體尋獲地點為波士頓聯邦大道1940號自宅寓所。
- 1962年6月30號——海倫·布萊克，65歲，遺體尋獲地點為麻州林恩市鈕霍爾街73號自宅。
- 1962年8月19號——艾達·爾加，75歲，遺體尋獲地點為波士頓比肯丘葛洛夫街7號自宅寓所。

- 1962年8月21號——珍‧蘇莉文，67歲，遺體尋獲地點為波士頓多徹斯特哥倫比亞路435號自家。
- 1962年12月5號——蘇菲‧克拉克，20歲，遺體尋獲地點為波士頓貝克灣亨廷頓大道315號自宅寓所。
- 1962年12月31號——派翠西亞‧比塞特，23歲，遺體尋獲地點為波士頓貝克灣公園路515號自家。
- 1963年3月6號——瑪莉‧布朗，69歲，遺體尋獲地點為麻州羅倫斯市公園大道319號自宅寓所。
- 1963年5月6號——比佛莉‧珊門斯，23歲，遺體尋獲地點為麻州劍橋市大學路4號自家。
- 1963年9月8號——艾弗林‧蔻兒賓，58歲麻州，遺體尋獲地點為麻州塞冷拉法葉街224號自家。
- 1963年11月23號——喬安‧葛萊芙，23歲，遭自己的尼龍絲襪勒斃。遺體尋獲地點為麻州羅倫斯市埃塞克斯街54號自宅寓所。
- 1964年1月4號——瑪莉‧蘇莉文，19歲，遺體尋獲地點為波士頓查爾斯街44-A號自宅寓所。

逮捕行動與庭審

　　1964年10月27號，一名年輕女子讓陌生人進入自家，因為男子宣稱自己是警探。他攻擊她，將她綁在床上後性侵得逞。然而他突然對女子道歉後便離開現場。女子提供警方關於攻擊者的詳細描述，最後讓調查指向了艾伯特‧迪薩弗。

　　一開始迪賽弗是遭到10月強暴女子一案起訴。然而在他關押期間，他向獄友喬治‧納薩爾坦承，波士頓勒殺狂犯下的謀殺案件是他下的手。納薩爾把迪賽弗說詞交給了自己的律師，律師進而通知警方。迪賽弗接受警方訊問的時候，他提供了許多未曾對外公開的細節。不過他的宣言與某些謀殺案件中的犯罪現場並未完全吻合，那些案件中也沒有直接證據能證明與他有關。

迪賽弗因為數起性侵案件出庭受審，這些案件中他強暴受害人之後沒有殺害對方。期間他被稱之為「綠男」以及「丈量男」他的律師提及他自稱波士頓勒殺狂一事，想藉此證明他發瘋了，但是這項資訊遭法官拒絕。

迪賽弗的性侵案判決結果為有罪，他於1967年遭判終生監禁。不過他從未被以謀殺案起訴。遭判刑的同年，本在橋水州立醫院拘留的他與兩名病友一同從醫院中逃脫。隔天他便向當局自首，後被送往沃波爾州立監獄，這是一間最高警戒監獄。

結果

- 1973年11月27號，迪賽弗被人發現於牢房中遭刺傷身亡。與冬山幫有關聯的威爾森・羅勃因此謀殺案件遭起訴。但是由於陪審團意見無法統一，他始終沒有遭定罪。

- 多年來，許多人仍對於迪賽弗是否真是波士頓勒殺狂一事抱持不確定的態度。所有案件中，最引人疑竇的就是瑪莉・蘇莉文一案。迪賽弗的自白中宣稱曾性侵進入蘇莉文體內，但是驗屍報告顯示沒有性行為的跡象。

- 有人提出應該相驗瑪莉・蘇莉文一案的犯罪現場所採集到的液體證據，以便證實到底此案殺手是否就是迪賽弗。2013年7月11號，波士頓警方公布，案件中有DNA證據可以將瑪莉・蘇莉文與迪賽弗連結。不過，他們採用的是迪賽弗姪子的樣本。為了解決這個問題，法庭發令要求將迪賽弗開棺採檢。7月19號，當局公布消息，確認的確有DNA證據，迪賽弗確是謀殺瑪莉・蘇莉文的兇手。

後記

- 有一個波士頓硬核樂團就叫做波士頓勒殺狂。
- 滾石合唱團於1969年發行的《Let It Bleed》專輯中有一曲名為《夜行者》。這首歌寫的就是艾伯特・迪薩弗簡單自傳故事。

迪賽弗詩作：

勒殺狂的故事沒人訴說，

這個宣稱殺害十三名少女老嫗的男子。

難以捉摸的勒殺狂，他來了，

他的慾望讓他去哪，沒人知曉。他在白日下手，

不留一絲線索。

少女老嫗，雙唇緊閉，死亡的秘密永遠不會揭露。

雖然他的心病態，

仍聰明逃出警方搜查。

揭露他的秘密可以讓他出名，但也讓家人承受多餘的恥辱。今日他獨坐牢房，心底僅有一則秘密能吐露。到處都有人質疑，

勒殺狂到底已經入獄還是仍在遊蕩？

傑瑞‧布魯多斯
JERRY BRUDOS

出生年月日：1939年1月31號

別名／暱稱：戀鞋癖殺手、慾望殺手

做案特徵：戀物癖、戀屍癖

受害人數：4人

犯案日期：1968年1月26號到1969年4月27號

逮捕日期：1969年5月25號

殺人手法：勒殺

已知受害人：琳達‧凱‧史勞森，19歲；珍‧蘇珊‧惠特妮，23歲；凱倫‧伊蓮娜‧史賓克，19歲；琳達‧道恩‧瑟黎，19歲

犯罪地區：美國奧勒岡州

狀態：終生監禁，於2006年3月28號自然死亡

個人背景

　　布魯多斯出生的時候，他的母親非常失望，因為她想要的是女嬰而不是男嬰。因此，她時常無視他，且常常貶低他。年僅5歲的時候布魯多斯就發展出對女鞋的癖好，而這個癖好後來跟著他一輩子。青少年時期的布魯多斯會跟蹤當地女性並攻擊對方，有時是掐住對方的脖子或是把對方擊昏，接著他就會帶著受害人的鞋子逃跑。

　　布魯多斯的青少年時期中有很長時間都待在州立醫院和精神治療中。這種令人不安的行為在他17歲時變本加厲，這時的他挖了一個洞穴，強迫女孩當他的

性奴。這樣的行徑曝光後，他被送往奧勒岡州立醫院，在精神科病房中待了9個月。醫院的評估報告發現他的戀物癖和性幻想都是由對母親、對女性的報復之心以及恨意產生。

即便如此，布魯多斯仍取得了高中畢業證書，受訓成為電子技工。1961年婚後，他與妻子搬到了奧勒岡州的波特蘭市定居。但是這時的他開始抱怨偏頭痛以及「斷片」的狀況。為了緩解症狀，他會在夜裡的街道上潛行，偷取花邊貼身衣物和鞋子。

凶殺紀錄

布魯多斯犯下的第一起凶殺案發生於1968年1月26號。19歲的琳達・史勞森失蹤時在波特蘭市銷售百科全書，位置就是布魯多斯住處附近。她的遺體始終沒有被尋獲，布魯多斯後來承認在殺害受害人之後將遺體拋入威拉米特河中。

1968年11月25號，23歲的珍・惠特妮在尤金失蹤。她的車被人發現停在5號州際公路的一座休息站，位置介於塞冷與奧巴尼之間。1969年7月27號，在威拉米特河尋獲她的遺體，遺體與鐵軌上取下的一段鐵條綁在一起。

19歲的凱倫・史賓克最後一次被目睹的身影是在塞冷的一家店舖的停車場。她的遺體被與重物綑綁後，於1969年5月10號拋入門羅地區附近的長湯姆河。已知案件中的最後一起謀殺案，發生於1969年4月23號。最後一次有人目擊22歲的琳達・瑟黎的行蹤，是在波特蘭的辦公大樓停車場，她的遺體也同樣於門羅附近，在長湯姆河中被尋獲。跟凱倫・史賓克一樣，她的遺體也被綁上了重物後才被拋入河中。

凶殺案件發生期間，布魯多斯是已婚身分，並育有兩名孩子。有時他會假扮成警方，身穿假制服、帶著假證件去誘拐年輕女子上車。受害人一旦上了車，他就會將對方帶回自家，於車庫將對方殺害，這一切過程妻兒都被蒙在鼓裡。

受害者死亡後，布魯多斯會拍攝死者照片。他喜歡替死者穿上內衣褲，再跟屍體發生性關係。他常會切下死者身上一部分，例如保存腳掌，或是將乳房用樹

脂固定，拿來當作紙鎮。他蒐集了許多高跟鞋，用來保存腳掌好當作「模型」。

凶殺案發生時間順序：

- 1968年1月26號——琳達·史勞森，19歲
- 1968年11月25號——珍·惠特妮，23歲
- 1969年3月27號——凱倫·史賓克，19歲
- 1969年4月23號——琳達·瑟黎，22歲

逮捕行動與庭審

　　1969年5月，布魯多斯企圖綁架一名12歲的女孩，不過女孩最後成功脫逃。她提供了警方攻擊者的外貌描述，並且在嫌犯照片中指認了布魯多斯。他很快就遭警方逮捕。一開始，布魯多斯宣稱自己是無辜的。接著，在6月27號，也就是出庭日期三天前，布魯多斯承認殺害惠特妮、史賓克和瑟黎。

　　因為他認罪的緣故，便不需要進行庭審，布魯多斯被判處終生監禁。

結果

- 布魯多斯在獄中的時候寫信給製鞋公司索取產品目錄。在他心中，女鞋目錄就像是性讀物，他的牢房中收藏了好幾本。
- 2006年3月28號，布魯多斯因肝癌死亡。當時，他是奧勒岡矯正單位中服刑最久的囚犯，已經服刑37年。

後記

- 後人稱他為「戀鞋癖殺手」，他以鈍物重擊並勒殺4名女性，並收集受害人屍體的部位做為紀念品。
- 他的母親想要的是女兒，所以她會替他穿女性衣物。
- 他對女鞋癡迷，並會割下受害人的腳部，放在偷來的鞋子裡端詳。

泰德・邦迪
TED BUNDY

出生年月日：1946年11月24號

別名／暱稱：克里斯・黑根、肯尼斯・麥斯納、羅斯蘭警官、理查・伯頓、洛夫・米勒

做案特徵：綁票、折磨、強暴、謀殺

受害人數：30人以上

犯案日期：1961年到1978年

逮捕日期：1978年2月15號

殺人手法：重物打擊、勒殺

已知受害人：安・瑪莉・博兒，8歲；洛妮・川貝爾，20歲；麗莎・維克，20歲；喬妮・蘭茲，18歲；琳達・安・席麗，21歲；堂娜・蓋兒・曼森，19歲；蘇珊・伊蓮・蘭寇特，19歲；布蘭達・貝克，15歲；羅柏塔・凱特琳・帕克斯，20歲；布蘭達・卡蘿・波爾，22歲；喬治安・霍金斯，18歲；珍妮絲・奧特，23歲；迪妮絲・納斯蘭，18歲；凱琳・坎貝爾，23歲；朱莉・康寧漢，26歲；迪妮絲・奧利佛森，25歲；梅蘭妮・庫利，18歲；雪莉・羅柏森，24歲；南西・威爾柯斯，16歲；梅莉莎・史密斯，17歲；蘿拉・安姆，17歲；黛比・肯特，17歲，卡蘿・狄羅奇，18歲（生還）；南西・貝爾德，23歲；蘇・科特斯，15歲；黛比・史密斯，17歲；瑞塔・蘿蘭・喬莉，17歲；薇琪・琳・豪洛爾，24歲；凱倫・錢德勒，21歲（生還）；凱西・克蘭兒，20歲（生還）；麗莎・賴薇，20歲；瑪格麗特・波曼，21歲；雪柔・湯瑪士，21歲（生還）；金柏莉・莉琪，12歲；黎轟特・克弗，13歲；瑞塔・可藍，24歲

犯罪地區：美國華盛頓州、科羅拉多州、猶他州、奧勒岡州、佛羅里達州、愛達

荷州、佛蒙特州

狀態：1989年1月24號以電椅處死刑

個人背景

　　席爾多·「泰德」·邦迪也是一名在羞恥與藏匿下誕生的非婚生子。他的母親，艾倫諾·科威爾的父母在虔誠信仰的家庭中養大他。22歲的年紀就有了孩子，還沒有丈夫，這種事在當時就是一則醜聞。所以邦迪是由外公外婆以領養名義帶大的。童年早期的他深信他的母親是他的姊姊。

　　在還是個小娃兒的年紀，邦迪就與母親遷居到了華盛頓州塔科馬市。1951年，她嫁給了強尼·邦迪。兩人又生了幾個孩子，雖然是個藍領家庭，一家人的日子看似還過得去。但是邦迪從小就開始表現出對於恐怖事物的著迷。才3歲的他對刀子非常有興趣。

　　求學時期，邦迪很聰明，學業成績也很優秀，但是卻有社交困難，無法交到朋友。進入青少年時期，他的行為舉止開始偏移。他很喜歡往窗內窺視，常常想要什麼就偷，還毫無悔意。

　　邦迪進入華盛頓大學就讀。在大學期間，他愛上了一位來自加州的年輕女子。邦迪受到這個漂亮女孩的吸引，著迷於她所擁有、也是自己想要的一切——階級、影響力與金錢。她提出結束兩人關係的時候，邦迪絕望至極。後來可知，他手下的許多受害人都有她的影子——都有一頭深色長髮，樣貌好看。

　　下一位受害人後來有幸從攻擊中生還，她形容邦迪有魅力且外貌英俊。這些特色，加上他假裝受傷需要協助的伎倆，讓他得以獲得受害人的信任。

凶殺紀錄

　　邦迪絕對是上個世紀中最病態的殺手之一。他常常在棄屍後又回去對屍體進行各種性交行為。此舉會維持到屍體腐敗的程度太嚴重，或是遭野生動物破壞過

度，無法與其肉身接觸為止。

邦迪的受害人中至少有12人遭斬首，其中有些頭顱還被留在他的寓所中一段時間。跟許多會收集戰利品的連續殺人狂一樣，邦迪會收藏頭顱。透過觀賞或撫摸從受害人身上砍下來的頭顱，他無疑十分享受回顧殺害對方時的情景。

邦迪最血腥的一次攻擊，發生於1978年1月15號，當時的他從獄中逃脫，正在躲避追查。這天清晨，他強行進入佛羅里達州立大學姐妹會宿舍中。大約清晨2點45分，他以一根柴薪攻擊正在睡夢中的21歲女性，瑪格麗特·波曼。他接著用一雙尼龍絲襪勒斃她。然後他進入了麗莎·賴薇的寢室。21歲的麗莎被重擊致昏迷，然後勒斃。邦迪扯下她的乳頭，咬她的臀部，再用酒瓶侵犯她。

邦迪接著進入隔壁寢室攻擊凱西·克蘭兒和凱倫·錢德勒。克蘭兒的顎骨碎裂，肩膀脫臼。錢德勒腦震盪、顎骨碎裂、指骨碎裂，幾根牙齒也被打落了。四名女子的襲擊事件皆發生於約十五分鐘內。

逃離姐妹會宿舍後，邦迪又入侵了另一戶公寓，攻擊大學生雪柔·湯瑪士。雖然她最後生還，但傷勢包含肩膀脫臼、顎骨碎裂，頭顱也破碎成五塊。這次攻擊讓她終生失聰。

邦迪預定行刑的那天晚上，他與比爾·海格邁爾討論自己的受害者，名單列出來如下：

華盛頓州11人（包含從奧勒岡州綁來、在華盛頓州殺害的帕克斯。此數字包含三名無名受害人）、猶他州8人（3人身分未明）、科羅拉多州3人、佛羅里達州3人、奧勒岡州2人（2人皆身分未明）、愛達荷州2人（1人身分未明）、加州1人（身分未明）

凶殺案發生時間順序：
- 1974年2月1號──琳達·安·席麗，21歲，於睡眠中鈍物重擊後綁架。她的顱骨與下顎骨於泰勒山上被人發現。
- 1974年3月12號──堂娜·蓋兒·曼森，19歲，在走路前往演唱會途中遭

綁，隨後遭殺害。她的遺體（根據邦迪所說）被拋棄於泰勒山上，但是始終沒有被尋獲。

- 1974年4月17號——蘇珊・伊蓮・蘭寇特，18歲，於中央華盛頓大學參加晚間導生聚會後失蹤。她的顱骨與下顎骨於泰勒山上被尋獲。
- 1974年5月6號——羅柏塔・凱特琳・帕克斯，22歲，在位於科瓦利斯的俄勒岡州立大學裡失蹤。她的頭骨與下顎骨於泰勒山上尋獲。
- 1974年6月1號——布蘭達・卡蘿・波爾，22歲，離開位於布里恩的火焰酒館後失蹤。她的顱骨與下顎骨於泰勒山上尋獲。
- 1974年6月11號——喬治安・霍金斯，18歲，於華盛頓大學的姐妹會宿舍後方小巷遭綁。於伊薩夸尋獲的骨骸，經邦迪指認為霍金斯的遺骸無誤。
- 1974年7月14號——珍妮絲・安・奧特，23歲，在大白天於薩馬米甚湖州立公園遭綁。她的骨頭遺骸於伊薩夸尋獲。
- 1974年7月14號——迪妮絲・瑪莉・納斯蘭，19歲，在奧特被綁後四小時，於同一座公園遭綁。她的骨頭遺骸於伊薩夸尋獲。

猶他州、科羅拉多州、愛達荷州

- 1974年10月2號——南西・威爾柯斯，16歲，於猶他州霍拉迪市遭伏擊、重傷後遭勒斃。根據邦迪描述，她的遺體被埋藏在圓頂礁國家公園附近，於鹽湖城南方320公里處，但是未曾有人尋獲她的遺體。
- 1974年10月18號——梅莉莎・安・史密斯，17歲，從猶他州密德威爾消失無蹤。她的遺體尋獲地點為附近山區。
- 1974年10月31號——蘿拉・安・安姆，17歲，從猶他州密德威爾消失無蹤。她的遺體在美國叉河峽谷被健行民眾尋獲。
- 1974年11月8號——黛博拉・珍・肯特，17歲，離開位於猶他州班提福爾的學校話劇表演後失蹤。根據邦迪的說法，她的遺體被留在距離班提福爾南方160公里遠的費悠。她的遺體只找回了膝蓋骨，但此骨骸也從未正式確認就

是屬於肯特。

- 1975年1月12號——凱琳‧艾琳‧坎貝爾，23歲，在科羅拉多州斯諾馬斯村一間飯店中失蹤。她的遺體被棄置在附近的一條泥道上。

- 1975年3月15號——朱莉‧康寧漢，26歲，在科羅拉多州維爾市要前往酒館的路上失蹤。根據邦迪描述，她的遺體被埋藏在科羅拉多州賴夫爾市附近，於維爾市西方140公里處，但是未曾有人尋獲她的遺體。

- 1975年4月6號——迪妮絲‧琳‧奧利佛森，25歲，在科羅拉多州格蘭姜欣市騎腳踏車前往父母家的路上失蹤。根據邦迪描述，她的遺體被丟進了科羅拉多運河，距離格蘭姜欣市西方8公里處，但是未曾有人尋獲她的遺體。

- 1975年5月6號——黎聶特‧道恩‧克弗，12歲，於愛達荷州波卡特洛市阿拉米達國中遭綁。根據邦迪描述，她的遺體被丟進了當局判定應該是蛇河的河裡，但是未曾有人尋獲她的遺體。

- 1975年6月28號——蘇珊‧科特斯，15歲，於楊百翰大學參加青年會議期間失蹤。根據邦迪描述，她的遺體被埋藏在猶他州普萊斯附近，位於普洛伏東南方121公里處，但是未曾有人尋獲她的遺體。

佛羅里達州

- 1978年1月15號——瑪格麗特‧伊莉莎白‧波曼，21歲，於佛羅里達州立大學姐妹會宿舍中睡覺時，遭鈍物重擊後勒頸致死。

- 1978年1月15號——麗莎‧賴薇，20歲，於佛羅里達州立大學姐妹會宿舍中睡覺時，遭鈍物重擊、性侵後勒頸致死。

- 1978年2月9號——金柏莉‧黛安‧莉琪，12歲，於佛羅里達州湖城就讀的國中遭綁。她的骨骸在蘇旺尼河州立公園附近被尋獲，地點位於湖城西邊69公里處。

疑似受害人

邦迪在數起殺人懸案中都是嫌犯，在其他受害人未曾被指認身分的凶殺案件中，他也很可能就是兇手。在1987年的一次對話中，他向克佩爾坦承「有些凶殺案」他是「絕對不會再提起的」，因為這些案件的犯案地點都「離家太近」、「離家人太近」或者有「年紀極輕的受害人。」

- 1961年8月31號——安·瑪莉·博兒，8歲。在邦迪14歲時，在位於塔科馬的自家失蹤。她家就位於邦迪送報的路線上。受害人的父親很肯定曾經在女兒失蹤那天早上，於附近UPS園區一處工地的溝渠中見到過邦迪。此案有其他間接證據證明邦迪是兇手，但是他始終否認涉案。他甚至還在1986年寫了一封信給博兒的家人，否認此事與他有關。根據克佩爾轉述，博兒案件符合了邦迪所說的三個類型：「離家太近」、「離家人太近」以及「年紀極輕。」2011年，本案啟用鑑識科學檢視物證，但是DNA樣本已經降解致無法分析的地步。

- 1966年6月23號——空服員麗莎·E·維克與洛妮·川貝爾皆為20歲，兩人於西雅圖安妮女王丘區自宅公寓睡覺的時候，遭以木棒重擊。此處位於邦迪工作的喜互惠超市不遠，兩名女子也會在該超市購物。川貝爾死於攻擊事件中，但是維克生還了。直至今日，仍無證據可證明邦迪與此事件有關，但此案與後來發生在姐妹會宿舍的案件之間的相似度極高。

- 1969年5月30號——同樣都是19歲的蘇珊·戴維斯與伊莉莎白·佩瑞在度假時被刺傷致死。兩人的車在紐澤西州薩默斯波因特花園州大道附近被人尋獲。遺體則於三天後在附近的林子裡尋獲。其中一名死者全身衣著完整，另一人則全身赤裸。邦迪告訴司法心理師亞特·諾曼，他的第一起謀殺案對象是費城地區的兩名女子。根據邦迪的姑姑朱莉亞表示，戴維斯與佩瑞被殺害那週，邦迪因為車禍的緣故，一條腿上了石膏。關於邦迪的車禍，或是必須打石膏的事情皆查無紀錄，後來調查得知他有時會假裝受傷來引誘女子上車。即便並無確切證據，他仍是此案的嫌犯。

- 1971年7月19號——24歲的瑞塔‧可藍在佛蒙特州伯靈頓自宅寓所遭殺害。她遭鈍物重擊、勒頸與強暴。此案與其他邦迪所犯的謀殺案有相似之處，同一個禮拜，市政紀錄中有一人在該區遭狗咬，紀錄上此人名為「邦迪」。

- 1971年7月22號——21歲的喬伊斯‧勒帕奇在華盛頓州立大學校園中失蹤。九個月後，在華盛頓州普爾曼南方一座深山峽谷中找到了她的骨骸。邦迪仍為此案嫌犯。

- 1973年6月29號——17歲的瑞塔‧蘿蘭‧喬莉在奧勒岡州偉斯特林市失蹤。

- 1973年8月20號，24歲的薇琪‧琳‧豪洛爾在奧勒岡州尤金市失蹤。邦迪承認在奧勒岡州犯下兩起凶殺案，但從未指認過受害人。奧勒岡州的警探懷疑受害人就是喬莉和豪洛爾，但是他們沒有機會審訊邦迪。

- 1974年5月27號——14歲的布蘭達‧喬伊‧貝克在華盛頓州普雅路普附近招便車。她的遺體於次月在米勒斯席凡尼亞州立公園被尋獲。雖然邦迪是此案的嫌犯，但他否認涉案。

- 1974年7月1號——19歲的珊卓拉‧珍‧維弗在鹽湖城失蹤。她的裸屍於隔天在科羅拉多州格蘭姜欣市被尋獲。有些人確信邦迪在死刑訪談期間提過她的名字，但是此事無從查證。

- 1974年8月2號——20歲的卡蘿‧L‧瓦倫祖拉在華盛頓州溫哥華市附近招便車的時候失蹤。兩個月後，在奧林匹亞市南方一處淺墓中發現她的遺骸，還有其他遺骨也埋在這裡，後經確認，屬於另一名受害者瑪莎‧莫里森。兩名女子都是長髮中分，與邦迪的許多受害人相同。1974年8月，邦迪曾經從西雅圖開車到鹽湖城，這路上可能經過溫哥華市和尤金市。

- 1974年9月1號——17歲的瑪莎‧莫里森最後一次被人目擊的身影是在奧勒岡州尤金市。

- 1975年4月15號——18歲的梅蘭妮‧蘇珊娜‧「蘇西」‧庫利離開位於丹佛西北80公里處、在科羅拉多州內德蘭的學校時失蹤。她的遺體於兩週後在32公里外的煤溪峽谷被維護人員發現。有證據顯示（加油站收據）邦迪在案發

時期就在附近。但是直至今日此案仍未破解。

- 1975年7月1號──24歲的雪莉·凱·羅柏森沒有到科羅拉多州戈登市的上班地點上班。她的遺體於8月被兩名採集學生發現，地點在冬季公園度假中心附近的柏紹德山口內150公里處。加油站收據顯示謀殺案發生期間，邦迪就在該區出沒，但此案仍未破解。

- 1975年7月4號──23歲的南西·佩瑞·貝爾德在猶他州法明頓工作的加油站失蹤，地點位於鹽湖城北邊32公里處。她的遺體一直沒有尋獲，官方紀錄上她仍被列為失蹤人口。在死刑審訊期間，邦迪否認知曉此案或與此案有關。

- 1976年2月──17歲的黛比·史密斯在鹽湖城失蹤。她的遺體於1976年4月1號，在鹽湖城國際機場附近被尋獲。雖然有些文章把邦迪列為此案兇手，但是此案目前仍為未解懸案。

逮捕行動與庭審

　　1975年8月16號，邦迪遇攔檢未停，遭猶他州公路巡警在鹽湖城格蘭哲逮捕。警官一看到邦迪車上的副駕座位不知去向，立刻下令搜車，並找到「殺人工具包」。找到的東西之中包含用褲襪做成的面罩、滑雪面罩、手銬、繩索、碎冰錐、撬棍和垃圾袋，以及數把工具。邦迪企圖說這些是「家用品」來為自己開脫，但是警官記得去年11月的一起綁架事件中，針對犯人的車輛與犯人外觀描述。細節都與邦迪相符。

　　邦迪遭逮後，警方進入公寓搜索，卻沒找到任何重大發現。因此邦迪被釋放，警方對他進行了二十四小時的監控行動。在這段時間裡，警探在西雅圖訊問了他的前女友伊莉莎白·克勒普夫爾。她說邦迪搬到猶他州之前，曾在她自己的公寓以及邦迪家中看過一些奇怪的東西。包含一袋熟石膏、拐杖、醫療手套、一袋女性衣物以及一把剁刀。

　　邦迪的福斯金龜車被從新車主手上召回，開始進行科學鑑定。檢方找到與凱琳·坎貝爾、梅莉莎·史密斯和卡蘿·狄羅奇符合的毛髮。邦迪被安排與其他嫌

犯一同列隊，讓狄羅奇辨識誰是假扮成「羅斯蘭警官」的那個人。

雖然因狄羅奇案被以加重綁架罪以及企圖傷害未遂起訴，但是他還是獲得假釋。警方繼續監控邦迪的動靜。他於1976年2月為狄羅奇案出庭，並遭判有罪。1976年6月30號，他被判刑15年有期徒刑。同年10月，他躲在監獄空地的樹叢間被發現後，遭單獨囚禁數週之久。

同月，他因凱琳‧坎貝爾案被以謀殺罪嫌起訴。他被移至阿斯本接受審訊，並選擇在法庭上替自己辯護，也就是說他得以不用上手銬或腳鐐。他一度提出參觀法院裡的法學圖書館的要求，理由是想要為自己的案件找資料。邦迪的要求被批准了。結果他從二樓窗戶跳下去逃離了現場。

六天後他遭逮回。這不是他最後一次試圖逃獄。他成功在牢房天花板上挖了個洞，並且刻意減重讓自己可以鑽得進去。他會在夜裡練習，先爬進洞裡然後尋找方向和維修管道。他於1977年12月30號逃獄。邦迪把書本排在床上，蓋上毯子，裝成是他在床上睡覺的樣子，然後爬上天花板的洞裡。邦迪從天花板跳下來，進入正好那天晚上不在的典獄長宿舍裡，偷了他的衣物，然後走出大門。

邦迪逃獄期間又犯下其他謀殺案。2月15號，他再次被警方攔檢。警方查過邦迪的車後，發現他的車是失竊車，大衛‧李警官告訴邦迪他被逮捕時，邦迪踹了警官之後逃跑。李警官兩度開槍示警，然後追上邦迪並逮捕他。掙扎一番後，警官壓制住邦迪，並上車移送到拘留所。

等邦迪出庭受審的時候，所有證據已經都準備得清清楚楚。不意外，他被判有罪，更令人不感意外的是他被判處死刑的這個結果。

結果

1989年1月24號，邦迪被綁上電椅。清晨7點16分宣告死亡。他的遺體被火化，骨灰被撒在華盛頓州喀斯開山脈。

他拒絕了最後一餐的特殊點餐服務，而是選擇了一般的監獄餐。他的行刑過程約有42人旁觀，許多死刑支持者在監獄外列隊，其中有些人還舉著牌誌，上面

寫著「電死活該」。

後記

　　邦迪那輛1968年的福斯金龜車一直在華盛頓特區的國家犯罪和刑罰博物館大廳裡展示，直到2015年閉館為止。後來車子被移到田納西州鴿子谷的惡魔島東犯罪博物館展示。

邦迪語錄

　　「要殺掉什麼東西，還有要怎麼處理細節，是要學的⋯⋯就跟換輪胎一樣⋯⋯第一次會很小心，到了第三十次，你就想不起來自己把單向扳手放到哪裡去。」

　　「我會是你此生遇過最冷血的王八蛋。」

約翰・賈斯汀・邦廷
JOHN JUSTIN BUNTING

出生年月日：1966年9月4號

別名／暱稱：雪鎮殺人案件、大桶藏屍殺人案件

做案特徵：虐殺、食人行為、謀殺

受害人數：11人

犯案日期：1992年到1999年

逮捕日期：1999年5月19號

殺人手法：勒殺、槍擊

已知受害人：克林頓・川啟斯，22歲；雷・戴維斯，26歲；麥可・加德納，19歲；巴瑞・蘭恩，42歲；湯瑪士・崔維利言，18歲；蓋文・波特，29歲；特洛伊・友德，21歲；菲德里克・布魯克斯，18歲；蓋瑞・歐德懷爾，29歲；伊莉莎白・海登，37歲；大衛・強森，24歲

犯罪地區：澳洲南澳省雪鎮

狀態：判處11條無期徒刑，不可假釋

個人背景

1966年，邦廷出生於澳洲昆士蘭省尹那拉。8歲的時候，朋友的哥哥性侵他還毆打他。等他進入青少年時期，已經開始著迷解剖、武器和攝影。年輕時，他對同性戀和戀童癖的意見變成了強烈的恨意。邦廷22歲的時候在屠宰場工作，他會向人吹噓自己有多喜歡屠殺動物。

1991年，邦廷搬到了南澳省索茲斯柏立，與鄰居羅伯特・華格納、華格納的

女友凡妮莎·蘭妮與馬克·海登結為朋友。這段友誼後來發展成華格納協助邦廷犯下謀殺案。

當時同樣與邦廷住在一起的還有詹姆士·維拉斯基斯、他的母親以及同母異父的哥哥。這些人後來也都被捲入邦廷的謀殺案件。

凶殺紀錄

1992年8月，克林頓·川啟斯受邀到邦廷家拜訪。一到邦廷家中，邦廷就用一把鏟子把他打死，他的遺體被埋在南澳省微光鎮的一處淺墓中。殺了川啟斯之後，邦廷宣稱川啟斯有戀童癖，常常稱呼他「花褲子的」。川啟斯的遺體過了二年後才被尋獲，那之後，案件也有一段時間無法偵破。

蘇珊娜·艾倫家後方停的露營車裡住的是雷·戴維斯，一名發展遲緩的男子。戴維斯和艾倫曾經交往了一段時間。艾倫後來宣稱戴維斯性騷擾她的孫子，此消息引發了謀殺戴維斯的案件。他被邦廷和華格納殺害，失蹤的消息一直無人通報。露營車後來被清空出售，警方最後在邦廷家後院找到戴維斯被埋在地底下的屍體。

華格納不喜歡麥可·加德納的原因僅只因為對方是同性戀。他與朋友分租一間附近的房子，且公開自己是男同志的身分。邦廷和華格納殺了他之後，他們找來了另一個朋友，菲德里克·布魯克斯，叫他打給加德納的朋友，假裝自己是加德納，藉此得以使用他的銀行帳戶。他的遺體在雪鎮的其中一只大桶中被尋獲。他們得先把他的雙足砍下，才蓋得上桶蓋。

巴瑞·蘭恩跟加德納一樣是同性戀，大家都知道他是變裝者。蘭恩與華格納曾經交往超過十年之久，兩人也住在一起。邦廷聽說蘭恩把川啟斯謀殺案的事說出去。所以在1997年10月，邦廷逼蘭恩打給母親，說自己要搬家了。接著邦廷殺了蘭恩，分屍後與麥可·加德納的遺體一起裝桶。

同樣與蘭恩住在一起的還有湯瑪士·崔維利言，許多人認為他有精神疾病。他只穿軍隊風格的服裝，且常赤腳走上很長的距離。崔維利言曾出手協助謀殺過

程，並將蘭恩分屍。而因為相同的原因，也就是因為崔維利言將這起謀殺的事說出去，邦廷把崔維利言給殺了。崔維利言被帶到阿德雷德丘附近，邦廷與華格納逼他站在一個箱子上，且在他脖子上掛了一條繩索。崔維利言腳下的箱子被踢開，他就這樣被勒斃了。

1998年，蓋文‧波特與邦廷和維拉斯基斯住在同一間屋子裡。波特對海洛因成癮，邦廷因為坐在沙發上的時候被用過的針頭戳到而震怒不已。邦廷說波特是個廢物，不配活下去。邦廷和華格納趁波特在停在車道上的車裡睡著時殺了他。他的遺體被裝桶，最後送到雪鎮。

維拉斯基斯告訴邦廷他的同母異父哥哥，特洛伊‧友德在他小時候性騷擾他。為此，邦廷、華格納、維拉斯基斯和海登於1998年8月找上了友德。他們把友德從床上拖下來殺掉後分屍，放進桶子裡，後來送到雪鎮。

雖然在加德納死後一直協助邦廷，菲德里克‧布魯克斯卻成了名單上的下一個死者。這名發展遲緩的男子於1998年9月17號遭殺害。另一名發展遲緩的男子蓋瑞‧歐德懷爾於1998年期間遭殺害。邦廷與維拉斯基斯確保先取得受害人的銀行資訊以及社會福利資料後才殺害他，藉此繼續領取他的社會福利金。警方於雪鎮尋獲他的遺體，上頭佈滿電擊留下的燒灼痕跡。

伊莉莎白‧海登，馬克‧海登之妻是邦廷與華格納下手對象中唯一的女性。1998年11月20號，伊莉莎白的丈夫與姪子外出那天，她慘遭謀殺。不可思議的是，她的丈夫後來還協助湮滅證據。就是她的謀殺案件引起了警方後來查到雪鎮的老金庫。

1999年5月9號，維拉斯基斯引誘自己的繼兄大衛‧強森到雪鎮的銀行。邦廷說強森必須死的時候，維拉斯基斯就動手了。一抵達那棟建築物，強森就被抓住並上了手銬，然後被迫朗讀一段邦廷事先準備好的文字。他也被迫交出銀行帳戶密碼，這段談話被錄製在一台有麥克風功能的電腦中。

維拉斯基斯與華格納試圖進入強森的銀行帳戶但沒有成功。他們回到雪鎮後就殺掉了強森。他的遺體遭分屍，華格納和邦廷還將他的骨肉取下，煮熟吃掉。

凶殺案發生時間順序：

- 1992年8月——克林頓·川啟斯，22歲
- 1995年12月——雷·戴維斯
- 1997年8月——麥可·加德納，19歲
- 1997年10月——巴瑞·蘭恩，42歲
- 1997年11月——湯瑪士·崔維利言，18歲
- 1998年——蓋文·波特，29歲
- 1998年8月——特洛伊·友德，21歲
- 1998年9月17號——菲德里克·布魯克斯，18歲
- 1998年——蓋瑞·歐德懷爾，29歲
- 1998年11月20號——伊莉莎白·海登，37歲
- 1999年5月9號——大衛·強森，24歲

逮捕行動與庭審

警方在調查伊莉莎白·海登失蹤案的時候，發現了雪鎮藏屍地點。他們發現這座棄置的老舊銀行放的6個塑膠桶裡，裝有8名受害人的遺體。1999年5月21號，邦廷、華格納、維拉斯基斯與馬克·海登因謀殺案件遭逮捕。

邦廷與華格納的庭審記錄成了南澳省史上持續最久的庭審。審訊維持了將近一年，在2003年12月，邦廷因犯下十一起謀殺案被判有罪。雖然只承認三起犯案，華格納仍因犯下十起謀殺案被判有罪。維拉斯基斯在四起案件中認罪。

2004年，海登因協助五起謀殺案被判有罪。身為主謀的邦廷遭判11條無期徒刑不可假釋。華格納遭判十條無期徒刑不可假釋，維拉斯基斯遭判4條無期徒刑，至少需服刑26年。海登遭判25年有期徒刑，8年不可假釋。

後記

邦廷出生就沒有嗅覺能力。

里卡多・卡普托
RICARDO CAPUTO

出生年月日：1949年

別名／暱稱：女士殺手

做案特徵：看到畫面與聽見聲音

受害人數：4人

犯案日期：1971年到1977年

逮捕日期：1994年1月18號

殺人手法：刀刺、勒殺

已知受害人：娜塔莉・布朗，19歲；茱迪絲・貝克，26歲；芭芭拉・安・泰勒，28歲；蘿拉・戈梅茲，23歲

犯罪地區：美國紐約州、美國加州、墨西哥

狀態：25年有期徒刑。1997年10月於獄中死於心臟病

個人背景

　　卡普托於1949年出生於阿根廷門多薩省，他在這裡度過童年時期。根據他人描述，他是一個熱愛運動的孩子，喜歡游泳和跑步。他一度在武術界成為專家，頗有成就。他同時也很擅長素描。成年之後，他靠著自己的專長，一邊旅行一邊賺錢，常常在酒吧替人素描換取資金。

　　卡普托於1970年持六個月簽證前往紐約。當時他之所以能取得簽證是因為他沒有犯罪紀錄，背景中也沒有精神疾病的紀錄。他開始在幾間餐館裡當服務生，最後被廣場飯店請去當管理員。

他在當地銀行認識了一位行員，19歲的娜塔莉・布朗，她與父母同住在長島。沒有多久，兩人便開始約會。年輕貌美的她有著一頭深色長髮，笑容迷人。她的目標是追隨母親的腳步，成為一位護理師。布朗家庭的生活方式與卡普托相反：他住在便宜的出租房，工作也很不起眼，而她的家人則富裕得多。

　　兩人持續約會，一年後便一起到歐洲旅行。回到美國後，兩人宣布訂婚。但是這場婚約始終沒有成真，兩人的關係也一點都不健康。

凶殺紀錄

　　娜塔莉・布朗，19歲，1971年7月31號被人發現遭刺身亡。卡普托在第一時間就成了嫌疑犯，並遭到逮捕。他被判定無能力出庭受審，被送往了馬特萬州立醫院接受精神治療。他在監獄醫院裡接受心理醫師茱迪絲・貝克的照料。

　　卡普托於1973年10月被移送到曼哈頓精神治療中心，醫院常常准他離院外出。他經常會出現在茱迪絲・貝克的住處，她也盡量友善以對。1974年10月21號，她遭毒打勒斃的遺體被人尋獲。卡普托再次於第一時間成為嫌疑犯，警方開始搜尋他的蹤跡。

　　卡普托逃到舊金山，在那裡，他又殺了另一名女子。芭芭拉・泰勒於1975年被人發現被痛毆致死。她的男友成了此案嫌犯。嫌犯照片公布後，有人發現他跟卡普托長得非常相似，只是名字不同。

　　卡普托再次開始逃避追捕。這次，他去了墨西哥市。1977年，他在墨西哥市殺了蘿拉・戈梅茲，但此案相關資訊甚少。

凶殺案發生時間順序：

- 1971年——娜塔莉・布朗，19歲，紐約州花丘
- 1974年——茱迪絲・貝克，26歲，紐約州揚克斯
- 1975年——芭芭拉・安・泰勒，28歲，舊金山
- 1977年——蘿拉・戈梅茲，墨西哥墨西哥市

其他疑似受害者：

- 1981年——黛文·葛林，洛杉磯
- 1983年——賈桂林·伯納德，64歲，紐約市

逮捕行動與庭審

卡普托成功躲避搜捕長達將近二十年之久，若非自首，他仍能繼續躲下去。1994年1月18號，卡普托回憶起自己的犯罪行為時，宣稱自己有第二人格，並表示自己很害怕那個會殺人的人格會重現。

經評估，他有能力可以出庭受審，並因兩起謀殺案遭判有罪。他被判有期徒刑25年。

結果

卡普托於1977年心臟病發作，死於獄中。他當年48歲。

後記

卡普托語錄

「我自首是為了避免更多凶殺案發生。」

「做出那些事的我生病了，我希望自己能被監禁後能被治癒。言盡於此。」

大衛・卡本特
DAVID CARPENTER

出生年月日：1930年5月6號

別名／暱稱：野道殺手

做案特徵：強暴謀殺

受害人數：7人以上

犯案日期：1979年到1980年

逮捕日期：1981年5月14號

殺人手法：槍擊、刀刺

已知受害人：海瑟・史蓋絲，20歲；艾倫・韓森，20歲；理查・史多娃斯，19歲；辛西亞・摩蘭，18歲；蕭娜・梅，25歲；黛安娜・歐康諾，22歲；安・艾爾德森，26歲；安・凱莉・曼吉福絲（疑似受害人）；瑪莉・法蘭西斯・班奈特，23歲；愛達・肯恩（疑似受害人）；芭芭拉・史瓦茲（疑似受害人）

犯罪地區：美國加州聖克魯茲與馬林縣

狀態：判處死刑，等待行刑

個人背景

　　卡本特這一生開始就是苦日子，父親是酒鬼，母親強勢欺人，兩人都會虐待他。他成了口吃症患者，7歲的時候症狀嚴重到讓他無法與其他兒童社交。他還被迫學小提琴與芭蕾，這讓他被同儕取笑得更慘。

　　還小的時候，卡本特就常尿床。後來他開始喜歡虐待動物。17歲的時候，他因為性騷擾2名年幼的兒童被逮捕定罪，這兩人都是他的表親。他在獄中待了一

年才被釋放。

　　卡本特繼續猥褻兒童，直到1955年結婚為止。兩人生了三個孩子，為了養家，卡本特什麼工作都接，包含當印刷工人以及業務員。他也擔任海濱救生員，最後是光榮退役。

　　雖然已婚，卡本特卻常常跟蹤其他女性，1960年，他誘拐一名女性到樹林裡。她被用曬衣繩綁縛，再用鐵鎚毆打、遭刀刺手掌。一名巡警當時經過事發現場，兩方開槍交火。卡本特中槍負傷，遭到逮捕。他被判意圖謀殺攻擊有罪，還有兩起使用致命武器攻擊罪名成立。

　　他被判14年有期徒刑。監禁期間，他的妻子提出離婚。卡本特接受監獄心理醫師評估，獄方判定他為社會病態性格。他只服刑9年，釋放後的他找到了另一名女性與他再婚。這次的婚姻一樣破碎收尾。

　　此後，卡本特對女性的攻擊行為便越發險惡，許多受害人都遭綁架、強暴與痛毆。1979年，他的攻擊行為變得更加暴力，他開始殺害受害人。

凶殺紀錄

　　卡本特的第一個受害人是44歲的愛達・肯恩，她於1979年8月19號被殺害。她的裸屍於1979年8月20號，在塔瑪爾巴斯山州立公園的健行步道上被人發現。驗屍報告顯示她被以「行刑方式」殺害，也就是她呈跪姿時，頭部遭槍擊。

　　1980年3月8號，23歲的芭芭拉・史瓦茲到公園健行，卻面臨慘痛命運。她的遺體於隔天在公園步道被人尋獲。她在處於跪姿時，胸口遭刀刺數次。安・艾爾德森於1980年10月15號在公園裡失蹤。隔天尋獲她的遺體，她在處於跪姿時遭槍擊三次。

　　11月27號，25歲的蕭娜・梅原本要在雷耶斯角公園與另一半見面，可是卻始終沒有出現。兩天後在一處淺墳中尋獲她的遺體。她的身邊躺的是10月就失蹤的黛安娜・歐康諾的遺體。2名女子都遭頭部槍擊身亡。在她們被尋獲之前幾小時，當局又發現另外2具遺體。理查・史多娃絲與辛西亞・摩蘭於9月失蹤，失蹤

前他們告訴友人要去公園健行。兩人同樣是以行刑手法，朝頭部槍擊殺害。

卡本特於1981年3月29號再次出手，這次地點是在聖克魯茲附近的亨利科維爾州立公園。史蒂芬‧哈托與艾倫‧韓森在健行過程中遭突襲，卡本特表示要強暴韓森時，她試著要嚇跑他。他對兩人開槍，當場殺了韓森，令哈托身負重傷，但哈托最後成功爬離現場尋求救援。哈托給了警方清楚的外觀描述。

卡本特的下一起謀殺案件就是他毀滅的原因。1981年5月1號，位於聖荷西的海瑟‧史蓋絲告訴男友說自己要去舊金山，跟一名叫做大衛‧卡本特的男子買車之後就消失無蹤。她曾說過，卡本特要她獨自前往。她的遺體於5月24號在大盆地紅杉州立公園被人尋獲。

凶殺案發生時間順序／遺體發現日期：

- 1979年8月19號——愛達‧肯恩，44歲
- 1979年10月21號——瑪莉‧法蘭西斯‧班奈特，23歲
- 1980年3月8號——芭芭拉‧史瓦茲，23歲
- 1980年10月11號——理查‧史多娃絲，19歲
- 1980年10月11號——辛西亞‧摩蘭，18歲
- 1980年10月15號——安‧艾爾德森，26歲
- 1980年11月28號——黛安娜‧歐康諾，22歲
- 1980年11月28號——蕭娜‧梅，25歲
- 1981年3月29號——艾倫‧韓森，20歲
- 1981年5月1號——海瑟‧史蓋絲，20歲

逮捕行動與庭審

海瑟‧史蓋絲失蹤後，警方登門拜訪卡本特，注意到他長得跟哈托提供的資訊以及透過那些資料還原而成的素描畫像很相似。哈托去指認嫌犯照片的時候，他指出卡本特就是攻擊他和韓森的人。卡本特於5月14號遭逮捕。

警方搜索卡本特住家的時候，沒有發現武器。但是他們找到了一個證人，他宣稱曾經賣給卡本特一把.45口徑的手槍，另一名證人也表示曾於6月時向卡本特購買過一把左輪手槍。警方找到了這把武器，經化驗發現與攻擊哈托、韓森與史蓋絲的槍相符。

　　卡本特於1984年4月在洛杉磯出庭受審。面對鐵證如山，史蓋絲與韓森的謀殺案的審判結果都是有罪。他被判死刑。1988年5月10號，卡本特在聖地牙哥法庭應訊，針對殺害理查·史多娃絲、辛西亞·摩蘭、黛安娜·歐康諾蕭娜·梅與安·艾爾德森的案件，卡本特遭判一級謀殺有罪。

結果

　　卡本特被送往聖昆廷等待執行死刑。上訴過程仍未結束。

理查・特倫頓・切斯
RICHARD TRENTON CHASE

出生年月日：1950年5月23號

別名／暱稱：吸血鬼殺手

做案特徵：戀屍癖、毀屍、食人行為、精神疾病

受害人數：6人

犯案日期：1977年12月到1978年1月

逮捕日期：1978年1月27號

殺人手法：槍擊

已知受害人：安布羅士・葛里芬，51歲；泰瑞莎・華林，22歲（懷孕3個月）；艾弗琳・麥蘿夫，38歲、其子傑森，6歲、其外甥大衛，22個月大及友人丹・梅爾迪斯，51歲

犯罪地區：加州沙加緬度

狀態：判處死刑，1980年12月26號藉由大量服用處方籤藥物自殺身亡。

個人背景

　　切斯是沙加緬度本地人，於1950年5月23號誕生在一個虐童的環境之中。切斯的母親也會虐待他。10歲的時候，他已經開始出現社會性病態三要素的特徵——縱火、尿床與虐待動物。隨著他逐漸長大成人，他也長年對藥物和酒精成癮。

　　切斯年紀增長後，開始有一些古怪的信念，也罹患慮病症。他深信自己的心臟有時會突然停止跳動。他甚至一度宣稱「有人偷了他的肺動脈」。他還會把柳

橙高舉過頭，因為他相信這麼做可以讓大腦吸收維他命C。根據切斯所言，他的頭顱骨骼會移動且是分開來的，所以他把頭髮都剃光，好在骨骼移動的時候看個仔細。

切斯最後因為懷疑母親想毒害他而搬出母親的住處。他與幾個朋友一起搬進一戶公寓，但是大家很快就對於他常常神智不清這件事有諸多不悅。他還喜歡不穿衣服在公寓裡閒晃，就算家裡有訪客也一樣。他的朋友要他搬出去，但是他拒絕離開。所以其他人就搬走了。

這下公寓只屬於他一人，切斯便得以讓自己沉溺在黑暗的慾望和幻想、以及他藏在內心深處的興趣之中。他會去捕捉動物，殺死後肢解。他有時候會生吃這些動物屍體，有時候會把內臟加上可樂，用果汁機打碎後喝掉。有人問他為什麼要吃那些動物，他說他認為把動物吸收進體內可以阻止他的「心臟縮小」。

1975年，切斯把兔子的血液注射到自己的靜脈中，最後被送往醫院治療。後來他被送往精神治療機構接受療養。他在機構裡治療的時候，機構員工發現他的嘴邊有血漬。後來才知道他一直在抓鳥並喝掉鳥血。

切斯的行為實在太過怪誕，言論又太虛幻，讓人難以相信。他表示自己把一條治療犬的血抽乾後注射到自己體內，緩解毒癮與酒癮。他還會把自己的糞便塗在房間牆上以及自己身上。

切斯被診斷出妄想型精神分裂症。他於1976年因找到合適的治療方式和藥物而出院，因為當時的他已經經過判定，對社會沒有威脅。他一開始先讓母親照料，但是她讓他斷了藥，又幫他找了另一間公寓。

1977年，有人在內華州的一塊保育地發現切斯並將其逮捕。他全身上下都有血跡，貨車上有一整桶滿滿的鮮血。經檢驗，那桶鮮血是牛的血液，訴訟最後被撤銷了。

凶殺紀錄

切斯的第一個受害人是安布羅士・葛里芬。安布羅士育有兩名稚子。1977

年12月29號，切斯開車經過時隨機選中安布羅士當目標，朝他開槍。不到一個月後，他又對下一名受害人泰瑞莎・華林出手。1978年1月23號，切斯跑到懷孕的華林家中把她嚇了一大跳。他朝她開了三槍，待其斃命後強暴她，並以刀刺數次。切斯切下她的乳頭並且飲下她的鮮血。他還從她體內移除部分內臟。然後他到屋外蒐集狗糞，塞進她的口部與喉嚨裡。

過了幾天，在1月27號，切斯進入艾弗琳・麥蘿夫家中。他先遇上了她的朋友丹尼・梅爾迪斯，殺了他之後取走車鑰匙和錢包。然後他開槍射殺艾弗琳、其子與外甥。切斯與艾弗琳的遺體性交，並進行食人行為。這時，受邀來家中玩的小女孩敲了門。切斯開著梅爾迪斯的車逃跑，還帶著22個月大的大衛・費雷哈的遺體。他驚動了鄰居，警方也接獲通報。

凶殺案發生時間順序：

- 1977年12月29號——安布羅士・葛里芬，55歲
- 1978年1月23號——泰瑞莎・華林，22歲
- 1978年1月27號——丹尼・梅爾迪斯，55歲
- 1978年1月27號——艾弗琳・麥蘿夫，38歲
- 1978年1月27號——傑森・麥蘿夫，6歲
- 1978年1月27號——大衛・費雷哈，22個月大

逮捕行動與庭審

警方在麥蘿夫家中調查的時候，發現一只完整掌印，此證據讓他們直接找上了切斯。遭逮捕後的切斯經確認其他謀殺有關，他便被以六起謀殺起訴。辯方企圖以切斯的精神疾病史讓檢方將起訴罪狀降低至二級謀殺罪，但是最後沒有成功。1979年5月8號，六起一級謀殺案的審判結果都是有罪，切斯被判處死刑。

在監獄裡的時候，其他囚犯都很怕切斯，因為他所犯的罪行太過駭人聽聞。甚至有人想勸切斯自我了結。在接受羅伯特・雷斯勒的採訪時，切斯展現了古怪

的信仰和行為。他一度拿出他存放在口袋的起司通心粉給雷斯勒。

結果

1980年聖誕節隔日，一名獄卒發現切斯用古怪的姿勢躺在床上。檢查後發現他已經停止呼吸。驗屍報告顯示切斯囤積了幾個禮拜的抗憂鬱藥物並一次服用，藉此自殺。

後記

連續殺人魔理查·切斯一度企圖闖入一名女子家中，但是因為家門上了鎖，就此作罷。切斯告訴警探，對他來說，上鎖的門就是一個徵兆，告訴他這地方不歡迎他，但是沒有上鎖的門就是在歡迎他進入。

切斯語錄

「魔術就是自我強加在客觀世界上的包裝，是動態主觀主義。信仰是神靈強行加諸給自我的，自我只是自然與人類之中的客觀接受體。」

安德烈・切卡提洛

ANDREI CHIKATILO

出生年月日：1936年10月16號

別名／暱稱：羅斯托夫屠夫、林道殺手、紅色開膛手、羅斯托夫開膛手

做案特徵：戀屍癖、食人行為、毀屍、挖除內臟

受害人數：53到56人

犯案日期：1978年到1990年

逮捕日期：1990年11月20號

殺人手法：刀刺、勒殺

已知受害人：蕾娜・扎科特諾娃，9歲；拉麗莎・車雀可，17歲；盧巴夫・布維克，13歲；盧巴夫・沃羅育伐，14歲；歐雷格・波西海德夫，9歲；歐嘉・卡普里娜，16歲；艾琳娜・卡拉本諾娃，19歲；舍潔・庫茲敏，15歲；歐嘉・史達奇瑪，10歲；蘿拉・沙西西妍，15歲；艾琳娜・杜娜柯娃，13歲；路米利亞・庫西普，24歲；伊果・古科夫，7歲；瓦倫提娜・克奇里娜，22歲；不知名女子（18～25歲）；維拉・夏夫昆恩，19歲；舍潔・馬可夫，14歲；娜塔莉亞・夏比琳娜，17歲；瑪塔・瑞雅班可，45歲；迪米迪里・派其希考夫，10歲；塔蒂亞娜・派特喜尤恩，32歲；斯薇薩娜・派特喜尤恩，11歲；尤里娜・柏庫里娜，22歲；迪米迪里・伊萊爾諾夫，13歲；安娜・拉梅謝娃，19歲；斯薇薩娜・特沙娜，20歲；娜塔莉亞・戈羅索開亞，16歲；路米利亞・艾卡西耶娃，17歲；不知名女子（20～25歲）；艾卡馬羅・謝達里耶伐，12歲；亞力山大・切波，11歲；艾琳娜・路奇凱亞，24歲；娜塔莉亞・波克列斯多伐，18歲；艾琳娜・古勒耶雅伐，18歲；歐雷格・馬克雷娜考夫，13歲；伊凡・波羅凡斯基，12歲；尤莉・切西諾娃克，16歲，不知名女子（18～25歲）；艾雷西・沃朗柯，9歲；伊凡尼・莫

拉托夫，15歲；塔蒂亞娜‧里佐娃，16歲；亞力山大‧戴耶科娜夫，8歲；艾雷西‧莫伊謝亞夫，10歲；海倫娜‧娃嘉，19歲；艾雷西‧科賀波多夫，10歲；安德烈‧卡夏凡可，11歲；亞羅斯拉夫‧馬卡洛夫，10歲；盧巴夫‧奇耶伐，31歲；維托‧佩特羅夫，13歲；伊凡‧弗明，11歲；維丁‧萵茂夫，16歲；維托‧季先科，16歲；斯薇薩娜‧科羅斯基，22歲

犯罪地區：俄羅斯羅斯托夫州

狀態：1994年2月16號，以槍擊頭部執行死刑。

個人背景

　　1936年切卡提洛出生的時候，烏克蘭因為當時的領導人史達林推動的農業集體化而發生了大饑荒。切卡提洛的父母就是農業集體化的勞工，所以說他們的工作報酬不是支薪，而是讓他們自己決定在一家子住的小棚屋後面那一小區土地上要種什麼來吃。

　　當時食物嚴重短缺，切卡提洛說自己直到12歲才吃過麵包。這一家人常常靠著吃樹葉或雜草來度過飢餓的痛苦。他的母親常常告訴他，他本來有個哥哥，但是在4歲的時候被鄰居綁走吃掉了。此事從未獲得證實，甚至連到底有沒有發生過都無法確認。

　　他的父親於第二次世界大戰時被蘇聯紅軍徵召，一度受傷遭納粹收押。切卡提洛宣稱他在納粹占領烏克蘭的時期，曾見過許多駭人景象，包含火災、炸彈轟炸以及槍擊。他說他常常要跟母親一起躲避才能活命。他們甚至親眼目睹自己家付之一炬。切卡提洛只能與母親同睡一張單人床。他有長年尿床的問題，每次尿床，他的母親就會打他。

　　1943年，他的父親仍在外從軍的時候，他母親生下一名女嬰，名為塔蒂亞娜。當時關於孩子的父親是誰有許多猜測，畢竟丈夫並不在家鄉。大家都知道德軍在佔領期間，常常強暴當地婦女，也許切卡提洛曾經目睹過程，畢竟他們一家

當時的屋子非常狹小。

切卡提洛在學校是個好學生，但是他生性害羞，且體格薄弱。因為飢荒的關係，他總是餓著肚子，不論是在學校還是在家裡都常常昏倒。因為藏不住的貧困模樣、身材嬌小以及害羞的個性，他在學校成了霸凌者的目標。在家裡的他則被自己的母親霸凌，時常毒打他。他的妹妹塔蒂亞娜後來描述他們的母親，說她是個對孩子嚴厲又異常苛薄的女人，而父親則很和善。

凶殺紀錄

切卡提洛犯下的謀殺案都很暴力與殘忍，他對受害者遺體的所作所為，令人無法理解。切卡提洛常常會將受害人的眼球挖出，因為他深信眼球會將受害人最後看見的一幕「記錄下來」。等他發現實際上並不會發生這種事以後，他便停止了這個行為。

受害人遺體往往會被肢解破壞。有些人的鼻子被咬掉、內臟被摘除，生殖器官和舌頭被剪斷或挖掉。對其中一名女性受害人下手的時候，切卡提洛咬下受害人的乳頭並吞進肚子裡，這件事讓他射精。在受害人死亡前，他常常為了讓受害人安靜，把泥土和葉子塞進受害人嘴裡。

凶殺案發生時間順序：

- 1978年12月22號──蕾娜·扎科特諾娃，9歲。切卡提洛在這個女孩從溜冰場走回家的路上搭訕她。
- 1981年9月3號──拉麗莎·車雀可，17歲。等公車回寄宿學校時被切卡提洛殺害。
- 1982年6月12號──盧巴夫·布維克，13歲。在唐斯科村購物後遭綁殺害。
- 1982年7月25號──盧巴夫·沃羅育伐，14歲。在克拉斯諾達爾機場附近的果園被殺害。8月7號尋獲遺體。
- 1982年8月13號──歐雷格·波西海德夫，9歲。這是首位男性受害人。波西

海德夫於阿迪格共和國被殺害，遺體始終未被尋獲。

- 1982年8月——歐嘉‧卡普里娜，16歲。於卡薩奇拉吉莉亞遇害。她的遺體於10月27號尋獲。

- 1982年9月12號——艾琳娜‧卡拉本諾娃，19歲。她於沙赫提車站被誘拐後殺害。遺體於9月20號尋獲。

- 1982年9月——舍潔‧庫茲敏，15歲。寄宿學校逃學生。遺體於1983年1月在沙赫提車站被尋獲。

- 1982年12月11號——歐嘉‧史達奇瑪，10歲。歐嘉在新沙赫廷斯克上完鋼琴課，搭公車要回家的路上被誘拐下了車。

- 1983年6月——蘿拉‧沙西西妍，15歲。沙西西妍來自美國。她的遺體從未被尋獲。

- 1983年7月——艾琳娜‧杜娜柯娃，13歲。遺體於羅斯托夫的飛行公園尋獲。

- 1983年——路米利亞‧庫西普，24歲。在沙赫提公車站附近的林間遇害。她的遺體於1984年3月12號被尋獲。

- 1983年8月9號——伊果‧古科夫，7歲。古科夫是切卡提洛的受害人中年紀最小的一個。這場緝凶行動中，他是第一個與其有關的男性受害人。

- 1983年9月——瓦倫提娜‧克奇里娜，22歲。她的遺體於1983年11月27號遭尋獲，地點是克里布奇奈亞車站旁的林地。

- 1983年9月底到10月初之間——不知名女性，年紀約為18～25歲。切卡提洛宣稱他是在對方想要找個「開車的（男）客人」的時候遇到她的。

- 1983年10月27號——維拉‧夏夫昆恩，19歲。在沙赫提附近的礦村被殺害。她的遺體於10月30號被發現。

- 1983年12月27號——舍潔‧馬可夫，14歲。實習回家路上失蹤。1984年1月4號尋回她的遺體。

- 1984年1月9號——娜塔莉亞‧夏比琳娜，17歲。夏比琳娜與1982年遭切卡提

洛殺害的歐嘉・卡普里娜是好朋友。

- 1984年2月22號──瑪塔・瑞雅班可，45歲。切卡提洛最年長的受害人。她於羅斯托夫的飛行公園遇害。

- 1984年3月24號──迪米迪里・派其希考夫，10歲。這個男孩在郵票販賣機前遭切卡提洛誘拐，切卡提洛當時假裝自己也蒐集郵票。

- 1984年5月25號──塔蒂亞娜・派特喜尤恩，32歲。於沙赫提與女兒同時遇害。她從1978年就認識切卡提洛了。

- 1984年5月25號──斯薇薩娜・派特喜尤恩，11歲。斯薇薩娜先目睹切卡提洛謀殺母親後，再遭切卡提洛追殺，遭以鐵鎚結束生命。

- 1984年6月──尤里娜・柏庫里娜，22歲。柏庫里娜的遺體於8月27號尋獲，地點是羅斯托夫的巴斯金內司基地區。

- 1984年7月10號──迪米迪里・伊萊爾諾夫，13歲。在要去取得健康證明好參加夏令營的路上，於羅斯托夫失蹤。

- 1984年7月19號──安娜・拉梅謝娃，19歲。在要去看牙醫的路上失蹤。她於沙赫提遇害。

- 1984年7月──斯薇薩娜・特沙娜，20歲。來自里加。她的遺體於9月9號，在羅斯托夫的飛行公園被尋獲。

- 1984年8月2號──娜塔莉亞・戈羅索開亞，16歲。到新沙赫廷斯克拜訪姊姊的時候失蹤。

- 1984年8月7號──路米利亞・艾卡西耶娃，17歲。在公車站等車卻遭誘拐的學生。切卡提洛假意要帶她去往羅斯托夫的巴士站。

- 1984年8月7號到13號之間──不明女性，年約20到25歲間。遭切卡提洛於塔什干殺害。當時她在烏茲別克出差。

- 1984年8月13號──艾卡馬羅・謝達里耶伐，11歲。從哈薩克阿拉木圖逃家後，謝達里耶伐於塔什干遭切卡提洛殺害。

- 1984年8月28號──亞力山大・切波，11歲。切波於頓河河岸上被殺害，地

點就在艾卡西耶娃遇害處不遠。

- 1984年9月6號——艾琳娜‧路奇凱亞，24歲。是一名羅斯托夫的圖書館員，於羅斯托夫飛行公園遭切卡提洛殺害。

- 1985年8月1號——娜塔莉亞‧波克列斯多伐，18歲。於莫斯科州多莫傑多沃國際機場附近，遭切卡提洛從火車上拐下。她的遺體於8月3號遭尋獲。

- 1985年8月27號——艾琳娜‧古勒耶雅伐，18歲。在沙赫提公車站附近遇害。她的遺體於隔天被發現。

- 1987年5月16號——歐雷格‧馬克雷娜考夫，13歲。於烏克蘭斯弗洛夫斯克遇害，切卡提洛遭逮捕後帶警方尋回屍骨遺骸。

- 1987年7月29號——伊凡‧波羅凡斯基，12歲。在前往烏克蘭扎波羅熱出差路上遭切卡提洛殺害。7月30號尋獲遺體。

- 1987年9月5號——尤莉‧切西諾娃克，16歲。於列寧格勒州的火車上被誘拐下車後遇害。切卡提洛遭逮捕後帶警方尋回屍骨遺骸。

- 1987年9月底到1988年5月初——不知名女性，年紀約為18到25歲。於紅蘇林車站附近遇害。她的遺體於4月6號遭尋獲。

- 1988年5月14號——艾雷西‧沃朗柯，9歲。沃朗柯於烏克蘭伊洛瓦伊斯克火車站，羅斯托夫到烏克蘭間的路線附近遇害。

- 1988年7月14號——伊凡尼‧莫拉托夫，15歲。這是自從1985年來首位於羅斯托夫附近遇害的受害人。莫拉托夫的遺體於1989年4月10號尋獲。

- 1989年2月——塔蒂亞娜‧里佐娃，16歲。從紅蘇林逃家，於切卡提洛女兒家公寓遭殺害。

- 1989年5月11號——亞力山大‧戴耶科娜夫，8歲。8歲生日當天，於羅斯托夫市中心遇害。7月14號尋獲遺體。

- 1989年6月20號——艾雷西‧莫伊謝亞夫，10歲。於莫斯科東邊夫拉迪米地區遇害。切卡提洛遭逮捕後承認此案是他所為。

- 1989年8月19號——海倫娜‧娃嘉，19歲。匈牙利來的學生，育有一子。她

被騙下公車後，於羅斯托夫附近的村裡遇害。

- 1989年8月28號──艾雷西·科賀波多夫，10歲。於沙赫提一家戲院外失蹤。切卡提洛遭逮捕後帶警方尋回屍骨遺骸。
- 1990年1月14號──安德烈·卡夏凡可，11歲。在電影院被拐走。於沙赫提遇害，遺體於2月19號尋獲。
- 1990年3月7號──亞羅斯拉夫·馬卡洛夫，10歲。遭切卡提洛從羅斯托夫一座火車站拐騙。他於羅斯托夫植物園遇害。
- 1990年4月──盧巴夫·奇耶伐，31歲。在沙赫提附近的東那勒邱車站被誘拐下車。她的遺體於8月24號遭尋獲。
- 1990年7月27號──維托·佩特羅夫，13歲。於羅斯托夫植物園遇害，距離馬卡洛夫遇害地點僅幾碼之遙。
- 1990年8月14號──伊凡·弗明，11歲。於新車卡斯克市政海灘遇害。8月17號尋獲遺體。
- 1990年10月17號──維丁·葛茂夫，16歲。來自沙赫提的學生。葛茂夫搭火車到塔干羅格的路上失蹤。
- 1990年10月30號──維托·季先科，16歲。於沙赫提遇害。季先科為了活命，極力掙扎，咬了切卡提洛的手指頭的受害人就是他。
- 1990年11月6號──斯薇薩娜·科羅斯基，22歲。切卡提洛的最後一位受害者。11月13號在東那勒邱車站附近的林地中發現她的遺體。

逮捕行動與庭審

1990年11月，切卡提洛被警方攔停問話，當時他與其中一位受害人斯薇薩娜·科羅斯基出現在同一個地區。11月14號，他遭逮捕並接受正式審訊。接下來兩個禮拜期間，他開始自白，切卡提洛提供了五十六起謀殺案的細節。

切卡提洛於1992年4月14號出庭受審，期間他被安置在一座特殊的鐵籠之中，以保護他不受受害人家屬傷害。整場庭審過程中，他的行為都很古怪。他一

度說自己因為懷孕而泌乳，大吼自己不是同性戀，還兩度脫下褲子。在檢方結案陳詞的時候，切卡提洛開始唱歌，最後被迫離開法庭。

雖然行為古怪，切卡提洛仍由數位心理專家判定，認為神智正常。1992年10月14號，五十二件謀殺案件有罪確立，他遭判處死刑。

結果

- 切卡提洛向俄羅斯最高法院提出數次上訴，力求活命，可是都失敗了。他最後一次上訴的內容被交給了當時的總統葉爾欽，不過這次一樣，在1994年1月4號遭到拒絕。
- 1994年2月14號，切卡提洛被從牢房被移轉至監獄中的一間隔音房。他被以一顆子彈往腦門發射後槍斃身亡。

後記

切卡提洛語錄

「我的所作所為並非為了尋求性歡愉。反而是讓我心靈平靜。」

「我用刀的時候，讓我心裡感到舒緩。我知道我一定要被消滅才行。我就是大自然界中的一個失誤。」（死刑行刑前）

「鮮血和痛苦讓我放鬆，給我一種愉悅感。」

索爾・尼斯・克立斯丁森
THOR NIS CHRISTIANSEN

出生年月日：1957年12月28號

別名／暱稱：尼爾

做案特徵：戀屍癖、招便車的人

受害人數：4人

犯案日期：1976年到1979年

逮捕日期：1979年7月7號

殺人手法：槍擊

已知受害人：賈桂林・安・盧克，21歲；瑪莉・安・賽里斯，19歲；派翠希亞・瑪莉・蘭妮，21歲；蘿拉・蘇・班傑敏，22歲

犯罪地區：美國加州聖塔芭芭拉與洛杉磯郡

狀態：終生監禁。於1981年3月30號於獄中遭刺身亡

個人背景

1957年，克立斯丁森出生於丹麥。他5歲的時候，全家移民到了美國，定居在加州索夫昂。他人描述克立斯丁森是個平凡的孩子，在學校表現良好。但是到了16歲的時候，這一切都改變了。

克立斯丁森從高中休學，搬離開家，開始在加油站工作。這段期間，他開始變胖，從一個苗條的年輕男子，變成重達約125公斤重。

同樣在這段時間中，他的思維開始變得黑暗，他會想像殺害女性、對她們的遺體性侵。沒過多久，這些幻想就成真了。克立斯丁森開始殺人。

凶殺紀錄

　　1976年12月6號，克立斯丁森在聖塔芭芭拉的戈利塔的公車站，綁架了21歲的賈桂林‧盧克。同天，在戈利塔當服務生的瑪莉‧賽里斯也失蹤了。1977年1月18號，22歲的派翠希亞‧蘭妮在戈利塔的另一座公車站失蹤。她的遺體在隔天於雷夫吉歐峽谷被人尋獲。兩天後，盧克的遺體於同樣區域被找到。5月22號，賽里斯的遺體於德拉姆峽谷被找到。

　　1979年4月18號，24歲的琳達‧普雷斯頓在好萊塢招便車，搭上了克立斯丁森的車。兩人沿著馬路開了好幾個路口，然後他抽出一把槍，朝她的耳朵開槍。雖然鮮血直流，但她仍成功跳出車外逃生。

　　23歲的蘿拉‧班傑敏於1979年5月26號遭克立斯丁森綁架謀殺。

已知受害人：

- 1976年12月6號——賈桂林‧安‧盧克，21歲，伊斯拉維斯塔
- 1976年12月6號——瑪莉‧安‧賽里斯，19歲，伊斯拉維斯塔
- 1977年1月18號——派翠希亞‧瑪莉‧蘭妮，21歲，伊斯拉維斯塔
- 1979年5月26號——蘿拉‧蘇‧班傑敏，23歲，洛杉磯郡

逮捕行動與庭審

　　在克立斯丁森的槍口下生還的普雷斯頓於7月11號碰巧在一家酒館裡見到他，當下她立刻報警。他被逮捕後以嚴重傷害罪起訴。他在拘留期間，警方注意到他攻擊普雷斯頓的手法與未解的盧克案、賽里斯案與蘭妮案有相似之處。後來他遭到三條一級謀殺罪嫌起訴，後來又因為謀殺蘿拉‧班傑敏的謀殺案起訴。

　　他的首次出庭審訊是在1980年初，本次出庭是為了班傑敏案。他一開始打算以精神失常辯護，但是後來改變了主意，撤銷了這個答辯。1980年6月，他為盧克案、賽里斯案與蘭妮案出庭受審，面對起訴，這次他決定全都認罪。他被判在獄中度完餘生。

結果

1981年3月30號，克立斯丁森在獄中遭謀殺。他在佛森監獄的運動場上被人發現，胸口有一記穿刺傷。兇手始終沒有查明。

道格・克拉克
DOUG CLARK

出生年月日：1948年3月10號

別名／暱稱：好萊塢殺人魔、落日大道殺手、落日大道開膛手

做案特徵：戀屍癖、戀童癖、斬首

受害人數：7人

犯案日期：1980年6月到1980年8月

逮捕日期：1980年8月12號

殺人手法：槍擊

已知受害人：凱倫・瓊斯，24歲；艾克希・威爾森，21歲；瑪內特・寇摩爾，17歲；傑克・羅伯特・莫里，45歲；吉娜・娜蘭諾，15歲；辛西亞・錢德勒，16歲；不知名女孩

犯罪地區：美國加州伯班克、洛杉磯

狀態：判處死刑，等待行刑

個人背景

　　克拉克一家在他還小的時候，因為父親富蘭克林是海軍情報官的緣故，到處搬遷了一陣子。後來的資料顯示，在克拉克童年期間，他們住過37個國家。他父親於1958年離開海軍，在德州接下了一個運輸公司的工程師職位。但是這也沒有讓這家人就此定居，沒過多久，他們又開始搬家。

　　這時克拉克被送到日內弗的私立學校就讀，其後進入克弗軍校。1967年畢業後，他加入了空軍。就在這段期間，一切開始瓦解，他最後遭空軍除役。

接下來的十年裡，克拉克就到處漂泊。有時會找技師的工作做。但是他真正的熱情是想成為一個性愛運動員，他常常自稱為「一夜情之王」。他在洛杉磯水電部擔任蒸氣設備操作員，地點在山谷發電站。但是這份工作並沒有維持很久，某天夜裡他便決定辭職。

後來他到了伯班克，在耶爾根斯肥皂工廠擔任鍋爐操作員。但這份工作一樣沒有維持很久。他常常曠職，甚至會暴力恐嚇一些同事，導致最後被開除。

1980年，他在當地一家酒吧認識了凱蘿・邦迪，兩人開始交往。不久後，克拉克搬進邦迪家同居，發現她與他有相似的幻想。

凶殺紀錄

克拉克的第一名已知受害人是17歲的瑪內特・寇摩爾，她是一名逃家少女。她的遺體於聖費爾南多谷的林間被人尋獲，遺體顯示她是在6月初遇害。6月11號，克拉克在日落大道上看上了兩名青少女，吉娜・娜蘭諾與辛西亞・錢德勒。他要她們替他口交，然後朝兩人頭部開槍殺害。他把兩人的遺體帶到一間車庫，強暴遺體。兩人的遺體於隔天在文土拉公路附近被尋獲。

邦迪聽了克拉克對謀殺過程的描述後感到很不安，於是她通知了警方。她宣稱自己只略知一二，但是不肯提供凶殺線索。克拉克之前就告訴過邦迪，如果兩人遭逮，他會扛下責任，這樣她就不必被關。

6月24號，凱倫・瓊斯與艾克希・威爾森被誘拐上了克拉克的車。兩名女子被槍殺後，遺體被棄置在明顯處。威爾森的頭部被割除後冰在冰箱裡，邦迪會替人頭上妝，再讓克拉克做出戀屍癖的行為。謀殺案發生兩天後，頭顱被清理乾淨，以箱子包裹，丟在巷弄裡。

邦迪後來開始與約翰・莫里往來，她認識克拉克就認識莫里了。邦迪對兼職歌手莫里十分著迷，有天晚上她把自己跟克拉克做的事情告訴了莫里。莫里知情後非常震驚，露出準備通報警方的反應。8月5號，邦迪色誘莫里到他的廂型車中。但上車後，她便開槍殺害莫里，再砍下他的頭。

殺害莫里兩天後，邦迪承受不了整件事帶來的壓力，對一名同事坦承自己殺害莫里的事。警方立即接獲報案。

凶殺案發生時間順序：

- 1980年6月1號——瑪內特‧寇摩爾，17歲
- 1980年6月11號——吉娜‧娜蘭諾，15歲
- 1980年6月11號——辛西亞‧錢德勒，16歲
- 1980年6月24號——凱倫‧瓊斯，24歲
- 1980年6月——艾克希‧威爾森，20歲
- 1980年7月25號——不知名女性
- 1980年8月5號——傑克‧羅伯特‧莫里，45歲

逮捕行動與庭審

邦迪向警方坦承自己與克拉克犯下的所有罪行，讓克拉克立即遭到逮捕。克拉克被以六件謀殺案起訴，邦迪則是以兩件謀殺案起訴。克拉克出庭受審的時候，他企圖將所有過錯都推給邦迪，讓自己像個無辜的傻瓜。但是他這種想要替自己減輕罪刑的行為最後無效，法院判定他有罪，並且判處死刑。

邦迪指認克拉克後，提出認罪協商的要求。她被判無期徒刑，免於死刑的下場。邦迪於2003年12月9號因為心臟疾病，死於獄中。

結果

克拉克仍在等候死刑行刑。

後記

克拉克的律師遭指稱在整個案件期間都因藥物或酒精神智不清，在克拉克接受檢方交叉訊問的過程中多次睡著。他提出自辯的要求，但是沒有獲得任何諮詢

律師、法律顧問，甚至法務人員的協助。法官叫他「自己看著辦」，這點其實是
違法行為。

克利夫蘭軀幹殺人魔
THE CLEVELAND TORSO MURDERER

出生年月日：不明

別名／暱稱：金斯伯里運河瘋狂屠夫

做案特徵：分屍、斬首、閹割、使用化學藥物

受害人數：12到20人

犯案日期：1935年到1938年

逮捕日期：未逮捕

殺人手法：大多為斬首

已知受害人：愛德華·安卓希、弗羅倫斯·潔納維·波里羅，其餘身分不明

犯罪地區：美國俄亥俄州克里夫蘭

狀態：從未成功確認嫌犯身分，因此此案仍為未解懸案

個人背景

　　克里夫蘭軀幹殺人魔直至今日仍身分不明，此人與1935年到1938年間發生的二十件謀殺案件有關。官方紀錄上至少有12名受害人慘遭這位連續殺人魔的毒手，每個受害人的遺體都遭到肢解。參與克里夫蘭軀幹殺人魔案件辦案過程的人都深信兇手一定還有犯下其他案件，包含一些發生於1920和1950年代的案子。

　　這名連續殺人魔似乎喜歡鎖定居無定所之人。有些受害人因為某些原因，始終沒有辦法找到身分。他殺害的對象有男有女，對性別似乎沒有特別偏好。案件發生期間，正好是大蕭條時期，他的受害人全都是社會弱勢人口。

　　每個受害人都被斷頭。部分案件中可見死者身軀被劈成兩半，因此有了「克

里夫蘭軀幹殺人魔」這個綽號。大多數男性受害人的生殖器都被割除，有些遺體上還有化學藥劑的痕跡。多數遺體都是在死後許久才被人發現，遺體腐敗程度也讓辨識身分的工作變得更困難。許多遺體的頭部始終沒有被尋回，令查案工作更加難以推動。

在這12起官方紀錄的殺人案件發生期間，艾略特·內斯是克里夫蘭的公共安全部門負責人。他雖然沒有深入參與調查，但確有協助質詢其中一名嫌疑犯，法蘭西斯·E·史威尼醫師。內斯也監督金斯伯里運河區域的燒毀過程，這地區是兇手綁走最多受害人的地方。

不論克利夫蘭軀幹殺人魔真實身分到底是誰，他似乎都很享受故意挑釁內斯。他一度將兩名死者遺體放在內斯辦公室就看得到的地方。

凶殺紀錄

軀幹殺人魔的第一名受害人是愛德華·安卓希，發現地點是金斯伯里運河附近的公驢丘。他的遺體於1935年8月23號被人尋獲，遺體遭斬首，生殖器被移除。據評估，他已經死亡兩到三天。距離他的遺體約10公尺處有一具無名男屍，同樣遭斬首與閹割。他的遺體肌膚有接觸某種化學藥劑的痕跡，發紅且質地變得像皮革一樣。這位受害者估計已經死亡三到四週。

弗羅倫斯·潔納維·波里羅於1936年1月26號到2月7號間遇害。她的遺體在克里夫蘭市中心被發現，屍身遭肢解。她的頭部未曾被尋獲，據信她已死亡兩日才被發現。

第二具無名男屍是在1936年6月5號遇害。據信他的頭部遭砍除時，他仍有生命跡象。與波里羅不同的是，他的頭部有被尋回，被發現的時候大約死亡兩日。下一起凶殺案發生在1936年5月前後。第三具無名男屍於7月22號被人發現，地點是布魯克林大溪地區。他也一樣在還活著的時候遭砍頭。

1936年9月10號，半具男性死者的軀體於金斯伯里運河被人尋獲。受害人身分不明，軀幹腰臀以下空無一物。死者頭部未曾被尋獲，男子死亡時間約為兩

日。下一具無頭屍體於1937年2月23號被發現。遺體屬於女性所有，身分則無從查證。

這具非裔無名女屍於1937年6月6號被尋獲，地點是希望紀念橋下方。屍體頭部與一根肋骨遭移除。受害人已死亡約一年。1937年7月6號，凱霍加河中發現一具身分不明的男屍。頭部未曾尋獲。

1938年4月8號，凱霍加河中發現一條身分不明的女性腿部。次月，河中又發現一條大腿，接著是裝有遺體其他部分的袋子於橋下被人尋獲。總共發現兩條大腿、一隻腳、一條小腿以及軀幹部位。與其他受害者不同的是，這名受害者體內有毒品殘留。

最後發現的兩名受害者是在1938年8月16日尋獲的。有人於湖岸垃圾場發現一男一女的遺體，皆身分不明。兩人都遭斬首，不過兩人的頭部都有被尋回。

凶殺案發生時間順序：

- 1935年9月23號——愛德華・安卓希
- 1935年9月23號——無名男屍一號
- 1936年1月26號到2月7號間——弗羅倫斯・潔納維・波里羅
- 1936年6月5號——無名男屍二號，「刺青男子」
- 1936年7月22號——無名男屍三號
- 1936年9月10號——無名男屍四號
- 1937年2月23號——無名女屍一號
- 1937年6月6號——無名女屍二號
- 1937年7月6號——無名男屍五號
- 1938年4月8號——無名女屍三號
- 1938年8月16號——無名女屍四號
- 1938年8月16號——無名男屍六號

嫌疑犯

一名克里夫蘭居民，法蘭克‧多索於1939年8月24號因有殺害弗羅倫斯‧波里羅的嫌疑遭逮。然而遭捕六週後，多索死於獄中。檢方在他身上發現六根肋骨斷裂，這些傷勢在被逮捕前並沒有。雖然他為求自保，一度承認殺害弗羅倫斯，然而據信他並非殺害弗羅倫斯或任何受害人的兇手。

另一名嫌犯是法蘭西斯‧E‧史威尼醫生，他是第一次世界大戰的退役軍人，由於大戰期間的經驗，他對於截肢有豐富的知識。史威尼接受艾略特‧內斯的訊問，他是當時的克里夫蘭公共安全部門負責人，史威尼也接受兩次測謊，兩次都沒有通過。史威尼自行到精神科醫院辦理入院，後來也沒有其他證據顯示他就是殺人兇手。

卡羅・愛德華・柯爾

CARROLL EDWARD COLE

出生年月日：1938年5月9號

別名／暱稱：尼爾

做案特徵：食人行為、分屍

受害人數：16人

犯案日期：1948年、1971年到1980年

逮捕日期：1980年

殺人手法：勒殺、淹溺

已知受害人：杜安，10歲；艾希・巴克；邦尼・蘇・歐尼爾；桃樂絲・金；汪達・羅伯特；莎莉・湯普森；黛安娜・帕歇爾；凱特琳・布魯姆；瑪莉・卡什曼；瑪琳・海默，其他人身分不明

犯罪地區：美國內華達州、愛荷華州、加州

狀態：1985年12月6號，執行注射死刑死亡

個人背景

　　柯爾出生於愛荷華州蘇城。1939年，他的妹妹出生後不久，全家就搬到加州定居。他的父親勒弗恩在造船廠工作時，因二次世界大戰被徵召入伍。他離家服役的期間，妻子維斯塔發生了好幾段婚外情。柯爾常常會在母親行通姦之實的時陪伴在母親身邊，他被威脅不准把母親的行為說出去，否則就會換來一頓毒打。

　　在學校的時候，柯爾常因「名字像女生」而被取笑。當時他的母親甚至會幫他扮女裝，然後嘲笑他。其中有個惡霸叫做杜安，後來杜安在當地一座湖中溺

斃。當時此事被大家當作一件悲劇看待，直到多年後柯爾才坦承，杜安之死是他所為。

柯爾的青少年時期常常進出警局，大多是因為喝酒鬧事、行竊以及一些小罪小惡。偷竊成了他的習慣，而他從軍之後，也因為偷竊槍枝，很快就被除役了。

1960年，柯爾住在加州里奇蒙。有天晚上，他在一個「約會勝地」攻擊了兩對在車上的情侶。沒過多久，他便報警表示自己有暴力幻想，想要勒斃女性。接下來的三年裡，他花了很長時間進進出出精神病院。

柯爾遭診斷出反社會人格障礙，但是評斷結果顯示病情穩定，於是於1963年4月出院。他搬到達拉斯，與一名酗酒的脫衣舞孃比莉·惠特沃斯結婚。兩年後，柯爾放火燒了一座汽車旅館，因為他深信自己的妻子在裡面與其他男人偷情。他遭警方逮捕，被判縱火罪後送往監獄。他的婚姻生活就此結束。

從獄中釋放後，柯爾企圖勒斃一名11歲的女孩。為此他又被關了5年。期滿釋放後，他又企圖勒斃2名女性。這次，他自己到了精神病院辦理入院。雖然醫生已經表示柯爾有殺人幻想，院方還是決定讓他出院，他被送回了聖地牙哥。

凶殺紀錄

1971年5月7號，柯爾在聖地牙哥的一間酒吧裡找上了艾希·巴克。把她勒斃後，他將遺體放在後車廂裡一段時間才棄屍。這起謀殺兩週後，他又殺了另一名女子，此人身分始終未查明。他把受害者遺體都埋在樹林中。後來他宣稱兩名女子之所以被他殺害，都是因為她們對丈夫不忠，讓他想起自己的母親。

柯爾於1973年7月娶了黛安娜·帕歇爾，但是兩人的關係因為她的酗酒問題以及兩人持續的爭吵，問題不斷。1979年9月19號，他將她勒斃。鄰居注意到她消失無蹤，開始懷疑事有蹊蹺，通知了警方。警方展開調查，發現她的遺體被一條毯子包裹，藏在衣櫃裡。然而警方判定她死於酗酒，所以柯爾未遭起訴。

他的妻子去世後，柯爾搬了幾次家。他宣稱自己在洛杉磯殺了一名女子後才搬回達拉斯。據傳他在1980年11月又殺了3名女性。他在第3起謀殺現場被人目擊

之後便被警方收押。

凶殺案發生時間順序：

- 1971年5月7號——艾希・巴克
- 1971年5月23號——一名人稱「威爾瑪」的女子
- 1971年5月30號——不知名女性
- 1972年3月後——兩名不知名女性遇害
- 1975年8月——瑪琳・海默
- 1977年5月14號——凱特琳・布魯姆
- 1977年10月——不知名女性
- 1979年8月27號——邦尼・蘇・歐尼爾
- 1979年9月19號——黛安娜・帕歇爾
- 1979年11月3號——瑪莉・卡什曼

逮捕行動與庭審

柯爾於1980年11月於凶殺案現場遭逮。不過案件最後判定死者很有可能是自然死亡。當局正要釋放柯爾的時候，他開始坦白自己下手的事，接著也認了其他案件的罪。根據柯爾表示，過去九年間，他至少殺害了14名女性。並表示可能還有其他受害人，只是因為他犯案時喝醉的緣故沒有印象。

柯爾於1981年4月9號，在德州為自己認罪的案件出庭受審，其中三起案件判決為有罪。他被判無期徒刑。他的母親於1984年去世後，柯爾同意為自己在內華達州犯下的殺人案出庭受審。此舉令眾人非常意外，因為內華達州仍有死刑制度。

他再次遭判有罪，於1984年10月判處死刑。反死刑的抗議份子試圖讓柯爾的罪名轉為無期徒刑，但是柯爾不同意，也不希望抗議份子替他爭取改判。他被判死刑的時候，還對法官道了謝。

結果

　　柯爾於1985年12月6號凌晨1點43分被帶往改造過的毒氣室，於凌晨12點12分先接受鎮定劑注射，讓他保持放鬆。他被固定在桌上，針頭於凌晨2點5分扎入。注射致命藥劑之後，柯爾被目擊先出現痙攣反應，然後身體於2點7分放鬆。幾分鐘後，柯爾便經宣告死亡。死刑執行過程維持了五分鐘。

後記

- 死刑前的最後晚餐：炸大蝦、法式沙拉醬拌沙拉、波士頓蛤肉什燴、薯條，最後是10公斤的餅乾和糖果。
- 生命最後幾個鐘頭，他與監獄牧師打牌度過。

柯爾語錄

「我已經把自己的人生搞砸到不想再繼續走下去了。」

亞道夫・康斯坦佐
ADOLFO CONSTANZO

出生年月日：1962年11月1號

別名／暱稱：馬塔莫羅斯教父、巫醫

做案特徵：人祭與酷刑儀式

受害人數：16人以上

犯案日期：1986年到1989年

逮捕日期：直到他死亡都沒有逮捕

殺人手法：刀刺、槍擊

已知受害人：男性──無名毒販、邪教成員

犯罪地區：墨西哥馬塔摩洛斯

狀態：1989年5月6號由他人協助以槍枝自殺

個人背景

　　康斯坦佐的母親於1962年生下他的時候，是一名15歲的古巴移民。她後來又繼續生了幾個孩子，父親都不是同一人。第一任丈夫去世後，她搬到波多黎各的聖胡安。她在這裡結識了下一任丈夫。

　　雖然康斯坦佐受過天主教洗禮，他的母親還是帶他去海地，並在那裡接觸了巫毒。這樣的宗教衝突對康斯坦佐一定造成了相當的影響。1972年，這家人回到了邁阿密。沒過多久，他的繼父就去世了。

　　康斯坦佐還是青少年的時候，他成了一名帕羅瑪尤貝教的巫師學徒，這個宗教的信仰中有用動物獻祭的傳統。他的母親後來再婚，康斯坦佐的新繼父同樣也

參與帕羅瑪尤貝教，且也參與毒品交易。

　　康斯坦佐與母親多次因為偷竊、扒竊與破壞他人財物遭逮捕。他的母親深信康斯坦佐是靈媒，宣稱他預言了刺殺雷根總統的行動。

　　康斯坦佐長大成人後，搬到了墨西哥城。在這裡，他認識了馬丁‧金塔納、奧馬爾‧奧雷亞以及蒙特斯，後來這些人成了他的追隨者。他們一起開始做起生意，透過動物獻祭，包含小獅子、斑馬、山羊、雞和蛇，來施展好運咒語。他們的客戶多是有錢的毒販與殺手。

　　因為這行，康斯坦佐經人介紹，認識了另一群上流社會之人，包含貪腐的墨西哥政客，這些人後來又把他介紹給城裡權勢強大的毒梟。為了要能成功施咒，康斯坦佐需要人骨，所以他開始破壞當地的墳墓。然而沒過多久，他決定要開始使用活人獻祭。此後他一連犯下了十六起（可能更多）恐怖的殺人案件。

凶殺紀錄

　　康斯坦佐深信販毒集團之所以運作順利，是因為他的「神奇魔咒」。所以他要求成為當時最有權勢的家族，卡爾希達斯家的合夥人。對方拒絕了他的要求，沒過多久，這個家族就有7個成員消失無蹤。後來他們的遺體被人尋獲，皆已殘缺不全。有人少了耳朵，有些少了大腦，少了手指和腳趾也有。其中一名受害人的脊椎被移除了。

　　1988年，康斯坦佐搬到墨西哥蘭求聖埃列納沙漠中的一棟小屋中，為了自己的宗教儀式，又殺了幾個人。有些受害人是被他視為對手的毒販，其他受害人則只是不幸碰上他的陌生人。

　　康斯坦佐於1989年3月13號在農場殺害了年輕醫科預校學生馬克‧基洛伊。他的追隨者在一家酒吧外綁架基洛伊之後，把他帶到康斯坦佐的農場。基洛伊是美國公民，當時是去墨西哥度假。這起謀殺案發生之後，德州當局向墨西哥警方施壓，要求破案。因此，警方逮捕了4名康斯坦佐的追隨者，這個邪教也就此遭曝光。

警方得知康斯坦佐殺害基洛伊僅因為需要「高等的」大腦來進行施咒。警方突襲康斯坦佐的農場時，發現一口大鍋裡裝著一個人類的腦和一隻死去的黑貓。在搜索農場的過程中，警方找到15具遺體（全都已遭支解）埋在農場，其中包含基洛伊的遺體。根據目擊證人描述，基洛伊是被一把彎刀砍斷後頸而死。

逮捕行動與庭審

康斯坦佐與追隨者組成了一支「逃亡小隊」。他們逃到墨西哥城之後，因為一起與他們毫不相干的糾紛，被前來公寓查看的警方找到。警方接近康斯坦佐的藏身處時，他以為警察是來找他的，便持機關槍朝警方開火。這下警方的注意力被他吸引，導致他馬上被包圍。康斯坦佐還未做好入獄的準備，所以他把槍給了阿爾瓦羅·德萊昂，要他朝自己和馬丁·金塔納開槍。兩人在警方進入公寓時皆已身亡。

結果

警方在公寓裡逮捕了阿爾瓦羅·德萊昂和薩拉·阿爾德雷特。14名邪教成員遭到起訴。起訴的罪名從毒品走私到藏匿謀殺案件都有。德萊昂被判處有罪，需服刑30年有期徒刑。薩拉·阿爾德雷特被起訴數條謀殺罪行有罪，判刑60年以上有期徒刑。另外2名成員，塞拉芬·埃爾南德斯與埃里奧·埃爾南德斯也因數條謀殺罪行被判有罪，有期徒刑60年。

另外還有數名嫌疑共犯，不過實際參與程度未曾被判定。分別為：
• 魯本·埃斯特拉達，人稱「帕提塔斯·柯塔斯」
• 克里斯蒂安·坎波斯，人稱「埃爾潘薩斯」
• 伊曼紐爾·羅梅羅，人稱「埃爾川普斯」
• 索爾·桑切斯，人稱「埃爾瑪卡口」
• 里卡多·佩尼亞，人稱「埃爾賽普林」

狄恩・柯羅爾
DEAN CORLL

出生年月日：1939年12月24號

別名／暱稱：糖果人、吹笛人

做案特徵：強暴、毀屍

受害人數：27人以上

犯案日期：1970年到1973年

逮捕日期：因死亡而未能逮捕

殺人手法：槍擊、勒殺

已知受害人：傑佛瑞・科南，18歲；丹尼・葉慈，14歲；詹姆士・葛拉斯，14歲；傑瑞・沃爾多普，13歲；唐納・沃爾多普，15歲；藍道・哈維，15歲；大衛・席勒蓋，13歲；格里哥利・馬利・溫克爾，16歲；魯本・華生，17歲；威拉德・「銹仔」・布蘭區二世，17歲；法蘭克・亞吉雷，18歲；馬克・史考特，17歲；強尼・德隆，16歲；比利・鮑奇，17歲；史蒂芬・席克曼，17歲；瓦利・傑・西蒙那，14歲；理查・亨布里，13歲；理查・開普納，19歲；約瑟夫・萊爾斯，17歲；比利・雷・勞倫斯，15歲；雷・布拉克本，20歲，荷馬・加希亞，15歲；約翰・賽勒斯，17歲；麥可・「東尼」・鮑奇，15歲；馬帝・瓊斯，18歲；查爾斯・卡里・柯波，17歲；詹姆士・德雷馬拉，13歲

犯罪地區：美國德州休士頓

狀態：1973年8月8號，於遭逮前被艾默・偉恩・亨利槍擊身亡

個人背景

　　狄恩・柯羅爾出生於印第安那州韋恩堡，是家中老大，父母是阿諾德與瑪莉。雖然母親對柯羅爾呵護有加，父親在他童年時期卻是相當嚴厲。兩人的婚姻生活過得並不愉快，1946年辦理了離婚。這家人將住處出售，搬進孟斐斯的一輛拖車宅裡。阿諾德這時已經加入空軍，夫妻兩人都希望阿諾德跟孩子們能繼續保持聯繫。

　　他人對柯羅爾的描述，說他從小就特別害羞又嚴肅，也不怎麼跟其他孩子互動。不過他倒是常常露出擔心其他人的樣子。7歲的時候，他染上了風濕熱。不過這個病症直到他11歲，才因為醫生聽見他的心雜音後被診斷出來。這個病症對他並沒有太大影響，不過也代表了他在學校無法參與任何運動類的活動。

　　柯羅爾的父母於1950年嘗試復合。但是這次的關係也只維持了幾年，兩人於1953年再次離婚。孩子們都是跟著母親，但是仍與父親保持良好關係。

　　柯羅爾的母親後來再婚，這次對象是傑克・威斯特，一名旅行鐘業務。這次再婚讓這家人搬到了維多。有人鼓勵他的母親和繼父開一家糖果店，兩人決定將店面取名為「胡桃王子」。他們一開始是先在車庫經營，柯羅爾當時雖然仍在就學，但還是日夜在店裡工作。在自家的糖果店裡工作這件事後來讓他被稱為「糖果人」。

凶殺紀錄

　　柯羅爾的受害人中，大多數都是從休士頓市中心的休士頓高地區域綁來的。當時這個區域普遍被視為低收入戶的社區。柯羅爾找了兩名共犯來幫他綁架男孩和年輕男子。艾默・偉恩・亨利與大衛・歐文・布魯克斯當時都還是青少年，許多受害人都是兩人各自的朋友。有些受害人在被綁之前就已經認識了柯羅爾，至少兩名受害人曾在糖果店裡幫柯羅爾做事。

　　他們綁架的方式大致上都是說要讓受害人搭便車，或者靠邀約參加派對來誘惑受害人。通常他們都是開福特Econoline廂型車或是順風GTX，受害人一旦上車

後，就會被帶到柯羅爾家。接著他們會給受害人藥物或酒精，直到對方昏過去為止。他們會強逼對方，或者用計令對方被他們上銬，接著將受害人的衣物脫光，綁在一塊他們用來折磨人的夾板上，有時也會綁在柯羅爾床上。

固定好受害人之後，他們會對其暴力性侵、毒打及施以酷刑。結束後，他們會一槍將受害人殺掉，或者是將受害人勒斃。有時他們會留人活口數天之久，期間持續殘酷攻擊手段。死者遺體通常會被以塑膠布包裹，埋在柯羅爾用來棄屍的四個地點之一。這四個地點分別是玻利瓦爾半島的海灘、一間船屋、傑佛遜縣的一處海灘，以及山姆雷伯恩湖附近的林地。

在許多案件中，柯羅爾會逼迫受害人寫信或打電話給父母，編理由交代自己為何沒有回家——為此避免他人起疑、找來當局插手。柯羅爾也喜歡收藏受害人身上的「戰利品」，通常是鑰匙。

凶殺案發生時間順序：

- 1970年9月25號——傑佛瑞·科南，18歲。被綁當時正在招便車。他的遺體被埋在高島海灘。
- 1970年12月13號——詹姆士·葛拉斯，14歲。跟丹尼·葉慈一起在福音活動上被拐騙走。
- 1970年12月13號——丹尼·葉慈，14歲。跟詹姆士·葛拉斯一起在福音活動上被拐騙走。
- 1971年1月30號——唐納·沃爾多普，15歲。與弟弟傑瑞·沃爾多普在去保齡球館的路上被綁。
- 1971年1月30號——唐納·沃爾多普，13歲。與哥哥唐納·沃爾多普在去保齡球館的路上被綁。兩人皆被勒斃，然後埋在船屋。
- 1971年3月9號——藍道·哈維，15歲。打工回家路上被綁。頭部遭槍擊死亡後，被埋在船屋。
- 1971年5月29號——大衛·席勒蓋，13歲。艾默·偉恩·亨利的兒時玩伴。

大衛與朋友格里哥利‧馬利‧溫克爾一起被綁。

- 1971年5月29號——格里哥利‧馬利‧溫克爾，16歲。要去泳池路上被綁。溫克爾曾是柯羅爾糖果店的員工，也是藍道‧哈維妹妹的男友。

- 1971年8月17號——魯本‧華生‧漢尼，17歲。要去電影院的路上失蹤。後來他致電母親，說他要在大衛‧布魯克斯家過週末。漢尼最後遭勒斃，埋屍在船屋。

- 1972年2月9號——威拉德‧「銹仔」‧布蘭區二世。遭槍擊、閹割後埋屍在船屋。他的父親是警官，在搜索他的期間心臟病發身亡。

- 1972年3月24號——法蘭克‧亞吉雷，18歲。被勒斃後遭埋在高島海灘。亞吉雷當時已與朗達‧威廉斯訂婚。

- 1972年4月20號——馬克‧史考特，17歲。是布魯克斯與亨利的朋友。他被勒斃後遭埋在高島海灘。

- 1972年5月21號——強尼‧德隆，16歲。與朋友走路去商店路上被綁。頭部遭槍擊後，德隆被亨利勒斃。

- 1972年5月21號——比利‧鮑奇，17歲。曾是柯羅爾糖果店的員工。他遭亨利勒斃，被埋在高島海灘。

- 1972年7月20號——史蒂芬‧席克曼，17歲。離開派對的路上遭綁。他被勒斃，且數根肋骨斷裂。他的遺體被埋在船屋。

- 1972年10月3號——瓦利‧傑‧西蒙那，14歲。去高中的路上被綁。他被監禁在柯羅爾家中的時候曾試圖打電話給母親，但是電話被切斷了。他遭勒斃後埋屍在船屋。

- 1972年10月3號——理查‧亨布里，13歲。在超市被綁。被從嘴部開槍後，再被勒斃。

- 1972年11月12號——理查‧開普納，19歲。要去公用電話亭路上遭綁。開普納被勒斃後遭埋在高島海灘。

- 1973年2月1號——約瑟夫‧萊爾斯，17歲。與布魯克斯住在同一條街上，也

認識柯羅爾。他被埋在傑佛遜縣的一處海灘。

- 1973年6月4號——比利·雷·勞倫斯，15歲。他是亨利的朋友，勞倫斯在柯羅爾家打給父親，問父親他能不能去釣魚。柯羅爾讓他活了4天才殺掉他，將他埋在山姆雷伯恩湖。
- 1973年6月15號——雷·布拉克本，20歲。招便車去探望太太和剛出生的孩子時被綁。遭勒斃後埋在山姆雷伯恩湖。
- 1973年7月7號——荷馬·加希亞，15歲。認識亨利但不熟。遭頭部槍擊身亡，埋在山姆雷伯恩湖。
- 1973年7月12號——約翰·賽勒斯，17歲。遭胸口槍擊身亡，被埋在高島海灘。賽勒斯是唯一一名被尋獲時仍全身衣著完好的受害人。
- 1973年，7月19號——麥可·「東尼」·鮑奇，15歲。是稍早受害人比利·鮑奇的弟弟。遭遭勒斃後埋在山姆雷伯恩湖。
- 1973年7月25號——馬帝·瓊斯。最後一次有人目擊他的身影時，他與朋友查爾斯·柯波走在一起，要去柯羅爾與亨利分租的公寓路上。
- 1973年7月25號——查爾斯·卡里·柯波，17歲，最後一次有人目擊他的身影時，他與朋友馬帝·瓊斯走在一起，要去柯羅爾與亨利分租的公寓路上。頭部遭兩次槍擊死亡後，被埋在船屋。他在學校時是亨利的朋友。
- 1973年8月3號——詹姆士·德雷馬拉，13歲。最後一次有人目擊他的身影時是在南休士頓騎腳踏車。他致電父母親，說自己人在派對上。

逮捕行動與庭審

1973年8月8號清晨，亨利與堤摩西·克利和朗達·威廉斯一起回到柯羅爾的家中，他們剛從派對離開。柯羅爾對於有女生被帶回來感到憤怒，他把亨利帶到一旁，說「他破壞了一切」。柯羅爾冷靜下來後，給了兩人大麻和酒，亨利與克利還吸膠。約二小時後，三人都失去了意識，只剩柯羅爾看著他們。

亨利醒來時，他的雙腳腳踝被綁縛，嘴上被貼了膠帶，柯羅爾正在將他的雙

手上銬。躺在他身邊的是威廉斯和克利，一樣被固定且封口，柯羅爾還把克利的衣物都脫掉了。柯羅爾將亨利嘴邊的膠帶拿掉，再次告訴他，他很氣亨利帶女生到他的公寓。他說等他性侵與折磨克利之後，就要把他們3人都殺掉。柯羅爾踹威廉斯的胸口，把亨利拖到廚房，持槍對著他的腹部。亨利安撫柯羅爾，跟他說他可以一起折磨克利，再幫他殺掉克利和威廉斯。柯羅爾同意了，他把亨利的手腳解開。

亨利幫柯羅爾把兩個年輕人搬到房間，然後把他們兩個都綁在折磨用的夾板上。柯羅爾叫亨利把威廉斯的衣物剪開，亨利在柯羅爾侵犯克利的時候照做了。威廉斯問亨利「這一切是不是真的？」。當亨利說「是」時，威廉斯又問「難道不想點辦法嗎？」

亨利問能不能把威廉斯帶到另一間房間裡，可是柯羅爾無視他的請求。亨利抓起手槍，對柯羅爾大喊著他已經「太超過了」。柯羅爾放開了克利，亨利則說柯羅爾要他殺了所有朋友，他「無法繼續下去了」。柯羅爾走向亨利，叫亨利朝他開槍。亨利後退的時候，柯羅爾大吼：「你才做不到！」但亨利開槍了，他朝柯羅爾的額頭扣下板機。不過驚人的是，這顆子彈沒有穿過頭骨。柯羅爾朝他撲上來的時候，亨利再次朝他開槍，擊中肩膀。柯羅爾腳步蹣跚地想離開屋內，亨利又朝他的肩膀和背部開了三槍。

柯羅爾在走廊倒地身亡，亨利鬆開威廉斯和克利。他們穿衣服，討論到底該怎麼做。一開始，亨利提議直接離開，但是克利表示他們應該報警。早上8點24分，亨利打給了帕沙第納警方。三人一起坐在陽台等警方抵達。

被詢問到柯羅爾是怎麼死的時候，亨利坦承將近三年來，他與大衛‧布魯克斯四處替柯羅爾綁架青少年，讓柯羅爾強暴他們、對他們施以酷刑後殺害。他也承認自己在好幾名受害人死亡前，參與了毀屍與折磨的過程。亨利也解釋他和布魯克斯每替柯羅爾抓來一個受害人，就可以收取最高達200美金的費用。

一開始，警方不相信亨利的故事。直到他提到幾位受害人的名字，警方認出那些人都是失蹤人口。亨利接著說出遺體被埋在何處，並同意與警方前往船屋，

也就是大多數遺體埋藏的地點。

　　警方開始挖掘船屋裡的地面的時候，發現了第一具屍體。他們這下確定亨利所言為真，然後接著將更多埋在船屋底下的受害人挖掘出來。幾乎所有遺體都是用塑膠布包裹，有些人的頸部還纏著細繩。完成船屋的搜尋後，警方共找到8名受害者。

　　同天，大衛‧布魯克斯在父親的陪同下來到警局，做了一份聲明，表示自己與所有凶殺案都無關。但是他承認自己知道柯羅爾在1970年就強暴並殺害2名男孩。隔天早上，亨利給了一份完整聲明，包含自己在這九起謀殺案中的殺人兇手身分，以及布魯克斯除了三起謀殺案件以外，在其他案件中的參與程度。

　　布魯克斯這才於8月9號晚間坦承認罪，然後與警方前往高島海灘，幫助警方尋找埋藏的屍體。亨利陪同警方前往山姆雷伯恩湖協尋遺體。8月13號，亨利與布魯克斯都再次前往高島海灘協助警方尋找最後幾名受害人的遺體。受害人數的最後統計數字是27人。

　　亨利的庭審於1974年7月1號進行，因六起謀殺案遭起訴。在庭審期間，證據數量多得驚人──法庭上出示了八十二件證物。庭審最後，陪審團只花了九十二分鐘討論。7月16號，法院宣判亨利有罪，判處6次為期99年有期徒刑，刑期需連續執行。

　　亨利提出上訴，1979年6月18號全案再次開庭。這次庭審時間維持了九天。1979年6月27號，亨利再次遭判有罪。他被判與先前相同的刑期。

　　布魯克斯於1975年2月27號出庭受審。雖然他因四起謀殺罪嫌遭起訴，他只有因1973年6月的威廉‧雷‧勞倫斯謀殺案受審。庭審持續不到一週。僅九十分鐘的討論後，陪審團做出了有罪的結論。1975年3月4號，布魯克斯被判終生監禁。

結果

- 當地警方遭受死者家屬的強力攻擊，他們認為警方早該發現當地有連續殺人

魔出沒。男孩和年輕男子失蹤的人數對執法單位來說就應該是最大的線索。

- 亨利和布魯克斯提出的減刑上訴都被駁回了。

後記

- 除了提供交通方式和住處以外，每次亨利和布魯克斯帶朋友或年紀相仿的男孩到公寓供他強暴殺害的時候，柯羅爾還會支付他們最高達200美金的費用。

- 柯羅爾開的是福特Econoline廂型車，他會用這台車綁架以及轉移受害人，不分死活。這輛廂型車的窗戶上掛上了窗簾，內裝還加上了木板，讓柯羅爾可以用手銬銬住受害人，以及收放武器以及其他折磨工具。他都是用毒品或是派對邀請的理由把男孩騙上車。受害人被殺害後，會被用同一輛車移到埋屍地點。

安東（東尼）尼查爾斯·科斯塔
ANTONE (TONY) CHARLES COSTA

出生年月日：1944年8月2號

別名／暱稱：尼爾

做案特徵：戀屍癖、分屍、毀屍

受害人數：4到8人

犯案日期：1966年到1969年

逮捕日期：1969年3月6號

殺人手法：槍擊、下藥、淹溺

已知受害人：派翠希亞·H·華許；瑪莉·安·威索基；蘇珊·佩瑞；席妮·蒙松；邦尼·威廉斯；黛安·費德洛夫；芭芭拉·史鮑丁；克莉絲汀·葛朗特

犯罪地區：美國加州、麻州、紐約州

狀態：終生監禁。於1974年5月12號上吊自殺

個人背景

　　1944年出生的科斯塔在還是襁褓中的嬰兒時，父親就在二次世界大戰中喪命了。他的母親後來改嫁。在科斯塔7歲的時候，他告訴母親有個男子晚上會來他的臥室。在母親的詢問下，他說出了夜裡進房門的人就是繼父。

　　科斯塔16歲的時候，在麻州闖進一間公寓裡。他傾身靠向正在臥室床上睡覺的女孩，這時候女孩突然醒來，放聲大叫。科斯塔立刻逃離了現場。但是這不是這個女孩最後一次見到他。僅僅三天後，他又回到那間公寓裡，還試圖把女孩拖下樓梯。幸好鄰居發現，阻止了他。

1962年1月4號，科斯塔因為攻擊行為與闖空門被起訴，遭判1年緩刑期與3年假釋。1963年，科斯塔結婚了，這段婚姻帶來了三名子女。不過因為藥物濫用的緣故，讓他的行為不負責任又異於常人，他的婚姻因此承受極大壓力。

科斯塔於1966年6月帶了兩名女性回家——黛安·費德洛夫與邦尼·威廉斯。據他所說，他準備要開車載她們去賓州，然後再繼續獨自開往加州。後來他宣稱自己將兩名女性帶到了加州海瓦德。但是始終無人找到她們。這趟路途十天後，科斯塔回到位於麻州的家

科斯塔與一名女性友人於1967年8月到特魯羅伍茲健行時發生了一起事件。科斯塔用箭射中了自己的朋友。後來他宣稱這件事是一場意外，並且道了歉。到了1968年，科斯塔的婚姻狀況已經跌落谷底。1月底，他搬到了舊金山的海特－艾許伯里區。

凶殺紀錄

科斯塔的第一名受害人，邦尼·威廉斯，於1966年6月跟隨行友人黛安·費德洛夫雙雙失蹤。他的下一個受害人是芭芭拉·史鮑丁，於1968年失蹤。她的遺體始終未被尋獲。

1968年5月24號，席妮·蒙松從自家失蹤。科斯塔開槍射殺她之後，把心臟挖除。驗屍報告顯示蒙松在死後遭到性侵。克莉絲汀·葛朗特於1968年11月23號遭科斯塔殺害，但此案詳細資料很稀少。蘇珊·佩瑞於1968年9月10號失蹤。她的遺體於1969年3月2號遭尋獲。

派翠希亞·華許與瑪莉·安·威索基於1969年1月24號失蹤。派翠希亞與瑪莉都遭槍擊身亡，兩人的心臟也都被挖除。驗屍結果同樣顯示有死後性侵的證據。她們的遺體與席妮·蒙松的遺體在同一處被發現。

凶殺案發生時間順序：

- 1966年6月——邦尼·威廉斯

- 1966年6月——黛安・費德洛夫
- 1968年——芭芭拉・史鮑丁
- 1968年5月24號——席妮・蒙松
- 1968年9月10號——蘇珊・佩瑞
- 1968年11月23號——克莉絲汀・葛朗特
- 1969年1月24號——派翠希亞・華許
- 1969年1月24號——瑪莉・安・威索基

逮捕行動與庭審

1969年3月6號，科斯塔遭逮捕並因多起謀殺案遭起訴。他的庭審始於1969年6月3號，因瑪莉・安・威索基案、派翠希亞・華許案、席妮・蒙松案與蘇珊・佩瑞遭傳喚。科斯塔於1970年5月遭判刑終生監禁。

結果

1974年5月12號，科斯塔被人發現於牢房中上吊身亡。死因判定為自殺。

後記

科斯塔在獄中的期間寫了一本書：《復活》（*Resurrection*）。他在書中寫道威索基和華許的謀殺案是由友人「卡爾」所犯。他還宣稱蘇珊・佩瑞以及席妮・蒙松的死都是因為用藥過量，表示是卡爾將屍體肢解的。

理查・科廷罕
RICHARD COTTINGHAM

出生年月日：1946年11月25號

別名／暱稱：軀幹殺手

做案特徵：酷刑虐待、強暴、毀屍

受害人數：6人，宣稱高達100人

犯案日期：1967年、1977年到1980年

逮捕日期：1980年5月22號

殺人手法：勒殺

已知受害人：南西・斯奇亞娃・沃格爾，29歲；瑪麗安・卡兒；迪德・古達齊，22歲；「無名女屍」；瓦萊麗・史椎特，19歲；珍・雷納

犯罪地區：紐約州、紐澤西州

狀態：終生監禁

個人背景

　　科廷罕在三個孩子之中排行老大。12歲的時候，一家人搬到了紐澤西州的里弗韋爾。搬到這裡以後，他的母親待在家裡照顧孩子們，父親在保險公司上班。

　　年紀還這麼小就得轉學到新環境，在社交層面來說，對科廷罕是很大挑戰。他沒辦法交到朋友，大部分時間都跟母親和手足一起待在家。但是等他進入了帕斯卡克山谷高中後，一切就開始有了改變，他變得能夠交朋友了。

　　高中畢業後，科廷罕加入父親在大都會人壽的行列，擔任電腦操作員。後來他在紐約的藍十字藍盾協會擔任電腦操作員。科廷罕是個好員工，老闆、同事都

很喜歡他。

1970年，科廷罕與一名名為珍妮特的女子結婚，兩人生了三個小孩。第一個孩子是在1973年出生的，老二則是1975年，老么於1976年出生。老么出生後僅過了三年，珍妮特就申請了離婚。她表示丈夫有婚外情，且常出入當地同志酒吧。

科廷罕犯下凶殺案的期間，曾因一些輕微犯罪行為遭逮捕幾次。包含店內行竊和酒駕。當時發生的那些謀殺案件始終沒有與他連上關係。

凶殺紀錄

南西・斯奇亞娃・沃格爾是科廷罕的第一個受害人，她在教堂結束賓果遊戲之後失蹤。三天後，她遭勒斃的遺體於自己的車上被人發現，車輛當時停在紐澤西州里奇菲爾德公園。她的遺體遭綁縛且全身赤裸。

迪德・古達齊以及一名身分不明的女性於1979年12月2號被消防員發現，當時消防員前往紐約時代廣場附近的一處飯店處理火災事件。兩具遺體的頭部和手部都被切除，然後遭淋上燃油點火燃燒。

1980年5月5號，瓦萊麗・安・史椎特的遺體於紐澤西州哈斯布魯克高地的一家名為優質旅館的旅館房間裡被人發現。她的雙手遭上銬，脛骨遭毒打，全身上下都是咬痕。驗屍結果顯示她的嘴巴被塗過某種黏合劑，且她是窒息而死。僅十天後，珍・雷納在塞維利亞酒店裡被人發現遭刺殺身亡。

凶殺案發生時間順序：

- 1967年——南西・斯奇亞娃・沃格爾，29歲
- 1977年——瑪麗安・卡兒
- 1979年12月2號——迪德・古達齊，22歲
- 1979年12月2號——無名女屍
- 1980年5月5號——瓦萊麗・安・史椎特，19歲
- 1980年5月15號——珍・雷納

逮捕行動與庭審

　　科廷罕於1980年5月22號相中了一位18歲的妓女萊斯里‧安‧歐戴爾。兩人同意以100美金換取性服務，一同前往史椎特的遺體被發現的那間優質旅館。她平躺在床上等著科廷罕的按摩開始時，他拿出了一把刀，抵著她的喉嚨。科廷罕將她銬上手銬，開始酷刑虐待。她的其中一邊乳頭幾乎被啃下，歐戴爾痛得大喊。雖然聲音並不清楚，但旅館員工仍是聽見了，並且立刻報警。他們要求科廷罕打開房門。

　　警方陸續抵達現場，科廷罕於房間外的走廊遭逮。搜過科廷罕身上的財物後，警方發現了一副手銬、兩個奴隸項圈、一個皮製封口器、假槍數把、一把彈簧刀，以及大量處方籤藥物。警方搜索他的住家，找到了好幾樣他從受害人身上拿的東西。

　　科廷罕最後因瓦萊麗‧史椎特案出庭受審。他被判有罪，判處173年到197年有期徒刑。後來還有兩次庭審，他被判四起二級謀殺罪有罪。

結果

　　許多人都樂見科廷罕永遠不會再回到社會上這件事。因為他的刑期十分長，最後一定會死於獄中。

後記

- 科廷罕遭逮捕前一個月，妻子申請離婚，文件上寫著「極端殘酷行為」。她也宣稱他自從1976年開始就拒絕與她發生關係。
- 科廷罕只承認一件事，那就是「我對女人就是有問題」。

傑佛瑞・丹墨
JEFFREY DAHMER

出生年月日：1960年5月21號

別名／暱稱：密爾沃基食人魔

做案特徵：強暴、食人行為、戀屍癖、分屍

受害人數：17人

犯案日期：1978年到1991年

逮捕日期：1991年7月22號

殺人手法：割喉、勒殺

已知受害人：史蒂芬・希克斯，19歲；史蒂芬托米，26歲；詹姆士・「傑米」・達克斯泰特，14歲；理查・格雷羅，25歲；安東尼・希爾斯，26歲；艾迪・史密斯，36歲；瑞奇・畢克斯，27歲；恩尼斯・米勒，22歲；大衛・湯瑪士，23歲；科特斯・史卓特，19歲；艾羅・林賽，19歲；東尼・休斯，31歲；科納拉克・辛德森豐，14歲；麥特・透納，20歲；傑洛麥亞・懷恩伯格，23歲；奧利弗・雷西，23歲；約瑟夫・布萊德霍夫特，25歲

犯罪地區：美國俄亥俄州、威斯康辛州

狀態：遭判處16項無期徒刑於1994年11月28號，在獄中遭害身亡

個人背景

　　傑佛瑞・丹墨大概是二十世紀最知名的連續殺人魔之一，他是萊諾爾・赫伯特與喬伊斯・安奈特・丹墨的兩個孩子之中的老大。萊諾爾當時是馬奎特大學化學系學生，喬伊斯是電傳打字機的講師。

父母兩人在丹墨還在襁褓中時對他都疼愛有加，但是後來據聞，他的母親的個性有點難以相處，且非常需要他人的關切。她常常與丈夫以及鄰居吵架，是個很緊繃的人。丹墨開始上學後，他母親越來越常躺在床上，說是要「恢復元氣」。因為他的父親常常為了做研究的緣故不在家，一旦回到家，喬伊斯便需要他的大量關注。

喬伊斯常會因為一點小事，就讓自己陷入焦慮。她一度試圖大量服用已成癮的藥物來自殺。因為母親的問題，丹墨與弟弟很少得到父母親的關注。丹墨後來說那段家庭生活時光對他而言「壓力極大」，尤其父母兩人時常吵架。

其他人對學生時代的丹墨的描述是膽怯與安靜。他的表現讓人覺得他在家裡沒有受到該有的照料，且他母親有一些問題也是大家都知道的事。不過學生時代的丹墨還是有一小群朋友。

丹墨大概4歲大的時候，他看著父親將住家底下的動物骨骼清除。他一邊玩弄骨頭，顯得特別著迷於骨頭發出的聲音。從這之後，他便發展出一種蒐集骨頭的狂熱。他也蒐集各式各樣的蝴蝶、蜻蜓和大昆蟲，這些都被他用玻璃罐收藏。

從此他慢慢演變成蒐集路上被撞死的動物遺體。他會把動物遺體剖開，說是因為好奇動物到底是怎麼組成的。他也對於活體動物身上的骨頭位置很有興趣。丹墨一度將一顆狗頭放在屋後的樹樁上。

丹墨的弟弟於1966年出生時，這家人住在俄亥俄州多伊爾士鎮。大人讓丹墨來挑選弟弟的名字，他選了大衛。這時候，他的父親萊諾爾已經完成了學位，開始擔任分析化學家。

兩年後，這家人再次搬家，這次搬到了俄亥俄州的巴斯。1970年，某天這家人在吃雞肉當晚餐的時候，丹墨問父親，若把雞骨頭放進漂白水溶劑裡會怎麼樣。一直以來，萊諾爾都有點擔心自己的大兒子安靜且孤僻的個性，所以很開心他對科學展露興趣。他很高興地展示給丹墨看如何漂白、保存動物骨骼，丹墨將這個技巧運用在他蒐集的動物遺骸上頭。

凶殺紀錄

丹墨的受害人大多都遭到他施以鎮定劑藥物，然後才被勒殺身亡。有時他會以鈍物重擊殺害受害人，比方第一位以及第二位受害人。於1990年9月2號遭殺害的恩尼斯·米勒因遭丹墨切斷頸動脈而死於失血過多與休克。

1991年遭害的數名受害人都遭到丹墨於頭骨鑽洞。丹墨會朝著頭骨鑽的洞，往大腦澆灌鹽酸或滾水。他這麼做是為了讓受害人聽話，無法反抗。雖然此舉的本意並非致死，仍有三名受害人在此過程中身亡。

1978年6月18號，史蒂芬·希克斯招便車欲前往奇佩瓦湖公園看搖滾樂演唱會。他被丹墨鎖定，然後用啞鈴重擊再勒斃。他的遺體遭分解為小塊，磨成粉，撒在老家後方的林區。

25歲的史蒂芬·托米遭丹墨於大使飯店殺害。但是丹墨宣稱不記得自己有殺害此人。他後來表示在將對方痛擊致死時，自己一定是喝醉了。托米的遺體遭丹墨於祖母家地下室肢解，遺骸被丟進垃圾桶。

丹墨於一家同志酒吧外認識14歲的詹姆士·達克斯泰特，他誘拐對方到自家中，告訴他若接受拍攝裸照，會付他50美金。達克斯泰特遭勒斃，遺體被保存在地下室一週。接著他的遺體遭到肢解，扔進垃圾堆。

1988年3月24號，理查·格雷羅於丹墨臥室中遇害。丹墨將他勒斃之前先對他下了藥。他的遺體在地下室遭肢解，肌肉被以酸性溶劑溶解，骨頭被丟進垃圾裡，不過丹墨保存頭顱數月之久才丟掉。

最後一名遭丹墨於祖母家下藥殺害的是24歲的安東尼·希爾斯。希爾斯於1989年3月25號遇害，遭到肢解後，丹墨還保存了部分屍塊。他的生殖器與頭骨遭保存下來，後來在丹墨位於北25街的住家中的文件櫃中尋獲。

雷蒙德·史密斯於1990年5月20號遇害，他是丹墨在新家殺害的第一名死者。丹墨於酒吧認識當時是男妓的史密斯，邀請他到自家公寓。史密斯遭以安眠藥下藥，然後被勒斃。丹墨將清乾淨的頭顱塗上紅色顏料後保存。

丹墨的友人愛德華·史密斯最後一次被人目擊的時候，是1990年6月14號與

丹墨一同出席一場派對。行凶後，丹墨利用酸性溶劑銷毀了史密斯的骨頭。他試圖把頭顱骨放進烤箱烘乾，不過過程中不小心損毀了。

丹墨於一家書店外認識了恩尼斯·米勒。米勒是一名舞者，丹墨對他的體態十分著迷。回到自己的公寓後，丹墨切斷米勒的頸動脈，等他失血致死後，於浴缸中將其遺體肢解。米勒的頭骨遭清理後保存在文件櫃中，他的二頭肌、心臟和部分腿部則被冷凍保存，後來被丹墨吃掉。

22歲的大衛·湯瑪士於1990年9月24號在大道購物中心附近遇見丹墨。丹墨表示願意付錢給他拍攝裸照，湯瑪士同意了，並伴隨丹墨回到公寓。他的飲料裡被下了藥。他一失去意識後，丹墨決定他「不是他要的型」，但還是將其殺害。他一邊肢解遺體，一邊拍下數張照片。

丹墨於1991年2月18號誘拐科特斯·史卓特回到自家公寓。這名年輕男子遭下藥、上銬後勒斃。他的遺體在浴缸中遭肢解，丹墨留下了他的頭顱、生殖器和雙手。

1991年4月7號，艾羅·林賽成了丹墨的新實驗手法，也就是頭顱鑽洞的第一個受害人。丹墨將鹽酸注入林賽的頭顱內後，這名年輕男子突然甦醒了過來。所以丹墨又給他喝了加了鎮定劑的飲料。他接著將受害人勒斃，剝去皮膚，並保留皮膚數周之久。他也保存了林賽的頭顱。

丹墨於1991年5月24號再次提出付錢拍裸照的要求，誘拐東尼·休斯到自家公寓。東尼·休斯是瘖啞人士，所以丹墨和休斯是以紙筆溝通。休斯遭勒斃後被棄置在丹墨臥室地板三天，然後他的遺體遭到肢解。丹墨同樣地將過程拍照記錄。他的頭顱被保存下來，作為身分辨識用。

1991年5月27號，14歲的科納拉克·辛德森豐遭下藥後進行頭顱鑽孔並以酸性溶劑注入腦部。當時丹墨認為這個男孩已經喪失行為能力後，就出門去買啤酒。等他回來，辛德森豐已裸身跑到街上求救。警方抵達時，丹墨告訴警方那男孩喝醉了，並表示兩人是情侶。沒想到警方就這樣將他交給了丹墨。他的大腦遭注入更多酸性溶液，最後意外讓他死亡。他的遺體遭到肢解，丹墨將頭部保存在

冷凍庫。

丹墨於1991年6月30號，在公車站遇見麥特·透納。丹墨再次用付費裸照的理由將他騙回自己公寓。一進入公寓，他就給透納喝下了藥的飲料，並且將其勒斃。然後丹墨將其遺體於浴缸中肢解。他的軀幹被放進一只215公升容量的桶子裡，內臟和頭部被保存於冷凍庫。

1991年7月5號，丹墨於芝加哥一家同志酒吧認識了傑洛麥亞·懷恩伯格，他同意到丹墨家過週末。對懷恩伯格下藥後，丹墨在他的頭顱骨上鑽孔，朝大腦注入滾水。他死時雙眼仍圓睜。他的頭部遭砍下，屍身被留在浴缸裡一週後才遭肢解。他的軀幹被放進大桶子裡。

1991年7月15號，丹墨對24歲的健身狂，奧利弗·雷西再次用上了付錢拍裸照的招數。雷西遭下藥後以一條皮繩勒斃。他的頭部遭砍下，與心臟一起放在冰箱中。丹墨保存他的頭顱，他打算要打造一個「祭壇」來安放自己蒐集的頭骨和其他骨骸。

丹墨的最後一名受害人是約瑟夫·布萊德霍夫特。他於1991年7月19號遇害，被放置在丹墨床上兩天。他的頭部於7月21號遭砍除，並放置於冰箱中。與懷恩伯格和透納一樣，他的軀幹被放進了大桶子裡。

凶殺案發生時間順序：

- 1978年6月18號──史蒂芬·希克斯，18歲
- 1987年11月20號──史蒂芬·托米，25歲
- 1988年1月16號──詹姆士·達克斯泰特，14歲
- 1988年3月24號──理查·格雷羅，22歲
- 1989年3月25號──安東尼·希爾斯，24歲
- 1990年5月20號──雷蒙德·史密斯，32歲
- 1990年6月14號──愛德華·史密斯，27歲
- 1990年9月2號──恩尼斯·米勒，22歲

- 1990年9月24號——大衛・湯瑪士，22歲
- 1991年2月18號——科特斯・史卓特，17歲
- 1991年4月7號——艾羅・林賽，19歲
- 1991年5月24號——東尼・休斯，31歲
- 1991年5月27號——科納拉克・辛德森豐，14歲
- 1991年6月30號——麥特・透納，20歲
- 1991年7月5號——傑洛麥亞・懷恩伯格，23歲
- 1991年7月15號——奧利弗・雷西，24歲
- 1991年7月19號——約瑟夫・布萊德霍夫特，25歲

逮捕行動與庭審

　　1991年7月22號，丹墨與三名男子交談，並表示願意付錢讓他們跟他回家拍攝裸照、打發時間以及一起喝點啤酒。其中特雷希・愛德華同意了。進入公寓後，愛德華發現屋內臭氣薰天，地上還擺放了好幾桶酸性溶液。丹墨一度要他轉身看他養的魚。他照做的時候，丹墨把他上了手銬。但是丹墨沒能成功把兩隻手腕都上銬，不過他說服愛德華跟他進房間拍照。

　　臥房裡有一只大桶，桶內散發出可怕的臭味。丹墨揮刀威脅愛德華好幾次。愛德華一直安撫他，試圖阻止丹墨攻擊自己，同時想著要怎麼脫身。他一度說服丹墨跟他一起回客廳喝啤酒。愛德華從沙發上起身，說要去上廁所。他注意到丹墨沒有抓著手銬或是小刀，注意力也不在他身上。

　　愛德華往丹墨揍了一拳，讓他失去平衡，接著愛德華直奔出了公寓大門。愛德華跑到街上，攔下兩名警察。他要求警方替他卸下手腕上的手銬。然而警方無法解開手銬，於是他便帶著警察上樓到了丹墨的公寓。丹墨承認手銬是他銬上的，但是沒有解釋原因。

　　兩名警員進屋時得知手銬鑰匙在臥室裡面，於是就進入了臥室，並在一只開著的抽屜裡看到大量照片。照片裡都是肢解的屍體，且一看就知道是在丹墨的公

寓裡拍的。丹墨試圖跟警察扭打，但最後被制伏了。

丹墨被逮捕後，警方搜索他的公寓時發現以下證物：

四顆被砍下來的頭、七顆頭骨、冰箱裡有個有血滴的盤子、兩顆人類心臟、部分手臂肌肉、一具軀幹、一袋內臟與肉、兩具完整人骨、兩隻手、兩組被切割下來的陰莖、一片頭皮、大桶中有三具軀幹、七十四張肢解屍體的照片。

丹墨被以十六起一級謀殺起訴。審視病史後，他被判定於法定定義上為精神理智正常，可以出席庭審。他隨後被判有罪，並於1992年2月15號遭判刑十五起終身監禁。後來他又被判第十六起謀殺有罪，並再加上一條終身監禁。

結果

1994年11月28號早上約8點10分左右，丹墨在監獄的健身房浴室地板上被人發現。他的頭部與臉部有可怕的傷痕。當時他依照平時的工作安排，與傑西·安德生和克里斯多福·史卡弗待在同一個區域。安德生一樣身負重傷。兩人皆遭到一把50公分長的金屬棒反覆攻擊，還被抓去撞牆好幾次。

兩名男子被發現時都還活著，但是丹墨於被緊急送往醫院一小時後死亡。安德生於兩天後傷重不治。因之前犯下的謀殺罪已被判無期徒刑的史卡弗一回到牢房裡的時候就告訴獄方，攻擊兩人的兇手就是他。他宣稱「是神要我這麼做的」。因為謀殺丹墨與安德生，他又被判了兩次無期徒刑。

2015年，史卡弗改變了說詞，表示當時是那兩人突襲他，還嘲弄他。他宣稱丹墨會把食物弄成身體部位的形狀，藉以戲弄其他囚犯，且表示丹墨對於自己犯下的可怕罪刑毫無悔意。

丹墨的遺書中要求不要舉辦喪禮，並且希望被火化。他的骨灰最後被分為兩份，分別歸屬雙親所有。

後記

據評估他的智商高達145分，等於接近天才的智力。

丹墨語錄

「我做得太超過了，這點無庸置疑。」

「我得多在家吃飯才行。」

「我讓我的幻想人生過得比真實人生還強大。」

「我想就某些層面來說，我也希望能結束，即便這代表要毀滅自我。」

「我會（把屍體）拿來煮，然後看著照片自慰。」

「我的慾望就是感受他們的身體。他們在我眼中就是一些物體，是陌生人。對我來說很難相信一個人居然能做到我做到的這些事。」

「我還在外面的時候，就找不到任何人生的意義，我現在在裡面，想也知道就更不可能找到了。這就是被浪費的一生的大結局，而這個結局非常地令人沮喪……是一個既病態、可悲、破碎又哀傷的人生故事，就是這樣而已。這種故事能幫得了誰，我真是想不出來。」

卡爾・登克
KARL DENKE

出生年月日：1870年8月12號

別名／暱稱：津比采的食人族

做案特徵：食人行為

受害人數：42人以上

犯案日期：1909年到1924年

逮捕日期：1924年12月21號

殺人手法：用斧頭砍殺

已知受害人：無名旅客以及男女性街友

犯罪地區：德國明斯特伯格

狀態：被逮捕一天後於牢房上吊自殺

個人背景

　　登克的童年生活查無紀錄，但是成年後，他於1918年到1924年管理一棟出租的房子。租客都很喜歡他，總是稱他「老爹」。登克在社區裡也很受歡迎，是當地教堂的風琴演奏者。但是大家都不知道，這個看起來是個「好人」的男子一直在殺人，並把死者吃掉。

凶殺紀錄

　　登克的受害人多是消失也不會有人在意的身分，如果有人會來找，也要等很久才會有人通報失蹤人口。他通常都是鎖定流浪漢、乞丐和「旅人」，特別是那

些前往目的地時途中經過的人。

　　其中一名登克的租客於1924年12月21號聽見他的公寓中傳來呼救的聲音。他衝下樓，心想登克可能受傷了，結果卻發現一名年輕男子搖搖晃晃地走在走廊上。他的頭皮上有傷口，鮮血不斷湧出。年輕男子倒地時，他宣稱登克用斧頭攻擊了他。這名租客立刻報警。

　　警方搜尋登克的公寓內部時，發現12名旅客的身分證明。他們還發現數名男子的衣物。廚房裡有大桶子，裡面是醃製在滷水中的肉。警方估計桶子裡有約30名受害人的骨肉。登克的帳本也被找出來，裡頭記載著他從1921年起醃製的受害人資訊，包含日期、受害人姓名與體重。

逮捕行動與庭審

　　登克於1924年12月21號遭逮捕並送到當地拘留所。他本要在該處針對年輕男子的攻擊事件，以及屋內數起謀殺案件的證據一事接受訊問。但是登克始終未對警方給出任何解釋，也沒有接受犯罪責罰。到了早上，他就已經死了。

結果

　　1924年12月22號，登克在牢房中被人發現身亡。他上吊自殺。

　　他死後，警方前往公寓，搜索並扣押所有物件。他們在公寓裡找到更多駭人聽聞的東西。不只廚房裡有兩大桶醃製的肉，還有好幾個容器裡都裝著醃製的人肉。警方還找到已經處理好，準備加工的骨頭，還有可以製作肥皂的儀器。

　　幾十條吊帶、鞋帶和腰帶就掛在牆上，全都是用人皮製作的。衣櫃裡有許多衣物都沾染了血跡，也有短裙。那些醃製的肉最後也經科學測試證實的確是人肉。當局總共辨識出20名受害人，但是據估計他殺害並醃製了超過40人。

後記

　　卡爾在明斯特伯格的名聲是個大方、溫暖且虔誠的居民。有些人甚至稱他

「登克神父」，或是登克老爹。他會帶十字架去參與基督教喪禮，也會在教會佈道時演奏風琴。

保羅・丹尼爾
PAUL DENYER

出生年月日：1972年4月14號

別名／暱稱：弗蘭克斯頓連環殺手

做案特徵：變性、厭女

受害人數：3人

犯案日期：1993年6月到7月

逮捕日期：1993年7月31號

殺人手法：刀刺、勒殺

已知受害人：伊莉莎白・史蒂芬，18歲；黛比・傅瑞明，22歲；娜塔莉・羅素，17歲

犯罪地區：澳洲墨爾本

狀態：判刑3條無期徒刑，30年後可申請假釋

個人背景

　　保羅・丹尼爾的童年與早年生活的資料不多，但是少數幾件對外公開的資訊十分令人驚駭。根據他的母親所言，他還小的時候發生過一場意外，他從桌上滾落時傷及頭部。

　　丹尼爾抓了家裡養的貓咪，用刀切割後掛在樹上。殺害並切割貓咪在丹尼爾的成長過程中就已經發生過，這也是虐殺行為的連續殺人魔常見的特性。丹尼爾還在唸書的時候，曾經攻擊過同學。受害同學當時正在咬筆，而這支筆最後卡在他的喉嚨裡。

虐待動物、不擅社交、攻擊他人都是丹尼爾童年時期出現過的警訊，顯示他可能異於常人。當時若有人多加注意這些線索，也許後來發生的事都可以避免。

凶殺紀錄

18歲的伊莉莎白・史蒂芬的遺體於1993年6月12號於弗蘭克斯頓附近的洛伊德公園被人發現。她於前一天晚上被同住的叔叔、嬸嬸通報失蹤。她的喉嚨被割破，胸口有六處刀刺傷。從胸口到肚臍處有四道傷痕，腹部還有四道橫跨的傷口，留下交錯的傷勢。她的臉部也有好幾處割傷和擦傷，鼻骨也斷了。她上身的衣物被脫除，內衣被推到頸部。雖然懷疑有性侵可能，但是驗屍報告顯示未有受到性侵的證據。

22歲的黛比・傅瑞明於1993年7月8號開車到當地店家買牛奶的路上失蹤。她的遺體於四天後在卡魯姆唐斯附近的一處小牧場被人發現。她遭刀刺二十四次，分布在頭部、頸部、手臂和胸口。雖然有勒頸的痕跡，但她並未遭性侵。

下一個受害人是在1993年7月30號遇害。娜塔莉・羅素騎腳踏車從約翰・保羅學院回家的路上失蹤。她的遺體於自行車道附近的矮樹叢裡被尋獲，喉嚨被割破。她的頸部和臉部一樣有多處刀刺傷。同樣的，沒有性侵的跡象。

凶殺案發生時間順序：
- 1993年6月11號——伊莉莎白・史蒂芬，18歲
- 1993年7月8號——黛比・傅瑞明，22歲
- 1993年6月11號——娜塔莉・羅素，17歲

逮捕行動與庭審

一名警官正巧於凶殺案發生時間前後，在羅素的遺體尋獲處不遠的自行車道旁目擊一輛黃色豐田Corolla汽車，當時他記下了車牌號碼。警方將車牌號碼輸入電腦系統後，發現同一輛車也曾經在傅瑞明的遺體發現處附近出沒過。一名郵差

也表示看過一名男子像是不想被看見一樣地縮在同一台車上。

車主登記資料是保羅‧丹尼爾。警探去找他談話時，他不在家。警方留下名片，請他回電。然而他們沒接到他的電話，而是接到其他人的來電，詢問警方為何想要丹尼爾跟他們聯繫。警方解釋這只是例行調查，並指他們現在正在與該區域每個人訪談。這通電話結束十分鐘內，警方就前往丹尼爾的住處。

警方敲了門，丹尼爾打開家門，並邀請他們入內。他交代自己在凶殺案發生期間的行蹤時，警方發現他的雙手有多處割傷。丹尼爾解釋傷痕是在修車的時候，雙手被引擎風扇打到留下的。警方懷疑丹尼爾就是他們要找的人，於是便把他帶回局裡進一步訊問。

他們訊問丹尼爾到隔天清晨，但是他一直很冷靜地否認與謀殺案有關。直到警方請他提供DNA樣本。丹尼爾問DNA比對結果要多久才會出來，還問他們有沒有證據可以拿他的DNA去比對。然後他安靜地坐了一會兒，接著宣稱自己就是殺了3名女性的兇手。

丹尼爾為三起謀殺案出庭受審的時候，面對所有起訴全都認了罪。一名臨床心理學家向法庭解釋，說丹尼爾是個虐待狂，從殺害女性的過程中獲得快感。他沒有對受害人或受害人朋友與家屬留露出任何悔意。

結果

這三起謀殺案的審判結果，丹尼爾被判處了三次無期徒刑。他還因為綁架另一名女子，被多判8年。一開始他被判終生不可假釋，只能等著在獄中度過餘生。不過丹尼爾於1994年7月20號向維多利亞州最高法院申請上訴，法院同意將不可假釋時間改判為30年。雖然他大概不太可能可以假釋出獄，但是只要服刑期滿30年，還是可能會提出申請。

後記

• 被關後，丹尼爾要求獄方同意他購買女用化妝品與化妝，但這項要求被拒絕

了。

- 被問到為何要殺害伊莉莎白·史蒂芬的時候，丹尼爾說，「只是想……就只是想殺。我只是想奪取一條生命，因為我覺得自己的生命被奪走了好幾次。」

- 丹尼爾也提出訊息自由的要求，想知道維多利亞州政府對於囚犯變性手術的政策，他也想要接受評估，確認自己是否適合接受這樣的手術，不過被醫學專家拒絕了。

南妮・多斯
NANNIE DOSS

出生年月日：1905年11月4號

別名／暱稱：傻笑奶奶、快樂黑寡婦、寂寞心殺手、藍鬍子夫人

做案特徵：殺人詐取保險金

受害人數：8到11人

犯案日期：1920年到1954年

逮捕日期：1954年10月

殺人手法：砒霜毒害

已知受害人：四任丈夫、母親、姊妹多薇、孫子羅伯特與婆婆，艾立・蘭寧之母

犯罪地區：美國阿拉巴馬州、北加州、堪薩斯州、俄克拉荷馬州

狀態：終生監禁1965年6月2號，於獄中服刑期間死於白血病

個人背景

　　多斯是詹姆士與露易莎・多斯夫妻倆在阿拉巴馬州藍山生下的五個小孩之一。本名為南西・海索的多斯很鄙視父親。他的母親也一樣，據說她生性卑鄙且掌控慾極高。詹姆士會叫小孩不要去學校，留在家裡的農場工作。因此，多斯的讀寫能力很差。

　　這家人在多斯7歲左右的時候，全家搭火車去拜訪親戚。火車在半途上停了下來，讓多斯一頭撞上了前座後方的金屬手把。這場意外讓她多年受嚴重頭痛與斷片之苦，她也常常與憂鬱症搏鬥。

　　雖然她不太能看字，多斯仍喜歡看母親的言情雜誌。後來的她很喜歡看寂寞

之心專欄。多斯與姊妹都被父親嚴格禁止打扮得跟同齡女孩一樣，也絕對不能化妝。兩個女孩也不能去跳舞。雖然她的父親極盡可能地保護兩個女兒，避免他們落入異性的魔爪，這對姊妹仍被性騷擾了好幾次。

多斯16歲的時候，嫁給了在亞麻線工廠工作時認識的男子，查理．布拉格斯。在多斯的父親同意這椿婚事前，兩人只約會過四次。布拉格斯的母親在兩人婚後跟他們同住，而她也一樣是個控制狂。這對年輕夫妻生了四個孩子──都是女兒。

凶殺紀錄

孩子們和婆婆讓多斯壓力很大，她開始喝酒和抽菸。多斯和她的丈夫都與他人通姦。布拉格斯有時會行蹤不明長達數日之久，讓多斯一個人管家。悲劇於1927年降臨，兩人的兩個女兒去世了──據了解應為食物中毒所致。布拉格斯懷疑是多斯謀殺了女兒，因此逃離了家中，他帶走大女兒，留下老么給多斯。

布拉格斯離開後不久，當時仍與多斯同住的他的母親也死了。1928年，布拉格斯終於將女兒帶回多斯身邊，兩人沒多久後便離了婚。多斯帶著兩個孩子回到母親家中居住。她再次沉迷寂寞之心專欄，寄了很多信回應在上面登廣告的男子。其中一名男性為羅伯特．富蘭克林．「法蘭克」．哈里森。

法蘭克開始寄詩給多斯，而她回送蛋糕給他。兩人於1929年結了婚，住在傑克遜維爾。婚後不久，多斯發現法蘭克有傷害罪案底，而且是個酒鬼。儘管如此，兩人的婚姻關係仍維持了16年，直到法蘭克突然身亡。

多斯的大女兒梅爾維娜於1945年生下老二，但嬰兒沒多久後便夭折了。梅爾維娜在生產過程中被施用了乙醚，而乙醚有時會讓人產生幻覺，她覺得自己看到多斯往嬰兒的腦袋裡插了一根帽針。她向丈夫和妹妹詢問此事，這兩人都說多斯告訴他們，孩子已經夭折。多斯當時手上正好握著一根帽針。

梅爾維娜的婚姻就此瓦解。沒多久後，她開始與一位多斯並不認同的士兵交往。1945年7月7號，梅爾維娜留下兒子羅伯特給跟父親一起來拜訪的多斯照顧，

而孩子這時候身亡了。醫生診斷後判定死因是不明原因的窒息。多斯幫羅伯特保了500美金的壽險，羅伯特死後兩個月，多斯便去領了保險金。

二次大戰期間，日本投降的時候，多斯的丈夫法蘭克熱烈慶祝了一番。某天夜裡，趁著酩酊大醉，他強暴了多斯。隔天她找到他埋在花園裡的威士忌瓶，多斯往裡頭裝了老鼠藥。法蘭克當晚便去世了。

再次恢復單身的多斯在寂寞之心專欄上又找到了另一名追求者，艾立．蘭寧——又是一個酒鬼和通姦者。兩人結婚的期間，多斯有時會一次消失好幾個月。不過她在家的時候，就會扮演溫順妻子的腳色。蘭寧心臟衰竭身亡的時候，整個鎮上的人都來安慰她。沒過多久，他們家的房子就被燒毀了。這棟屋子有保險，而多斯就是受益人。不久後，蘭寧的母親去世，多斯離開了北加州。

在那之後，多斯跑到姊妹多薇的家住。多斯抵達後不久，多薇便久病不起，最後去世。多斯這時認識了理查．L．莫頓。這任丈夫不像前幾任一樣是酒鬼，但是他是個花花公子。在多斯的母親去世三個月後，他也於1953年跟著離世，死因據聞為中毒。

多斯的最後一任丈夫是山謬．多斯，來自俄克拉荷馬州土爾沙。兩人於1953年6月成婚，身為潔身自愛、會固定上教堂的男子，他對於多斯熱愛的言情小說非常不以為然。9月的時候，他被送進了醫院，診斷顯示他的消化道受到感染。10月5號他出院回家，當晚便離開人世。因為他死得太過突然，當局決定進行驗屍。驗屍結果顯示可憐的山謬體內有大量的砒霜，多斯立刻遭到逮捕。

逮捕行動與庭審

多斯遭逮後承認犯下多起謀殺案，包含四任丈夫之死、她的母親、多薇、羅伯特與婆婆蘭寧。當局把重點放在山謬．多斯的謀殺案上頭，經判定，她的精神狀況沒有問題，可以出庭受審。她於1955年5月17號認罪。多斯被判處無期徒刑，她成功因為當局不願意處死女性，躲避了被判死刑的下場。

結果

多斯飽受白血病之苦，於1965年6月2號輸給了病魔。

後記

- 她的第一任丈夫——也就是唯一一任沒有被她殺害的丈夫宣稱他之所以離開她，是因為他很怕她。
- 在土爾沙麥克亞列斯特監獄裡受訪的時候，多斯抱怨她在獄中唯一獲准可以進行的工作就是在洗衣房裡，她提出要去廚房工作的請求都被嚴厲拒絕了。

約瑟夫・E・當肯三世
JOSEPH E. DUNCAN III

出生年月日：1963年2月25號

別名／暱稱：尼爾

做案特徵：綁架、強暴、戀童癖

受害人數：5到7人

犯案日期：1996年7月6號、1997年4月4號、2005年5月16號

逮捕日期：2005年7月2號

殺人手法：用鐵鎚攻擊

已知受害人：薩米喬・懷特，11歲；卡門・庫比亞斯，9歲；安東尼・麥可・馬堤內茲，10歲；布蘭達・格羅內，40歲；馬克・麥肯齊，37歲；史萊德・格羅內，13歲；狄倫・格羅內，9歲

犯罪地區：美國華盛頓州、加州、愛達荷州

狀態：遭判處六次無期徒刑，不可假釋，以及三項聯邦死刑判決

個人背景

　　從年紀很輕開始就是個暴力性侵犯，當肯於1978年開始留下犯案紀錄，當時的他才15歲。他用槍挾持一名9歲男孩並強暴他。一年後，他在駕駛贓車的時候遭逮。因為他是少年犯，所以被送到底斯林少年管教院接受治療。在管教院的期間，他承認自己綁縛並性侵了6名年輕男孩。他也宣稱自己已強暴過13名男孩。

　　當肯後來被釋放。在1980年的時候，他持槍綁架一名14歲的男孩，這把槍是他從鄰居家偷的。男孩遭到雞姦，當肯被逮捕並判刑20年有期徒刑。不過他只服

了14年刑期，於1994年假釋出獄。

1996年，他因為吸食大麻遭逮，在拘留所裡待了好幾個禮拜。最後他被釋放，並加強假釋限制。1997年，他違反了自己的假釋條例，被送回監獄。他於2000年7月因為素行良好獲釋，他搬到了北達科他州。

當肯於2005年3月再次遭逮，因2004年性騷擾兩名男孩的案件遭起訴。保釋金數字是15,000美元，一名當肯之前在派對上認識的生意人幫他付了保釋金。當肯一恢復自由身便消失得無影無蹤，當局發出聯邦通緝令。自此開始，當肯的行為變得越加暴力，犯下數起謀殺案。

凶殺紀錄

1996年，當肯在吸食大麻被逮後釋放的假釋期間，謀殺了卡門・庫比亞斯與薩米喬・懷特。1997年在加州，他還殺了安東尼・馬堤內茲。但是這幾起謀殺案都沒有與當肯連上關係，直到他因為布蘭達・格羅內案被逮捕為止。

格羅內、馬克・麥肯齊與史萊德・格羅內的遺體於2005年在他們自家中遭尋獲。格羅內的另外兩個孩子，狄倫與沙斯塔則下落不明。驗屍報告顯示，所有死者都先遭綁縛後，死於頭部鈍器重擊。當局發出安珀警報，並進行大型搜索活動，想找回兩名失蹤的孩子。

2005年7月2號，有目擊者看見沙斯塔與一名男子同在丹尼餐廳。店員與客人沒讓男子發現，偷偷報了警，並且分散在店裡各處，以防男子帶著小女孩離開。他很快就被逮捕了，但是到處都沒見到小狄倫的身影。

當局接獲民眾提供給警方的線索，開始將尋找狄倫的搜索主力放在愛達荷州與蒙大拿州交界處附近的郊外地區。7月4號，他的遺骸（由聯邦調查局實驗室用DNA測試確認了身分）於蒙大拿州聖瑞吉附近的洛洛國家森林被找到。

凶殺案發生時間順序：

- 1996年7月6號——卡門・庫比亞斯，9歲

- 1996年7月6號──薩米喬‧懷特，11歲
- 1997年4月──安東尼‧麥可‧馬堤內茲，10歲
- 2005年5月16號──布蘭達‧格羅內，40歲
- 2005年5月16號──史萊德‧格羅內，13歲
- 2005年5月16號──馬克‧麥肯齊，37歲
- 2005年5月16號──狄倫‧格羅內，9歲

逮捕行動與庭審

　　當肯被逮後，成為數起失蹤兒童或兒童謀殺懸案的嫌疑犯。安東尼‧馬堤內茲遺體上採集到的指紋，將他與此案連上關係，8月3號當局正式宣布當肯就是殺害這名男孩的兇手。被拘禁的期間，當肯坦承殺害了卡門‧庫比亞斯與薩米喬‧懷特。

　　當肯在三個法庭上被以謀殺案起訴──愛達荷州，格羅內案、格羅內之子案與馬克‧麥肯齊案。加州，安東尼‧馬堤內茲謀殺案。美國聯邦地區法院，狄倫的謀殺案、綁架案，與他姊妹沙斯塔的綁架案。

　　第一次庭審於2005年7月13號舉行，但是因為還有更多準備工作要做而改期延後。因此庭審改期為2006年10月16號開始。但是庭審一開始，當肯就當庭認了所有罪。他因綁架案被判三次無期徒刑，謀殺案的判刑結果卻被延後了，要等聯邦法庭對於綁架和謀殺罪的判刑結果出來，才能宣布。

　　當肯於2007年12月3號於聯邦法庭上，面對所有起訴罪名，全數認罪。他與當局達成認罪協議，然而協議內容沒有對外公布。陪審團於2008年8月27號花了三小時討論刑期，最後結論是3項死刑。他後來又因為綁架沙斯塔與狄倫，被另外判處三項無期徒刑。

　　2009年1月24號，當肯被引渡到加州，接受安東尼‧馬堤內茲案的庭審。他於2011年3月15號同意認罪協商，並且當庭認罪。他被判兩次無期徒刑，不可假釋。

結果

　　加總來看，當肯被判處了三次聯邦死刑與六次無期徒刑。被監禁期間，他坦承於1996年於西雅圖殺害了2名女孩。但是他未曾為此被起訴過。目前他仍在等候行刑日期。

後記

- 被逮捕前，當肯在一個他稱為「第五根釘子」（The Fifth Nail）的網站上發表過一些想法和念頭。他之所以把網站叫做這個名字，是因為除了耶穌被釘的時候用的那四根釘子，其實還有第五根釘子，被羅馬人藏了起來。
- 他的部落格與網站討論當肯身為性侵犯的人生，但是否認他有戀童癖。
- 他也宣稱自己還小的時候就遭受過性侵。

瓦特・E・艾利斯
WALTER E. ELLIS

出生年月日：1960年6月24號

別名／暱稱：密爾沃基北區勒殺手

做案特徵：強暴與謀殺

受害人數：7人

犯案日期：1986年到2007年

逮捕日期：2009年9月5號

殺人手法：勒殺

已知受害人：黛博拉・L・哈里斯，31歲；譚雅・L・米勒，19歲；弗羅倫斯・麥考密克，28歲；希拉・法里爾，37歲；潔西卡・裴恩，16歲；喬伊斯・密姆斯，41歲；奧多里昂・史朵克斯，28歲

犯罪地區：美國威斯康辛州密爾沃基

狀態：判處七次無期徒刑，不可假釋。於2013年在關押期間自然死亡

個人背景

　　艾利斯這個人，看起來像是在人生的低潮期還發展出另一個人格一樣。還是個孩子的他，被附近鄰居形容為暴怒的小男孩，會威脅一起玩的其他小孩。到了青少年時期，他有好幾次攻擊他人的紀錄，在社區也是眾所皆知。

　　然而長大後，同樣的一群鄰居對他的形容竟是冷靜、穩重多了。他會開車在街上繞來繞去地賣車上的鞋。他會停在路邊，跟不同鄰居聊天。認識他的人無一相信他竟能出手殺人。

艾利斯從很年輕就開始犯法惹禍，於1981年到1998年間遭逮捕十二次。他一度因為怠忽致危罪，入獄5年。但他所犯下的駭人罪行，竟能一直藏匿數年之久——直到他的DNA讓他被逮為止。

凶殺紀錄

黛博拉·L·哈里斯於1986年10月10號在密爾沃基河裡被人尋獲。驗屍報告顯示她遭到勒斃。僅一天過後，譚雅·L.·米勒被人發現遭勒斃在一座車庫與一棟房子之間。

下一起謀殺案發生於1995年。弗羅倫斯·麥考密克的遺體於4月24號，被工人在空屋地下室裡發現。雖然當時那棟房子的門窗都已經被釘上了木板，其中一扇窗戶卻是破的。當局猜測她就是從那裡進屋。驗屍報告顯示她遭到勒斃。

6月27號，屋主前往空屋檢查整頓進度，在屋內發現了同樣是被勒斃的希拉·法里爾的遺體。兩個月後，8月30號，16歲的逃家少女潔西卡·裴恩的遺體於一棟空屋後方被人發現。跟其他受害人不同的是，她是喉嚨被劃破致死。

喬伊斯·密姆斯於1997年6月20號，在一棟無人居住的空屋中被人發現身亡。前往空屋裝潢的工人在二樓發現她的遺體。她的遺體被尋獲前，已經被通報失蹤人口兩天了。

2007年4月24號，城市督察員於一棟本來用於空房分租的空屋裡頭，發現了奧多里昂·C.·史朵克斯的遺體。就跟大部分受害人一樣，兇手使用了相同的犯案手法——受害人被勒斃。

凶殺案發生時間順序：
- 1986年10月10號——黛博拉·L·哈里斯，31歲
- 1986年10月11號——譚雅·L.·米勒，19歲
- 1995年4月24號——弗羅倫斯·麥考密克，28歲
- 1995年6月27號——希拉·法里爾，37歲

- 1995年8月30號——潔西卡‧裴恩，16歲
- 1997年6月20號——喬伊斯‧密姆斯，41歲
- 2007年4月27號——奧多里昂‧C.‧史朵克斯，28歲

逮捕行動與庭審

　　透過DNA測試，當局發現艾利斯就是北區勒殺手。他於2009年9月7號遭逮。他出庭的時候，一開始訴請無罪，而雖然有羅素‧瓊斯律師代表他，他還想替自己辯護。律師於是決定不再代理此案。2011年2月18號，艾利斯面對七件謀殺案件宣布不抗辯。

　　不抗辯的意思並非認罪，單純代表被告知道檢方有足夠的證據證明被告有罪的可能性。2月24號，艾利斯被判有罪，需服七次無期徒刑，不得假釋。

結果

　　艾利斯被從監獄轉移到南達科他州的一家醫院，最後於2013年12月1號因無可疑自然原因，死於院中。

肯尼斯・厄斯金
KENNETH ERSKINE

出生年月日：1963年7月

別名／暱稱：斯托克韋爾勒殺手

做案特徵：強暴、雞姦、潛在戀老癖

受害人數：7人以上

犯案日期：1987年4月到7月

逮捕日期：1987年7月28號

殺人手法：勒殺

已知受害人：艾琳・伊姆斯，78歲；珍妮特・科克特，67歲；范倫堤・葛琳姆，84歲；茲比格涅夫・史卓巴娃，94歲；威廉・卡門，84歲；威廉・唐斯，74歲；弗羅倫斯・堤斯戴爾，83歲

犯罪地區：英格蘭斯托克韋爾

狀態：拘禁於布羅德摩爾精神病院

個人背景

　　厄斯金是查爾斯與瑪格麗特生下的四個小孩其中之一。查爾斯是安地卡島人，瑪格麗特是英國人，兩人在普特尼養育兒女。別人對厄斯金小時候的描述，是個圓胖胖的小男孩，常常有人看見他在讀聖經。但是他的行為變得越來越難控制，最後轉讀了好幾間專為適應不良的學童辦的學校。

　　厄斯金會暴力攻擊同學和老師，而且感覺像是活在幻想世界裡。某次學校出遊的時候，學生們在游泳，厄斯金企圖淹死好幾個同學。他還拿剪刀刺傷其中一

名老師的手。

沒過多久，厄斯金的行為就惡化為開始入室竊盜。因為手法拙劣，好幾次都被逮捕扣押。他的家人因為無法再繼續處理他的狀況，便跟他斷了聯繫。厄斯金成了獨行俠，流浪在好幾間不同的危樓居住。他一度流落街頭。

厄斯金後來因為謀殺被逮的時候，當局發現雖然他年僅24歲，心智年齡卻只有11歲。在訊問過程中，他的精神狀態彷彿不在現場。這個狀況讓檢方非常棘手，他們難以判定厄斯金的犯罪程度，甚至無法確定他知不知道現在是什麼狀況。

凶殺紀錄

厄斯金於1986年4月9號下手殺害了第一名受害者，南西·伊姆斯。一開始，醫生判定她是自然死亡。但是居家保健員注意到她的電視被偷了。於是當局決定驗屍，結果顯示她遭到強暴後被勒斃。

珍妮特·科克特於1986年6月9號被厄斯金於自宅寓所殺害。她也一樣一開始先被判定為自然死亡，後來驗屍報告才顯示她遭勒斃。報告中證實她沒有遭性侵。

1986年6月28號，下一名死者在厄斯金闖入范倫堤·葛琳姆與茲比格涅夫·史卓巴娃家中時遇害。這兩名波蘭男子都遭性侵後勒斃。威廉·卡門於1986年7月8號在自家公寓中遭殺害。他遭性騷擾後勒斃，兇手還洗劫了他身上的現金。

威廉·唐斯於1986年7月21號在斯托克韋爾的套房裡以類似的手法殺害。厄斯金最後一名受害者是弗羅倫斯·堤斯戴爾。她的遺體於1986年7月23號被照顧人員發現，她遭強暴後勒斃。

凶殺案發生時間順序：
- 1986年4月9號——南西·伊姆斯，78歲
- 1986年6月9號——珍妮特·科克特，67歲

- 1986年6月28號——范倫堤‧葛琳姆，84歲
- 1986年6月28號——茲比格涅夫‧史卓巴娃，94歲
- 1986年7月8號——威廉‧卡門，84歲
- 1986年7月21號——威廉‧唐斯，74歲
- 1986年7月23號——弗羅倫斯‧堤斯戴爾，83歲

逮捕行動與庭審

　　厄斯金在科克特凶殺案現場留下一枚完整掌印。因為他早有許多犯罪紀錄，指紋與掌紋都已經登錄在系統中。他於1986年7月28號在社會局辦公室被捕。他與其他嫌疑犯列隊，讓弗瑞德‧普倫堤斯指認，弗瑞德是厄斯手中的生還者。

　　1988年1月，厄斯金在7起謀殺案的審判中被判有罪。

結果

　　厄斯金遭判無期徒刑，至少需服刑40年後方得申請假釋。然而後來檢方發現他患有精神疾病，因此2009年，他被轉送往布羅德摩爾醫院，接受最高警戒看管。他的罪刑因為罪責減輕，被改判為過失殺人。他將於2028年符合申請假釋的條件。

後記

- 1996年2月，厄斯金再次上了新聞。因為他預防了「約克夏開膛手」，彼得‧薩克利夫的謀殺事件。他的獄友保羅‧威爾森企圖用耳機線將其勒斃時，厄斯金通報了消息。
- 在庭審期間，厄斯金曾當眾自慰，還有好幾次直接睡著。

唐納・雷洛・伊凡斯
DONALD LEROY EVANS

出生年月日：1957年7月5號

別名／暱稱：無

做案特徵：強暴與謀殺

受害人數：宣稱超過70人

犯案日期：1975年到1991年

逮捕日期：1991年8月5號

殺人手法：勒殺

已知受害人：艾拉・珍・史密斯，38歲；珍妮特・莫維奇，38歲；碧翠絲・路易斯・勞斯，10歲

犯罪地區：美國數州

狀態：判處死刑，於1995年1月5號在獄中遭殺害。

個人背景

　　伊凡斯（出生於密西根州）這個人童年時可說是一個平凡的孩子，童年生活很正常，直到青少年時期過了一半左右的時候為止。16歲的時候，他企圖用殺蟑藥自殺。他想結束生命的原因並未對外公布，但是他就讀高中時期確實接受許多諮商，維持了一年之久。

　　18歲的時候，伊凡斯加入了海軍陸戰隊。但是不到一年，他就被退役了。紀錄上的原因是精神問題。從那之後，伊凡斯就開始過著流浪般的生活，也染上了藥癮。

1986年，伊凡斯因在加耳維斯敦強暴一名女性，於德州遭逮捕。被判處有罪後，得15年有期徒刑，但是只服刑5年。1991年假釋出獄後，他找了一個在旅館當櫃台員工的工作。但是因為假釋官認定性侵犯不可在該環境做事而丟了工作。

伊凡斯後來找了一份在漁船上的工作，但問題仍一直纏著他。其中一名前女友曾通報當局，宣稱他用暴力威脅她。伊凡斯發現警方有拘捕令要抓他的時候，便偷了一輛車，逃到了密西西比州。他以為自己已經成功逃避了追捕，但是這情況沒有持續太久，因為他再次犯罪，終結了自己的自由之身。

凶殺紀錄

1991年8月1號，伊凡斯在格夫波特一處公園綁架了碧翠絲·路易斯·勞斯。他性侵這名年幼女孩，然後將她勒斃。她的遺體於鄰近郊區被人發現。驗屍官經過檢驗得知她在被綁的那一整天之中慘遭持續性侵。

而伊凡斯直到因為這起謀殺案遭逮之後，才坦承自己犯下多達七十件案件。其中一件與他有關的案子，後來他也因此案遭起訴，就是1985年的艾拉·珍·史密斯命案。

凶殺案發生時間順序：
- 1985年——艾拉·珍·史密斯，38歲
- 1985年——珍妮特·莫維奇，38歲
- 1991年8月1號——碧翠絲·路易斯·勞斯，10歲

逮捕行動與庭審

伊凡斯於1991年8月5號因碧翠絲·路易斯·勞斯案遭逮。他一開始洋洋灑灑地坦承了幾十件案件，而真實性令訊問警官十分懷疑。但是，後來經確認他的確犯下艾拉·珍·史密斯與珍妮特·莫維奇的凶殺案。

1993年8月16號，伊凡斯因對勞斯性侵與謀殺被判有罪。三天後，他被判死

刑。1995年，他為史密斯案出庭受審，被判有罪。

結果

1999年1月5號，伊凡斯的獄友吉米·麥克在伊凡斯沖澡時刺殺他。伊凡斯死時仍是數起未解懸案的嫌疑犯。

後記

- 他於16歲時利用殺蟑藥和其他藥物企圖自殺未遂。
- 他承認在超過20個州的公園和休息區殺害受害人。
- 他發出請願，要法院不要叫他唐納·雷洛·伊凡斯，改稱他「嗨希特勒（Hi Hitler）」。他顯然沒有意識到那句有名的稱呼實際上是寫作「希特勒好（Heil Hitler）」。

蓋瑞・C・伊凡斯
GARY C. EVANS

出生年月日：1954年10月7號

別名／暱稱：無

做案特徵：搶劫

受害人數：5人

犯案日期：1985年到1997年

逮捕日期：1998年6月18號

殺人手法：槍擊

已知受害人：麥可・法爾科；堤摩西・萊斯朵夫；戴米安・庫爾摩；道格拉斯・J・拜瑞；格里哥利・裘本

犯罪地區：美國紐約州

狀態：在前往庭訊的路上，從警方囚車上逃跑後，跳橋身亡

個人背景

　　伊凡斯在紐約州特洛伊的童年生活就很辛苦，因為他的父母不僅在情緒上對他施虐，身體上也沒有放過他。兩人最後於1968年離婚，他的母親後來有多次自殺未遂的紀錄。還小的時候，伊凡斯就開始竊盜行為，據信是他母親要他這麼做的。當時也有報告指出伊凡斯會對鄰居的寵物下手虐待和殺害。

　　父母親離婚後不久，伊凡斯就離開了母親的家，很多時候都在街上流浪。為了生存，他會偷當地毒販的財物，也會入室竊盜。1970年，他因闖空門遭逮。因為這次犯罪，他在獄裡裡待了好幾個月。

伊凡斯於1970年代中期搬到一間公寓，與麥可・法爾科和堤摩西・萊斯朵夫分租，這兩人是他從小就認識的朋友。他的偷竊行為在這時候已經邁入了下一個階段，開始對珠寶和古董有興趣。他會假裝自己是古董交易商，去拜訪其他古董交易商。一邊跟對方談話的同時，他會到處蒐集資訊，準備要闖空門洗劫一番。

後來的幾十年裡，伊凡斯因為15條重罪遭逮捕判刑，都跟偷竊古董有關。1977年，他因為入室竊盜，被送往柯林頓懲教中心。後來他被轉移到葛雷麥道爾懲教中心，在這裡待到1980年3月獲釋為止。但是沒過多久，他就再次入獄。

1980年6月12號，伊凡斯斗膽翻過倫斯勒縣立監獄的高牆逃獄後，成了所有人的關注焦點。他沒能跑太遠——最後在當地的圖書館伴隨著旁觀者的歡呼聲被捕。獄方判定他是高風險囚犯，也多次被抓到暗中策劃逃獄。1982年出獄後，伊凡斯因為兩起罪名再次被送回監獄。最後他終於在1984年3月31號被釋放。

伊凡斯與夥伴繼續進行珠寶與古董的詐騙行為。1985年2月16號，伊凡斯和法爾科搶了紐約東格林布什的跳蚤市場。大約一週後，法爾科就失蹤了。

凶殺紀錄

伊凡斯的第一位失蹤的「犯罪夥伴」就是麥可・法爾科。這兩人於1985年2月16號一起洗劫了紐約的一處跳蚤市場，一週後法爾科便行蹤不明。當時伊凡斯說服了所有人，包含執法單位以及地方黑道角頭，說法爾科搬去加州了。然而故事的真相其實是伊凡斯槍擊法爾科致死，將其遺體用睡袋包裹，丟進了佛羅里達州雷克沃斯的沼澤裡。他的藉口是因為法爾科偷了他的東西，還打算去報警舉發他的竊盜行為。

1988年9月8號，伊凡斯與新的犯罪搭檔戴米安・庫爾摩闖入一家位於紐約沃特鎮、專賣首飾與金幣的店鋪。店家老闆道格拉斯・J.・拜瑞在店面後頭的房間睡覺，他醒來的時候，伊凡斯開槍殺害了他。

庫爾摩後來的下場跟法爾科差不多。最後一次有人目擊他的身影，是1989年12月27號與伊凡斯一起離開公寓的時候。那天離開公寓後不久，伊凡斯便開槍射

殺了庫爾摩，將其遺體埋藏在附近。伊凡斯後來表示之所以會殺掉庫爾摩，是因為他以為庫爾摩在偷他的東西，且還打算去報警抓他。

伊凡斯於1991年10月17號走進一家屬於格里哥利・裘本所有的珠寶店。他要求裘本告訴他其中一件商品的價格，然後就開槍射殺他。伊凡斯犯法數次後還是被釋放，於是他再次在堤摩西・萊斯朵夫的協助下重犯入室竊盜罪。1997年10月4號，萊斯朵夫打電話給自已的妻子。這是最後一次有人聽說他的消息。認為萊斯朵夫在偷他錢的伊凡斯一直等到對方轉身背對他的時候開槍殺害他。他接著用電鋸將萊斯朵夫的遺體分屍。

凶殺案發生時間順序：

- 1985年2月——麥可・法爾科
- 1988年9月8號——道格拉斯・J.・拜瑞，63歲
- 1988年12月27號——戴米安・庫爾摩
- 1991年10月17號——格里哥利・裘本
- 1997年10月4號——堤摩西・萊斯朵夫

逮捕行動與庭審

由於伊凡斯一違反假釋規定，萊斯朵夫就失去了蹤影，當局開始懷疑也許始作俑者就是伊凡斯。當局於是假定萊斯朵夫已經身亡，並開始搜捕伊凡斯。而過了將近八個月後，他們終於找到了伊凡斯。他於1988年5月27號於佛蒙特州遭逮。

而這起謀殺案並不是那麼好處理，就在當局試圖讓伊凡斯因謀殺罪被起訴的同時，伊凡斯跌破眼鏡地承認了殺害法爾科、庫爾摩與萊斯朵夫。他還協助警方尋回3人的遺體。接著他承認殺害拜瑞與裘本。

1998年8月12號，伊凡斯在紐約州倫斯勒縣因三起謀殺罪嫌被起訴。隔天，謀殺裘本罪刑確立，他被判有罪。

結果

　　1998年8月12號伊凡斯遭傳訊後，被移動到奧爾巴尼法院，這時他決定開始自己的大逃脫計畫。沒想到他竟有辦法將一把手銬鑰匙塞入鼻孔，藏在鼻腔，所以他在囚車上便能取出，替自己鬆開手銬。囚車一路往特洛伊—梅南德斯橋駛去的同時，伊凡斯踹開了側車窗，逃了出去。

　　很快就被警方包圍的伊凡斯這時跳下了大橋。這座橋離哈德森河18公尺高，伊凡斯死於落水時的強力撞擊。他的遺體從寒冷的河水中被撈回時，手銬鑰匙已經塞回了鼻子裡，他的腳踝上還貼著一片刮鬍刀片。顯然他早已下定決心，不論如何都要逃脫。

後記

- 他還是青少年的時候，遭到婚後搬進來同住的姊夫暴力虐待。
- 他因為入室盜竊被關的期間，與「山姆之子」大衛・伯科維茨結為朋友。

賴瑞・艾勒
LARRY EYLER

出生年月日：1952年12月21號

別名／暱稱：公路兇手、公路殺手、州際殺手

做案特徵：強暴、毀屍、分屍、臟器摘取

受害人數：19到23人

犯案日期：1982年到1984年

逮捕日期：1984年8月21號

殺人手法：刀刺

已知受害人：傑・雷諾斯，26歲；德渥伊・貝克，14歲；史蒂芬・科克特，19歲；羅伯特・弗利；約翰・強森，25歲；約翰・羅區，21歲；史蒂芬・艾干，23歲；拉夫・克利斯，28歲；理查・偉恩；大衛・布拉克，22歲；丹尼・布列吉斯，15歲；艾德嘉・安德克夫勒，27歲；古斯塔夫・賀瑞拉，28歲；厄文・吉卜森，16歲；吉米・T・羅伯特，18歲；丹尼爾・麥可尼夫，21歲；艾瑞克・韓森，18歲；德瑞克・韓森，14歲；麥可・包爾，22歲；約翰・巴雷特，19歲，其他受害人身分不明

犯罪地區：美國印第安那州、伊利諾州、俄亥俄州、肯塔基州、威斯康辛州

狀態：判處死刑。1994年3月6號因愛滋病相關之併發症身亡。

個人背景

　　艾勒於1952年出生於印第安那州克勞福茲維爾。他有三個兄姊，他還小的時候，父母就離婚了。沒多久後，他便從高中休學，做了各式各樣的工作。他一邊

工作，一邊拿到了同等學力證明，於1974年首次進入大學就讀。

接下來的四年中，艾勒三番兩次休學又復學。這四年過完後，他付出的努力沒辦法換得文憑。他決定搬到芝加哥去。

艾勒最要好的朋友或家人都不知道他的心裡在打仗。他有同性戀傾向，這讓他又充滿想望又心生自厭。當時同性戀的污名還很嚴重，想到家人朋友發現後的反應就讓他壓力非常大。

艾勒與許多其他連續殺人魔一樣，決定只要有機會、強迫也可以，他要享受性愛。結束後他還得消滅所有證據，以防任何人發現蛛絲馬跡。同樣的，他不能讓最親近他的人知道他的恥辱。

凶殺紀錄

傑·雷諾斯於1982年3月22號遇害，地點在肯塔基州的萊辛頓附近。他是艾勒的第一位刺殺致死的受害人。同年10月3號，德渥伊·貝克的遺體於印第安納波利斯北邊的路邊被人發現，死因為勒頸。

下一名受害者是史蒂芬·科克特，他於10月23號遭刺殺致死，四道刺傷都在頭部。他的遺體被棄置在印第安納州羅威爾附近。艾勒於11月搬遷至伊利諾州，11月6號便將羅伯特·弗利的遺體拋棄在久利特西北方的空地。

約翰·強森於1982年聖誕節遇害，他的遺體被丟在貝爾肖附近的空地。12月28號，艾勒一天殺了兩名男子。史蒂芬·艾干在紐波特附近被人發現，約翰·羅區的遺體被拋棄在柏維附近。

艾勒的謀殺行動越演越烈，手法和毀屍也演進了。後來的受害人之中，有些人被開膛剖腹，多數人都被綁縛固定。這時候艾勒已經殺了12人，包含1983年3月4號的艾德嘉·安德克夫勒、4月8號的古斯塔夫·賀瑞拉、4月15號的厄文·吉卜森、5月9號的吉米·T·羅伯特，以及同樣死於5月9號的丹尼爾·麥可尼夫。

8月31號，拉夫·克利斯的遺體於伊利諾州森林湖附近的一塊空地被人尋獲。他的遺體遭以透氣膠帶與曬衣繩綁縛。他的褲子被褪到腳踝位置，身上有17

道刺傷刀痕。

　　德瑞克・韓森於1983年10月4號在威斯康辛州肯諾沙附近被人尋獲。他的遺體被肢解。接著，10月18號的時候，四名年輕男子的遺體於牛頓縣一處棄置農場被人發現。所有死者的褲子都被褪至腳踝高度，其中一人遭斬首。12月5號，於伊利諾州愛芬罕附近發現一具無名男屍。兩天後，理查・偉恩與一名身分不明的男性的遺體在印第安納波利斯附近被尋獲。

　　1984年5月7號，大衛・布拉克的遺體於伊利諾州錫安附近被尋獲，他的遺體有與其他受害人身上類似的傷痕。艾勒大開殺戒的行為於8月21號終結。一隻狗帶著主人來到艾勒在芝加哥家門外放置的垃圾桶旁。警方抵達現場時，發現丹尼・布列吉斯的屍塊被包在袋子裡，等著垃圾車來收走。

凶殺案發生時間順序：

- 1982年3月22號──傑・雷諾斯，26歲
- 1982年10月3號──德渥伊・貝克，14歲
- 1982年年10月23號──史蒂芬・科克特，19歲
- 1982年11月6號──羅伯特・弗利
- 1982年12月25號──約翰・強森，25歲
- 1982年12月28號──約翰・羅區，21歲
- 1982年12月28號──史蒂芬・艾甘，23歲
- 1983年3月4號──艾德嘉・安德克夫勒，27歲
- 1983年4月8號──古斯塔夫・賀瑞拉，28歲
- 1983年4月15號──厄文・吉卜森，16歲
- 1983年5月9號──吉米・T.・羅伯特，18歲
- 1983年5月9號──丹尼爾・麥可尼夫，21歲
- 1983年5月9號──拉夫・克利斯，28歲
- 1983年5月9號──艾瑞克・韓森，18歲

- 1983年5月9號——德瑞克・韓森，14歲
- 1983年10月15號——無名男屍
- 1983年10月15號——麥可・包爾，22歲
- 1983年10月月15號——約翰・巴雷特，19歲
- 1983年10月15號——2名受害人，身分不明
- 1983年12月5號——無名男屍
- 1983年12月7號——理查・偉恩
- 1983年12月7號——無名男屍
- 1984年5月7號——大衛・布拉克，22歲
- 1984年8月21號——丹尼・布列吉斯，15歲

逮捕行動與庭審

　　艾勒於1984年8月21號因殺害丹尼・布列吉斯一案遭逮捕起訴。調查人員注意到布列吉斯的毀屍狀況與德瑞克・韓森身上發生的狀況有相似之處。當局得知他們扣押的就是一直以來追捕的連續殺人魔。

　　艾勒於1986年7月9號因殺害布列吉斯出庭受審，被判有罪。他遭判處死刑。但這時候的艾勒早已被愛滋病先判了死刑。

　　艾勒為了擺脫死刑，提出協助印第安納州當局偵破其他由他犯下的殺人案件。1990年11月，他坦承殺害史蒂芬・艾甘。但他也宣稱自己有他人協助，這人證是當地大學的圖資系系主任，羅伯特・大衛・利托。

　　艾勒宣稱利托在他肢解艾甘的過程中在一旁拍攝照片，一邊觀賞還一邊自慰。艾勒的殺人罪確立，被判處60年有期徒刑。利托被起訴，但艾勒的證詞是唯一證據，後來利托被宣告無罪。

　　艾勒接著試圖與當局達成另一項協議。他同意協助偵破另外二十起案件，交換條件是將死刑改判為無期徒刑。當局拒絕了這項要求。

結果

1994年3月6號，艾勒因愛滋病引發的併發症身亡。他死前對律師承認犯下二十一起謀殺案。根據艾勒的證詞，這些謀殺案中有四起案件有同夥協助，然此人始終沒有遭逮。

後記

賴瑞・艾勒與男性愛人、男性愛人之妻與兩人所生之三名孩童同住。

佩德羅・羅德里格斯・菲略

PEDRO RODRIGUES FILHO

出生年月日：1954年6月17號

別名／暱稱：殺手佩帝

做案特徵：私刑謀殺、食人行為、搶劫

受害人數：71到100以上

犯案日期：1968年到2007年

逮捕日期：1973年5月24號

殺人手法：刀刺

已知受害人：無名罪犯——復仇殺人行為

犯罪地區：巴西

狀態：128年有期徒刑

個人背景

　　菲略出生時頭顱就不完整，據稱是因為他父親在母親孕期拳腳相向的緣故。這家人住在巴西聖麗塔——杜薩普卡伊的一座農場上。菲略的童年期間持續被父親暴力虐待。他宣稱自己第一次嘗試殺人，是企圖把自己的表親推進壓榨甘蔗的機器，但那次失敗了。

　　菲略14歲的時候，當時在一所高中當警衛的父親因為在學校的廚房偷食物而遭槍擊。因為覺得父親受到不正義的待遇，菲略氣得抓了一把獵槍，犯下了第一起殺人罪。

凶殺紀錄

菲略的屠殺行動持續了許多年，所有受害人都是罪犯。只要他聽說有人犯了罪，就會找出那人是誰，追蹤對方的行蹤，最後處決那個人。許多對象都是幫派份子或是毒販。

菲略的未婚妻死於幫派份子手中，讓他非常憤怒。因此菲略跑到那個幫派的老大安排的婚禮現場，展開一場兇殘致命的毀滅行動。那場婚禮上有7人死亡，16人受傷。數月過後，他發現表妹懷孕了，而表妹男友拒絕與她結婚，所以他將對方一槍斃命。

菲略發現自己父親拿刀刺傷母親，還用一把開山刀將母親砍殺致死之後，他到監獄裡探望父親。他面對父親，拿刀刺了他二十二次。然後他將父親的心臟扯下，吃掉一部分。

凶殺案發生時間順序：

- 1967年，日期不明——不知名表親
- 1968年，日期不明——巴西阿非納斯不知名副市長　不知名學校警衛
- 1969年到1973年，日期不明——不知名男子（毒販）、7名不知名人士（全為幫派分子）。
- 婚禮大屠殺——他的父親，姓名不知、令表妹懷孕的不知名男子（遭槍擊身亡）　至少11名不知名罪犯
- 1973年5月24號——　不知名男子（強暴犯）
- 1973年到2003年，日期不明——法蘭西斯可‧迪亞夕希‧佩雷拉（連續殺人犯與強暴犯）、若昂‧亞開席歐‧達柯斯塔（連續殺人犯與搶劫犯）、霍斯馬尼‧拉莫斯（殺人犯與銀行搶劫犯）、不知名監獄囚犯（殺人犯）
- 3名不知名監獄囚犯
- 至少40名不知名監獄囚犯

逮捕行動與庭審

菲略於1973年5月24號遭逮，他與另一位強暴犯一起搭警車前往警局。車子抵達目的地後，警方發現菲略已經將那位強暴犯殺害，而警方全程都沒有發現這件事。

菲略入獄後，至2007年4月24號才獲釋。但是2011年9月15號，他再次遭逮，這次是因為非法拘禁以及暴動行為被判罪。

結果

菲略最後被判處128年有期徒刑。在過去被監禁的數年之中，菲略仍繼續殺害其他獄友，結束了47名囚犯的性命。菲略受到其他獄友的鄙視，有次一群囚犯想攻擊他，結果菲略反而殺掉了其中3人。他在獄中殺害的人之中有一位是因為打呼所以遇害，但大多數受害人都是因為入獄的罪行令菲略出手。

後記

14歲的時候，他殺害了巴西米納斯吉拉斯州阿非納斯的副市長，因為對方朝時任學校警衛的父親開槍，他父親當時被指偷取學校廚房的食物。然後他又殺害了一名警衛，據聞這人才是真正的食物竊賊。

亞伯特・費雪
ALBERT FISH

出生年月日：1870年5月19號

別名／暱稱：威斯特里亞狼人、灰人、布魯克林吸血鬼、月光狂人、恐怖怪男

做案特徵：食人行為、戀童癖、食糞癖、戀尿癖、虐待癖

受害人數：3人以上

犯案日期：1924年到1934年

逮捕日期：1934年12月13號

殺人手法：勒殺、刀刺

已知受害人：法蘭西斯・X.・麥克唐納，8歲；比利・加夫尼，8歲；葛蕾斯・巴德，10歲

犯罪地區：美國紐約州

狀態：1936年1月16號以電椅處死

個人背景

　　費雪的全名是漢默頓・霍華・費雪，他是藍道爾與艾倫・費雪的四名子女中的老么。費雪的父親比母親年長43歲，他出生時父親已經75歲了。藍道爾於1875年去世，當時費雪被送到華盛頓州的聖約翰育幼院，他在那裡常常遭到虐待。過了一陣子以後，他開始享受自己被揍時的疼痛。

　　他在育幼院的時候，其他院童開始叫他「火腿蛋」，因為他喜歡被叫做「亞伯特」，這是他去世手足的名字。費雪後來表示，他在育幼院時不只親身體驗，也目睹過慘烈的「鞭刑」。他也見過年輕男孩做出一些不該做的事。

他的母親艾倫於1880年取得公職，這才有辦法將費雪從育幼院帶回家。兩年後，12歲的費雪與電報童開始交往。據聞這名男童教費雪跟他進行古怪又變態的行為，例如食糞與喝尿。費雪也開始去公共浴池，觀賞男孩們寬衣解帶的樣子，他的空閒時間幾乎都用在這裡。

成年後，費雪會寫猥褻的信件給他在報章雜誌上的婚友社廣告、分類專欄上找到的女性。這種喜好後來變得更黑暗，他的行為開始正式劣化。

凶殺紀錄

費雪說服葛蕾斯·巴德的家長，他們同意他找葛蕾斯一起參加派對。他把女孩帶到空屋去，在她於屋外摘花的時候，費雪進入屋內，脫光自己的衣物，避免沾上血跡。然後他把葛蕾斯找來，自己躲進衣櫃裡，直到葛蕾斯進入房間內為止。他將葛蕾斯勒斃後分屍，方便自己帶回家吃掉。

費雪遭逮後，其他殺人案也逐一被查出。法蘭西斯·麥克唐納於1924年7月14號被上報為失蹤人口。隔天他的遺體便在自家附近的林中被人發現遭吊掛於樹上。麥克唐納遭性侵後勒斃。驗屍結果顯示腹部和雙腿有多處撕裂傷。

1927年2月11號，比利·加夫尼遭綁架後帶到賴克大道的垃圾場。費雪帶他到附近的一棟屋子裡，將他的嘴巴封住、束縛身軀後脫去他的衣物。他的衣物被燒毀，鞋子丟進垃圾堆。完事後他先回家，隔天又帶了工具回來現場。加夫尼當時還活著，費雪用一把九尾鞭鞭打他，直到鮮血從他的雙腿流下。他將男孩的嘴巴割破到耳際，然後再切下鼻子和耳朵。加夫尼的雙眼被挖出時，他已經死亡。費雪將一把刀插在男孩肚子上，喝下他的血。

與葛蕾斯·巴德的遭遇一樣，加夫尼的遺體遭分切成小塊。費雪想吃的部分被他帶回自家，其他部分則放進幾個袋子裡，加上重物，拋入河中。費雪的自白中鉅細靡遺地交代了他如何將各部位料理後吃下的駭人細節。

凶殺案發生時間順序：

- 1924年7月15號——法蘭西斯．X．麥克唐納，8歲
- 1927年2月11號——比利．加夫尼，4歲
- 1928年6月3號——葛蕾斯．巴德，10歲

其他有嫌疑之凶殺紀錄：

- 1926年10月3號——艾瑪．里查森，5歲
- 1927年——葉塔．亞伯拉莫維茲，12歲
- 1931年5月2號——羅賓．珍．劉，6歲
- 1932年2月15號——瑪莉．艾倫．歐康納，16歲
- 1932年12月15號——班傑敏．柯林斯，17歲

逮捕行動與庭審

　　費雪於1934年11月寄了一封信給葛蕾斯．巴德的母親，信裡詳細記錄了小女孩的死亡過程，以及費雪是如何吃下她的遺體。信封上有一串符號——N.Y.P.C.B.A.，代表的是紐約私人司機慈善協會。警方展開調查時，該協會的一名清潔工表示他曾拿了一些文具回家，但是搬離那棟分租房的時候有些沒有帶走。

　　進一步的調查後發現，信件寄出前幾天，費雪才從那間房間退租。根據房東表示，費雪說他在等一張兒子要寄來的支票，並且他請房東替他先保管，所以調查人員就在房外等到費雪回來。他請費雪跟他回局裡接受訊問。一開始，費雪同意了。但是他又拿出一把刮鬍刀片，調查人員立刻壓制了他。

　　抵達警局時，費雪沒有否認殺害葛蕾斯．巴德。他甚至告訴調查人員，他本來是計畫要殺害葛蕾斯的兄弟，愛德華。1935年3月11號，費雪的庭審在紐約州展開。費雪以精神障礙作為辯護，說是上帝叫他去殺害兒童。數名心理醫生替他做了評估，並出庭作證，表示費雪有多種性行為相關的戀癖。包含：虐待癖、陰部顯露慾、受虐癖、舐陰癖、舔肛癖、鞭打癖、窺視症、吮陽癖、食人行為、戀童

癖、刺穿癖、食糞癖、鎖陰行為、戀尿癖。

　　法庭詢問其中一名醫師關於費雪究竟是否精神失常，以及費雪能不能辨明是非的時候，醫師表示費雪已經瘋了。雖然他知道自己的行為是錯的，但是他的想法卻被宗教觀點、罪孽與贖罪觀念扭轉。費雪宣稱透過殺害幼童，他是在替自己的罪孽贖罪。

　　雖然陪審團成員相信費雪已經瘋了，但也認為不論如何都應該處死他。所以他們宣布判定結果是精神正常且罪刑確立。他遭判處死刑。

結果

　　1936年1月16號，費雪於新新懲教所被綁上電椅。死刑於晚間11點6分執行，3分鐘後便宣告死亡。費雪跟許多死刑犯一樣，被埋在監獄的墓園。據報，費雪甚至協助行刑人員將電極端子固定在自己身上。據說他最後說的話是：「我連我為什麼會在這裡都不知道。」

　　死刑一結束，費雪的律師詹姆士・登普西立刻告訴等候的記者，說他有費雪的遺言，但是他絕對不會公布，因為「這是我此生見過最噁心淫穢內容。」

後記

　　65歲的費雪是新新懲教所的電椅上年紀最長的死刑犯。

　　他的家族成員長年受嚴重精神疾病所苦，他的兄弟住在精神療養院。

　　費雪語錄

　　「能死在電椅上會有多刺激啊，超級刺激。是我唯一沒嘗試過的刺激感。」

　　「我喜歡吃起來可口的小孩。」

　　「我不特別想活下去。也不特別想被殺。我對這些事沒有興趣。我不覺得自己一直都是對的。」

　　費雪在給葛蕾斯・巴德的母親信裡寫道：

「親愛的巴德太太，1894年的時候，我的一位朋友是塔科馬蒸汽船『約翰‧戴維斯船長』的水手。他們一路從舊金山航至中國香港。抵達後，他與另外兩人登岸喝得酩酊大醉。等他們回到港口時，船已經不見了。當時的中國正在經歷飢荒，任何肉類，1磅都要1到3塊美金。最窮困的人口受苦至深，他們將12歲以下的孩子都賣給了屠夫，剁成一塊塊當作食物出售，才能讓其他人不至於餓死。14歲以下的男孩或女孩走在街上都會有危險。客人可以隨便走進一間店裡點牛排——或是燉肉。男孩或女孩的裸屍塊就會照點餐時的料理要求送上桌。男女孩的後背部位是全身上下滋味最甜美的部位，被當作小牛排以高價出售。約翰在那裡住得太久，養成了這樣的口味習慣。他回紐約的時候，偷抓了兩名男孩，一人7歲，一人11歲。他把兩人帶回家裡，脫光衣服，把人關進衣櫃裡，個人物品全都用火燒掉。每天日夜，他會體罰他們數次，折磨他們，讓他們的肉質變好、口感柔軟。他先殺了11歲的男孩，因為他有最肥潤的屁股，屁股上當然肉也最多。他身上的各個部位都被煮熟吃掉了，剩下頭部、骨頭和內臟。他被用烤箱烤過、（整個屁股）用水煮過、被炸過也被燉過。接下來是小男孩，他也經歷了一樣的過程。當時我就住在東100街409號的右後方。他實在太常跟我描述人肉有多好吃，於是我便下定決心要親自嚐嚐。

　　1928年6月3號這個星期天，我帶著一鍋起司草莓到西15街406號拜訪妳。我們一起用了午餐，葛蕾斯還坐在我的大腿上親了我。我決定要假裝帶她去參加派對，實際上吃掉她。妳同意她去參加派對。我把她帶到威徹斯特，進入我事先挑好的一棟空屋中。我們到了以後，我請她待在屋外，她就在屋外摘花。我自己上樓，把衣物都脫掉，我知道如果不把衣服脫掉，身上一定會沾到她的血跡。等我準備好之後，我到窗邊叫她。然後我躲進衣櫃裡，等她進房。她看見我全裸的時候，放聲尖叫了起來，想跑下樓。我抓住她，她說她要告訴媽媽。我先把她的衣服脫光，她一直掙扎、咬人又抓人。我把她掐死後，切割成小塊，方便我帶回房裡煮來吃。她玲瓏的屁股烤過以後滋味甜美，口感柔嫩。我花了九天才把她全身吃光。不過我沒有上她，如果我想的話可以。她死的時候仍是處女。」

鮑比・傑克・佛勒
BOBBY JACK FOWLER

出生年月日：1939年6月12號

別名／暱稱：無

做案特徵：強暴

受害人數：1到20人以上

犯案日期：1973年到1995年

逮捕日期：1995年6月28號

殺人手法：勒殺

已知受害人：科林・麥可米藍，16歲，還有許多殺人案疑似出自他手

犯罪地區：美國奧勒岡州與加拿大卑詩省

狀態：判處16年有期徒刑，不過於2006年5月15號死於肺癌

個人背景

　　佛勒的童年與年輕時期的紀錄甚少，但成年後，就他人了解，他一直過著充滿變動的生活。他會在北美地區四處移動，邊走邊找工地的工作或是搭建屋頂的工作來做。他會在廉價旅館過夜，開著老舊的破車到處跑，特別喜歡小鎮酒吧。

　　佛勒濫用甲基安非他命、安非他命又酗酒，數次犯法惹禍上身。他很喜歡開車，也喜歡在旅行途中讓招便車的人搭順風車。佛勒於1969年在德州因謀殺一男一女遭起訴，但他遭無罪釋放，只因違反都市規範開槍受罰。

　　佛勒也因綁縛一名女性、毆打她、放任她自生自滅，被以謀殺未遂以及性侵起訴。該女子劫後生還，佛勒被關進了田納西州的監獄。佛勒認為在酒吧喝酒或

在路上搭便車的女性本來就想被性侵，所以他沒有覺得自己的行為有什麼錯。不過沒過多久，他的攻擊行為突然發生了致命的轉變。

凶殺紀錄

遭凶殺的麥可米藍遺體上發現了佛勒的DNA，當局懷疑他還在1973年殺害了潘蜜拉・達林頓與蓋兒・衛斯。他也在多達二十起其他殺人案件中名列嫌疑犯，這些案件都發生在16號公路附近。該公路被暱稱為「眼淚公路」，因為太多女性在那條路的附近失蹤。

佛勒有嫌疑的案件包含19歲的希拉・史旺森案、她的朋友，17歲的梅莉莎・桑德斯案，她們最後被人目擊身影是在1992年5月3號，位於公園附近的付費電話亭。1992年10月10號，兩人的遺體於奧勒岡州愛迪維附近的林地裡被獵人發現。

16歲的珍妮佛・埃森與16歲的卡拉・里斯最後一次被人目擊身影，是在1995年1月28號，兩人當時正往101號公路的方向走。2人的遺體於1995年2月15號被人發現藏在林子裡的樹叢底下。2名女孩都是遭勒斃。

逮捕行動與庭審

佛勒於1995年6月28號遭逮，當時一名女子從奧勒岡州紐波特一間汽車旅館破窗跳出。她的腳踝遭以繩索綁縛，但她通報了警方究竟發生了什麼事。佛勒綁架她之後性虐她，並打算性侵她。

1996年1月8號，佛勒面對數起綁架、性侵未遂、性虐待、攻擊行為、威脅恐嚇行為的罪名遭起訴。他被判16年又3個月有期徒刑，可申請假釋。

佛勒從未因謀殺案遭判刑，即便他的DNA就出現在科林・麥可米藍的遺體上。

結果

2006年5月15號，受肺癌所苦的佛勒終於輸給了病魔，於監禁於奧勒岡州立

監獄期間死亡。

後記

佛勒認為搭便車、喝酒和去酒吧的女性都希望遭到暴力性侵。

洛尼·大衛·富蘭克林二世
LONNIE DAVID FRANKLIN, JR.

出生年月日：1952年8月30號

別名／暱稱：沉睡殺人魔

做案特徵：強暴

受害人數：10人以上

犯案日期：1985年到2007年

逮捕日期：2010年7月7號

殺人手法：槍擊、勒殺

已知受害人：黛博拉·傑克森，29歲；亨麗耶塔·萊特，34歲；芭芭拉·維爾，23歲；伯妮塔·史巴克斯，26歲；瑪莉·洛兒，26歲；勒琪莉卡·傑佛森，22歲；艾莉絲·「莫尼克」·亞力山大，18歲；普琳賽斯·柏托謬思，15歲；瓦萊麗·麥可寇葳，35歲；珍尼西亞·彼得斯，25歲

犯罪地區：美國洛杉磯

狀態：判處死刑，等待執行

個人背景

　　富蘭克林表面上看起來就是個善良、努力工作又照顧家庭的男人。沒錯，他曾有犯輕罪的紀錄，但是身為整個社區的一分子，大家都覺得他是一個親切又富責任感的愛家男。鄰居之間都知道，如果你的車需要什麼零件，富蘭克林大概都幫得上忙。他家後院有頗為齊全的零件，他會用一種「你不多問，我不多說」的態度出售。

身為活潑外向的鄰居，富蘭克林常會買生日禮物給社區裡的老人家。他甚至還參加過鄰居小孩的畢業典禮。他的婚姻狀況並不完美（不斷分分合合），但是丈母娘生病的時候，他還是會照顧她。

富蘭克林也很疼愛孩子們。他很喜歡在車子拋錨時教他們修車，還教他們開車。在大家心裡，富蘭克林就是個友善、樂於幫助他人的好人。但是富蘭克林有一個藏了很久的祕密，他的心裡一直有一股無法壓抑的渴望。

凶殺紀錄

1985年8月10號，29歲的黛博拉‧傑克森的遺體在佛蒙特—斯勞森被人發現，她的胸口遭槍擊三次。一年後，34歲的亨麗耶塔‧萊特的遺體於1986年8月12號在海德公園被人發現。她的胸口遭槍擊兩次。

1987年1月10號，27歲的芭芭拉‧維爾的遺體在中央阿拉米達被人發現胸口遭槍擊。4月15號，26歲的伯妮塔‧史巴克斯也被人發現胸口遭槍擊死亡，地點在格拉梅西公園。11月1號，另一具遺體在格拉梅西公園被人發現，這次是26歲的瑪莉‧洛兒，她也是胸口遭槍擊。

下一名受害人是22歲的勒琪莉卡‧傑佛森，她的遺體於1988年1月30號在維斯蒙特被人發現。她的胸口遭槍擊兩次，兇手在她的臉上蓋了一張紙巾，紙巾上寫著「愛滋病」。

18歲的艾莉絲‧「莫尼克」‧亞力山大於9月11號遭槍擊胸口兩次，她的遺體在佛蒙特廣場被發現。這場大屠殺到此時消停了一陣子，下一次殺人案發生於2002年3月19號。15歲的普琳賽斯‧柏托謬思在印格塢被人發現遭勒斃。

2003年7月11號，35歲的瓦萊麗‧麥可寇葳的遺體於維斯蒙特被人尋獲，死因為勒頸身亡。接著又是一次明顯的暫停時間。2007年1月1號，27歲的珍尼西亞‧彼得斯的遺體於格拉梅西公園被人發現。她的背上有一次槍擊的痕跡。

凶殺案發生時間順序：

- 1985年8月10號——黛博拉・傑克森，29歲
- 1986年8月12號——亨麗耶塔・萊特，34歲
- 1986年8月14號——湯瑪士・史提爾，36歲
- 1987年1月10號——芭芭拉・維爾，23歲
- 1987年4月15號——伯妮塔・史巴克斯，26歲
- 1987年11月1號——瑪莉・洛兒，26歲
- 1988年1月30號——勒琪莉卡・傑佛森，22歲
- 1988年9月11號——艾莉絲・「莫尼克」・亞力山大，18歲
- 2002年3月19號——普琳賽斯・柏托謬思，15歲
- 2003年7月11號——瓦萊麗・麥可寇葳，35歲
- 2007年1月1號——珍尼西亞・彼得斯，25歲

逮捕行動與庭審

富蘭克林於2010年7月7號遭逮，以十起謀殺案、一起謀殺未遂起訴。因為案件量龐大，審判日期經歷數次延後。富蘭克林最後終於在2016年2月16號出庭受審。5月4號，陪審團開始討論，最後於隔日判決所有起訴皆為有罪。

富蘭克林的刑期宣判日為2016年6月6號，陪審團建議判處死刑。8月10號，他被判處死刑。

結果

富蘭克林還是另外五起謀殺案的嫌犯，但是他目前仍未被正式起訴。他仍在等候死刑執行的日期。

後記

富蘭克林一度身任洛杉磯警局的修車專員。

公路魅影
FREEWAY PHANTOM

出生年月日：不明

別名／暱稱：公路魅影

做案特徵：強暴、戀童癖、綁架

受害人數：6人

犯案日期：1971年4月25號到1972年9月5號

逮捕日期：從未逮捕到案

殺人手法：勒殺

已知受害人：卡蘿・史賓克斯，13歲；達拉妮亞・強森，16歲；布蘭達・科克特，10歲；尼諾莫希亞・葉慈，12歲；布蘭達・伍德沃德，18歲；黛安・威廉斯，17歲

犯罪地區：美國華盛頓州

狀態：身分不明，未曾逮捕到案

個人背景

自從1971年起，調查人員便試圖偵破公路魅影的神祕案件。直至今日，仍沒有任何人正式查明這個犯下六起謀殺案的「魅影」的真實身分，連一個確定的嫌疑犯也沒有。

雖然透過電話和信件收到了大量線索，舉報嫌疑犯的可能身分，但是警察局的專案小組仍沒有在案件中找到進展。他們收到的線索中，有些很快就被淘汰了，有些則讓警方採取進一步調查。整個查案過程中曾經出現過幾名有意思的嫌

疑犯，但是到目前為止，公路魅影仍然是個魅影。

凶殺紀錄

據信是由公路魅影下手的第一起謀殺案，受害人是卡蘿·史賓克斯，一名13歲女孩，當時前往雜貨店買東西。她在走回家的路上被綁，六天後，遺體於I-295號公路旁的築堤被人發現。

1971年7月8號，達拉妮亞·強森要去暑期打工的活動中心的路上被綁。她的遺體於失蹤十一天後被人發現，離史賓克斯的遺體被發現的地點僅5公尺遠。

1971年7月27號，10歲的布蘭達·科克特的母親請她去買東西，然而她再也沒有回家。離布蘭達出發去買東西的時間過了三小時後，一通電話打到了家裡，電話是當時7歲的妹妹接的。布蘭達哭著說，「一個白人接走了我，我現在要搭計程車回家了。」她告訴妹妹，她覺得自己人在維吉尼亞州。這通電話最後是由布蘭達突然說了一聲「拜」，然後就掛斷了。

過了一會兒，又有一通電話打到她家，這次是布蘭達母親的男友接的。這次布蘭達又重複了一次剛剛說的話，母親男友要她去叫那個男人來接電話。他聽見電話裡傳來沉重的腳步聲，布蘭達很快地說，「晚點見。」然後就掛上了電話。幾小時後，布蘭達的遺體在50號公路上由想要搭便車的人發現。她遭到強暴後以一條圍巾勒斃。

1971年10月1號，尼諾莫希亞·葉慈從華盛頓東北方的一家店面走回家的路上被綁。不到幾小時，她的遺體就在賓州大道被人發現，她遭到強暴後勒斃。

18歲的布蘭達·伍德沃德於1971年11月15號上了公車，準備回家。六小時後，警方於202號公路交流道口找到她的遺體。她遭刺傷與勒頸，胸口上蓋著一件大衣。大衣口袋裡有一張兇手留下來的紙條，紙條上寫著：

「我對人就是漠不關心，尤其是女人。我會繼續犯案，抓得到我就來抓吧！

公路魅影留」

又過了一年，才有人發現下一件案件的受害人。最後一次有人見到黛安‧威廉斯的身影，是1972年9月5號，她當時正要上公車。她的遺體不久後就被尋獲，先遭勒斃後被棄屍於I-295號公路旁。

凶殺案發生時間順序：

- 1971年4月21號——卡蘿‧史賓克斯，13歲
- 1971年7月8號——達拉妮亞‧強森，16歲
- 1971年7月27號——布蘭達‧科克特，10歲
- 1971年10月1號——尼諾莫希亞‧葉慈，12歲
- 1971年11月15號——布蘭達‧伍德沃德，18歲
- 1972年9月5號——黛安‧威廉斯，17歲

嫌疑犯

雖然有大量線報提供給警局，此案從未出現明確嫌疑犯，或逮捕任何人。調查小組成員包含好幾個執法單位的成員，也有聯邦調查局的探員。

因為懷疑與本案有關，一個名為「綠維加車強暴犯」的幫派當時被仔細地調查過。幫派中的每名成員都接受了訊問，包含當時人在獄中的成員在內。其中一名在獄中的成員宣稱他有兇手相關資訊，但是除非檢方願意保守秘密，不說出他的身分，他才會告訴檢方。警方同意了，該名囚犯說出了謀殺案的日期和地點，還有當時大眾並不知道、但被警方認為是「犯案特徵」的細節。

警方評估該囚犯是否參與犯案過程，但因為他有不在場證明，所以洗刷了嫌疑。當時馬里蘭州正準備進行大選，在一場記者會上，其中一名候選人公開表示有名囚犯提供了公路魅影的資訊。由於此舉威脅到身分保密條件，該名囚犯此後便拒絕提供調查人員任何資訊。後來他也否認自己曾經提供過任何資料。

結果

　　當時一般的調查習慣是將警察局的檔案資料交給負責辦案的警探，與他們的檔案放在一起。而公路魅影案件的許多檔案資料與筆記都不見了。有鑑於原本案件的調查人員大多已經退休或去世，要繼續追查變得很困難。

　　公路魅影案件直至今日仍是未解懸案。

威廉・派翠克・費艾夫
WILLIAM PATRICK FYFE

出生年月日：1955年2月27號

別名／暱稱：殺手雜工

做案特徵：強暴

受害人數：9到25人

犯案日期：1979年到1999年

逮捕日期：1999年12月22號

殺人手法：刀刺

已知受害人：海索・史凱托倫，52歲；莫尼克・賈琪羅，46歲；安娜・亞爾諾，59歲；泰瑞莎・軒尼罕，55歲；瑪莉・葛蘭，50歲；蘇珊瑪莉・伯尼爾，62歲；妮可・雷蒙德，26歲；路易斯・波帕勒布朗，37歲；波琳・勒普藍，45歲

犯罪地區：加拿大魁北克省蒙特婁市

狀態：判處無期徒刑——於精神病院服刑

個人背景

費艾夫於1955年在加拿大出生，後來警方用「一般男子」來形容他。他住過的社區鄰居對他的評價一致認為他是個好人，是個很有社區精神的人。其他人形容他是個非常大方的人，雖然總是喜歡長篇大論地針對健康與體重對人說教。

費艾夫曾一度染上毒癮，他搬到魁北克尋求協助和治療，以擺脫毒癮。後來他便乾脆落腳於此，並花時間協助其他與他一樣的染癮之人進行諮商，同時做雜工。

1999年秋天，費艾夫在巴立與蒙特婁之間（距離約為640公里）往返了四次，途中他以幾近瘋狂的狀態犯下可怕的罪行。有一陣子，他成功躲避當局追查，但是最後仍因一枚指紋被逮捕。

凶殺紀錄

第一名有紀錄的受害人是蘇珊瑪莉·伯尼爾，她於1979年10月17號於蒙特婁卡地亞維爾遇害。她遭性侵及刀刺致死。一個月後，11月14號，26歲的妮可·雷蒙德於蒙特婁潘特克萊爾遭性侵後以刀刺致死。

海索·史凱托倫於1981年3月21號被人發現，她遭性侵後以刀刺致死。下一起謀殺案直到1987年9月26號才發生，當時路易斯·波帕勒布朗於勞倫臺德聖艾戴爾遭性侵後以刀刺致死。

1989年6月9號，波琳·勒普藍於勞倫臺德聖艾戴爾遭性侵後以刀刺致死。下一起謀殺案是1999年10月的莫尼克·賈琪羅案。她的遺體於魁北克聖阿加特代蒙茲被人發現。

同一個月的15號，59歲的安娜·亞爾諾的遺體於魁北克塞納維爾被人發現。下一名受害者是55歲女性，泰瑞莎·軒尼罕。她於11月在魁北克拉瓦爾被人發現遭刀刺致死。瑪麗·葛蘭的遺體於12月15號在魁北克貝卓拉夫被人發現。她慘遭毒打後被刺殺身亡。

凶殺案發生時間順序：

- 1979年10月17號——蘇珊瑪莉·伯尼爾，62歲
- 1979年11月14號——妮可·雷蒙德，26歲
- 1981年3月21號——海索·史凱托倫，52歲
- 1987年9月26號——路易斯·波帕勒布朗，37歲
- 1989年6月9號——波琳·勒普藍，45歲
- 1999年10月——莫尼克·賈琪羅，46歲

- 1999年10月15號——安娜・亞爾諾，59歲
- 1999年11月——泰瑞莎・軒尼罕，55歲
- 1999年12月15號——瑪莉・葛蘭，50歲

逮捕行動與庭審

在其中一起案件現場蒐集到的一枚指紋，讓警方直接找上了費艾夫。監控他的行蹤一陣子以後，警方終於在1999年12月22號逮捕了他。當時他正在卡車休息站吃飽飯，要回車上。

透過DNA檢驗發現，費艾夫就是那些謀殺案的兇手。不過他只承認其中幾件案件，所以具體到底有多少女性遇害，不得而知。他的庭審於2000年11月6號開庭，最後被判有罪。

結果

費艾夫遭判終生監禁，並被送往沙士卡其灣省的精神病院服刑。

約翰・偉恩・蓋西
JOHN WAYNE GACY

出生年月日：1942年3月17號

別名／暱稱：殺手小丑

做案特徵：強暴、酷刑虐待

受害人數：33人

犯案日期：1972年到1978年

逮捕日期：1978年12月21號

殺人手法：勒殺

已知受害人：堤摩西・麥考伊，18歲；約翰・巴克維區，17歲；戴洛爾・山普森，18歲；藍道爾・洛菲特，15歲；山姆・史戴波頓，14歲；麥可・邦寧，17歲；威廉・卡羅，16歲；瑞克・強斯頓，17歲；肯尼斯・帕克，16歲；威廉・邦迪，19歲；格里哥利・賈齊克，17歲；約翰・錫克，19歲；強・普萊斯堤齊，20歲；馬修・波曼，19歲；羅伯特・吉洛伊，18歲；約翰・毛渥伊，19歲；羅素・奈爾森，21歲；羅伯特・文區，16歲；湯米・波陵，20歲；大衛・塔爾斯瑪，19歲；威廉・肯卓克，19歲；堤摩西・歐洛克，20歲；法蘭克・藍迪俊，19歲；詹姆士・莫薩拉，21歲；羅伯特・派斯特，15歲，另有8人身分不明

犯罪地區：美國伊利諾州芝加哥

狀態：1994年5月10號，執行注射死刑死亡

個人背景

約翰・偉恩・蓋西於1942年3月17號出生在一個問題家庭，他扭曲的哲學就

從這裡開始。蓋西後來表示，他的父親是個暴力酒鬼，常常因為蓋西的個性像女生而痛打他和母親，不論他怎麼做，都無法達到父親要求的標準。蓋西在高三那年休學，搬離開家，跑到拉斯維加斯的一間太平間工作。但是他最後還是回到家鄉就讀商學院。他當了一段時間的賣鞋業務。

蓋西22歲的時候入贅一個商場世家。他的岳父手上有好幾家肯德基炸雞的店面，蓋西成為了家族事業的經理。他開始變得很活躍，還加入美國青年商會，在商會獲得幾次頒獎，還擔任主要職務。

1968年，蓋西的黑暗面開始浮出檯面。他因為在自己管理的店面裡猥褻一名受雇於餐廳的青少年被捕。他坦承犯罪，被判處有期徒刑，他因此入獄服刑18個月。妻子與他離婚，他先擔任了一陣子的廚師，後來開了一家建築公司。

蓋西於1971年又惹上麻煩，一名青少年指控他試圖強逼發生性關係。這次，控方沒有出席庭審，所以控訴就被撤銷了。沒過多久，蓋西便再婚。但是新婚不久，他便不再與新任妻子進行任何形式的性關係。這時蓋西已經開始在小孩的派對上和醫院病房裡表演小丑坡格這個角色（有時也叫做小丑派齊斯）。

為了讓地方政治人物、貴賓和鄰居對他留下印象，蓋西會在自家舉辦盛大派對。從各方面看來，他在這些派對上都是非常棒的主持人。但是有時候他的太太和訪客會提起屋內有股怪味。蓋西的說法是那種怪味是房子底下維修管線太潮濕造成的。然而這個說法並不完全是實話。

凶殺紀錄

蓋西會引誘年輕男子和男孩到他家，宣稱想雇用他們替他的建築公司做事。他會接著說要表演「手銬把戲」，此舉會讓受害人無力掙扎，他便能夠為所欲為。蓋西使用氯仿來鎮定受害人，然後他會雞姦他們。

性侵結束後，他會往受害人的脖子上套繩圈，拿一根棍子穿進繩圈裡，緩慢扭轉棍子，將受害人勒斃。他在殺人的過程中常會引述聖經裡的句子。

他的房子下方有維修管道，他的33名受害人多數都埋在這裡。他會用石灰

覆蓋屍身，加速腐敗速度。蓋西在當局眼皮底下躲了很長一段時間——直到他在1978年犯下重大失誤為止。

當時蓋西在當地藥房做建築預算評估，他突然決定要拐騙一個青少年回家。男孩的母親才剛把男孩送到那裡，讓他去藥房填申請工作的表格。他們通知警方男孩失蹤的消息後，警方發現同一時間，蓋西也在店裡。仔細查看他的背景後，警方才知道蓋西之前就因為猥褻罪被起訴過。

他們開始跟監蓋西，並於1978年12月21號去他家中拜訪。其中一名警探要求用洗手間。他覺得空調風扇一啟動，他就聞到屍體腐敗時的那股特殊臭味。警方做好了最壞的心理準備，申請搜索令進入維修管道搜索。

他們在房子下方找到好幾具腐爛的屍體。蓋西立刻遭到逮捕。

凶殺案發生時間順序：

- 1972年1月2號——堤摩西・麥考伊，18歲
- 1975年7月31號——約翰・巴克維區，17歲
- 1976年4月6號——戴洛爾・山普森，18歲
- 1976年5月14號——藍道爾・洛菲特，15歲
- 1976年5月14號——山謬・史戴波頓，14歲
- 1976年6月3號——麥可・邦寧，17歲
- 1976年6月10號——威廉・「比利」・卡羅，16歲
- 1976年8月6號——瑞克・強斯頓，17歲
- 1976年10月24號——肯尼斯・帕克，16歲
- 1976年10月26號——威廉・邦迪，19歲
- 1976年12月12號——格里哥利・賈齊克，17歲
- 1977年1月20號——約翰・錫克，19歲
- 1977年3月15號——強・普萊斯堤齊，20歲
- 1977年7月5號——馬修・波曼，19歲

- 1977年9月15號——羅伯特·吉洛伊，18歲
- 1977年9月25號——約翰·毛渥伊，19歲
- 1977年10月17號——羅素·奈爾森，21歲
- 1977年11月11號——羅伯特·文區，16歲
- 1977年11月18號——湯米·波陵，20歲
- 1977年12月9號——大衛·塔爾斯瑪，19歲
- 1978年2月16號——威廉·肯卓克，19歲
- 1978年6月——堤摩西·歐洛克，20歲
- 1978年11月3號——法蘭克·偉恩·「戴爾」·藍迪俊，19歲
- 1978年11月13號——詹姆士·莫薩拉，21歲
- 1978年12月11號——羅伯特·派斯特，15歲

逮捕行動與庭審

一開始訊問的時候，蓋西就承認了自己所犯的可怕殺人罪行。他甚至還畫了張圖，讓警方知道哪個受害人被埋在屋子下方的哪個位置。不過他拒絕在自白書上簽名。他出庭受審的時候，面對每一條起訴都被判有罪，最後遭判死刑。

結果

蓋西於1994年5月9號早晨從美納懲教機構轉移到斯泰次維懲教機構，準備行刑。他在監獄的廣場上跟家人享受了一場專屬於他們的野餐。那天傍晚，他被帶到行刑室之前，先與天主教神父一同禱告。

在注射致命藥劑之前，藥劑塞住了點滴管，處理期間，行刑室的窗簾被拉上。十分鐘後，窗簾再次重啟，行刑過程才開始。從開始到結束，整個行刑過程花了十八分鐘。據稱蓋西的遺言是「親我的屁股吧」（意為：我不在乎）。

凌晨12點58分，蓋西宣告死亡。他的大腦被取出後交給海倫·莫里森醫師進行關於連續殺人魔的研究，她的研究想要找出生理因素究竟有沒有影響這些人的

殺人衝動。

後記

- 蓋西的最後一餐是蝦、肯德基炸雞和薯條。
- 行刑過程花了十八分鐘，因為點滴管被塞住。
- 智商為118分。
- 蓋西在獄中開始學習繪製油畫。他會畫一些迪士尼角色，例如七個小矮人，也會畫聖殤圖或是自畫像，例如「小丑坡格」。行刑後，這些畫作成了收藏家之間熱門藏品。電影導演約翰‧瓦特斯與演員強尼‧戴普以及一些名流都擁有他的畫作。蓋西的藝術經紀人是葛蘭豪斯畫廊的瑞克‧史岱軒。

路易斯・蓋拉維多
LUIS GARAVITO

出生年月日：1957年1月25號

別名／暱稱：La Bestia（野獸）、高飛狗、神父、狂人、班諾法西歐・莫瑞拉・利札卡諾（音譯）

做案特徵：強暴、酷刑虐待、分屍、毀屍

受害人數：138人到300人以上

犯案日期：1992年到1999年

逮捕日期：1999年4月22號

殺人手法：刀刺

已知受害人：無名男性孩童，年齡從6歲到16歲皆有

犯罪地區：哥倫比亞、厄瓜多

狀態：遭判1853年有期徒刑，但因為法律的關係，只會服刑22年。

個人背景

　　蓋拉維多在1957年出生於哥倫比亞亨諾瓦。他在家裡七個男孩中排行老大。他的童年過程中都遭受父親的情緒與身體虐待，後來他稱自己小時候也遭性虐。

　　定罪之後，因為他強暴、殺害的人數如此驚人，也因為哥倫比亞的判刑制度之荒謬，讓他成了一個充滿爭議的殺人兇手。

凶殺紀錄

　　蓋拉維多的受害人都是在街上找的，大多是出身貧窮或根本無家可歸，每個

受害人年紀都在6到16歲之間。蓋拉維多為了要誘拐他們，通常會拿出錢或小禮物。一旦讓受害人相信他之後，他就會帶他們去散步，直到受害人累了為止。然後他就會開始動手進行殘暴的犯罪行為。

這些孩子都被蓋拉維多強暴，喉嚨被劃破。遺體通常都被分屍，許多屍首上都有遭到酷刑虐待的痕跡。

逮捕行動與庭審

1999年4月22號，蓋拉維多遭逮。他坦承殺害了140名兒童，但是還有至少172件案件疑似與他有關。這些謀殺案件橫跨哥倫比亞59個城鎮。

蓋拉維多出庭受審，有172件案件據信與他有關，而他在其中138件殺人案件的起訴遭判有罪。針對其他凶殺案件的起訴仍待處理中，要看調查結果才會知道後續發展。他遭判處的刑期加起來總共是1853年又9天，但是哥倫比亞的法律有限制刑期長度，所以他只會服刑30年。更糟糕的是，因為他協助調查人員找尋屍體，他的刑期還被減短為僅22年。

結果

社會大眾對蓋拉維多的刑期非常不滿，許多人認為他該遭判處死刑，或至少終生監禁。反對他的刑期長度的受害家屬以及其他民眾挺身呼籲哥倫比亞修改法律，這樣才能更嚴加懲處像蓋拉維多這種心狠手辣的罪犯。

2006年電視節目主持人皮瑞在節目上訪問蓋拉維多。在這段訪談中，蓋拉維多試圖對於自己的罪行用一種輕描淡寫的方式描述，還說他想從政，以幫助更多受虐兒童。

後記

蓋拉維多常假扮成僧侶或神父。他的移動範圍廣闊，在哥倫比亞境內32個省分之中，至少有11個都犯過案。

唐納・亨利・蓋斯金斯
DONALD HENRY GASKINS

出生年月日：1933年3月13號

別名／暱稱：矮冬瓜、小帕洛特、全美最卑鄙的男人、老粗版查爾斯・曼森

做案特徵：強暴、雞姦、酷刑虐待、毀屍、食人行為

受害人數：8到100人以上（自稱）

犯案日期：1969年到1975年、1982年

逮捕日期：1975年12月

殺人手法：刀刺

已知受害人：無名年輕男女（有些是認識的人，有些是搭便車的人）

犯罪地區：美國南卡羅萊納州

狀態：1991年9月6號以電椅處死。

個人背景

　　蓋斯金斯出生於南卡羅萊納州，母親是尤莉亞・帕洛特，他的母親產下多名非婚生子女。蓋斯金斯從小就被母親忽視，這位母親本來就不太管教小孩。這樣的情況從蓋斯金斯1歲時喝下一罐煤油一事可見一番。據信這次中毒事件讓蓋斯金斯一直到3歲為止，常常癲癇發作。

　　他的母親也交了好幾任男友，這些所謂的「繼父」常常會毆打蓋斯金斯和其他孩子。小時候因為身形太過嬌小，蓋斯金斯被取了個綽號，叫做「矮冬瓜」。他顯然不知道自己的名字叫做唐納，直到因為跟其他輟學生一起連續犯罪而出庭受審時才知道。

這群人輪姦了一位朋友的妹妹，還犯下好幾起搶劫。其中一名受害人遭以斧頭攻擊，此人後來生還，並提供罪首的身分給警方。蓋斯金斯因為年紀的關係，被送到感化院。

蓋斯金斯宣稱自己在感化院期間多次遭其他院童強暴。最後他逃出感化院，還結了婚，但後來又自願回感化院服完刑期。他於1951年獲釋，當年他18歲。他在菸草園工作了一陣子，但是到了1953年再次遭逮捕，原因是以槌子攻擊一名青少女。他遭殺人未遂的罪名起訴並判有罪，移送監獄服有期徒刑6年。

蓋斯金斯在監獄中再次遭強暴，不過這次他反擊了，他將攻擊者割喉。此舉讓他又被判了額外的3年刑期。不過這次事件，對蓋斯金斯來說是一個重大轉變。從此之後，他成了攻擊者，不再是受害人。他於1955年逃獄成功，後被逮回服完刑期，於1961年獲假釋出獄。

蓋斯金斯獲釋後又開始搶劫，也持續攻擊女性。1963年，他因強暴一名12歲女孩被逮。但是在刑期判定前，他再次逃脫。沒過多久，他被逮捕，移送監獄，刑期為8年——不過他只服刑5年。1968年11月，他獲假釋出獄。這次出獄後，等他再犯罪時，開始懂得注意不要留下任何目擊證人。

凶殺紀錄

蓋斯金斯的受害者大多是搭他便車的人，他於1969年9月犯下第一起謀殺案。他找上一名招便車的女性，酷刑虐待後將其殺害，並棄屍沼澤中。後來他說自己當時滿腦子只想到可以對她為所欲為。

那之後，蓋斯金斯開始沿著南方的海岸公路開車，找上招便車的男性與女性殺害。他將這些凶殺案件稱之為「海岸殺戮」。他不在乎受害人是男是女，他都一樣樂在其中。

蓋斯金斯每隔六週左右就去找目標下手，因為這時候他心裡想要殺人的那股渴望會開始讓他煩躁，無法無視。他會盡可能讓受害人存活久一點，在折磨的過程中享受快感。他不像其他連續殺人魔，他不只有一種殺人方式。他的殺人手法

包含窒息致死和刀刺。除了毀屍以外，有些受害人的遺體還被他吃掉。

　　他對於受害人的選擇方式於1970年11月出現了改變，蓋斯金斯開始殺害認識的人。這些凶殺紀錄跟之前也有一處不同，那就是這些受害者之所以被殺，都是有私人緣故的。這類案件的第一位受害人是他的姪女，15歲的珍妮絲‧柯碧及其友人，17歲的派翠希亞‧安‧艾爾斯布魯克。他控制住兩人後，企圖性侵她們，才將兩人痛毆致死。

　　有時候這些「有私人因素的」受害人是嘲笑過他的人，有時候是欠他錢的人、偷過他東西或捉弄過他的人。在有些案件中，他宣稱自己是收錢去殺人的。這些受害人通常都是遭到槍擊致死，而非像其他人那樣遭受酷刑虐待或被肢解。不過，他對鄰居多琳‧登普西以及她的女嬰所犯下的強暴謀殺案特別殘暴。

　　雖然認識蓋斯金斯的人沒想過他竟是連續殺人魔，也有些人認識他的時候就知道他是會收錢殺人的殺手。1975年2月，蘇珊娜‧奇波‧歐文斯雇用蓋斯金斯去殺害自己的男友，西拉斯‧班威爾‧葉慈。完成殺人任務後，蓋斯金斯宣稱自己還得再出手四次才能掩蓋整件事。

　　1975年11月，蓋斯金斯的其中一個犯罪同夥報警表示目擊蓋斯金斯殺害兩名男子，丹尼斯‧貝拉米與強尼‧奈特。這名同夥，瓦特‧內利也坦承，蓋斯金斯告訴過他，說自己在過去五年間已經殺了好幾人。

逮捕行動與庭審

　　瓦特‧內利的自白說服了警方，讓警方認為蓋斯金斯就是這幾件凶殺案的兇手。蓋斯金斯於1975年11月14號遭逮。蓋斯金斯後來選擇認罪，並於12月4號伴隨警方到他位於普羅斯佩特的家中，告訴警方他把8名受害人的遺體埋在哪裡。

　　蓋斯金斯於1976年5月24號出庭受審，他被以八件謀殺案起訴。庭審僅持續四天，最後所有起訴罪名都被判有罪。他一開始被判處死刑，但因為南卡羅萊納州修法的緣故，被減刑至終生監禁。不過1982年9月2號，蓋斯金斯於服刑期間又殺了一名囚犯。

這名囚犯，魯道夫・泰納，也一樣是死刑犯。蓋斯金斯收錢殺害泰納，委託人是泰納的受害人之一的兒子。他多次企圖毒殺泰納都失敗後，決定使用爆裂物應該會比較成功。為了達成目標，他把一台收音機改裝，並告訴泰納，說他可以透過這台收音機跟彼此對話。泰納不知道的是這台收音機已經被改裝，加上了C4塑膠炸藥。他照指令，將收音機舉到耳邊，蓋斯金斯於此時引爆炸藥。

因為謀殺泰納，蓋斯金斯再次被判處死刑，這次他就不能獲得減刑了。

結果

1991年9月6號，蓋斯金斯以電椅執刑，於凌晨1點10分被宣布死亡。

幾個小時前，他企圖用刮鬍刀片割腕自殺。一週前他先嚥下刀片，那天再將刀片咳出來。他的遺言是：「我會讓我的律師替我發言。我已經準備好上路了。」

後記

- 要執行死刑的前一天，他企圖自殺。蓋斯金斯用刮鬍刀片劃破手腕和臂彎，刀片是他先嚥下喉嚨，當時才嘔出來使用。1991年9月6號，急救人員花了二十分鐘才將他救回，並於凌晨1點10分固定在電椅上。
- 他曾計畫綁架判他死刑之人的女兒。
- 他的個子矮小，不到165公分，體重為58公斤。
- 他把一台靈車當自用車。

艾德·蓋恩
ED GEIN

出生年月日：1906年8月27號

別名／暱稱：普蘭非屠夫、瘋狂屠夫、普蘭非食屍魔

做案特徵：戀屍癖

受害人數：2人以上

犯案日期：1954年12月8號，1957年11月16號

逮捕日期：1957年11月17號

殺人手法：槍擊

已知受害人：瑪莉·霍根，54歲；柏妮絲·C.·沃登，58歲

犯罪地區：美國威斯康辛州普蘭非

狀態：因精神障礙被判無罪，須終生於精神病院服刑。1984年7月26號死於肺癌

個人背景

　　艾德·蓋恩是貨真價實的「瘋子」，深深受到母親影響的他是個非常令人不安的人。蓋恩出生於威斯康辛州拉克羅斯縣，雙親為喬治與奧古斯塔。蓋恩在家中排行老二，老大是他唯一的哥哥亨利。兩人的父親是個酒鬼，任何工作都做不久。他在幾個不同業界工作過，例如保險業務員、木匠和鞣皮師。喬治一度開了一家雜貨店，但是他將店面賣掉，搬到威斯康辛州的普蘭非。這對父母想要一家人過著與離群索居的生活，

　　只要有外人接近蓋恩和哥哥，他們的母親就會把那人趕走。兄弟倆唯一可以離開家裡的時間，就是去上學的時候。他們的母親奧古斯塔是虔誠的路德教會信

徒，她會告誡孩子們關於這世界的不道德之事，包含酒精的邪惡，以及女性是魔鬼的工具，當然，也包含妓女的事。每天下午，她都會重複聖經裡的經文，重點都放在提及謀殺、天譴與死亡的部分。

1940年，蓋恩的父親因為心臟病去世，引發原因很可能是因為他的酗酒問題。為了幫忙家計，蓋恩和哥哥亨利會在城裡到處接一些零工。隨著兩人年紀增長，亨利開始擔心蓋恩與母親之間的親密程度。只要他說母親壞話，蓋恩就會露出痛苦與驚恐的反應。

1944年5月，蓋恩與亨利正忙著替農場燒掉沼澤植被，然而火勢變得一發不可收拾。消防隊趕到現場，將火勢撲滅後，蓋恩宣稱亨利失蹤了。當時天色非常暗，搜救小組提著燈，開始尋找亨利。最後終於找到了他的遺體，面朝下趴在地上，看起來已經死了一段時間。

亨利的遺體上沒有外部傷痕，所以死因被判定為窒息，雖然後來有報告指出他的頭部有瘀傷。他是被殺害的嗎？兇手會是自己的弟弟蓋恩嗎？後來訊問過蓋恩的人，都認定他就是殺害亨利的兇手。

亨利死後不久，蓋恩的母親就發生了一次嚴重中風，蓋恩成了照顧者。後來她再次中風，於1945年12月去世。母親去世讓蓋恩遭逢極大打擊，她是他此生唯一的朋友。他想辦法保住了農場，到處打零工來餬口。身為雜工的他，可以領取政府發放的農場補貼款，他從1951年開始領補貼。

蓋恩將母親生前會使用的房間封起，完整保存了一切。不過屋內屬於他使用的狹小空間則只能用髒亂不堪來形容。一直隻身一人的蓋恩開始對雜誌產生了興趣，特別是講死亡和食人行為的雜誌。

凶殺紀錄

普蘭非一家五金行老闆，柏妮絲‧沃登於1957年11月16號失蹤。她的兒子告訴調查人員，說蓋恩在她失蹤前一晚曾到過店裡，說隔天會再來拿防凍劑。警方起了疑心。看見沃登的手寫收據，內容是防凍劑，日期就是柏妮絲失蹤當天早上

時，警方決定去搜索蓋恩家。

在搜到一間小屋的時候，他們找到了沃登的遺體，像動物一樣被吊掛起來。她被斬首，並且是在腳踝用十字桿、手腕用繩索來吊掛她。目擊者指她被「裝扮成跟鹿一樣」。她的遺體在她死後破損殘缺，是.22口徑的來福槍發射的槍擊造成的。警方接著搜索住屋，找到更多證據。

搜索住屋的過程中找到的物件有：

完整人骨與碎片、用人皮製成的垃圾桶、人皮披蓋在數張椅子上、床柱上有顱骨、上緣遭鋸開的女性顱骨數個、 人類顱骨製成的碗、一件以從肩膀到腰間被剝皮的女性軀幹製成的馬甲 、以人腿皮膚製成的緊身褲、女性頭部肌膚製成的面具、紙袋裡找到瑪莉·霍根的臉部面具、盒子裡找到瑪莉·霍根的顱骨、在麻布袋中找到柏妮絲·沃登的完整頭部、柏妮絲·沃登的心臟被以塑膠袋包裹，放在圓身柴燒爐前、 一只鞋盒中找到9副女性陰部、一件年輕女孩的洋裝、以及二副據評估應屬於年紀約15歲女孩的女性陰部、一條女性乳頭製成的腰帶、四個鼻子、窗簾拉繩上有一對嘴唇、人臉肌膚製成的燈罩、女性手指上取下的指甲。

逮捕行動與庭審

蓋恩於1957年11月17號遭逮捕後進行問訊。他承認自己數次深夜造訪當地墓園，挖出剛下葬不久的遺體。有時他會空手離開墓園，有時會將看起來像自己母親的女性死者遺體取出帶回家。到家後，他便會剝除遺體的外皮，進行「鞣製」，以便製成家中各物品。

他的母親去世後不久，蓋恩就開始製作他稱之為「女人人皮裝」的東西，他親口表示，「這樣一來我就能當我媽媽了——可以真的爬進她的皮膚底下」。面對與屍體共枕的指控，他一律否認。他說屍體的味道很臭。

在接受訊問的時候，他也坦承自己殺害了於1954年失蹤的酒吧老闆，瑪莉·霍根。她的頭顱在蓋恩家中被尋獲，但他不記得殺害她的過程。蓋恩也是威斯康辛州內許多未解懸案的嫌犯，其中包含1953年在拉克羅斯失蹤的保母，艾弗琳·

哈特利。

　　蓋恩的庭審於1957年11月21號開始，他被以一級謀殺罪嫌起訴，他以精神障礙為由進行無罪辯護。他被評估診斷出罹患精神分裂症與精神失常，意思就是他無能力出庭受審。於是他被送往精神病院，以精神障礙囚犯的標準看管。

　　蓋恩於1968年被判定精神狀況正常，庭審於1968年11月7號再次開始。這次審判僅進行了一個禮拜，他的辯護團隊要求無陪審團庭審。7天後，11月14號這天，他被判有罪，判處終身監禁於精神病院。雖然他坦承犯下瑪莉·霍根的謀殺案，但他只因沃登案被判刑。

結果

　　蓋恩於1984年7月26號死於肺癌併發症。他被埋葬在普蘭非墓園。多年來，一直會有人去敲下他墓碑碎片作為紀念品。2000年，整塊墓碑遭盜走，於2001年尋回，由沃薩拉縣警長辦公室保管，之後墓上沒有重新安置墓碑。

後記

- 後來有許多有名的文學與電影作品中的反派角色，都是以蓋恩作為靈感出發點，最有名的莫過於出現在小說與電影《驚魂記》中的角色，諾曼·貝茨。
- 而《德州電鋸殺人狂》裡的皮面人也稍微參考了蓋恩的人體蒐藏戰利品這件事。這部系列作裡的反派皮面人戴的就是用人皮製成的面具。
- 創造出電影中漢尼拔這個傳奇角色的人，湯瑪士·哈里斯，於1988年的小說作品中寫出的主要反派角色水牛城比爾，就是根據蓋恩事蹟所寫出的創作。

羅倫佐‧吉利亞德
LORENZO GILYARD

出生年月日：1950年5月24號

別名／暱稱：堪薩斯城勒殺手

做案特徵：強暴

受害人數：12人以上

犯案日期：1977年到1993年

逮捕日期：2004年4月19號

殺人手法：勒殺

已知受害人：凱薩琳‧M.‧巴瑞，34歲；娜歐蜜‧凱莉，23歲；安‧巴恩斯，36歲；凱莉‧A.‧福特，20歲；希拉‧英戈爾德，36歲；卡美琳‧希布斯，30歲；史黛西‧L.‧斯沃福德，17歲；格溫多琳‧克賽音，15歲；瑪格麗特‧J.‧米勒，17歲；黛比‧布萊文斯，32歲；赫爾嘉‧克魯格，26歲；蔻妮‧路德，29歲；安琪拉‧M.‧梅休，19歲

犯罪地區：美國密蘇里州堪薩斯城

狀態：終生監禁，不可假釋

個人背景

　　吉利亞德年輕時就常惹禍上身，多次遭起訴都被判有罪，包含性虐待、猥褻、傷害罪與入室竊盜。他剛滿18歲便娶了第一任妻子，後來與多位不同對象一共生下11名子女。

　　吉利亞德的犯罪問題始於妨害安寧、違法使用武器以及欺騙警察。但是這樣

的罪行通常都只會讓他被關很短的時間，以及罰繳低額罰鍰。他的行為於1974年開始變得更加暴力，當時他因為強暴一名25歲的女性遭起訴。雖然受害人出面指認了吉利亞德，他卻沒有遭定罪。

幾個月後，他再次遭逮捕，這次是因為強暴毆打一名13歲女孩。他一開始試圖否認犯案，說受害人在說謊。但是最後面對猥褻罪名，他仍是認了罪。他被判入獄九個月。

1979年，吉利亞德遭控綁架，以及舉槍威脅一名男子，並強暴與男子同行的女性。該男性受害人指認了吉利亞德，在吉利亞德工作的地方也尋獲了毛髮證據。不可思議的是，他在1980年獲無罪釋放。同樣是1980年，他再次被逮捕，經以加重傷害罪起訴後判定有罪。他曾威脅要開槍射殺自己的前妻，於1981年1月，她提出離婚申請。一個月後，他兩度毆打對方，第一次是用手槍毆打她。第二次動手，他打斷了她的牙齒，並用碎冰錐刺傷她的手臂。他分別為上述事項被判三級傷害罪名成立。

接下來的幾年裡，吉利亞德又為各種不同的起訴原因，進出監獄數次，其中包含炸彈威脅。但是被釋放後的他，看起來像是準備穩定度日了。他於1986年開始在一家垃圾收集公司工作，一直作到2004年被以謀殺罪名逮捕為止。警方調查的12名受害人中，其中一人身上的DNA證據與吉利亞德相符時，他們開始懷疑吉利亞德。

凶殺紀錄

雖然吉利亞德於1977年就開始殺人，然而一直過了好幾年，這些案件不是沒有被揭露，就是沒有跟他牽扯上關係。一直到2004年，警方找到超過12名女性的遺體之後，他才進入當地警方的審查名單之中。這時候DNA檢測的運用已經很成熟了，且幸好當局有先見之明，將其中一個案發現場的血液樣本保存了起來。

2004年4月，DNA檢測顯示屬於吉利亞德，警方便開始追查他的下落。這時的他已經跟十二起謀殺案有了關聯。受害者包含11名妓女，以及一名死亡當時正

處於精神狀況不穩定的女性。所有受害人都遭勒斃，其中11人遭性侵。這些受害人的遺體被發現時，大多為裸屍，還被吉利亞德擺弄姿態。

有些遺體有被綁縛手腕的痕跡，其中6人被發現時，頸部還有鞋帶、衣物或電線纏繞。看起來兇手行兇當下是手邊有什麼東西就拿來當作凶器。其中5名遭勒斃的女性死者頸部沒有留下物品。

凶殺案發生時間順序：

- 1977年4月——史黛西・L.・斯沃福德，17歲
- 1980年1月23號——格溫多琳・克賽音，15歲
- 1982年5月9號——瑪格麗特・J.・米勒，17歲
- 1986年3月14號——凱薩琳・M.・巴瑞，34歲
- 1986年8月16號——娜歐蜜・凱莉，23歲
- 1986年11月27號——黛比・布萊文斯，32歲
- 1987年4月17號——安・巴恩斯，36歲
- 1987年6月9號——凱莉・A.・福特，20歲
- 1987年9月12號——安琪拉・M.・梅休，19歲
- 1987年11月3號——希拉・英戈爾德，36歲
- 1987年12月19號——卡美琳・R.・希布斯，30歲
- 1989年2月——赫爾嘉・克魯格，26歲
- 1993年1月11號——蔻妮・路德，29歲

逮捕行動與庭審

兇手身分確認就是吉利亞德後，警方便開始監控他的一舉一動，直到確認所有可能影響逮捕行動或起訴過程的小細節全都處理好為止。警方一開始計畫於4月19號逮捕他，但是因為擔心吉利亞德會開始懷疑自己被跟蹤，於是他們便將逮捕日期提前。4月16號，就在吉利亞德在丹尼餐廳的時候，警方走進餐廳，請吉

利亞德配合行動，他也冷靜地照做了。

　　起初，他被以十三件謀殺案起訴，但是其中六件起訴案因各種原因被撤案了。面對其他7項起訴，他全都以無罪辯護。為了不要被判死刑，吉利亞德的辯護團隊提出交換條件，表示同意無陪審團審判。

　　2007年4月13號，吉利亞德在六項一級謀殺案的起訴中被判有罪，第七項起訴為無罪。他被判處終生監禁，不可假釋。

結果

　　吉利亞德這輩子活著的時間，都要在鐵牢裡度過了。為了判定他是否有參與其他數起謀殺案，調查仍在進行中。開庭前被撤案的六件案件會在之後重新提出告訴，不過判刑結果還是不會改變的——終生監禁，不可假釋。

後記

- 他的姊妹是一名妓女，她也一樣因謀殺罪嫌遭定罪。
- 他的緩刑紀錄顯示，1969年到1974年間，他在四起強暴案中被列為嫌犯，但是這些強暴案始終未被證實是否由他所犯。
- 每一位受害人被發現時，腳上都沒有鞋子。

哈維・葛拉特曼
HARVEY GLATMAN

出生年月日：1927年10月10號

別名／暱稱：寂寞心殺手、魅力少女殺手、強尼・葛蘭、喬治・威廉斯、法蘭克・強森、法蘭克・威爾森

做案特徵：性虐強暴

受害人數：3人以上

犯案日期：1957年8月1號到1958年7月13號

逮捕日期：1958年10月27號

殺人手法：繩線勒殺

已知受害人：茉迪絲・安・朵兒，19歲；雪莉・安・布里姬福特，24歲；露絲・梅爾卡多，24歲

犯罪地區：美國加州河濱市與聖地牙哥

狀態：1959年9月18號以毒氣處死

個人背景

　　葛拉特曼的父母，亞伯特與歐菲莉亞在他還很小的時候就注意到孩子似乎有哪裡不太對勁。他的情緒反應很奇怪，且在他才3歲的時候，他的母親就發現他有施虐的行為，於是將他送去看醫生。醫生要他的父母無需太過擔心，說這只是一個階段。他的父母選擇相信醫生的評斷，認為葛拉特曼長大就會擺脫這種奇怪的行為，而後來發生的事件，他們都選擇無視或是不處理。

　　葛拉特曼12歲的時候，在學校因為外貌受到不少霸凌，他對女性也產生了強

大的恐懼。這時候的他也開始多次闖入女性屋主的住家，犯下入室竊盜罪。沒過多久，他便開始性侵那些在他闖空門時還在家的女性。

他的行為終於讓父母親決定尋求精神科醫師的協助。然而結果不必多說，並沒有產生作用。1945年5月，葛拉特曼闖入一名名為艾爾瑪・海蒙的女性家中。他被抓個正著，身上還帶著一把.25口徑的手槍，以及一段繩索。葛拉特曼遭以一級竊盜罪起訴，他的父母親替他付了保釋金。

隔月，葛拉特曼挾持了一名叫做諾琳・勞蕾兒的女性。在放她回家前，他先對她下了手。當局立刻接獲通知，將他逮捕。這次，他的父母親已經負擔不起保釋金。在被監禁期間，葛拉特曼接受了精神科醫師的評估。他被診斷出「人格分裂症」，現今稱為精神分裂症。1945年11月他被釋放後，只見情況變得越來越糟。

凶殺紀錄

葛拉特曼假扮成專業攝影師，他會說服女性以綁縛姿勢供他拍照，換取報酬。1957年8月，他聯繫了茱迪絲・安・朵兒，一名迫切需要現金來與前夫爭奪監護權的年輕女性，他問她願不願意當他的拍照對象。他要她穿緊身毛衣和短裙出席，她同意了。

朵兒抵達葛拉特曼的公寓後，他將她綁縛固定，解釋說是拍照需求的一部分，然後就開始替她拍攝。接著他拿出一把槍威脅她，逼她脫去衣物，讓他拍攝更暴露的照片。葛拉特曼後來強暴了朵兒，逼她上車，開車把她載到千棕櫚區。他將她勒斃後又拍攝了數張遺體照片，最後棄屍於沙漠之中。

1958年3月，葛拉特曼在寂寞心俱樂部以喬治・威廉斯的假名認識了雪莉・布里姬福特。兩人同意共進晚餐，晚餐後他帶她到了瓦萊奇托山上。抵達後，他拔槍逼她脫去衣物。強暴她之後，他又拍下更多照片，然後才將其殺害。他拍完了遺體的照片後便棄屍現場，開車離開。

他提出付錢拍照的條件給第三名受害人露絲・梅爾卡多。當時是1958年7

月，他用的是另一個假名，法蘭克・威爾森。這次他是真的受雇一家模特兒公司，擔任攝影師一職。她遭殺害的過程跟其他人一樣。

凶殺案發生時間順序：
- 1957年8月——茱迪絲・安・朵兒，19歲
- 1958年3月——雪莉・安・布里姬福特，24歲
- 1958年7月——露絲・梅爾卡多，24歲

逮捕行動與庭審

在替黛安模特兒經紀公司工作期間，葛拉特曼曾簽約替模特兒蘿蘭・薇吉兒拍照。他綁架她，但是她奮力反擊，最後成功逃脫。過程中她遇上兩名警察，警察當場就將葛拉特曼逮捕了。

在因為攻擊蘿蘭・薇吉兒一案被訊問的過程中，葛拉特曼的心防崩潰，坦承殺害3名女性。他告訴警方，他有一個工具箱，裡面全都是他替受害人拍下的照片。警方循線在他的公寓裡找到了那只工具箱，將照片作為證據。

他出庭受審時，母親還起身替他所犯下的罪刑致歉，說他「病了」。辯方律師試圖替葛拉特曼以精神失常辯護，但是接受檢測的時候，結果顯示他並沒有精神疾病。他必須為自己的行為負起責任。

葛拉特曼為布里姬福特案與梅爾卡多案出庭受審，皆遭判有罪。最後被判處死刑。

結果

1959年9月18號，葛拉特曼被送到毒氣室，又稱「綠色小房間」。施放氰化物毒氣後過了十二分鐘，他被宣判死亡。

後記

- 家庭醫師告訴他的母親，說他長大就會擺脫施虐的性傾向。
- 他母親問他為何頸部出現一圈痕跡的時候，他說他在脖子上綁了一條繩子，把自己吊起來—他從這種自虐的行為之中獲得快感。
- 他在聖昆汀的時候測過智商，結果是130分。

葛拉特曼語錄

他一心求死，表示：「這樣比較好。我知道就是該如此。」

比利・葛雷茲
BILLY GLAZE

出生年月日：1944年7月13號

別名／暱稱：坐鴉傑西、犁刀傑西、屠刀比利

做案特徵：強暴

受害人數：3人以上

犯案日期：1986年到1987年

逮捕日期：1987年8月31號

殺人手法：刀刺

已知受害人：凱特琳・布曼；安潔琳・懷博德・史威特；安琪拉・葛林

犯罪地區：美國明尼蘇達州明尼亞波利斯

狀態：判處三次無期徒刑，2015年12月22號因肺癌死於獄中

個人背景

　　比利・葛雷茲的故事充滿了爭議。透過民眾提供的線報，他一開始是被視為3起原住民女性的凶殺案嫌犯。當時葛雷茲就是個過客，常用不同的名字和生日現身。雖然是個白人，但他用了原住民的名字。

　　葛雷茲常對印地安女性發表貶損言論，特別是在酒吧裡的時候更是如此。大家都覺得他是個討厭鬼，酒吧圍事好幾次出面要求他注意自己的言行舉止，不然就要請他離開。

　　雖然葛雷茲看似非常有可能犯下那些凶殺案，他卻強力否認與案件有任何關係，檢方也無法找到葛雷茲與那些案件的直接關聯性。他確有承認自己不喜歡印

地安女性，但是發誓自己絕沒有殺害任何人。

當局想盡辦法，希望能抓葛雷茲來調查謀殺案，他們的願望終於得以實現，因為開始有越來越多人提供看起來非常可靠的證據。

凶殺紀錄

葛雷茲最後成了大約50名女性的謀殺案的嫌犯。他一度向警方誇大其辭地表示自己殺了超過20人，後來又收回這番言論。最後，他被以發生於1986和1987年間的三起原住民女性的凶殺案起訴。

每個受害人都是母親，孩子年幼，都曾被人目睹深夜在街上的身影。3人都有酗酒習慣，且在同一種類型的酒吧喝酒。這幾起案件相似度之高，警方或法醫都沒花多久時間，就確認兇手只有一人。

3名女性都遭毆打臉部和頭部，嘴巴是最主要遭鈍器重擊的部位。3人都遭以棍棒進入陰道，遺體都被擺弄成充滿羞辱意味的姿態，並且幾乎裸身。

已定罪之凶殺紀錄：

- 1986年7月27號——凱特琳·布曼
- 1987年4月12號——安潔琳·懷博德·史威特
- 1987年4月29號——安琪拉·葛林

逮捕行動與庭審

一名目擊證人通報警方，表示葛雷茲就是三起凶殺案的兇手。這名男子的女友告訴警方要去新墨西哥州的哪裡找葛雷茲。1987年8月31號，葛雷茲就因為酒駕被攔捕。葛雷茲當時在假釋期間，因為違反了假釋條例，警方可以搜索他的車。他們在車內找到一把十字桿、一根警棍，以及一件沾有血跡的上衣。

葛雷茲出庭受審的時候，法醫證據成了最主要的工具，用來讓他無法逃脫三起謀殺案的起訴。他車上那把十字桿上頭有毛髮證據，與受害人相符。他被判處

終生監禁，52年後才可申請假釋。

結果

2015年12月22號，72歲的葛雷茲死於不久前剛確診的肺癌。他已經因為可能不是他所犯的謀殺罪，被關了超過25年 。

後記

明尼蘇達州的縣檢察官在「明尼蘇達州無罪計劃」期間，審視了從1981年以來，14,000件發生於明尼蘇達州的謀殺與性侵案件，這起案件是經過他們篩選後，唯二無法判定的案件之一。重新審視此案時，檢方使用了新的DNA技術，這項技術在犯罪發生當時還沒出現，新技術可以判定是否有誤判。不過他們沒有找到足以支持的證據。

比利・戈爾
BILLY GOHL

出生年月日：1860年

別名／暱稱：格雷斯港戈爾、柴鎮殺手

做案特徵：搶劫

受害人數：2到100人以上

犯案日期：1902年到1910年

逮捕日期：1910年

殺人手法：槍擊

已知受害人：不知名男性水手

犯罪地區：美國華盛頓州亞伯丁

狀態：判處終生監禁後移監到精神療養院，1928年死於梅毒併發症

個人背景

　　戈爾的早年生活紀錄甚少，不過他成年後一度跑到育空去淘金。淘金之旅並沒有成功。回亞伯丁後，他開始當酒保。這段時間中，據信他可能犯下數起謀殺案。有人發現移工的遺體被沖上海岸，看起來，他們身上可能帶著的財物都被洗劫一空。

　　戈爾當時在太平洋水手工會擔任工會幹部。他的塊頭很大，他利用這點來恫嚇鬧事之人，並且幫忙招募新成員。水手們在亞伯丁港靠岸後，通常一下船就會到工會一趟。如果有寄給他們的信件，他們可以來這裡領取，也有人會在這裡存錢，是一個儲蓄的方式。

他們在工會的時候，最常接觸的人就是戈爾，戈爾向來是個獨行俠。一開始，他會問候每個水手的家人和朋友的狀況，試著確認當地有沒有人認識這個水手。如果這個水手在這裡只是短暫的過客，那麼就算是沒有音訊，也要過很長時間才會有人想起他。然後他會想辦法把話題轉移到值錢的財物上頭。端看對話如何發展，以及水手的回答內容，戈爾會決定對方是否是他的目標。

凶殺紀錄

戈爾的受害人大多是在他工作的工會建築中被槍擊身亡。殺人之後，他會搶劫對方的現金或值錢物品，然後將屍體丟進工會建築後方的威斯卡河。

工會建築裡面有扇隱藏門，門後有一道滑槽，可以直通威斯卡河，他就是用這道滑槽將屍體丟進河裡。許多人懷疑在這裡下船的失蹤水手與戈爾有關，但是沒有人採取任何行動。若不是因為他的共犯約翰・克林恩伯格被捕後把他抖出來，他恐怕還可以繼續逍遙法外。

逮捕行動與庭審

根據克林恩伯格所言，在查爾斯・海特伯格（水手，不久前成為港口裡的浮屍）失蹤前，克林恩伯格曾目擊戈爾與他走在一起。戈爾遭逮捕，以謀殺海特伯格的罪嫌起訴。他也因約翰・賀夫曼案受審，此人目擊他殺害海特伯格。雖然賀夫曼隔天就被克林恩伯格殺掉了，法院發現戈爾是同謀，於是判處有罪。他被判終生監禁。

結果

戈爾於1927年死於梅毒導致的麻痺性失智所引發的併發症大葉性肺炎與丹毒。還有至少41起謀殺案件將他視為頭號嫌犯。

史蒂芬‧格力非斯
STEPHEN GRIFFITHS

出生年月日：1969年12月24號

別名／暱稱：十字弓食人魔

做案特徵：食人行為、分屍

受害人數：3人

犯案日期：2009年6月22號到2010年5月21號

逮捕日期：2010年5月24號

殺人手法：十字弓、刀刺

已知受害人：蘇珊‧拉許沃什，43歲；亞米堤琪，31歲；蘇珊‧布拉彌爾斯，36歲

犯罪地區：英格蘭布拉福

狀態：終生監禁，不可假釋

個人背景

　　雖然從小就比較安靜且內向，格力非斯的童年看似非常正常，在他進入青春期尾聲之前都沒有出現什麼異狀。格力非斯開始在店內行竊，店經理想阻止他的時候，格力非斯就持刀攻擊對方。有鑑於他僅17歲，所以法院只判他在青少年感化院管束三年。在管束期間，他告訴假釋官，說他幻想成為連續殺人狂。

　　到了18歲的時候，格力非斯已經與家裡的人斷了聯繫，包含母親在內。1989年他被抓到持有空氣槍，他一直用這把槍殺鳥來解剖。他被起訴後被判持有攻擊性武器。隔年，他因為攻擊一名年輕女生遭逮。他持刀抵著對方的喉嚨。這次事

件讓格力非斯被關了2年。當時他沒有露出任何受精神疾病所苦的跡象。

就此，格力非斯的行為開始急轉直下。他開始很害怕會有昆蟲爬進耳道，所以夜裡他會用棉花球塞住耳朵。他沒有工作，單靠救濟金度日，同時攻讀心理學學位。後來他接著研讀犯罪學博士，論文討論的就是他所住的地方——布拉福地區發生的凶殺案。

格力非斯於1989年展開一段感情關係，這段關係維持了兩年。他的女朋友後來說格力非斯把家裡所有地方都鋪上了塑膠。她開始感覺到格力非斯可能有哪裡不太對勁，後來便結束了這段關係。他的下一段感情非常暴力，兩人分手後，他還繼續去騷擾對方。一名鄰居發現他養了兩隻蜥蜴寵物，平時會拴上狗鍊帶到附近散步。有天，他邀請她到家裡看看蜥蜴，他對於其中一隻蜥蜴生吞老鼠的過程露出著迷的模樣。格力非斯的精神狀況顯得每況愈下，沒過多久，他便開始採取行動，實現多年前曾說過的那些幻想。

凶殺紀錄

警方最開始會發現格力非斯犯下謀殺案，是因為他們調閱監視錄影畫面，畫面中拍到他與一名女子站在位於布拉福的住家公寓外。經查明，女子的身分是蘇珊·布拉彌爾斯，她於2010年5月21號被目擊與格力非斯一同走入公寓大樓。幾分鐘後，她跑了出來，格力非斯握著一把十字弓追在她身後。他將她撲倒在地，然後朝她的頭部射了一箭。

布拉彌爾斯當場死亡，知道有監視攝影機在拍攝的格力非斯轉向鏡頭，將十字弓高舉過頭，彷彿對自己所作所為非常得意，想要炫耀一番。然後他把屍體從畫面中拖走。

沒過多久，格力非斯再次出現在畫面中，提著垃圾袋和背包進出大樓數次。隔天，在希普利的艾爾河，一位民眾發現了女性屍塊。經確認後得知，屍塊屬於布拉彌爾斯。發生凶殺的那棟大樓裡有一名看護發現了監視攝影機拍到的畫面，立刻送交給警方，同時指認畫面中的男子就是格力非斯。

警方搜索格力非斯的公寓時發現非常可怕的錄影畫面，畫面中揭露他在2010年4月26號發生的雪莉・亞米堤琪凶殺案中的角色。這段錄影畫面拍攝的是亞米堤琪的裸屍被以拱姿綑綁在浴缸裡。她的背上被以黑色顏料噴上了「我的性奴」。錄影畫面中，格力非斯的聲音說道：「我是凡・普萊亞，我是血浴藝術家。這是幫助我的模特兒。」

當局繼續在艾爾河搜索布拉彌爾斯的屍塊時，找到了一段屬於亞米堤琪的脊椎。

凶殺案發生時間順序：
- 2009年6月22號──蘇珊・拉許沃什，43歲
- 2010年4月26號──雪莉・亞米堤琪，31歲
- 2010年5月21號──蘇珊・布拉彌爾斯，36歲

逮捕行動與庭審

格力非斯於2010年5月24號被逮捕。在訊問過程中，他承認自己就是殺害蘇珊・布拉彌爾斯、雪莉・亞米堤琪與蘇珊・拉許沃什的兇手。他表示自己將兩名受害人的部分軀體煮來吃掉，並生食一部分第三名受害人的身體。不過警方始終無法證實此言論是否為真。蘇珊・拉許沃什的遺體一直沒有被尋獲，不過儘管如此，格力非斯仍因三名女性的凶殺案被起訴。

第一次出庭受審的時候，法庭要求他陳述自己的姓名，格力非斯說：「十字弓食人魔。」他持續被監禁，下一次出庭是6月7號，透過視訊出庭。他的停審日期當時定於2010年11月16號。

庭審最後於2010年12月21號結束。格力非斯認罪，三起謀殺罪名都判有罪。他被判無期徒刑，不可假釋。

結果

格力非斯宣稱自己殺害了「超多」女性，但是沒有其他案件顯示與他有關。研究犯罪學這麼久，格力非斯竟還是沒辦法替自己脫身。不過他就是沒那麼聰明，真是萬幸。現在已經不會在有其他女性死在他的手裡了。

後記

- 他的偶像是約克夏開膛手彼得・薩克利夫（參考542頁），此人殺害了13名女性，多數為妓女。
- 監禁期間，他四度嘗試自殺未遂。

格力非斯語錄

「我是個厭世者。我沒空把時間花在人類身上。」

「我最好的時候，是個偽人類。最糟的時候，就是個魔鬼。」

「我不只殺了蘇珊・布拉彌爾斯，我還殺了超多人。」

羅伯特・韓森
ROBERT HANSEN

出生年月日：1939年2月15號

別名／暱稱：屠夫烘培師

做案特徵：強暴，他會逼受害人在荒野中奔跑，供他獵殺

受害人數：17人以上

犯案日期：1973年到1983年

逮捕日期：1983年10月27號

殺人手法：槍擊

已知受害人：麗莎・福特爾，41歲；瑪萊亞・拉森，28歲；蘇・露娜，23歲；譚米・佩德森，20歲；安琪拉・費登，24歲；泰瑞莎・華生；德琳・「甜心」・弗雷；寶拉・戈汀，17歲；安德里亞・「費雪」・艾爾堤里；雪莉・莫羅，23歲；「愛庫魯納安妮」，16到25歲；喬安娜・莫希娜，24歲；「馬蹄鐵哈里特」；羅克珊・伊斯蘭德，24歲；塞莉亞・「貝絲」・凡賽登，17歲；梅根・艾默里克，17歲；瑪莉・提爾，23歲

犯罪地區：美國阿拉斯加州安克拉治

狀態：判處終生監禁，另有461年有期徒刑。2014年8月21號在獄中自然死亡

個人背景

　　直至今日，韓森都是最冷酷無情的兇手之一。1939年出生的他，青少年時期非常害羞，身材瘦弱，有著嚴重口吃，滿臉痘痘。青春痘與痘疤的問題讓他在學期間不斷被霸凌，想當然爾，這對他的口吃情況一點幫助都沒有。學校裡的漂亮

女生都無視他，他會暗自想像復仇的情景。安靜且獨來獨往的他與父親之間的關係很緊繃，因為他父親生性氣勢凌人，父子關係產生了障礙。

韓森有一個可以讓他逃避一切的嗜好，沒有人會嘲笑或控制他，就是打獵。他於1957年加入陸軍預備役，但一年後被除役了。後來他到了愛荷華州的警察學校擔任教官。在這段期間，他認識了一名女性，兩人後來於1960年成婚。

韓森於1960年12月因為在波卡洪塔斯縣燒毀學校校車車庫遭逮。他被判三年有期徒刑，不過只服刑了20個月就出獄了。然而，他的妻子已經在他入獄期間提出了離婚申請。後來的他在接下來幾年之中因為小盜小竊的行為，又被逮捕了好幾次。

到了1967年，韓森再婚，兩人與兩名子女搬到了阿拉斯加州安克拉治定居。社區裡的人都滿喜歡韓森這個人，他還參加地方舉辦的狩獵比賽，創下好幾項打獵紀錄。而當這位舉止得體又斯文的愛家烘培師犯下一連串可怕的凶殺案時，根本沒有人想到要懷疑他。

凶殺紀錄

從1971年到1984年，韓森殺害了許多阿拉斯加州安克拉治的妓女。他會先要求服務，然後綁架她們再強暴。有時他會用自己的飛機將受害人送到尼克河谷的小木屋。抵達後，他會逼受害人裸體在林中奔跑，而他就在後頭獵殺她們，最後用來福槍或刀將其殺害。

第一具被尋獲的屍體是一名身分不明的女性，後來因為找到埋屍的淺墳所在地點的緣故，這位受害人被稱為愛庫魯納安妮。幾名建築工人在1980年7月21號發現她被埋在愛庫魯納湖路。屍體腐爛的狀況，加上野生動物嚙咬的程度之嚴重，要查明身分已是不可能。當局進行了臉部重建的圖像，請民眾協助辨識，但最後徒勞無功。一樣在1980年7月，上空秀舞者喬安・莫希娜的遺體在一座砂石坑被找到。她的遺體同樣已經嚴重腐化，只蒐集到極少可用證據。

雪莉・莫羅的遺體於1982年9月12號在尼克河旁的淺坑中被找到。她從1981

年11月17號就失蹤了。她的遺體被埋下的時候，衣著完整。不過明明被從後方槍擊三次，衣物上卻沒有彈孔。顯然她是在中槍身亡後才被穿上衣物。

另一具遺體的尋獲地點是尼克河岸，時間是1983年9月2號。受害人是寶拉‧戈汀，17歲的上空秀舞者。她也一樣在被槍擊身亡後才被穿上衣服。下一具屍體一直到1984年4月24號才被找到。死者是蘇‧露娜，失蹤時間或是遇害時間都不清楚。韓森把她帶到河邊，逼她脫去衣物才開始獵殺她，將她槍擊致死。

韓森於1983年6月13號又綁架了另一名年輕女性，但是這次這位受害人成功逃脫。韓森開價200美金，要求17歲的辛蒂‧保爾森替他口交，當她同意並上了他的車之後，韓森卻拔槍指著她。他開車把她載回自家，關在家裡虐待、性侵並強暴她。她被以鎖鏈繞頸，綁在地下室的一根柱子上。被俘期間，韓森有次在沙發上打了個盹。

醒來後，他將保爾森帶到車上，開車到當地機場，告訴她，他們要去他在尼克河旁的小木屋。保爾森被上了手銬，縮在後座。在韓森忙著啟動飛機的時候，她成功從駕駛座車門逃脫。儘管韓森緊追在後，她仍一路跑到第六大道，攔下一輛卡車。

羅伯特把保爾森放在馬什旅館，一家當地旅館，她去找櫃台人員跟男友聯繫。與此同時，仰特打電話報警。警方抵達旅館，發現保爾森已經搭了計程車去大樹汽車旅館找她男友。他們在汽車旅館找到了她，她的手上還戴著手銬。她在警察局提供陳述後，警方把韓森抓來訊問。他把情形輕描淡寫地說成是一個心懷不滿的妓女想敲竹槓，警方因為他的態度溫和，加上朋友提供的不在場證明，警方放走了他。

因為找到3具遺體，當局聯繫了聯邦調查局，請求協助製作兇手側寫。側寫師判定兇手是個經驗豐富的獵人，經常被女性拒絕，自信低落，可能有口吃狀況，並很可能從每次殺人案件中都拿走紀念品，如珠寶一類。有了這份資訊，負責警官又檢查了一次可疑人物名單，這次他判定，韓森符合側寫的描述。

已知謀殺時間表或受害人尋獲日期：

- 1971年12月22號——塞莉亞・「貝絲」・凡賽登，17歲
- 1973年7月7號——梅根・艾默里克，17歲
- 1975年7月5號——瑪莉・凱特琳・提爾，23歲
- 1980年6月28號——羅克珊・伊斯蘭德，24歲
- 1980年7月——喬安・莫希娜，24歲
- 1980年7月21號——「愛庫魯納安妮」，16到25歲
- 1980年9月6號——麗莎・福特爾，41歲
- 1981年11月17號——雪莉・莫羅，24歲
- 1981年12月2號——安德里亞・「費雪」・艾爾堤里
- 1982年5月26號——蘇・露娜，23歲
- 1983年4月25號——寶拉・戈汀，17歲
- 1984年4月25號——德琳・「甜心」・弗雷
- 1984年4月26號——泰瑞莎・華生
- 1984年4月26號——安琪拉・費登，24歲
- 1984年4月29號——塔梅拉・「譚米」・佩德森，19歲

其他於1980年到1983年間的受害人：

- 瑪萊亞・拉森，28歲；無名女屍

逮捕行動與庭審

　　警方根據調查局給的側寫，以及保爾森被綁架的陳述內容，申請了搜索令搜查韓森的住家、飛機和車輛。1983年10月27號，在搜索過程中，警方找出了珠寶蒐集品，後來經過辨識後確定皆為受害人所有。警方也找出了許多槍枝。在韓森的臥室裡，他們找到藏在床頭板後的航行圖，上面標示了小小的打叉符號。

　　面對各項證據，韓森仍試圖否認犯案，想辦法能拖就拖，不過最後他還是屈

服了。一開始他說一切都是女人不對，他殺害她們並沒有錯。隨著警方一一拿出證據，他才承認自己從1971年就開始殺害女性。

彈道證據中，韓森的來福槍與犯案現場找到的子彈比對相符。鐵證如山，韓森同意認罪協商。韓森要求讓他在聯邦監獄裡服刑，作為交換條件，他承認犯下四起凶殺案，都是當局已經握有鐵證的案件，並且也同意提供跟其他受害人有關的資訊。他必須解釋航行圖上的打叉標記是什麼意思，當局懷疑是埋屍地點。

韓森也帶調查人員去找出了17處埋屍地點，這是他的交換條件之一。但他拒絕洩漏地圖上最後3個標記，警方懷疑這裡可能是梅根‧艾默里克、瑪莉‧提爾以及3名身分不明的受害人的埋屍地點。韓森否認犯下艾默里克案與提爾案。

因為在四起案件中同意認罪協商，韓森被判有罪，判刑461年有期徒刑，不可假釋。

結果

韓森於2014年死於有諸多問題的健康狀況，未公布具體資訊。

後記

- 他是阿拉斯加州安克拉治辦的地方狩獵比賽冠軍。
- 1990年春天，羅伯特‧韓森被從朱諾的檸檬溪監獄移到位於蘇厄德春溪的最高警戒監獄，這裡位於安克拉治西南方約193公里遠。當局發現韓森在蒐集包含航測圖的素材，顯示他在計畫逃出檸檬溪監獄。
- 約翰‧庫薩克在電影《驚天凍地》中飾演韓森，與尼可拉斯‧凱吉（飾演小隊長傑克‧哈爾科姆，這個角色的改寫參考人物為葛蘭‧弗洛），以及凡妮莎‧哈金斯（飾演受害人辛蒂‧保爾森）對戲。

基斯・杭特・傑斯柏森
KEITH HUNTER JESPERSON

出生年月日：1955年4月6號

別名／暱稱：笑臉殺手

做案特徵：強暴

受害人數：8人以上

犯案日期：1990年到1995年

逮捕日期：1995年3月30號

殺人手法：勒殺

已知受害人：唐雅・班奈特，23歲；克勞迪婭；辛西亞・琳・蘿絲，32歲；勞莉・安・彭特蘭，26歲；安琪拉・什布里茲，21歲；朱莉・溫寧漢姆，41歲，其餘受害人身分不明

犯罪地區：美國內布拉斯加州、加州、佛羅里達州、華盛頓州、奧勒岡州、懷俄明州

狀態：終生監禁，不可假釋

個人背景

　　跟許多殺人兇手一樣，傑斯柏森的父親有酗酒問題，個性強勢欺人，他還有一位暴力相向的祖父。他的父母親萊斯里與格拉迪斯・傑斯柏森生了五個小孩，一家人住在加拿大卑詩省契利瓦克。傑斯柏森在同齡的孩子中顯得身材特別高大，為此常常被其他孩童嘲笑，使他從小就沒什麼人跟他往來。

　　傑斯柏森在家中像是被排擠一樣，手足間與他的待遇並不相同。這家人搬家

到美國華盛頓州之後，他仍持續被霸凌，他的兄弟也常常是始作俑者，因為他的身高很高，他們會故意暱稱他為「伊格」或「伊果」。

傑斯柏森素來會酷刑虐待並殺害動物，這件事其實就已經暗示未來會發生的那些問題。後來他說他很享受觀看動物自相殘殺，並表示親手了結牠們的生命讓他獲得滿足感。他表示，他會想像這些事情如果可以對其他人做會是什麼樣子。他還小的時候，就常常惹禍上身，並且兩次在企圖殺害讓他覺得被冒犯的孩子時被阻攔。

這兩名男孩之一是他的朋友馬丁，他是少數會與傑斯柏森往來的孩子。馬丁常常會做一些事情，讓傑斯柏森替他頂罪，傑斯柏森因此為了一些不是他犯的錯受罰。他攻擊馬丁，暴力毆打他，直到他父親阻止為止。他後來說自己已經準備好要殺掉馬丁。一年後，傑斯柏森企圖在游泳的時候把另一名男孩淹死。後來他在公共泳池又試了一次，被救生員阻止了。

儘管發生了這些事，傑斯柏森仍完成了高中學業。他找了一份卡車司機的工作，成了婚，生下三名孩子。婚後第15年，傑斯柏森與妻子離了婚。他受了傷，讓他無法實現夢想，不能成為加拿大皇家騎警。等到傑斯柏森35歲的時候，他已經長至201公分高，體重重達110公斤。他又回去當卡車司機。沒過多久，他便開始採取行動，實現自己的幻想，動手殺人。

凶殺紀錄

傑斯柏森下手的已知受害人中，第一人是唐雅・班奈特。1990年1月23號，他在奧勒岡州波特蘭的一家酒吧認識她，邀她跟他一起回家。發生性關係之後，兩人吵了一架，傑斯柏森動手毆打她並將她勒斃。為了幫自己找不在場證明，於是又出門了一趟，喝了些酒，跟其他人聊天。再回家棄屍。

第一次殺人之後，過了一段時間才發生第二起殺人案。1992年8月30號，有人在加州布來斯發現一具身分不明的女性屍體，這名女子遭強暴後勒斃。雖然受害人的身分始終沒有被查出來，傑斯柏森後來供稱她的名字是克勞迪婭。

1992年9月，辛西亞‧林恩‧蘿絲的遺體在特洛克被發現。傑斯柏森宣稱她是個妓女，在他於卡車上睡覺的時候不請自來。另一名妓女的遺體於1992年11月被尋獲。據稱塞冷的勞莉‧安‧彭特蘭想對傑斯柏森收取兩倍性交易的費用，在她威脅要報警的時候，被他勒斃。

六個多月過後，1993年6月，又有人在加州聖尼拉發現另一具身分不明的女性遺體。根據傑斯柏森所言，她的名字應是辛蒂或卡拉。1994年9月，佛羅里達州克雷斯由又有人發現身分不明的女屍，傑斯柏森後來說此人的名字是蘇珊。

1995年1月，安琪拉‧什布里茲請傑斯柏森從華盛頓州斯波坎載她到印第安那州。這趟旅行維持了大約一週後，她開始叨念傑斯柏森，要他開快點，讓她可以去見男友。而傑斯柏森沒有這麼做，反而強暴後將她勒斃。犯案後，他將她面部朝下綁在卡車起落架上，拖行到臉部消失，摧毀所有指紋為止。

唯一一起有私人恩怨的犯案紀錄，受害人是他的女友朱莉‧安‧溫寧漢姆。傑斯柏森心裡堅信她只是為了錢才跟他在一起，所以1995年3月10號，他將她勒斃。就是這起案件讓警方開始注意傑斯柏森，因為溫寧漢姆死前就是跟他交往。

凶殺案發生時間順序：

- 1990年1月23號——唐雅‧班奈特，23歲
- 1992年8月30號——克勞迪婭（無名女屍）
- 1992年9月——辛西亞‧林恩‧蘿絲，32歲
- 1992年11月——勞莉‧安‧彭特蘭，26歲
- 1993年6月——「卡拉」或「辛蒂」（無名女屍）
- 1994年9月——「蘇珊」（無名女屍）
- 1995年1月——安琪拉‧什布里茲，21歲
- 1995年3月10號——朱莉‧安‧溫寧漢姆，41歲

逮捕行動與庭審

溫寧漢姆死後，傑斯柏森被帶回警局問話，但是他不肯回答問題，當局沒有立場以謀殺案正式拘留他，所以他就這樣被釋放了沒有遭到任何罪名起訴。又過了幾天，傑斯柏森因為覺得自己早晚會被逮捕，所以他決定去警局自首，希望這樣可以被輕判。他於1995年3月30號遭逮捕。在訊問過程中，傑斯柏森開始說出犯案細節，不只溫寧漢姆案，還有許多他宣稱自己犯下的其他案件。後來他又改變說法，說自己是無辜的。不過在一封寫給兄弟的信裡，他承認自己殺了8個人。

雖然他最後宣稱自己殺了大約160名女性，調查人員只找到八件案件與他有關。幾場庭審陸續開庭，由於案件發生於許多不同州，所以每一個案件都是在相關的州內成案。

1995年10月，就在溫寧漢姆案要開庭之際，傑斯柏森認罪了。他後來被判終生監禁。他接著被移送至奧勒岡州，於1995年11月2號在唐雅·班奈特案中提出不承認有罪，也不為自己辯護。他再次被判處終生監禁，這次需服刑至少30年才能申請假釋。

他在奧勒岡州獄中期間，勞莉·安·彭特蘭案件被查了出來。調查人員一發現傑斯柏森就是「笑臉殺手」，便確認了他與彭特蘭案之間的關係。傑斯柏森殺害彭特蘭之後，曾寫信表示自己就是兇手，屬名笑臉殺手。他的謀殺罪嫌被判有罪，再次判處無期徒刑，至少需服刑30年。

懷俄明州當局提出引渡令，要讓傑斯柏森出庭為安琪拉·什布里茲案受審。傑斯柏森威脅要修正說法，將兇案發生地點換成別地方，讓當局十分受挫——因為若她不是在懷俄明州遇害，這場耗時費力的庭審就是白忙一場。最後檢方與他達成協議，他對什布里茲案認罪，條件是拉勒密檢方不可以判他死刑。

1998年6月3號，傑斯柏森因什布里茲謀殺案遭判無期徒刑。因為還有許多謀殺案還沒有開庭審判，所以可能還會有其他罪刑。

結果

傑斯柏森在唐雅・班奈特謀殺案中被定罪有一件很重要的事情，就是當局釋放了兩名先前為此案被定罪的嫌犯。勒芙恩・帕夫利納克當時因為跟約翰・索斯納斯基長時間維持痛苦的感情關係，感到疲憊不堪，她覺得也許可以藉此擺脫他，所以她告訴警方索斯納斯基逼她協助強暴謀殺班奈特。

然而這樣的策略最後讓帕夫利納克自己也惹禍上身，兩人都被起訴，並於1991年2月判刑。為了不被判死刑，索斯納斯基選擇認罪。他遭判終生監禁，而帕夫利納克則被判10年有期徒刑。雖然她很快就承認這一切都是自己編造的，但是沒有人理他。

四年後，1995年11月27號，帕夫利納克和索斯納斯基都在傑斯柏森與律師提出自白書之後獲釋。為了證明他們是清白的，傑斯柏森告訴警方去哪裡找班奈特的錢包——這是只有兇手才知道的資訊。

後記

傑斯柏森語錄

「她們命中注定要死在我手上，就跟車禍和疾病一樣。」

「記得回頭看一眼，距離沒你想像中來得遠。」

戴爾菲納與瑪莉亞‧德黑蘇斯‧岡薩雷斯
DELFINA AND MARÍA DE JESÚS GONZÁLEZ

出生年月日：戴爾菲納——1912年；瑪莉亞——不明

別名／暱稱：Las Poquianchis

做案特徵：於墨西哥經營妓院

受害人數：91人以上

犯案日期：1950年代到1963年

逮捕日期：1964年1月14號

殺人手法：不明

已知受害人：無名妓女、胎兒、男客

犯罪地區：墨西哥瓜納華托聖弗朗西斯科德爾林孔

狀態：兩人皆被判有期徒刑40年。戴爾菲納於獄中發生意外身亡，瑪莉亞後遭釋放，日期不明

個人背景

　　戴爾菲納、瑪莉亞‧德黑蘇斯、瑪莉亞‧路易莎與卡門，是出生於墨西哥哈利斯科州沙爾托胡安娜卡特蘭一個貧窮家庭的四姊妹。他們的父親是個獨裁又會施虐的野獸，同時也是警察。他的工作就是在城裡巡邏，維護日常秩序。他喜歡濫用權力，曾在一次爭執之中拔槍殺死一名男子。若他的女兒做了什麼讓他不同意的事，比方化妝，他就會把她們關起來，教訓她們。

　　因為對那名男子開槍的事，這位父親樹立了不少敵人，所以他的太太和女兒搬到了聖弗朗西斯科德爾林孔，這裡又稱聖潘喬。四姊妹長大過程中一直非常恐

懼貧窮的生活，直到成年也一樣。她們開了幾間店，先是開了一間餐廳，店裡基本上會提供食物。

很快地她們便認定店裡可以靠賣妓賺更多錢，並且開始賄賂當地官員，讓當局對她們的行為睜一隻眼閉一隻眼。沒過多久，她們便開了好幾間妓院，分別在聖弗朗西斯科德爾林孔、里昂、普里西馬德爾林孔、聖胡安洛斯拉哥斯、沙爾托、聖胡安里約以及哈利斯科州。

戴爾菲納、瑪莉亞·德黑蘇斯與卡門三姊妹於哈利斯科州和瓜納華托經營妓院，瑪莉亞·路易莎則在靠近墨西哥國界處經營妓院。除此之外，她們還買下哈利斯科州拉哥斯的酒吧，周圍的人用同性戀前店主的名字暱稱她們「Las Poquianchis」，但她們很討厭這個稱號。

她們在鄉下地方到處找漂亮女生，告訴對方她們會提供幫傭或服務生的工作。年輕女孩抱著夢想，希望能到大城市過更好的生活，通常都會迫不及待就答應，對於自己即將面對的現實一無所知。若非處女，她們會立刻被安排下海接客，而處女則被安排給出手最闊綽的客人。這些妓院裡進行的，可不只有淫亂之事。真相公諸於世的時候，地底下挖出了估計有91具以上的遺骨，其中有些是來自女孩們未出世的胎兒。

凶殺紀錄

這家姊妹對這些被她們強逼為娼的女孩施行可怕的虐待、酷刑甚至出手殺害。這些女孩若是生病，她們會任其挨餓，或逼其他女孩用粗木棍或棒子將其毆打致死，屍體會被丟進亂葬崗或燒成灰。

有些來妓院的有錢客人也被謀害性命，以奪取錢財。他們的屍體會被丟進同一個亂葬崗，跟死去的妓女以及她們被墮下的胎兒埋在一起。

警方於1963年將戴爾菲納之子拉蒙·托雷斯槍擊致死，戴爾菲納放出消息，要殺掉那個警察。赫梅內吉爾多·祖尼加是接下這起任務的殺手，他完成了任務，殺掉那位與拉蒙之死有關的警官。

逮捕行動與庭審

1964年1月，其中一名在羅馬德爾安琪羅的妓女終於成功脫身，逃向警方。幸好她找上的警察不是這家姊妹賄賂的對象。警方申請了搜索令，三姊妹於1964年1月14號在突襲搜查羅馬德爾安琪羅妓院的過程中遭逮。

一身黑色喪服的三姊妹被帶著走出妓院院區，旁人則喊著應該私刑了結她們。院區裡找到12名女性，瘦弱不堪，全身髒汙。她們毫不猶豫地指出屍體埋藏的地點。

亂葬崗裡總共挖出91具以上的男女性及胎兒的腐爛遺體或白骨。因為民眾不斷鼓譟要吊死三姊妹，當局便將她們送往比較遠處的一所監獄。瑪莉亞·路易莎一週後因為太害怕被民眾私刑處死而自首，她認為至少監獄會保護她。後來她遭逮捕收押。

庭審的過程只有混亂可以形容，整個法庭上叫罵聲四起。關於四姊妹如何強逼妓女與動物性交、要她們酷刑虐待其他女孩以及客人，還有在接到命令時就要殺人的細節令在場所有人忍無可忍。她們也因對當局行賄被起訴。這場審判進行得很快速，三名姊妹都被判40年有期徒刑。

結果

4人之中唯一被從獄中釋放的是最小的妹妹，瑪莉亞·德黑蘇斯·岡薩雷斯·瓦倫祖拉。她被釋放的日期不明，但是傳言指出她在獄中認識了一名64歲的男子，兩人出獄後便結了婚，據聞他們於1990年代高齡去世。

後記

她們的父親，伊西德羅·托雷斯是個施虐者，且以嚴格規則要求小孩。諷刺的是，他也是當地基層巡警，需騎馬巡視墨西哥偏遠地區。

他常常因為四姊妹穿著暴露或化妝，將她們囚禁懲罰。

開膛手傑克
JACK THE RIPPER

出生年月日：不明

別名／暱稱：白教堂殺人魔、皮圍裙

做案特徵：活體解剖、毀屍

受害人數：5人以上

犯案日期：1888年到1891年

逮捕日期：從未成功確認嫌犯身分，從未逮捕到案

殺人手法：勒殺、刀割

已知受害人：瑪莉·安·尼可斯；安妮·查普曼；伊莉莎白·史椎德；凱薩琳·愛朵斯；瑪莉·珍·凱莉

犯罪地區：英格蘭倫敦白教堂區

狀態：從未成功確認嫌犯身分

個人背景

　　開膛手傑克案件也許可說是史上最有名的殺人懸案，他在1800年代讓倫敦白教堂區人心惶惶。當時倫敦此區算是紅燈區，晚上可見妓女走在路上，還有其他不良份子，比方幫派成員、罪犯和毒癮者。

　　當時經濟狀況不好，很多人願意不計代價換取一小塊麵包或一杯啤酒。情況最氾濫的的時候，據估計有1200名妓女固定在白教堂區的石子路邊出售自己的肉體。她們成了犯罪份子的目標，但是沒人比開膛手傑克可怕。

凶殺紀錄

1888年8月31號，有人發現了瑪莉・安・「波莉」・尼可斯佈滿傷痕且遭毀屍的遺體。她的喉嚨被劃破兩次，腹部有多處刀傷，一部分被扯開。

1888年9月8號，安妮・查普曼遇害。她的喉嚨被劃破兩次，身體被開膛取臟。她的腸子被丟在肩膀上，兇手摘下了子宮、部分的膀胱和陰道帶走。

1888年9月30號晚上，兩名女子慘遭野蠻手段殺害。其中一名受害人是伊莉莎白・史椎德，她的喉嚨被劃破一次。不過另一名受害人凱薩琳・愛朵斯死後的遭遇更加恐怖。她的喉嚨和腹部都被劃開，一只腎臟和一邊的耳垂不見了。

瑪莉・珍・凱莉於1888年11月9號遇害。她的喉嚨被劃開的傷勢之嚴重，凶器是直接砍進了她的脊椎。她的遺體被嚴重肢解，難以辨識身分，心臟還被兇手取出帶走。

1888年到1891年還有好幾起類似的案件發生，雖然大家都認為兇手就是開膛手傑克，可是沒有證據可以證明這些人都是他手下的受害者。這批案件中的第一起案件發生於1888年4月2號，有人發現了艾瑪・伊莉莎白・史密斯的遺體。她遭鈍物性侵並洗劫財物，但她沒有立刻斃命，而是昏迷兩天後才去世。

瑪莎・塔布拉姆於1888年8月6號被人發現陳屍喬治樓，她遭刀刺頸部與軀幹三十九次。1888年12月20號，蘿絲・莫蕾特被人發現遭勒斃。

1889年一直平靜無事，直到7月17號，有人發現艾莉絲・麥肯齊遭割喉剖腹的遺體。9月10號，品欽街上出現一具僅有軀幹的遺體。因為其他部位都沒找到，無法查明死者身分。最後，1891年2月13號，法蘭西斯・柯爾在飛燕花園裡遇害。她的喉嚨被劃破兩次。

凶殺案發生時間順序：

- 1888年8月31號——瑪莉・安・「波莉」・尼可斯，42歲，於巴克斯巷
- 1888年9月8號——安妮・查普曼，47歲，於斯皮塔佛德，漢伯里街29號
- 1888年9月30號——伊莉莎白・史椎德，44歲，於杜特菲爾德場

- 1888年9月30號——凱薩琳·愛朵斯，46歲，於倫敦斜接廣場
- 1888年11月9號——瑪莉·珍·凱莉，24歲，於多塞特街磨坊巷13號

其他有嫌疑之凶殺紀錄
- 1888年4月2號——艾瑪·伊莉莎白·史密斯，45歲，於奧斯本街
- 1888年8月6號——瑪莎·塔布拉姆，39歲，於喬治場，喬治樓
- 1888年12月20號——蘿絲·莫蕾特，29歲，於克拉克場
- 1889年7月17號——艾莉絲·麥肯齊，於城堡巷
- 1889年9月10號——「品欽街軀幹」，於品欽街
- 1891年2月13號——法蘭西斯·柯爾，於飛燕花園

嫌疑犯：
- **喬治·查普曼**：真名為塞韋林·克洛索夫斯基·鮑伯爾，曾毒害3名女性致死。
- **大衛·科恩**：猶太皮匠。
- **亞倫·科斯敏斯基**：波蘭籍猶太屠夫。
  1891年在殺戮事件結束後，被送進精神病院
  2014年，透過從凱薩琳·愛朵斯身上一件披肩上取得的DNA進行驗證後，證實亞倫·科斯敏斯基與開膛手傑克案件有關聯
- **蒙塔古·約翰·德魯伊特**：校長兼律師，瑪莉·珍·凱莉案後自殺。
- **克拉倫斯和埃文代爾公爵，愛德華·亞伯特·維多王爵**：維多利亞女王之孫，王位繼承人。
- **瓦特·史柯特**：德裔畫家，因為畫作《開膛手的房間》而被認定是開膛手傑克。
- **約翰·皮澤**：猶太皮匠。
- **詹姆士·梅布里克**：據聞他是《開膛手傑克日記》的作者。

- **無名女性，又名「開膛手吉兒」**：這是許多人猜測的一個理論，負責調查開膛手傑克案件的警官，菲德里克·艾伯琳是第一個提出傑克可能其實是吉兒的人。
- **瑪莉·皮西**：許多人認為她就是「開膛手吉兒」，因謀殺丈夫與前情人和小孩遭判刑 1889年行絞刑死亡。
- **威廉·戈爾醫生**：維多利亞女王與英格蘭皇室家族的醫生。
- **卡爾·費根鮑**：德裔商船水手，因其他無相關的殺人案件遭判刑，於1894年在紐約執行死刑。
- **路易斯·卡羅**：

  《愛麗絲夢遊仙境》作者，因為作品中的字謎而被指可能是兇手（此理論並未被認真看待）。
- **其他**：一名身分不明的美國連續殺人魔（又稱女僕殲滅者）曾被某人提出可能與開膛手傑克有關聯。

後記

- 節錄自開膛手傑克寄的信：「我就是鎖定了妓女，直到被抓之前都不會停手。」
- 著迷於連續殺人狂的強暴犯德瑞克·布朗試圖仿照開膛手傑克的辦案手法，在開膛手案件發生的白教堂地區犯案。他殺了2名女性，將其開膛剖腹，後稱為開膛手傑克殺人狂。

密爾頓・強森
MILTON JOHNSON

出生年月日： 1950年5月15號

別名／暱稱： 週末殺手

做案特徵： 強暴、隨機殺人

受害人數： 10人以上

犯案日期： 1983年6月到8月

逮捕日期： 1984年3月9號

殺人手法： 刀刺、槍擊

已知受害人： 安東尼・哈凱特，19歲；瑪莉蓮・貝爾斯，45歲；芭芭拉・丹巴爾，38歲；潘蜜拉・萊恩，29歲；艾格妮絲・萊恩，75歲；喬治・契爾，24歲；凱琳・諾塢，25歲；理查・寶林，32歲；丹尼斯・弗利警官，50歲；史蒂芬・梅爾警官，22歲

犯罪地區： 美國伊利諾州庫克郡與威爾郡

狀態： 判處死刑，等待行刑

個人背景

若要說哪一個案子裡的兇手實在不該被批准提早假假釋出獄，那就是連續殺人魔密爾頓・強森。強森19歲的時候就因為在久利特犯下殘暴的強暴以及酷刑虐待罪刑被起訴並定罪。在強暴案件中，強森還用點菸器燙受害人。此案讓他被判處2～35年有期徒刑。他同時也因為入室竊盜被判刑，此案又替他增加了5～10年刑期，需連續服刑。

然而強森卻被提早釋放了，比原定日期還早很多，於1983年3月10號出獄。就算素行良好，他應該都還要服刑至1986年才對。因為強森後來又犯下至少十起謀殺案件，當局表示後悔做出釋放他的這個決定。

凶殺紀錄

1983年7月16號，強森犯下第一起已知謀殺案。弗利警官與梅爾警官以為在路上遇到了需要協助的駕駛，於是停下來幫忙。強森的皮卡車擋在路上，保險桿抵在另一輛停著的車尾上。兩名警官駛近現場時，強森表示需要跳接發電。

兩名警官下車協助，卻遭開槍攻擊。梅爾幾乎是立刻死亡，弗利的喉嚨慘遭重傷。見到另一台車轉過彎後減速駛來，強森也對他們開槍，殺了駕駛，並往副駕乘客開了六槍。那輛車開出路緣停了下來，乘客下車想去找人幫忙。

此時，其他警官也急著想找到這兩名警官。一直等到一名農夫打電話報警，說他家後面很吵鬧，還有警笛大響，警方才找到人。除了兩名中槍的警察以外，他們還在皮卡車前方那輛車上找到理查·寶林與凱琳·諾瑪的遺體。

7月17號清晨，安東尼·哈凱特和女友派翠希亞·裴恩在長時間開車後，於哈凱特的車上睡覺。一陣敲窗戶的聲音把兩人叫醒後的瞬間，他們就遭到連續槍擊。哈凱特當場斃命，強森逼裴恩上他的車。強森開車上路，邊開車邊性侵裴恩，並在停下車後強暴她。兩人再次上路。十分鐘後，他停下車，一刀捅入裴恩的胸口，然後把她推下車。

8月20號，強森走進瑪莉蓮·貝爾斯的店面開始砸店，舉槍舞刀攻擊店內4人。包含瑪莉蓮，還有客人艾格妮絲·萊恩、潘蜜拉·萊恩以及芭芭拉·丹巴爾都被強森殺害。強森偷走他們的錢包，然後又把錢包丟在附近，裡面的錢財分文未取。沒有人知道如果強森根本沒有要拿走錢，又為什麼要拿走錢包。

凶殺案發生時間順序：
- 1983年7月16號——丹尼斯·弗利警官，50歲

- 1983年7月16號——史蒂芬‧梅爾警官，22歲

- 1983年7月16號——凱琳‧諾塢，25歲

- 1983年7月16號——理查‧寶林，32歲

- 1983年7月16號——喬治‧契爾，24歲

- 1983年7月17號——安東尼‧哈凱特，19歲

- 1983年8月20號——瑪莉蓮‧貝爾斯，45歲

- 1983年8月20號——芭芭拉‧丹巴爾，38歲

- 1983年8月20號——潘蜜拉‧萊恩，29歲

- 1983年8月20號——艾格妮絲‧萊恩，75歲

逮捕行動與庭審

1983年8月，一條目擊證人提供的訊息被送到威爾郡警長辦公室，卻直到1984年2月才上呈到州警辦公室。安‧休梅克報案表示，1983年7月，有一輛皮卡車跟她在路上玩了一場「貓抓老鼠」的遊戲，她記下了車牌號碼。州警辦公室於1984年3月6號收到車牌號碼，追查到強森的繼父，山姆‧邁爾斯。

警方與邁爾斯連繫後，他簽下同意書，讓他們搜索卡車內部。警方找到毛髮、一把牛排刀、血跡、衣物纖維以及一張購買填充玩偶的收據——跟哈凱特遇害當天購買的玩具一樣。檢方申請了搜索令去搜索邁爾斯家，強森也住在這裡。他們在屋內發現一枚.357麥格農手槍的彈殼。

警方搜尋強森住處的同一天，他們找來了裴恩，讓她看嫌犯照片，看看她是否能認出是哪一個人朝她和哈凱特開槍。她看了五張照片，挑出了強森的照片，但是並不是非常肯定。所以她在3月9號又被找來指認嫌犯。這次，列隊的嫌犯接受指令，說出殺手當晚說過的命令內容。這次她毫不猶豫，立刻指認了強森。

庭審最後訂於1984年7月26號。強森因謀殺哈凱特被判有罪，並且因為謀殺未遂、強暴、性侵以及綁架裴恩被判罪。謀殺哈凱特一案讓他被判處死刑，裴恩案則讓他被判有期徒刑40年。

結果

　　強森和辯護團隊發起了請願，說提供給他的法律協助不足。法院駁回了強森提出的法律協助不足的意見。也就是說，他的判刑結果維持不變。強森目前在等候執行日期公布。

後記

　　有一名老太太每個月都會到監獄裡探視強森，直到老太太年紀太大無法前往，兩人便結為筆友。

約翰・朱貝爾

JOHN JOUBERT

出生年月日：1963年7月2號

別名／暱稱：內布拉斯加州男童拐殺狼、伍佛德開膛手

做案特徵：綁架、虐待癖、嚙咬

受害人數：3人以上

犯案日期：1982年8月22號到1983年12月2號

逮捕日期：1984年1月12號

殺人手法：刀刺

已知受害人：理查・斯泰森，11歲；丹尼・喬・埃伯勒，13歲；克里斯多福・瓦爾登，12歲

犯罪地區：美國緬因州、內布拉斯加州

狀態：1996年7月17號以電椅處死

個人背景

　　1963年出生於麻州的朱貝爾在其他人眼中是個聰明的孩子，3歲就開始認字了。到了5歲的時候，他已經開始在當地圖書館借書。6歲那年，朱貝爾的父母離異，從此他便跟著母親生活。長大後的他對母親產生了一種恨意，他認為母親控制慾很強，不准他與父親聯繫。

　　朱貝爾的身材很瘦小，因為這個關係，他飽受霸凌，情況一直持續到他上高中。他的同學都不知道其實朱貝爾從6歲開始就有虐待傾向，還有暴力幻想。他的其中一個幻想與保母有關，他會想像將她殺害後大啖人肉。他後來告訴精神科

醫師，說自己對那位保母並沒有什麼不好的情緒，她對他來說只是一個可以下手的對象而已。

朱貝爾12歲的時候，坦承自己有同性戀的想法，結果導致更嚴重的霸凌。到了13歲，他用一支鉛筆刺傷一位女孩，她痛得大叫，他卻感到一種性快感。隔天他在騎腳踏車經過一位女孩身邊的時候，用刀片劃傷對方。

那之後，朱貝爾就一直攻擊同齡孩童（以及年紀更小的孩子），從中享受刺激感。16歲的時候，他攻擊一名8歲男童，不讓他呼吸，害他差點窒息死亡。每次攻擊事件中，他表現出來的暴力傾向就越演越烈，不過這時候的他都還沒被逮到過。朱貝爾後來成為殺人兇手並不令人意外，這只是早晚的事而已。

凶殺紀錄

1982年8月22號，理查・斯泰森在緬因州波特蘭，沿著後灣步道慢跑，隔天有人在公路旁發現了他的屍體。他遭刀刺並勒斃，身上還有咬痕。雖然一開始就抓到了殺害這名年輕男生的嫌疑犯，但是他的齒痕與屍體上的不符，最後這名嫌犯獲得無罪釋放。

1983年9月18號，丹尼・喬・埃伯勒在內布拉斯加州柏衛市送報紙的時候失蹤了。三天後，在距離他腳踏車被人發現的地方6公里外的地方，有人找到了他的遺體。他身上只剩下內褲，手腳都被綁縛。他的嘴巴被透氣膠帶封住，身上有九處刀刺傷。

朱貝爾的第三名受害人於1983年12月2號在內布拉斯加州帕皮利恩市失蹤。克里斯多福・瓦爾登走在路上，而朱貝爾拿刀威脅他上車。他要求瓦爾登脫掉衣物，瓦爾登照做了，身上只剩下內褲。瓦爾登不肯躺下，這件事惹火了朱貝爾。在掙扎之中，他用刀刺男孩。他在瓦爾登的喉嚨留下的刀傷之深，讓頭部幾乎跟身體分開。兩天後，有人在距離市區8公里外的地方找到了他的屍體。

凶殺案發生時間順序：

- 1982年8月22號──理查‧斯泰森，11歲
- 1983年9月18號──丹尼‧喬‧埃伯勒，13歲
- 1983年12月2號──克里斯多福‧瓦爾登，12歲

逮捕行動與庭審

1984年1月11號，一名老師報警表示曾見到一名男子在附近開車繞行，行蹤可疑。司機看見她抄下車牌號碼時候先停下車威脅她，然後才駛離現場。警方查過車牌號碼後，發現車子是租賃車，當時登記在朱貝爾名下。他自己的車與綁架案的目擊證人描述相符，那輛車在車廠維修中。

警方取得了搜索令搜查他的住家。在搜查過程中，他們找到了一條繩索，跟用來綁縛2名受害人的繩索一樣。朱貝爾被帶回局裡訊問。他承認殺害埃伯勒和瓦爾登，因此被以謀殺罪起訴。

一開始朱貝爾主張無罪，後來改為認罪。他多次接受精神科醫師評估，其中一人的診斷認為他有強迫疾患、虐待狂傾向，以及類分裂性人格疾患。但是他犯罪當下並沒有精神問題。

朱貝爾在兩件謀殺案起訴中罪行確立，判處死刑。後來他也因為在緬因州殺害斯泰森一案，被判謀殺罪成立，處以終生監禁。

結果

1996年7月17號，朱貝爾在內布拉斯加州以電椅處死。朱貝爾電刑後的死狀引發了一場對內布拉斯加州最高法院的請訴，內容是希望能廢除電椅死刑，因為這個方式「殘酷又不正常」。朱貝爾死刑後，腦袋上方出現一個12公分大的水泡，耳朵上方的頭皮處也都有水泡。

後記

執行前最後一句話：「我不知道我的死能改變什麼，或是讓誰從此得到平靜。」

朱貝爾語錄

「有那種權力、制霸感還有看見恐懼的模樣，這些東西比起直接造成傷害來得刺激多了。」

席爾多‧卡欽斯
THEODORE KACZYNSKI

出生年月日：1942年5月22號

別名／暱稱：大學航空炸彈客

做案特徵：本土恐怖主義

受害人數：3人

犯案日期：1985年、1994年、1995年

逮捕日期：1996年4月3號

殺人手法：爆裂物——炸彈

已知受害人：休‧史科頓，38歲；湯瑪士‧J.‧莫塞爾，50歲；吉伯特‧P.‧莫里

犯罪地區：美國加州、紐澤西州

狀態：終生監禁，不可假釋

個人背景

　　對有些人來說，泰德‧卡欽斯基不是真的連續殺人狂，因為他的攻擊行動都是始於政治原因，而非是為了殺人而出手。儘管如此，因為受害人數的關係，以及殺人行為持續了一段時間，他仍符合連續殺人狂的定義。

　　卡欽斯基年紀很小的時候就是數學高手，被視為該領域裡的天才兒童。因為非常聰明，他念五年級時就直接跳過六年級，進入七年級就讀。智力測驗的結果，他的智商高達167分。但是因為他跳了一級就讀，這些比他年紀要大的孩子會霸凌他，他也一直沒有真的融入同儕。

　　卡欽斯基16歲的時候就被哈佛大學錄取了，他於1962年畢業。畢業後的他

到了密西根大學，繼續攻讀數學博士學位。他開始在加州大學教課，但是面對學生，他並不自在。1969年，他辭去教職。

他於1971年搬回父母家，並在蒙大拿蓋了一棟小木屋給自己。靠著家裡的金援，加上接一些零星的案子，日子還能過得去。他開始研究求生技能，包含辨識野外可食用植物，以及如何追捕動物。但是過了一段時間後，他發現現代社會的都市化發展會讓他無法繼續過這樣的生活。據聞，讓卡欽斯基決定要反擊的原因，是因為其中一處他最喜歡的野外環境被摧毀，並被拿來搭蓋一條新的道路。

凶殺紀錄

1985年，休‧史科頓在自己位於沙加緬度經營的電腦銷售店面裡頭，門外的停車場有一個含鐵釘和碎片的土製炸彈爆炸了，他在爆炸中喪生。1987年2月20號，另一家電腦門市也被一顆較小的炸藥引爆。雖然傷勢嚴重，不過該事件中無人死亡。

下一次攻擊事件，發生於1993年。耶魯大學計算機科學教授大衛‧格倫特收到炸彈包裹，格倫特身受重傷但幸運生還。在加州大學工作的查爾斯‧艾普斯坦於同一個週末收到炸彈包裹。炸彈讓他失去了好幾根手指。

1994年，炸彈被寄到湯瑪士‧J．莫塞爾位於紐澤西州的家中，他在爆炸中喪生。1995年，一顆炸彈被寄到吉伯特‧布倫特‧莫里位於加州林業協會的辦公室，他因此喪命。那顆炸彈的收件人其實是威廉‧丹尼森，莫里只是在他退休後接任職位。

卡欽斯基製作並寄送了16顆炸彈。幸運的是雖然引爆了這麼多顆炸彈，只造成3人喪命，23人受傷。

逮捕行動與庭審

聯邦調查局進行了非常仔細的調查後，於1996年4月3號找到卡欽斯基並將其逮捕。他們搜查他的小木屋內部，發現許多製作炸藥的零件。他們還發現一份日

誌，裡面有數千頁的內容描述爆炸狀況、炸彈和卡欽斯基在實驗製作炸彈的時候的紀錄。除此之外，他們還找到一顆已經準備啟動的炸彈，正準備要寄出。

卡欽斯基為三起殺人案出庭，被判有罪，處以無期徒刑，不可假釋。

結果

卡欽斯基曾一度被視為黃道十二宮殺手的嫌疑犯。謀殺案發生的那陣子，他人就住在舊金山灣區。而且黃道十二宮殺手跟卡欽斯基一樣，都對炸彈和密碼很有興趣。兩人都曾寫信給報社，提出要求，並表示會繼續犯案。不過最後判定證據不足以確定卡欽斯基就是黃道十二宮殺手，針對他的調查就到此為止。

後記

卡欽斯基被監禁在科羅拉多州弗羅倫斯的最高警戒監獄期間，與另外兩名惡名昭彰的炸彈客結為朋友，這兩人分別是俄克拉荷馬炸彈客，堤摩西·麥克維，以及在1993年引爆世貿中心的拉姆齊·尤瑟夫。

派翠克・卡爾尼
PATRICK KEARNEY

出生年月日：1939年9月24號

別名／暱稱：公路殺手、垃圾袋殺手

做案特徵：強暴、毀屍、同性戀受害者、兒童、戀屍癖

受害人數：35人以上

犯案日期：1965年到1977年

逮捕日期：1977年7月1號

殺人手法：槍擊、窒息

已知受害人：麥可，18歲；喬治；約翰・登奇克，13歲；詹姆士・巴維克，17歲；羅納德・史密斯二世，5歲；亞伯特・里維拉，21歲；賴瑞・瓦特斯，20歲；肯尼斯・布坎南，17歲；奧利弗・莫里托，13歲；賴瑞・亞姆戴瑞茲，15歲；麥可・麥吉，13歲；約翰・伍茲，23歲；賴瑞・艾普希，17歲；威爾弗雷德・法赫蒂，20歲；藍道爾・摩爾；羅伯特・班尼菲爾，17歲；大衛・艾倫，27歲；馬克・奧拉奇，20歲；堤摩西・英格漢姆，19歲；尼古拉斯・赫南德茲-傑曼尼茲，28歲；亞特羅・馬凱茲，24歲；約翰・勒梅，17歲；莫爾勒・錢斯，8歲，其餘身分不明

犯罪地區：美國加州

狀態：終生監禁，不可假釋

個人背景

卡爾尼與家人在加州度過正常而穩定的童年時光，但是小時候他便飽受霸凌

之苦。到了青少年時期，他已經開始幻想殺人的情節。長大成人後，他在德州住了一段時間，然後又搬回加州。卡爾尼是一名航太工程師，同時也很常到處釣男同性戀對象，他通常都靠著流利的西語技巧來進行搭訕。

後來他搬到雷東多海灘，認識了大衛‧希爾，兩人開始交往。兩人常常吵架，每次吵架後，卡爾尼就會開車出遠門。但是他出門不是為了冷靜，而是到酒吧或在路邊找搭便車的男人。

凶殺紀錄

卡爾尼的第一次犯案，發生於1962年，對方身分不明。卡爾尼用機車載他到靜僻的地方，朝他的頭部開槍，接著對屍體進行戀屍癖的侵犯行為。後來的幾年裡，他持續殺人。

卡爾尼的受害人大多都是同志酒吧裡找到的人，或者是路邊搭便車的人。他們通常都遭以.22口徑的手槍槍擊太陽穴，被殺的當下通常都在注意別的事情，或者正在睡覺。卡爾尼對屍體施行戀屍癖的侵犯行為後，會把屍體帶回家中，再以工藝刀雞姦。

卡爾尼用一把鋼鋸支解遺體，有時候還會將卡在頭顱中的子彈取出。然後他會把屍塊裝進垃圾袋裡，丟到垃圾場、峽谷或公路旁。有時卡爾尼會將受害者的血放乾，藉此消除腐爛與死亡的臭味，甚至還會清洗屍塊以消除任何可能留下的指紋。

凶殺案發生時間順序：
- 1962年春天——無名男子，19歲
- 1962年——無名男子，16歲
- 1962年——麥可，18歲（姓氏未公開）
- 1965年——無名男子
- 1967年12月——喬治（姓氏未公開）

- 1971年6月21號——約翰・登奇克，13歲
- 1973年9月22號——詹姆士・巴維克，17歲
- 1974年8月24號——羅納德・狄恩・史密斯二世，5歲
- 1975年4月13號——亞伯特・里維拉，21歲
- 1975年11月10號——賴瑞・瓦特斯，20歲
- 1976年3月3號——肯尼斯・尤金・布坎南，17歲
- 1976年3月21號——奧利弗・彼得・莫里托，13歲
- 1976年4月19號——賴瑞・亞姆戴瑞茲，15歲
- 1976年6月16號——麥可・克雷格・麥吉，13歲
- 1976年6月20號——約翰・伍茲，23歲
- 1976年8月23號——賴瑞・艾普希，17歲
- 1976年8月28號——威爾弗雷德・勞倫斯・法赫蒂，20歲
- 1976年8月——藍道爾・勞倫斯・摩爾
- 1976年秋天——羅伯特・班尼菲爾，17歲
- 1976年秋天——大衛・艾倫，27歲
- 1976年10月——馬克・安德魯・奧拉奇，20歲
- 1976年11月15號到24號——堤摩西・B.・英格漢姆，19歲
- 1977年1月23號——尼古拉斯・「尼奇」・赫南德茲－傑曼尼茲，28歲
- 1977年2月——亞特羅・羅莫斯・馬凱茲，24歲
- 1977年3月13號——約翰・奧提斯・勒梅，17歲
- 1977年4月6號——莫爾勒・錢斯，8歲

逮捕行動與庭審

其中一名受害人最後一次被人看見的時候，是跟卡爾尼與希爾在一起。警方開始注意這兩人的時候，他們便逃到了德州艾爾帕索市，但是他們最後還是在家人的勸說下自首了。兩人於1977年7月1號被逮捕，但是希爾很快就被釋放，因為

調查人員發現他與謀殺案無關。

在審問過程中，卡爾尼承認殺害了38名受害人，但是警方只成功以二十一起謀殺案起訴他。出庭受審時，卡爾尼對所有起訴罪名認罪，藉此避免被判處死刑。於是他遭判處無期徒刑，不可假釋。

結果

調查人員相信卡爾尼不但很可能如他坦承，真的犯下了三十八起殺人案，實際上他犯下的案件可能更多。現在卡爾尼被關在加州州立監獄裡，他會在這裡度過他的餘生。

艾德蒙・肯珀
EDMUND KEMPER

出生年月日：1948年12月18號

別名／暱稱：共生殺手、共生屠夫

做案特徵：戀屍癖、口交、分屍

受害人數：10人

犯案日期：1964年、1972年到1973年

逮捕日期：1973年4月24號

殺人手法：槍擊、錘擊、勒殺

已知受害人：老艾德蒙・肯珀，72歲（祖父）；穆德・肯珀，66歲（祖母）；瑪莉・佩斯，18歲；安妮塔・盧切莎，18歲；愛子・顧，18歲；辛蒂・沙爾，19歲；羅莎琳德・索普，24歲；艾莉森・劉，23歲；克拉內爾・史椎伯格，52歲（母親）；莎拉・哈雷特，59歲

犯罪地區：美國加州

狀態：終生監禁，不可假釋

個人背景

　　肯珀排行老二，有一個姊姊，一個妹妹。他的雙親艾德蒙・二世和克拉內爾於1957年離異，因為與父親感情深厚，此事對肯珀衝擊甚大。他的母親帶著孩子們搬到了蒙大拿州海倫娜，遠離孩子的父親。肯珀天資聰穎，後來做過智商檢測，評估結果是145分。不過他從很小就開始出現反社會人格障礙的行為徵兆。

　　肯珀會拿姊妹的娃娃來玩，但是玩的方法跟大多數小男孩的玩法不一樣。他

會用這些娃娃來做一些殺人的行為以及詭異的性交儀式，而且他很喜歡把娃娃的頭扭斷。這時的他也開始出現縱火癖的舉動。

沒過多久，肯珀的目標就從沒有生命的娃娃身上轉移到了社區裡的小動物身上，特別是貓。他會折磨這些動物後再殺掉牠們，有時也會直接活埋。有一次他把埋入地下的貓重新挖出，砍斷頭之後將斷頭插在一根棍子上。他喜歡的遊戲之一，是假裝自己坐在電椅上被電擊。

據稱會對他人情緒虐待的肯珀的母親開始將青春期前的肯珀關在地下室，似乎深信他可能會強暴自己的妹妹。到了13歲的時候，肯珀逃家了。他跑到加州去見父親。然而他的父親已經再婚，顯然很疼愛自己的繼子。傷心不已的肯珀被送回母親身邊。

肯珀14歲的時候已經長到了193公分高。因為母親難以管教他，他被送去跟祖父母同住。老艾德蒙與穆德·肯珀住在加州北福克，當時他母親認為這個環境對肯珀會有幫助，但是結果卻全然不是這麼一回事。肯珀與祖母處不來。而他雖然身材高大，在學校還是一直被霸凌。到了1964年8月27號，一切終於爆發了。

那個8月的下午，肯珀拿起前一年聖誕節收到的來福槍，開槍打死了自己的祖母。祖父出門採買回家後，肯珀也將他槍殺，據信是為了避免他看見自己妻子的遺體。接著肯珀拿起電話，撥給了母親，將自己的行為告訴母親。接著他打給當地警方，告訴警察他犯了案。警方抵達時，肯珀就坐在前廊等著他們。

被逮捕後，肯珀接受了精神科醫師的評估，診斷出妄想型精神分裂症。他被送往阿塔斯卡德羅州立醫院，成為精神障礙受刑人，期間表現良好，後來成為了精神科醫師的助手。儘管醫院裡好幾名精神科醫師都反對，肯珀仍在1969年滿21歲這天被釋放。更糟糕的是，他被送回當時住在聖克魯斯的母親身邊看管。

凶殺紀錄

許多謀殺案件都發生於肯珀與母親爭執之後。他會沿著太平洋海岸繞，尋找適合的受害人，通常都是搭便車的路人。頭兩個被他殺害的女子是瑪莉·安·佩

斯和安妮塔‧盧切莎，案件發生於1972年5月7號。

兩人在前往史丹佛大學的路上，肯珀說可以載他們一程。肯珀後來開上小路，在車上殺害了兩名女孩。他用毯子將兩人裹起後帶回家，砍掉兩個女孩的頭部後又保存了一陣子才丟進山溝裡。佩斯的遺體後來被尋回，但是盧切莎的遺體則從未被找到。

1972年9月14號，肯珀找上了15歲的愛子‧顧。他用膠帶將她的嘴巴封起來，並且讓她窒息到昏過去為止。然後他把她抱下車，強暴她之後再用圍巾勒斃她，並將遺體帶回家肢解。諷刺的是，他去與法庭指派的精神科醫師會面時（這位醫師對於他的進步狀況非常滿意），顧的遺體就在車內。

接下來的凶殺案發生於1973年1月8號。辛蒂‧沙爾被肯珀找上，並被帶到山上。他逼她進入後車廂之後，開槍將她擊斃。他再次將屍體帶回住處，並於隔天早上，與屍體進行性行為。他肢解屍體的時候，將子彈從頭部取出，然後才把遺體埋進自己母親住家的後院。

羅莎琳德‧索普和艾莉絲‧劉於1973年2月5號遭肯珀殺害。接著，在4月20號，肯珀殺了最後兩位受害人——他的母親和朋友莎拉‧哈雷特。他一直等到母親睡著，才用錘子砸她的頭部，並劃破她的喉嚨。把她的頭部砍下後，他強暴了自己母親的屍體。他將她的舌頭挖出來，試圖用廚餘絞碎機打碎。

然後他打給母親的朋友哈雷特，邀請她到家裡來。她到了以後，肯珀便殺掉她，並把她的頭砍下來。等清理乾淨後，他就上床睡覺了。

凶殺案發生時間順序：

- 1964年8月27號——老艾德蒙‧肯珀，72歲
- 1964年8月27號——穆德‧肯珀，66歲
- 1972年5月7號——瑪莉‧安‧佩斯，18歲
- 1972年5月7號——安妮塔‧盧切莎，18歲
- 1972年9月14號——愛子‧顧，15歲

- 1973年1月8號——辛蒂・沙爾，18歲
- 1973年2月5號——羅莎琳德・索普，24歲
- 1973年2月5號——艾莉絲・劉，21歲
- 1973年4月20號——克拉內爾・史椎伯格，52歲
- 1973年4月20號——莎拉・哈雷特，59歲

逮捕行動與庭審

殺害自己母親與哈雷特之後，肯珀決定開始逃亡。他一邊開車一邊聽新聞廣播看看有沒有謀殺案的消息。四天後，廣播沒有提到任何關於凶殺案的事，所以他決定報警。他在電話亭打電話給聖克魯斯警方，說他殺了8名女子。

一開始，當局沒有認真看待，因為他們已經很熟悉肯珀這個人。但是打了幾通電話後，發現這通自白電話不是在開玩笑的。肯珀坐在車中等警方到來，他於4月24號遭逮。在警局接受訊問的時候，他坦承犯下所有案件。

肯珀出庭受審時，一開始試圖以精神失常辯護，但是失敗了。於是他改要求判處死刑，想要跟他的幻想一樣死在電椅上。但是當時死刑已經被廢除了，於是他被判處無期徒刑，不可假釋。

結果

在肯珀陸續犯下殺人案的同時，聯邦調查局行為科學小組正好有了與連續殺人狂訪談的計畫。他們深信這麼做可以對這類人有更進一步的了解，能掌握他們殺人的原因。肯珀就是其中一個接受訪談的人，他接受羅伯特・雷斯勒訪問了三次。在最後一次訪問中，肯珀威脅要殺害雷斯勒，可是等到警衛到場後，他又說自己只是在開玩笑。

其中一名聯邦調查局的訪談者是約翰・道格拉斯，他是知名法醫學側寫師，他與雷斯勒都是聯邦調查局第一批專業側寫師。後來他說他挺喜歡肯珀這個人，覺得他很願意談話，個性敏感且友善。肯珀現仍在獄中服刑。

後記

- 肯珀的智商是145分。

肯珀語錄

「我看見漂亮女生走在路上的時候，會有兩個念頭。一部分的我想約她出去、跟她說話，好好對待她，展現體貼的舉止……另一部分的我想看看她的頭被插在棍子上是什麼樣子。」

「如果我殺了她們，你知道的，她們就拒絕不了我了。這跟用真人做個娃娃的概念差不多……可以實現我對娃娃的幻想，一個真人娃娃。」

羅傑・奇伯
ROGER KIBBE

出生年月日：1941年

別名／暱稱：I-5公路勒殺手

做案特徵：強暴、綁架

受害人數：7人以上

犯案日期：1977年，1986年到1987年

逮捕日期：1987年

殺人手法：勒殺

已知受害人：路・艾倫・柏利，21歲：蘿拉・海德里克，20歲：芭芭拉・安・史考特，29歲：斯蒂芬妮・布朗，19歲：夏美音・薩布拉，26歲：凱瑟琳・凱莉・昆諾尼斯，25歲：達西・弗蘭肯波爾，17歲

犯罪地區：美國加州

狀態：判處六條無期徒刑，不可假釋

個人背景

奇伯的母親強勢欺人，常常毒打他。在他眼中，她表現得像是根本不喜歡他。奇伯小時候常常尿床，還有嚴重的口吃問題，因此在校的時候時常被嘲笑以及霸凌。這讓他成了獨行俠，寧可獨來獨往。他很會說謊，還有偷竊的習慣，15歲的他便因為偷竊被捕。

有人看到奇伯騎著腳踏車穿過當地公園，車上載著一個紙箱和一把鏟子。目擊者通知警方，警方到達現場後，從土裡挖出奇伯埋的東西。箱子裡面是女性衣

物，包含兩件泳衣和一件洋裝，這都是鄰居曾報案提及曬在院子被竊的衣物。被竊的衣物還包含好幾雙絲襪，但是箱子裡並沒有發現任何絲襪。

因為懷疑嫌犯有戀物癖，警方詢問了許多目擊證人，直到發現犯案人就是奇伯。他被以形跡鬼祟和順手牽羊起訴。過去幾年間還有好幾起類似案件，雖然他一開始都否認與自己有關，最後還是承認犯案。奇伯已經將多數偷來的物品丟棄，只留下一些。隨後警方發現這些贓物都被剪刀剪過了。

然而奇伯的腦袋裡想的可不只是偷竊女性衣物而已。他經常幻想自己被女性內衣褲綁縛。他的行為舉止在現代會被視為病態人格的警訊，但是在當時，沒有人會研究反社會傾向的孩子，也不會替他們診斷病情。

奇伯曾接受精神科診療一段時間，可是什麼進展都沒有。他很討厭診療過程，並發展出其他手段，讓他可以繼續做那些詭異的事，又不會被人發現。他開始變得非常神秘。

長大後的奇伯不知怎地，與一名和自己母親十分相似的女子結了婚。他的妻子哈里特的個性很刻薄，強勢欺人，跟奇伯的母親在他小時候表現出來的樣子有些雷同。哈里特行事強悍，把奇伯管得很緊，後來有人猜測他太太對待他的方式很可能就是讓他對女性的憤怒與日劇增的原因。

凶殺紀錄

奇伯會在深夜於南沙加緬度的公路繞行，尋找因為車子拋錨而需要協助的年輕女子。在表示願意幫忙之後，他通常會綁架對方，把人帶到偏僻的地方勒殺。

他犯下的第一起已知凶殺案發生於1977年9月11號。受害人路·艾倫·柏利出門去面試工作時失蹤了。她遭奇伯綁架，被綁縛後帶到貝里薩湖強暴後殺害。

最後一次有人見到蘿拉·海德里克的身影，是1986年4月20號，地點在常有吸毒者和妓女出沒的區域。那晚，她答應男友詹姆士·卓里哥斯，說會去賣淫換錢給他買毒品。他說他們上了一輛車，駕駛是一名五十幾歲的男子。他們開車到旅館讓卓里哥斯下車，然後說要開車去買毒品，但海德里克就沒有再回來了。

1986年7月3號，奇伯在匹茲堡綁架了芭芭拉‧安‧史考特。她遭先姦後殺，遺體被棄置在康特拉科斯塔郡的一處高爾夫球場。她是奇伯的受害者中年紀最大的。兩週後，7月15號，奇伯遇見斯蒂芬妮‧布朗，當時她的車子在公路旁拋錨了。他強暴她之後將她殺害，再剪去她的頭髮，調查人員後來推測此舉是因為戀物癖兇手想收藏戰利品所為。

夏美音‧薩布拉和母親的車子於1986年8月17號在珀爾帖路與I-5公路口拋錨。一名男子停車表示願意協助，母女倆表示想要去找電話亭的時候，男子說車上只有一個人的位置。薩布拉上了車，但沒連絡上任何人。兩人回到拋錨處，後來經指認確為奇伯的男子說他可以載他們回家。因為薩布拉的幼兒還在家，所以她先上車，但是駕駛一直沒有回來接她母親。

等到她母親終於找到警察載她回家的時候，薩布拉卻不在家裡。她的遺體過了將近三個月後才在塞拉山山腳下被人尋獲。經過檢驗，她明顯遭繩索勒頸——繩索仍繞在她的頸部。她身上的衣物有一部分被剪除，還有大片髮絲被扯下，在內褲腰部位置被扭成結。

凱瑟琳‧凱莉‧昆諾尼斯於1986年11月5號在沙加緬度被綁架。跟其他人一樣，她先被強暴後被殺害，遺體被棄置於貝里薩湖。奇伯的殺人紀錄中最後一起案件發生於1986年底，死者是達西‧弗蘭肯波爾。逃家的達西的最後身影出現在沙加緬度多數妓女活動的區域。她遭繩索扭絞致死，褲襪被塞在口中，衣物有與其他受害人相同的剪裁痕跡。

凶殺案發生時間順序：

- 1977年9月11號——路‧艾倫‧柏利，21歲
- 1986年4月21號——蘿拉‧海德里克，20歲
- 1986年7月3號——芭芭拉‧安‧史考特，29歲
- 1986年7月15號——斯蒂芬妮‧布朗，19歲
- 1986年8月17號——夏美音‧薩布拉，26歲

- 1986年11月5號——凱瑟琳‧凱莉‧昆諾尼斯，25歲
- 1986年——達西‧弗蘭肯波爾，17歲

逮捕行動與庭審

　　奇伯一開始是因為攻擊妓女被捕。他找上受害人，開著車繞了好一陣子才停下來。然後他開始對受害人暴力相向，在企圖將對方銬上手銬時遭對方奮力掙扎。她放聲喊叫，此時一名巡邏警員經過現場，前來相助，追捕奇伯。

　　調查人員在處理攻擊事件的起訴流程時，奇伯的第五名受害者的遺體被尋獲了。他們搜查奇伯的車，發現綁頭髮的橡皮筋、剪刀、一根木頭定位栓、一把電動按摩棒和一副手銬。他們還找到一些電線，警方發現這電線和定位栓跟用來扭絞昆諾尼斯工具一樣。

　　奇伯交保獲釋，調查人員則繼續調查相關物證，看看是否與那些死者身上的物件相符，同時持續監看奇伯的一舉一動。最後他們終於找到了需要的證據，將奇伯再次逮捕，以一級謀殺罪名起訴。1991年5月10號，他因謀殺弗蘭肯波爾被判有罪，判處25年有期徒刑到無期徒刑。

　　2009年11月5號，奇伯被以另外六件謀殺案起訴。他同意透過認罪協商，換取免判死刑，最後被判三次無期徒刑。

結果

　　2003年，奇伯帶調查人員和檢方到他記得自己棄屍柏利的溪床尋找遺體，但是沒有找到。2007年該區又被搜索了一遍，仍一無所獲。2009年，奇伯跟警方又回去一次，這次還是什麼都沒找到。

　　一名警察於2011年回到那條溪邊，這次找到了一根骨頭。他將骨骸送去做DNA測試，證實就是屬於柏利。

史考特・李・慶伯爾
SCOTT LEE KIMBALL

出生年月日：1966年9月21號

別名/暱稱：漢尼拔、喬・史尼奇

做案特徵：詐騙、自稱殺手

受害人數：4人以上

犯案日期：2003年1月到2004年8月

逮捕日期：2006年3月14號

殺人手法：槍擊

已知受害人：凱西・麥可勞，19歲；珍妮佛・馬庫姆，25歲；莉安・埃默里，24歲；泰利・慶伯爾，60歲（叔叔）

犯罪地區：美國科羅拉多州圓石郡

狀態：判處70年有期徒刑

個人背景

　　慶伯爾就是那種管不住大嘴巴的罪犯。他先是因為詐騙罪名，在監獄裡已經待了一段時間，不知怎麼地獲釋成了聯邦調查局的線民。慶伯爾是經驗豐富又技巧高明的騙子，一輩子過著謊話連篇又背信忘義的生活，他最大的一場詐騙，就是說服聯邦調查局於2002年釋放他，讓他去擔任線民。

　　慶伯爾因為支票詐騙案被關在阿拉斯加監獄的時候，他告訴聯邦調查局，說他有一件正在策畫中的聯邦法官凶殺案的線索，並說服聯邦調查局讓他出獄，這麼一來就能提供跟這個所謂的殺手有關的重要線索。雖然案底又臭又長，還有從

蒙大拿州監獄逃獄的紀錄，另外還有審判長警告過，說他一旦回歸社會就無法控管，聯邦調查局仍認定慶伯爾能提供的資訊價值超過他可能再次犯罪的代價。

　　在監獄裡服刑的時候，只要有人肯聽，慶伯爾就會吹牛說自己其實是個殺手。他甚至用作家湯瑪士‧哈里斯筆下的知名角色的名字給自己取了個江湖稱號「漢尼拔」。他宣稱自己為了錢，以「雇用殺手」的身分犯下過數起謀殺案。這些傳聞傳到聯邦調查局耳中的時候，他們便開始徹查這位線民的背景，這才首次發現慶伯爾所言不假。

凶殺紀錄

　　2003年1月到2004年8月間，慶伯爾至少犯下四起凶殺案。當時他仍是聯邦調查局的線民，後來他宣稱自己還犯下許多其他凶殺案，不過沒有獲得證實。

　　其中一名遭到他殺害的受害人是凱西‧麥可勞，她在下班回家的路上失蹤。當時慶伯爾與她母親在交往，他本來要去接她回家的。但是他說他沒去，而是去打獵了。她的遺體直到2007年才被尋獲。

　　2003年2月，慶伯爾在猶他州的一座山谷裡殺了珍妮佛‧馬庫姆。他宣稱雖然自己參與了她的死亡過程，可是真正的兇手不是他。不過他有承認自己「給了她一支大的」海洛因針讓她用藥過度身亡。直至今日，她的遺體仍未被尋獲。

　　2003年1月，莉安‧埃默里遭槍擊身亡。一開始，慶伯爾宣稱她是在猶他州一座山谷裡被其他人開槍擊中。但是他告訴其他人，他在她想逃跑的時候，朝她的背後和頸部開了兩槍。當時埃默里是慶伯爾的女友，也曾是他的獄友。

凶殺案發生時間順序：
- 2003年1月29號——莉安‧埃默里，24歲
- 2003年2月17號——珍妮佛‧馬庫姆，25歲
- 2003年8月23號——凱西‧麥可勞，19歲
- 2004年9月1號——泰利‧慶伯爾，60歲

逮捕行動與庭審

慶伯爾已經（因為支票詐騙案以及其他各種罪名）被關在監獄裡，後來才被以四起謀殺案起訴。對調查人員來說，要訊問他關於謀殺案的問題就容易許多。他們發現慶伯爾曾寫過一封信給家人，內容有147頁，承認自己犯下殺人罪，包含殺害自己的叔叔泰利。

調查過程顯示慶伯爾與每一名受害人都有關聯。從他的電腦，以及聽過他吹牛的前獄友口中，調查人員又找到更多證據。2009年10月慶伯爾出庭受審的時候，他照著先談好的認罪協商要求，對兩起二級謀殺的起訴認罪。作為交換條件，他得畫下地圖，讓調查人員去找回還沒被發現的遺體。

慶伯爾被起訴的兩件凶殺案，讓他被判處70年有期徒刑。

結果

聯邦調查局仍在調查慶伯爾殺害超過已知4人的可能性。慶伯爾曾親自公開吹牛說自己犯下的案子還有更多。他的表弟艾德・柯艾特宣稱慶伯爾在等著其他案件的調查人員來訊問他。

安東尼・柯克蘭
ANTHONY KIRKLAND

出生年月日：1968年9月13號

別名／暱稱：無

做案特徵：放火焚燒受害人以湮滅證據

受害人數：5人

犯案日期：1987年、2006年到2009年

逮捕日期：2009年3月8號

殺人手法：勒殺

已知受害人：黎歐拉・道格拉斯，27歲（他的女友）；卡松亞・克勞福德，15歲；瑪莉・喬・紐頓，45歲；金亞・羅里森，14歲；埃斯梅・肯尼，13歲

犯罪地區：美國俄亥俄州漢米頓

狀態：判處死刑，等待行刑

個人背景

柯克蘭的童年與早年生活紀錄不多，一直到1987年滿18歲的時候，他才開始出現在警方的紀錄裡。他犯下的第一起暴力罪行，就是這個時期發生的——女友黎歐拉・道格拉斯的謀殺案。他毒打她之後將她勒斃，然後放火焚燒遺體，驗屍報告顯示點火當時她還活著。這起案件發生於他自家門口，所以警方很快就把柯克蘭列為主要嫌犯。

他被以謀殺罪定罪，判刑16年並服刑完畢。2003年，柯克蘭期滿獲釋，假釋期於2004年結束。幾個月後，他因為疑似持刀強暴女子再次遭逮，但是最後於

2005年10月無罪釋放。

2006年5月，柯克蘭對女性的憤怒與恨意達到了新高，但是他的行動一直過了好幾年才被揭發。2007年，因為威脅要殺害自己的兒子而再次入獄，他兒子當時才18個月大。他服刑115天，沒過多久就再次犯法。同年稍晚，他因為要求他女友13歲的女兒與他發生性關係遭逮捕起訴。柯克蘭被判刑1年，不過7個月後就因為監獄滿員被提早釋放。

被送到中途之家後，柯克蘭的表現一路惡化，最後又殺害了4名受害人。

凶殺紀錄

柯克蘭犯下的謀殺案中，第一件發生於1987年5月20號，受害人是黎歐拉．道格拉斯。她是他當時的女友。他把她帶到一棟屋子裡，將她擊昏後放火焚燒。他為此被送入監獄，因認罪減刑，以過失殺人罪名定罪，服刑16年。

2006年5月11號，卡松亞．克勞福德的遺體於亞芬達得布萊爾大道附近被人尋獲。她被殺害後遭點火焚屍。這個手法成了柯克蘭的犯案特徵。下一名受害人，瑪莉．喬．紐頓於2006年4月或5月遭遇一樣的手段殺害。她的遺體一樣遭燃燒，在一棟無人建築後方被尋獲。

14歲的金亞．羅里森在2006年12月被發現時已遭刀刺致死後放火焚燒，情況與其他受害人一樣。柯克蘭的最後一名受害人是埃斯梅．肯尼，於2009年3月7號被柯克蘭綁走。警方在距離她家不遠的樹林中找到她的遺體。她遭勒斃，下半身被放火焚燒。而柯克蘭就在不遠處，倚靠著一棵樹睡覺。

凶殺案發生時間順序：
- 1987年5月20號——黎歐拉．道格拉斯，27歲
- 2006年3月——卡松亞．克勞福德，15歲
- 2006年4月或5月——瑪莉．喬．紐頓，45歲
- 2006年12月22號——金亞．羅里森，14歲

- 2009年3月7號——埃斯梅・肯尼，13歲

在連環謀殺案之間發生的其他暴力事件：

- 2004年10月25號——假釋出獄。

- 2005年1月25號——被控持刀於艾凡斯頓強暴一名女性鄰居。2005年10月由陪審團判定無罪釋放。

- 2007年5月14號——柯克蘭在與反恐特警組於自家僵持不下時，威脅要殺害自己18個月大的兒子。三個月後，他遭判兩項非法拘束，判處入獄115天。

- 2007年9月17號——牧師瓦特・布來德索對柯克蘭申請禁制令，目的是要保護布來德索一家。法院紀錄中沒有提及為何他要申請禁制令，不過2007年12月時，此申請被法官批准了。

- 2007年9月26號——柯克蘭要求女友的13歲女兒與他發生性關係。2008年3月，他被以強制罪定罪，判刑1年有期徒刑。柯克蘭成了有案底的性侵犯，警長辦公室有他的地址紀錄。

- 2008年10月20號——他從獄中被釋放，並須服滿5年假釋期。他入住波格勒戒中心，這是位於萊茵河的一所中途之家，由美國美國志工協會營運。

- 2009年2月27號——柯克蘭在中途之家與另一名住客發生爭執。警方到場處理，但因為對方不願提出告訴，所以柯克蘭沒有被逮捕。柯克蘭被中途之家的經理趕出住處（因為他違反不可爭執打鬥的規定），但是直到兩天後才通知柯克蘭的假釋官。柯克蘭沒有按照法律規定，立刻與警長登記新的住址。

- 2009年3月1號——柯克蘭被控闖空門後躲在浴室裡，還持剪刀攻擊菲德里克・休斯。休斯身上至少有十處刺傷，不過命大生還。柯克蘭逃離現場，警方發布拘捕令，以重大入室竊盜與重傷害罪名追捕他。

- 2009年3月2號——柯克蘭的假釋官接到他被中途之家逐出的通知，於是假釋官開始到處尋找他。

- 2009年3月4號——發布第二張拘捕令，由於未在離開中途之家後向警長登記

地址。

- 2009年3月5號——柯克蘭被控持刀威脅自己孩子的母親，羅柏塔·巴德溫。他再次逃離現場，而警方又發出第三張拘捕令，要以家暴、加重威嚇與違反假釋條例的罪名逮捕他。

逮捕行動與庭審

警方在柯克蘭最後一名受害人遺體附近找到柯克蘭的時候搜了他的身，並發現一些屬於那位年輕的受害人的個人物品。他在現場被逮捕，送往警局訊問。他因肯尼案被正式起訴。

調查過程中，當局成功找到柯克蘭與紐頓和羅里森的謀殺案之間的關係，他因這幾件謀殺案以及破壞屍體的罪名被起訴。柯克蘭出庭受審的時候，對所有起訴罪名採取認罪協商。陪審團於2010年3月12號決議所有起訴罪名皆有罪定案。

柯克蘭因肯尼與克勞福德的謀殺案被判處死刑，羅里森和紐頓案讓他被判處70年的無期徒刑。

結果

直至今日，柯克蘭仍在死牢裡等候行刑。雖然他的法律團隊提出數次上訴，漢米頓郡的法官仍表示同意陪審團的決定。2018年8月28號，法官保持柯克蘭的死刑判決，沒有改判。

上訴紀錄：

- 2014年5月13號——俄亥俄州高等法院宣布柯克蘭的死刑判決維持不變。
- 2014年10月16號——俄亥俄州高等法院同意柯克蘭的動議，延緩死刑執行。
- 2015年4月6號——美國高等法院拒絕為柯克蘭的上訴舉行聽證會。
- 2016年5月——俄亥俄州高等法院批准柯克蘭的動議，舉行重判聽證會。

保羅・約翰・諾爾斯
PAUL JOHN KNOWLES

出生年月日：1946年4月14號

別名／暱稱：卡薩諾瓦殺人魔、列斯特・戴羅・蓋茨、戴羅・戈登

做案特徵：強暴、搶劫

受害人數：18到35人

犯案日期：1974年7月到11月

逮捕日期：1974年12月17號

殺人手法：槍擊、勒殺

已知受害人：艾莉絲・科特斯，65歲；莉莉安・安德生，11歲；莫蕾特・安德生，7歲；瑪喬立・豪依；凱西・皮爾士；威廉・貝茨；厄米特・強森；路易・強森；安・道森；朵麗斯・霍維，53歲；卡斯韋爾・卡兒；卡斯韋爾的女兒，15歲；愛德華・希利亞德；黛比・萵里芬；州警查爾斯・坎貝爾；詹姆士・麥爾；伊瑪・桑德斯，13歲；夏琳・希克斯；凱倫・外恩；道恩・外恩，16歲

犯罪地區：美國跨州犯案

狀態：1974年12月18號在企圖逃脫過程中遭執法單位擊斃

個人背景

　　諾爾斯這一生從一開始就很辛苦，童年大多數時間都在寄養家庭或感化院裡度過。他的父親僅因為輕罪被判刑就放棄了自己兒子的扶養權。諾爾斯第一次犯罪被捕入監，是19歲的時候。從那以後，他便數次進出監獄，直到1974年情況漸漸轉好為止。

諾爾斯曾與一名舊金山的女性，安琪拉‧柯維克通信。她一度到佛羅里達州的監獄中探視諾爾斯，他馬上就向她求婚。她接受了諾爾斯的求婚，並很努力靠自己的財力支付他的法律服務開銷，想辦法讓他出獄。

諾爾斯一出獄，便飛到舊金山跟柯維克相聚。然而一位靈媒警告柯維克，說一名危險的男人進入了她的人生，所以她結束了訂婚關係與兩人的感情。諾爾斯慘遭拒絕後，回到了佛羅里達州傑克孫維爾。他宣稱自己在被分手的那天晚上，於舊金山殺了3個人。

回到佛羅里達州後不久，諾爾斯便捲入一場酒吧打鬥，最後因為持刀攻擊酒保被捕。7月26號，他撬開了牢房門鎖逃了出去。

凶殺紀錄

逃獄後的那個晚上，諾爾斯對第一個受害人下了手。7月26號，65歲的艾莉絲‧科特斯被諾爾斯闖入自家住宅，她遭封口綁縛，家中值錢物品被洗劫一空。雖然諾爾斯沒有下手殺害科特斯，但科特斯還是因為被假牙噎住窒息死亡了，無法得知此事發生時諾爾斯是否在場。

諾爾斯偷了科特斯的車，但他也知道警方會鎖定這輛車，所以最後決定把車丟在路邊。這是1974年8月1號的事。他停好車的時候，發現與他家算是認識的莉莉安與莫蕾特‧安德生姊妹倆。因為怕她們會指認他，他決定綁架兩姊妹，並將她們勒斃後棄屍於一座沼澤。

從德州博蒙特逃家的伊瑪‧珍‧桑德斯於1974年8月1號在喬治亞州失蹤。她被諾爾斯綁架的時候正在路邊招便車。她的身分一直到2011年才被確認。

隔天，8月2號，諾爾斯在瑪喬立位於佛羅里達州的自宅寓所殺了她。無法確定是她邀諾爾斯進家門，還是被強行破門而入。他用尼龍褲襪勒斃她，然後偷走她的電視機。

8月底，諾爾斯闖入凱西‧蘇‧皮爾士於喬治亞州穆塞拉的家。她被電話線勒斃，不過小孩沒事。9月3號，諾爾斯在俄亥俄州的一家酒吧遇見了威廉‧貝

茨。兩人一起離開酒吧，貝茨的妻子於隔天將貝茨報為失蹤人口。他的遺體在10月時被人發現，遭勒斃並全身赤裸。

諾爾斯開著從貝茨那兒偷來的車來到內華達州。9月18號，他遇見了厄米特和路易‧強森，他先將兩人綑綁後，開槍殺了兩人。他偷走他們的信用卡並盜用了一陣子，但是沒有人懷疑他就是嫌犯，直到他被逮捕後才自白。

因為摩托車拋錨被困在路邊的夏琳‧希克斯遭諾爾斯綁架。諾爾斯強暴希克斯之後，用褲襪勒斃她。他拖著她的遺體穿過倒刺鐵絲網柵欄然後棄屍，四天後於9月25號才有人發現她。

9月23號，諾爾斯在阿拉巴馬州伯明罕遇見了安‧道森。兩人一起旅行了將近一個禮拜，最後諾爾斯於9月29號將她殺害。她的遺體被拋進密西西比河，不過始終沒有被尋回。

下一起謀殺案件發生於10月16號，地點在康乃狄克州。諾爾斯闖入凱倫‧外恩與女兒道恩同住的家中，將兩人綁縛後強暴。兩人都遭以尼龍絲襪勒斃。

朵麗斯‧霍維於10月18號在位於維吉尼亞州伍德福的家中遭槍擊身亡。諾爾斯用的是霍維丈夫的來福槍，她的丈夫當時不在家。他將指紋擦乾淨後，將來福槍放在霍維的遺體旁。這次事件中沒有財物被竊取，所以動機為何並不清楚。

11月2號，諾爾斯殺了搭便車的愛德華‧希利亞德和黛比‧葛里芬。葛里芬的遺體始終沒有被尋獲。諾爾斯在11月6號在喬治亞州遇見卡斯韋爾‧卡兒的時候，開的仍是貝茨的車。卡兒邀請諾爾斯到家裡喝酒，而諾爾斯卻是將他殺害來回報這樣的好意。他年輕的女兒當時在家，也慘遭諾爾斯勒斃。諾爾斯嘗試與她的屍體性交，不過最後沒有成功。

諾爾斯偷了另一輛車，這輛車在11月17號被州警查爾斯‧坎貝爾認出是贓車。州警坎貝爾試圖逮捕諾爾斯，但諾爾斯卻搶下了他的手槍。接著他挾持州警坎貝爾當人質，開走了巡邏車。因為覺得警車太過顯眼，坎貝爾利用警笛和警示燈把詹姆士‧麥爾的車攔了下來。然後他挾持兩人做為人質，開著麥爾的車離去。

他們開到喬治亞州普瓦斯基郡的一處樹林，諾爾斯將兩名人質用手銬銬在樹上，接著近距離朝兩人頭部開槍。沒過多久，警方便在喬治亞州亨利郡各處設下了路障。諾爾斯企圖開車闖過路障，不過車輛失控，撞上一棵樹。他一邊開槍攻擊追逐的警官，一邊徒步逃離現場。

雖然有好幾位警官、數條警犬、直升機和其他執法單位緊追在後，諾爾斯仍逃到距離主要搜索區域幾英里外。直到遇上一名持獵槍的市民為止。

凶殺案發生時間順序：

- 1974年7月26號——艾莉絲‧科特斯，65歲
- 1974年8月1號——莉莉安‧安德生，11歲
- 1974年8月1號——莫蕾特‧安德生，7歲
- 1974年8月1號——伊瑪‧珍‧桑德斯，13歲
- 1974年8月2號——瑪喬立‧豪依，49歲
- 1974年8月——凱西‧蘇‧皮爾士
- 1974年9月3號——威廉‧貝茨，32歲
- 1974年9月18號——厄米特‧強森
- 1974年9月18號——路易‧強森
- 1974年9月21號——夏琳‧希克斯
- 1974年9月29號——安‧道森
- 1974年10月16號——凱倫‧外恩
- 1974年10月16號——道恩‧外恩，16歲
- 1974年10月18號——朵麗斯‧霍維，53歲
- 1974年11月2號——愛德華‧希利亞德
- 1974年11月2號——黛比‧葛里芬
- 1974年11月6號——卡斯韋爾‧卡兒
- 1974年11月6號——卡斯韋爾的女兒，15歲

- 1974年11月17號——州警查爾斯・坎貝爾
- 1974年11月17號——詹姆士・麥爾

逮捕行動與庭審

　　諾爾斯被持獵槍的市民送到一棟房子裡，然後警方隨即接獲報案通知。警方抵達後當場逮捕了他。在警局接受訊問的時候，諾爾斯宣稱自己犯下三十五起謀殺案。但是調查人員只找到他與其中二十件案件的關聯。

結果

　　1974年12月18號，諾爾斯被移送到喬治亞州亨利郡，這裡是他宣稱的棄槍地點，這把槍就是用來殺害州警查爾斯・尤金・坎貝爾的凶器。與他隨行的是警長厄爾・李以及喬治亞州調查局探員羅尼・安琪。就在這趟路程中，諾爾斯奪下李的配槍開槍，兩人纏鬥企圖奪槍的過程中，安琪探員朝諾爾斯胸膛開了三槍，諾爾斯於現場斃命。

瓦西里・科馬洛夫
VASILI KOMAROFF

出生年月日：1871年

名／暱稱：莫斯科之狼、沙博羅夫卡街殺手、瓦西里・特倫特維奇・佩特羅夫

做案特徵：殺害顧客

受害人數：33人

犯案日期：1921年到1923年

逮捕日期：1923年3月18號

殺人手法：勒殺、錘擊

已知受害人：無名男性——馬匹交易商

犯罪地區：俄羅斯莫斯科

狀態：1923年6月18號由行刑班處死

個人背景

　　科馬洛夫的早年家庭生活只有貧窮與酗酒。1871年出生於莫斯科一個大家庭的他，許多直系家庭成員都有酗酒問題，科馬洛夫本身也在15歲時開始飲酒。在徵兵制強制執行的環境下，他在俄羅斯軍隊裡服役四年。28歲時，科馬洛夫結了婚，並且於1904年隨著軍隊出征遠東，參與日俄戰爭。他在戰爭期間賺了一小筆錢，不過沒有維持太久。

　　科馬洛夫一度因為盜取軍庫財物遭逮，判刑1年有期徒刑。服刑期間，妻子染上了霍亂病逝。出獄後，他搬到了里加，並在這裡結識波蘭裔寡婦，蘇菲亞。兩人生了兩個孩子，但科馬洛夫仍很愛喝酒，常痛毆妻子與孩子。

1915年，隨著德國人在一戰期間開始進入波羅的海國家，科馬洛夫帶著一家人搬到俄羅斯沃爾加地區。到了1917年，俄羅斯帝國瀕臨瓦解，科馬洛夫加入蘇聯紅軍，靠著學會讀寫，他一路坐上了排長的位置。科馬洛夫一度遭沙俄白軍收押，但最後逃脫。因為害怕軍事革命法庭，科馬洛夫把自己的姓氏從佩特羅夫改為科馬洛夫。

1920年，科馬洛夫與家人搬到莫斯科，定居於沙博羅夫卡街26號。他開始做馬匹交易的生意，也駕駛馬車，但是只要有機會，他還是會偷東西。到了1921年，俄羅斯當時的領導人列寧公布了新經濟政策，科馬洛夫開始了他的屠殺行動，整個過程持續了兩年之久，造成至少30人喪生。

凶殺紀錄

科馬洛夫的犯案手法都相同。每一個受害人都是本來想要買馬，科馬洛夫會邀請他們到家裡來。受害人會先被招待一些伏特加，接著不是被錘擊腦袋，就是被割喉。屍體會被裝袋後藏在家附近，或者丟進莫斯科河裡，也有些遺體被埋入地底。

1922年，科馬洛夫的太太發現他犯下多起殺人案。她絲毫不受動搖，還開始協助科馬洛夫犯案。在幾次週四和週六垃圾回收發現了21具遺體之後，警方開始調查連續殺人魔的可能性。參加馬匹拍賣的人注意到科馬洛夫總是於週三和週五出現在拍賣會場，卻幾乎從來沒有帶馬參加，而總是跟一名買馬的客人一起離場這件事之後，也開始產生疑竇。

逮捕行動與庭審

警方開始懷疑科馬洛夫。1921年初，他們申請了搜索令，搜查科馬洛夫的住家。這張搜索令的名目是搜查私酒，但是他們搜到馬棚的時候，發現一名男子的屍體就被稻草掩蓋、藏在這裡。科馬洛夫發現狀況不妙，跳窗逃跑。3月18號，他在莫斯科被捕。

審問過程中，他坦承殺害了33名男子，並表示每個受害人一開始都說想要買馬。他表示是為了搶奪財物而殺掉他們，但始終沒有從受害人身上得到太多錢。認罪後，他帶警方去看埋屍地點，不過並非所有受害人的遺體都有被找回來。

庭審結束時，科馬洛夫與妻子蘇菲亞皆被判謀殺罪成立，皆被判處死刑。

結果

- 在獄中等待行刑的時候，科馬洛夫三度試圖自殺失敗。
- 科馬洛夫與妻子於1923年6月18號在莫斯科遭行刑班執行死刑身亡。

藍迪・史蒂芬・卡拉夫特
VASILI KOMAROFF

出生年月日：1945年3月19號

別名／暱稱：計分卡殺手、公路殺手、南加州勒殺手

做案特徵：強暴、毀屍、酷刑虐待、分屍、雞姦

受害人數：16到67人

犯案日期：1971年9月20號到1983年5月13號

逮捕日期：1983年5月14號

殺人手法：勒殺、藥物與酒精

已知受害人：愛德華・摩爾，20歲；凱文・貝利，17歲；羅尼・維畢，20歲；基斯・克羅特威爾，18歲；馬克・霍爾，22歲；史考特・休斯，18歲；羅蘭・楊，23歲；理查・基斯，20歲；基斯・克林貝爾，23歲；麥可・英德畢登，21歲；唐納・克里索，20歲；羅伯特・洛吉斯，19歲；艾瑞克・邱吉，21歲；羅傑・迪沃，20歲；喬福里・奈爾森，18歲；泰利・干布羅，25歲

犯罪地區：美國加州、奧勒岡州、密西根州

狀態：判處死刑，等待行刑

個人背景

　　1945年，卡拉夫特出生於美國加州，他們一家都是女兒，只有他一個兒子。從小他就常常出意外，12個月大就從樓梯滾下，撞斷鎖骨。一年後，又因為笨手笨腳的意外讓他撞得失去意識。

　　3歲的時候，他們一家搬到了橘郡西敏市，卡拉夫特在這裡度過了一個正常

的童年生活。上了高中，他與同儕相處得很融洽，也是學校樂隊的成員，負責吹奏薩克斯風。1963年，卡拉夫特高中畢業。與朋友一樣，為了就讀加州波摩納的克萊蒙特學院，他搬出老家。

卡拉夫特對政治很有興趣，在就讀大學時期是大學儲備軍官訓練團的成員。他也參加了示威遊行活動，支持美軍參與越戰。他在1964年熱烈替右翼總統候選人助選，不過僅一年過後，他的政治立場便轉左。這時期的他開始在一家男同志酒吧裡兼差當酒保。

卡拉夫特大一的時候，學校裡就有傳聞說他喜歡被綁縛。他的室友後來回想當年，卡拉夫特會每個禮拜都有幾次行蹤不明好一段時間，然後在深夜時分回宿舍。因為偏頭痛和腹痛的問題，卡拉夫特定時會服用煩寧這種藥物，有時甚至在課堂間服藥。

1966年，卡拉夫特從校園宿舍搬到了跟朋友分租的公寓。他的休閒時間大部分都泡在同志酒吧，他同一年之中先因為猥褻行為被逮，後來又因為賣淫找上臥底警察被逮，不過他僅被警告後就被釋放了。1967年，同學都畢業了，卡拉夫特卻得留下來重修。又過了好幾個月，他才取得經濟學士學位。卡拉夫特曾助選的甘迺迪總統遇刺後，他加入了空軍。他被派到愛德華空軍基地，監管測試機的塗裝。1969年，卡拉夫特終於承認自己是男同志，這讓他的家人大吃一驚。出櫃後的他被空軍以「醫療考量」為由除役，開始重操舊業，擔任酒保。

從那之後，卡拉夫特過起了繞著同志酒吧、酒精與毒品打轉的出櫃生活。他年輕時交的朋友都很震驚——14年後當卡拉夫特的行為終於被公諸於世的時候，他們更加不敢置信。

凶殺紀錄

卡拉夫特在1972年到1983年間頻繁犯案。他只殺害男性，大多數都是同性戀者。有時他會在受害人還活著的時候肢解受害人以及酷刑虐待。警方調查這好幾起謀殺案的時候，找到第二人參與犯案的證據。但是卡拉夫特從未承認此事，也

未曾點名共犯的身分。

凶殺案發生時間順序：

- 1972年12月23號——愛德華‧丹尼爾‧摩爾，20歲
- 1973年4月9號——凱文‧克拉克‧貝利，18歲
- 1973年7月28號——羅尼‧琴‧維畢，20歲
- 1975年1月17號——基斯‧戴文‧克羅特威爾，19歲
- 1976年1月3號——馬克‧霍華‧霍爾，22歲
- 1978年2月12號——喬福里‧艾倫‧奈爾森，18歲
- 1978年2月12號——羅傑‧詹姆士‧迪沃，20歲
- 1978年4月16號——史考特‧麥可‧休斯，18歲
- 1978年6月11號——羅蘭‧傑拉德‧楊，23歲
- 1978年6月19號——理查‧艾倫‧基斯，20歲
- 1978年7月6號——基斯‧亞瑟‧克林貝爾，23歲
- 1978年11月18號——麥可‧約瑟夫‧英德畢登，20歲
- 1979年6月16號——唐尼‧哈羅德‧克里索，20歲
- 1980年9月3號——羅伯特‧懷亞特‧洛吉斯，19歲
- 1983年1月27號——赫伯特‧邱吉，21歲
- 1983年5月14號——泰利‧李‧干布羅，25歲

其他疑似受害者：

- 1971年9月24號——偉恩‧約瑟夫‧杜克特，30歲
- 1973年2月6號——「威明頓」（身分不明男性）
- 1973年4月22號——「霍斯斷頭」（身分不明男性——此為卡拉夫特計分卡中紀錄）
- 1973年12月23號——文森‧克魯茲‧梅斯塔斯，23歲

- 1974年6月2號——馬爾康・尤金・利托，20歲
- 1974年6月22號——羅傑・E.・迪克森，18歲
- 1974年8月3號——湯瑪士・帕克斯頓・李，25歲
- 1974年8月12號——蓋瑞・偉恩・科爾多瓦，23歲
- 1974年11月27號——詹姆士・戴爾・李維斯，19歲
- 1975年1月4號——約翰・威廉・列拉斯，17歲
- 1975年1月17號——克雷格・喬納特斯，24歲
- 1976年12月12號——保羅・約瑟夫・福克斯，19歲
- 1978年9月30號——理查・A.・克羅斯比，20歲
- 1979年8月29號——「七六」（身分不明男性）
- 1979年9月14號——格里哥利・華勒斯・喬利，20歲
- 1979年11月24號——傑佛瑞・布賴恩・塞爾，15歲
- 1980年2月18號——馬克・艾倫・馬許，20歲
- 1980年4月10號——麥可・杜安・克勒克，18歲
- 1980年7月17號——麥可・蕭恩・奧法隆，17歲
- 1980年7月18號——「波特蘭埃克」（身分不明男性）
- 1981年8月20號——克里斯多福・威廉斯，17歲
- 1982年1月19號——亞內・米凱爾・萊恩，24歲
- 1982年7月29號——羅伯特・亞威拉，16歲
- 1982年7月29號——雷蒙德・戴維斯，13歲
- 1982年11月28號——布萊恩・維契爾，26歲
- 1982年12月9號——蘭斯・特倫頓・塔格斯，19歲
- 1982年12月9號——丹尼斯・歐特，20歲
- 1982年12月9號——克里斯多福・蕭恩博，20歲
- 1982年12月18號——安東尼・索維拉，29歲

逮捕行動與庭審

1983年5月14號早上，卡拉夫特因為開車蛇行被攔檢。他一停下來就下了車，朝巡邏車直走去。警方懷疑他有意藏匿什麼東西，便領著他走回他的車上，只見副駕座位上是泰利‧干布羅被勒斃的遺體。卡拉夫特當場就被逮捕了。

警方搜索卡拉夫特住家的時候，發現3名男子的照片，才意識到他們破了南加州的謀殺案。照片中一人是羅伯特‧洛吉斯，1980年9月遇害，另外兩人是喬福里‧奈爾森與羅傑‧迪沃，兩人最後被人目擊身影的時間是1983年2月。

卡拉夫特車庫裡地毯上找到的纖維，與史考特‧休斯遺體樣本相符。於密西根州大湍城附近找到的受害人的個人物品，有幾件也在卡拉夫特家中找到。調查人員發現一本筆記本，裡面寫滿了某種代碼。卡拉夫特記錄下自己所犯的每一起凶殺案，後來被稱為「計分卡殺手」。

1983年9月，卡拉夫特被以十六起謀殺罪嫌、九起性傷害罪嫌、十一起雞姦罪嫌以及三起搶劫罪嫌起訴。隔年1月，檢方又在起訴書中加上二十一條謀殺罪嫌。有了警方找到的鑑識證據，卡拉夫特被起訴的所有罪嫌都被判有罪，遭判處死刑。

結果

許多人一直懷疑卡拉夫特至少在部分案件中有幫凶協助，但是這件事一直沒查出任何線索。這樣的猜疑有一部分是建立在如果卡拉夫特要靠自己搬移屍體會太過艱難的這個假設上。

針對自己所犯下的案件，或者是否有幫凶存在的可能性，卡拉夫特都沒有真的開口交代過，謎團始終沒有解開。目前他仍在死牢中等待行刑日期。

後記

儘管卡拉夫特洗了很多死者的照片，卻沒有任何沖片師在看見這些可怕的畫面後通報警方。

卓欽・克洛爾
JOACHIM KROLL

出生年月日：1933年4月17號

別名／暱稱：魯爾河食人魔、魯爾河獵殺手、杜易斯堡食人狂

做案特徵：食人行為、毀屍、強暴、戀童癖

受害人數：14人

犯案日期：1955年2月8號到1976年7月3號

逮捕日期：1976年7月3號

殺人手法：勒殺、刀刺、淹溺

已知受害人：厄姆葛特・史特瑞，19歲；艾莉卡・舒勒特，12歲；克拉拉・特斯默，24歲；曼紐耶拉・納德，16歲；佩特拉・蓋斯，13歲；莫妮卡・特福，12歲；芭芭拉・布魯德，12歲；赫曼・施密茲；烏蘇拉・羅林；伊洛娜・哈克，5歲；瑪莉亞・黑特根，61歲；潔塔・拉恩，13歲；卡琳・托普，10歲；瑪里昂・凱特，4歲

犯罪地區：德國北萊因－威斯特伐利亞

狀態：終生監禁 1991年7月1號死於心臟病

個人背景

　　克洛爾是出生於興登堡（現為波蘭領土）一戶礦工家庭的八個兒子之一。他天生軟弱，常常尿床，這點很可能是他自尊低落的原因。他的父親先被關進監獄，後於二戰期間喪命，戰爭結束後，這家人搬到了德國北萊因－威斯特伐利亞。

身為在戰後經濟危機中掙扎生存的單親媽媽，他母親帶著八個孩子搬進了一戶兩房小屋。克洛爾去上學後，勉強算是完成五年學業，然後便休學，回到家裡經營的農場幫忙。這樣的變動讓克洛爾沒有機會長成正常的成人，無法與同齡人建立互動關係。

依照現今的標準來看，克洛爾屬於精神障礙症患者，後來經評估，他的智商僅76分。他就是個僅有年輕男孩智力的成人，一直與母親同住到母親去世為止，那年他22歲。母親去世後，克洛爾搬到杜易斯堡，開始當洗手間清潔工。被大多數人視為白癡的他，比較喜歡跟兒童相處。

克洛爾很受當地孩童的歡迎，因為他手邊總是有很多玩具和洋娃娃可以玩，還有糖果可以分給孩子們。他住的那棟樓禁止兒童出入，然而他仍很樂於邀請孩子們上樓到他家玩耍。孩子們都叫他「卓欽叔叔」，在孩子們眼裡，克洛爾是個無害、大方的人，而且精神層面與他們能夠溝通。但是孩子們不知道的，或說沒有看見的是克洛爾在自家公寓裡藏的各式性愛玩物。他後來表示，自己會拿那些娃娃練習勒頸，一邊自慰。

克洛爾對鄰居說的話導致他最後因為自己對孩童犯下的可怕罪刑被捕，正是他智商低落的證明。他告訴鄰居不要用那棟樓的頂樓公共廁所，因為裡面「都是內臟」。鄰居以為他的意思是廁所裡面有屠宰肉品後剩下的廢料，所以找來了水電工。

水電工往廁所馬桶裡一看，眼前的景象令他不敢置信。塞住馬桶的全是一個孩童的內臟。

凶殺紀錄

克洛爾的母親於1955年去世後，他便開始犯下殺人案。克洛爾似乎稍微能夠控制自己想要殺人的慾望，因為他對於要在哪裡、哪時候殺人這件事，有非常明確的要求。他喜歡在相同地點下手，但案件本身之間總是相隔多年，且每次犯案數量有限。當時同一地區還有好幾名殺人兇手，所以警方一直沒有把逮捕方向轉

向他。

　　克洛爾會讓受害人在毫無防備的情況下被勒斃，然後他會把受害人的衣物脫去，與遺體性交，接著他會對遺體自慰後再分屍。他會切下某些部位，留著之後吃掉。殺人後一回到家，他就會跟橡膠人偶性交。

凶殺案發生時間順序：

- 1955年2月8號——厄姆葛特·史特瑞，19歲
- 1956年——艾莉卡·舒勒特，12歲
- 1959年6月16號——克拉拉·費里達·特斯默，24歲
- 1959年7月26號——曼紐耶拉·納德，16歲
- 1962年4月23號——佩特拉·蓋斯，13歲
- 1962年6月4號——莫妮卡·特福，12歲
- 1962年9月3號——芭芭拉·布魯德，12歲
- 1965年8月22號——赫曼·施密茲
- 1966年9月13號——烏蘇拉·羅林
- 1966年12月22號——伊洛娜·哈克，5歲
- 1969年7月12號——瑪莉亞·黑特根，61歲
- 1970年5月21號——潔塔·拉恩，13歲
- 1976年5月8號——卡琳·托普，10歲
- 1976年7月3號——瑪里昂·凱特，4歲

逮捕行動與庭審

　　克洛爾於1976年7月3號殺害瑪里昂·凱特後遭逮捕。警方進入他的公寓時，發現小女孩的部分軀體被冰在冰箱，雙手被放進鍋子裡烹煮，內臟還堵在廢水管裡。在訊問過程中，克洛爾承認於過去二十年中，殺害了凱特以及其他13名受害人，並承認自己會吃掉遺體來省伙食費。被拘留的期間，克洛爾以為當局會幫他

做個小手術，讓他不要再殺人，然後他就可以回家了。

　　克洛爾被八起謀殺罪名以及一起謀殺未遂罪名起訴。他的庭審持續了一五一天，於1982年4月結束。所有起訴接判定有罪，他被判處終生監禁。

結果

　　1991年7月1號，克洛爾心臟病發作，於萊茵巴赫的監獄裡去世。

理查 · 庫科林司基
RICHARD KUKLINSKI

出生年月日：1935年4月11號

別名／暱稱：冰人

做案特徵：雇傭殺手

受害人數：6到100人以上

犯案日期：1949年到1986年

逮捕日期：1986年12月17號

殺人手法：槍擊、刀刺、毒害、毆打

已知受害人：查理·切斯；丹尼爾·E.·德普納；蓋瑞·T.·史密斯；喬治·馬利班；路易斯·馬斯蓋；警探彼得·卡拉布羅；保羅·賀夫曼

犯罪地區：美國紐澤西州、紐約州

狀態：遭判終生監禁，於2006年3月6號自然死亡

個人背景

　　庫科林司基出生於紐澤西州，父母是史丹利與安娜，在家裡四個孩子中排行老二。他的父親是鐵路局的剎車手，有酗酒家暴的問題，常痛毆安娜與孩子們。虔誠天主教徒安娜是個非常嚴厲的家長，只要認為需要，她也會體罰孩子。

　　庫科林司基5歲的時候，家裡遭逢了厄運。他的哥哥弗洛里安被父親毒打致死。然而他的母親告訴急救人員，說是小男孩滾落樓梯，因此史丹利沒有被起訴。沒過多久，史丹利便離開了家，庫科林司基被迫在沒有父親形象的環境下學會照顧自己。

庫科林司基犯下的第一起謀殺案，發生於1949年，那年他13歲。當時社區裡有一群青少年組成的幫派，叫做「計畫男孩」，他們很喜歡霸凌、毆打庫科林司基。有次被痛毆之後，庫科林司基決定要對其中一個成員，查理‧切斯復仇。庫科林司基抓了一根木頭攻擊他，一直打到他沒有再醒來為止。接著，他將男孩的指尖切下來，拔掉牙齒，再把遺體丟下橋。

　　這起謀殺案之後，庫科林司基又去找幫派其他成員，用一根金屬棒攻擊所有人，他們全都差點被打死。根據庫科林司基後來表示，就是查理‧切斯的謀殺案讓他發現，寧可動手也不要吞忍。從那之後，只要有人讓他「不開心」，他就會傷害對方。

　　長大後，庫科林司基透過友人羅伊‧狄梅尤與甘比諾犯罪家族牽上線。一開始，庫科林司基只會被派去搶劫和完成一些其他，包含盜版情色影片。這時候的庫科林司基已經長成一個大個子，身高217公分，體重大概有130公斤。此時這個犯罪家族決定測試一下庫科林司基適不適合擔任這個家族的殺手。

凶殺紀錄

　　喬治‧馬利班於1980年1月31號認識了庫科林司基，他要賣一些影片。幾天後，有人在一只200公升的大桶中發現他的遺體。他被殺那天，身上帶著約有27,000美元的鉅款。

　　1980年3月14號，卡拉布羅警探在暴風雪中專注開車時，庫科林司基持獵槍往他的頭部開了一槍。1981年7月，路易斯‧馬斯蓋與庫科林司基會面討論影片交易後失蹤了。他的車門內框裡本來藏了95,000美元。遺體一直等到十五個月後才有人尋獲。他的頭部中槍，然後被以好幾層塑膠袋包裹後冰在冷凍庫。

　　另一位準備要去見庫科林司基就失去蹤影的人，是保羅‧賀夫曼。1982年4月29號，他身上帶著22,000美元，當時他打算跟庫科林司基買一些處方籤藥物。直至今日，他的遺體仍未被尋回。

　　最後兩位受害人，蓋瑞‧史密斯和丹尼爾‧德普納是室友關係。史密斯於

1982年12月27號遇害，他的遺體被棄置在一家旅館的床底下。丹尼爾·德普納在1983年5月14號被庫科林司基殺害。

　　庫科林司基的殺人工具有很多種，包含槍枝、刀、毒藥和勒殺方式。他的受害人遺體通常都被肢解並被掩埋，不過也有些被放在後車廂，然後車子會被開到垃圾場壓毀。庫科林司基也說過，有些情況下他會直接把遺體丟在公園長椅上。

　　有時候庫科林司基會利用冰淇淋車來儲放遺體一段時間再棄置，此舉讓法醫難以斷定死者的死亡時間與日期。庫科林司基一度與羅伯特·普隆，又稱溫柔先生，變成好朋友。庫科林司基宣稱他對於毒殺的了解，都是普隆教給他的。1984年，有人發現普隆遭槍擊致死後被棄置在自己的車後廂裡，許多人相信兇手就是庫科林司基。

凶殺案發生時間順序：

- 1949年——查理·切斯
- 1980年1月31號——喬治·馬利班，42歲
- 1980年3月14號——彼得·卡拉布羅警探
- 1981年7月——路易斯·馬斯蓋，50歲
- 1982年4月29號——保羅·賀夫曼，55歲
- 1982年12月27號——蓋瑞·史密斯，42歲
- 1983年5月14號——丹尼爾·德普納，46歲

逮捕行動與庭審

　　庫科林司基於1986年12月17號遭逮，逮捕令來自一名臥底探員的證詞。調查進行了六年，由總檢察長辦公室、紐澤西州警與美國菸酒槍炮及爆裂物管理局合力進行。為了進行逮捕行動，當局部屬了好幾名警官，還封下整條街。

　　1988年，全案於紐澤西州開庭，庫科林司基因為犯下五起謀殺案件被定罪。他被判五條無期徒刑，要等到他超過100歲之後才能申請假釋。

第二場庭審是彼得・卡拉布羅警探案，於2003年開庭。庫科林司基再次被定罪，額外被判處30年有期徒刑。入獄期間，庫科林司基同意接受好幾場訪談，對象包含犯罪學家、心理學家、作家、檢察官以及電視製作人。

在這些訪談過程中，庫科林司基讓大家更清楚了解像他這樣的人以及這樣的殺手。他表示自己絕不會傷害或殺害婦孺。庫科林司基的殺人手法之中，有些極具虐待性質，包含把受害人綁縛固定在洞穴裡，任憑老鼠在他們還活著的時候去啃咬他們。這種特殊的殺人過程會被拍攝下來，提供給客戶當作證據，讓他們知道受害人死前確實受盡折磨。

結果

在庫科林司基死前，曾與菲利普・卡洛進過訪談，訪談中，庫科林司基表示他參與了吉米・霍法的綁架謀殺案，此案為知名工會領導人憑空消失事件。不過在之前的訪談中，他卻聲稱自己對霍法案一無所知。只聽說過他被殺害後裝桶，送上一輛日本車，壓扁後送到海外去的傳聞。直至今日，當局仍沒有任何證據證明此事。

2006年3月5號，庫科林司基被送到紐澤西州特倫頓的聖法蘭西斯醫療中心，於凌晨1點15分死亡。雖然已是70歲高齡，他的死訊對於許多人來說仍疑點重重，因為當時的他已經準備要出庭作證，指認甘比諾犯罪家族的老大，山米・格拉瓦諾。庫科林司基本要證實格拉瓦諾下令要他殺害彼得・卡拉布羅警探一事。庫科林司基才去世幾天，所有針對格拉瓦諾的訴狀就都被撤銷了，因為檢方沒了庫科林司基的證詞，沒有把握能讓格拉瓦諾被定罪。

庫科林司基死前曾說過，他認為甘比諾犯罪集團派人到監獄裡對他下毒，目的就是要讓他不能出庭作證。庫科林司基死後，一名知名的法醫病理學家被找來檢查驗屍結果，判定庫科林司基究竟是否與毒物有關。他最後判定沒有任何毒物證據，庫科林司基是死於自然原因。

後記

2006年4月，好幾則新聞報導浮上檯面，講的是庫科林司基對作家菲利普‧卡洛坦承自己參與了知名工會領導人吉米‧霍法的綁架撕票案。

不過在更早之前面對HBO的訪談，他表示對於霍法的下場一無所知。庫科林司基表示自己只有聽過傳聞，內容很明確，說的是霍法死後被裝進大桶子裡，放上一輛日本車，與其他車輛一起被壓扁了用船運送到海外去。

倫納德・雷柯與查爾斯・吳
LEONARD LAKE AND CHARLES NG

出生年月日：1945年10月29號、1960年12月24號

別名/暱稱：雷柯——倫納德・J・希爾、艾倫・德雷、藍迪・傑可布森、羅賓・斯塔普利、倫納德・希爾、查爾斯・貢納爾、保羅・科斯納

做案特徵：強暴、酷刑虐待、搶劫

受害人數：11到25人

犯案日期：1983年到1985年

逮捕日期：1985年6月2號、1986年7月6號

殺人手法：槍擊

已知受害人：哈維・達布斯；達布斯的妻子黛博拉與襁褓中的兒子尚恩；老洛尼・邦德與妻子布蘭達・歐康納，以及襁褓中的兒子洛尼・邦德二世；克利福・佩蘭多；傑佛瑞・傑拉德；麥可・卡羅；凱特琳・艾倫；羅賓・史考特・斯塔普利；藍迪・傑可布森

犯罪地區：美國加州卡拉維拉斯郡

狀態：雷柯——被捕後沒多久便服氰化物自殺身亡；吳——判處死刑，等待行刑

個人背景

倫納德・雷柯

雷柯出生於舊金山。6歲的時候，父母親離婚，他與手足被送到了祖父母家。別人形容他是聰明的孩子，但是還很年輕的時候就對色情片有著不健康的喜好。他祖母會鼓勵他與姊妹合拍裸照，後來據聞雷柯會性勒索自己的姊妹。

19歲的時候，雷柯加入海軍陸戰隊，成為電報兵。他兩度參與越戰，後來於1971年被診斷出類分裂性人格疾患。他因醫療緣故被海軍陸戰隊除役後去接受心理治療。他被聖荷西一所大學錄取，但只念了一學期就休學，搬到嬉皮住宅。

1975年，雷柯結婚，但是這段婚姻關係並不持久，他的妻子一發現他在拍業餘色情片之後就跟他離婚了。他是色情片裡的主角，每支影片都有虐待癖和綁縛行為。雷柯因為竊車出獄後，於1981年與克拉拉琳・巴拉斯結婚。這段婚姻一樣沒有維持很久，因為克拉拉琳無法繼續忍受他越來越不穩定的行為表現。雷柯也想強迫她主演色情片，這對克拉拉琳來說正是最後一根稻草。

1982年，雷柯因為違反槍枝法，被警方找上門後遭逮捕，但是他交保後逃逸。他搬進前妻家的牧場，地點在威爾西維爾的郊區，同年在這裡認識了查爾斯・吳。兩人成為好友，一起住在牧場。他們發現彼此有一樣的傾向，而且擁有最適合出手犯案的地點。

查爾斯・吳

吳出生於香港，他的父親是個有錢的中國高層，根據吳的描述，他父親有很嚴厲的管教條件，會動手施虐。吳在青少年時期就獨來獨往，常常惹禍上身，最後被好幾間好學校退學。15歲的時候，他因為店內行竊被抓，他父親決定把他送到英國念寄宿學校。然而吳仍繼續偷東西，才剛到那所學校不久，就再次被逐出。他被退學後回到了香港。

1978年，吳拿著學生簽證，搬到了美國，在加州就讀聖母學院。然而僅唸完一學期，他就休學了。沒過多久，他便捲入了一起摩托車肇事逃逸事件中。為了逃避罰責，他加入了海軍陸戰隊。

要成為海軍陸戰隊成員，得先成為美國公民，而吳並沒有美國公民身分。但是1979年的他，持假文件靠胡扯過了關。加入海軍陸戰隊後一年，他因為駐點夏威夷的時候偷取自動武器被捕。因為害怕軍事法庭的審判，他成了逃兵。他想盡辦法回到了加州，最後搬去與雷柯同住。

兩人共居的這處偏遠住家於1982年被聯邦當局突襲，在發現大量爆裂物和武器之後，兩名男子立刻被逮捕。吳被送回海軍陸戰隊看管，後來協調出認罪協商的方式，在軍隊的拘禁所被關了18個月。雷柯繳了保釋金後就被放出來了，之後他便開始潛逃的生活，用好幾個不同假名四處移動，直到再次遇上吳為止。

凶殺紀錄

雷柯與吳相會一事，對於後來遇見他們的人來說，只帶來了悲劇，尤其是1983年到1985年間遇到的人更是如此。兩人開始大開殺戒，殺了鄰居、認識的朋友以及遇見的陌生人，不論對方是男女老少。

他們的策略是先殺掉男人和小孩，然後綁架女人，關進雷柯打造的一座建物裡，這建物就在他住的小木屋旁，被他稱之為「地牢」。在地牢裡的女性會被反覆強暴、折磨，受精神虐待——全程都會被拍攝下來。這些女性被他們稱為「性奴」，等到雷柯與吳對她們厭煩了才會殺掉她們。

後來在雷柯的日記裡發現，他覺得會發生核戰。這就是為什麼他蓋了這座「避難所」或說是地牢，他打算在戰後利用這些女性性奴重建人類人口。他說自己的計劃為「米蘭達行動」，這個名字來自一本約翰·福爾斯寫的書《蝴蝶春夢》裡的角色名。

凶殺案發生時間順序：

- 1984年7月25號——哈維·達布斯，30歲
- 1984年7月25號——黛博拉·達布斯，33歲
- 1984年7月25號——尚恩·達布斯，1歲
- 1984年10月——藍迪·傑可布森，34歲
- 1985年4月——凱特琳·艾倫，18歲
- 1985年4月——麥可·卡羅，23歲
- 1985年5月——洛尼·邦德，27歲

- 1985年5月——布蘭達・歐康納
- 1985年5月——洛尼・邦德二世，兩歲
- 1985年5月——羅賓・史考特・斯塔普利，26歲
- 1983年，日期不明：查爾斯・貢納爾、唐納・雷柯（雷柯的弟弟，失蹤，據信遭雷柯與吳殺害）

疑似案件：
- 1984年11月——保羅・科斯納，39歲
- 1984年7月——唐納・朱列蒂，36歲

逮捕行動與庭審

吳最後的身影是在1985年6月2號，於舊金山南部一家店面行竊被看見。警方抵達前他就逃跑了，但是坐在自己車裡、停在現場的雷柯在警方搜到一把手槍後被逮捕。他告訴警方他叫做羅賓・斯塔普利，並拿出一張寫著斯塔普利這個名字的駕照。但是斯塔普利才26歲，警方看得出來雷柯比這年紀大多了，於是他被帶回警局訊問。

檢方在搜查雷柯位於威爾西維爾的小木屋時，發現雷柯的武器收藏，以及其他顯示雷柯是一名生存主義者的物品。他們把牧場整個仔細地搜了一遍，發現在地牢附近有一座掩埋場，經歷了漫長又艱難的過程，調查人員找出了約18公斤的壓碎焚燒過後的骨骸碎片，所有找到的骨骸碎片加起來等同至少11具遺體。

有張地圖讓調查人員找到一處埋放兩只5加侖大桶的位置。大桶中有寫著名字的信封袋和受害人的身分證，據估計受害人總共有25人。其中一個桶子裡面裝著雷柯在1983年到1984年間寫的日記，還有兩卷錄影帶。其中一卷帶子裡面是對布蘭達・歐康納的酷刑虐待過程。另一卷帶子是對黛博拉・達布斯的嚴重攻擊過程，內容顯示手段之極端，她絕無存活可能。

逃避追捕的吳跑到了加拿大，但是他的行竊習慣很快就讓他惹上了麻煩。他

於1985年7月6號在亞伯達省遭逮捕，當時警衛想抓住店內行竊的吳，吳卻反對他開槍。吳後來因為持武器攻擊、店內行竊以及祕密持有武器被定罪。他被判4年半有期徒刑。服刑完畢後，因為加州的凶殺案申請引渡緣故，他仍繼續被拘留在監獄裡。

吳本想抵抗引渡令，因為加州仍有死刑，而加拿大沒有。但是加拿大最高法院拒絕了他的要求，於1991年將他引渡回美國加州。他在加州被以十二起一級謀殺罪嫌起訴，就此開始了美國法律史上最漫長的一場審判。

總共有10名律師替吳辯訴，有些人在案子都還沒開庭之前就被吳控訴失職。最後他決定替自己辯護，這個決定讓他的審判日期又延後了一整年。從他被引渡回美到庭審開始之間過了六年，終於，1998年10月，吳現身於法庭。

庭審於1999年2月結束，吳在十二起謀殺罪嫌中，有十一起被判有罪。他被判處死刑。吳提出了減刑的動議，但是審判長拒絕了，目前維持原判。一切塵埃落定後，據估計起訴吳的這個過程總共花了加州約2千萬美元。

結果

雷柯被逮捕那天，他被關在牢房等待調查人員來問話。他要求要喝一杯水，相關人員也給他了，接著他便拿出預先縫在袖子裡的氰化物藥丸服下，隨後立刻被送往醫院。四天後，6月6號，院方關掉他的維生系統，他便靜靜地死去。

吳仍在死牢中等待行刑日期。

後記

語錄

「把我的孩子還給我，你們叫我什麼我都肯做。」受害人布蘭達・歐康納

「妳本來就會照我們要求做了。」倫納德・雷柯

「上帝就是要女人負責煮飯、清理家務和性交用的。沒有在用的時候就應該關起來。」倫納德・雷柯

- 唐納・雷柯，倫納德的弟弟於1983年失蹤。當局推定他已經身亡，但是沒有找到他的遺骸。
- 查爾斯・貢納爾是雷柯在軍中的好友。他的遺體殘骸於1992年9月在牧場中被尋獲。
- 《倫納德與查爾斯之舞》是一首由重金屬樂團「出埃及記」所寫的歌，歌詞講的是兩位殺人兇手的故事。

德瑞克・陶德・李
DERRICK TODD LEE

出生年月日：1968年11月5號

別名／暱稱：巴頓魯治連續殺人魔

做案特徵：強暴

受害人數：7人以上

犯案日期：1992年8月23號到2003年3月3號

逮捕日期：2003年5月27號

殺人手法：刀刺

已知受害人：蘭迪・梅布爾，28歲；吉娜・威爾森・葛林，41歲；潔洛琳・芭兒・德索托，21歲；夏洛特・莫里・佩斯，21歲；潘蜜拉・金娜摩，44歲；特內莎・狄恩・科隆，23歲；凱莉・琳・尤德，26歲

犯罪地區：美國路易斯安那州拉法葉、巴頓魯治

狀態：判處死刑。2016年1月21號死於心臟病

個人背景

　　李在1968年出生於路易斯安那州的聖弗瑞安斯維爾，父母是山謬・羅斯與弗羅倫斯・李。他的父親在李出生後不久便離開了。山謬患有精神疾病，李的母親因此認為這樣也好。山謬後來因為試圖謀殺前妻，在精神療養院服刑。弗羅倫斯後來嫁給了科爾曼・巴羅，他對孩子們視如己出。

　　李11歲的時候，會在鄰居家窗邊偷看女孩子。後來他也表示自己喜歡虐待小動物。13歲的時候，李被抓到入室竊盜，不過沒有被懲罰。警方已經知道他喜歡

偷窺別人家，但是他當時還沒有出現任何暴力傾向。然而到了16歲的時候，情況改變了。他在一次打鬥中對另一個男孩子拔刀。17歲的時候，他因為偷窺被捕，但仍沒有被送到感化院。

李對偷窺的癡迷一直持續到他長大成人，甚至到1988年，他與賈桂琳·迪妮絲·辛斯成婚後還是持續。兩人生了兩個孩子，德瑞克二世與多利絲。結婚初期，李就因為闖入住宅被逮捕並遭起訴。後來幾年，李就像是過著兩種人生一樣。他一方面是好父親，認真工作養家，另一方面，他會精心打扮，常跑酒吧去搭訕女性。

夫妻兩人在賈桂林的父親意外身亡後，繼承了一大筆錢，李簡直高興極了。這下他能打扮得更有型有款，可以在女人身上花錢，還能開名車。他最後養了一名情婦，卡桑德拉·葛林，她於1999年為兩人生了一個兒子。這時候的李，錢財差不多已經全部散盡，於是他又回去工作，靠著薪水度日。

2000年，李因為經濟拮据，承受極大壓力，他與卡桑德拉也常常吵架。這個情況最後終於還是升級到施暴的程度，卡桑德拉對李申請了禁制令。然而，三天後李在一家酒吧後方的停車場找到了她，將她毒打一頓。李被逮捕並起訴，後來的那年就在獄中度過。假釋後，他必須穿戴監視裝置，維持居家監禁。雖然他違反了這項規定，但也沒有再被抓回監獄。

凶殺紀錄

李於1993年在一輛停在路邊的車上遇見了兩名青少年，正「打得火熱」，他用一把1公尺長的收割工具攻擊了他們。他瘋狂攻擊這對年輕男女，直到有車接近把他嚇跑為止。這對年輕男女奇蹟似地死裡逃生，六年後指認了李。後來的十年之中，李的攻擊行為變得越來越暴力，犯下數起凶殺事件，最後得用DNA來破案。

李的第一名已知受害人是蘭迪·梅布爾。梅布爾於1998年4月18號自路易斯安那州扎卡里自家失蹤。她的家中各處都有血跡，雖然明顯可看出她已被殺害，

卻一直沒有尋獲屍體。

吉娜‧威爾森‧葛林於2001年9月23號在巴頓魯治自家中被殺害。隔天她沒有去上班，一名同事到她家探望她的時候發現了遺體。法醫判定她遭強暴後被勒斃。

2002年1月14號，潔洛琳‧芭兒‧德索托於路易斯安那州亞迪斯遇害，犯案地點是史丹佛大道自家住宅。她被刀刺的傷口之深，頭部幾乎被砍斷。她的丈夫在她遇害那天稍晚下班回家時發現了遺體。

2002年3月31號，夏洛特‧莫里‧佩斯於巴頓魯治自家中遭強暴後被以刀刺身亡。她是在吉娜‧威爾森‧葛林遇害後，才從史丹佛大道搬到沙洛大道。兇手用螺絲起子刺傷佩斯八十三次。

潘蜜拉‧皮里亞‧金娜摩於2002年7月12號在巴頓魯治自家中失蹤。四天後，有人在威士忌灣大橋下發現了她的屍體。她的頸部遭砍，幾近斷頭，且也被強暴。

特內莎‧狄恩‧科隆於2002年11月21號去大克圖市替母親掃墓時失蹤。三天後，她遭強暴與痛毆致死的遺體在路易斯安那州史考特的林間被獵人發現。

最後一名已知受害人是凱莉‧琳‧尤德。她於2003年3月3號從巴頓魯治自家失蹤。十天後，有人在威士忌灣大橋下發現她的遺體。她跟其他受害人一樣，遭到強暴後痛毆，最後被勒斃。

凶殺案發生時間順序：

- 1998年4月18號——蘭迪‧梅布爾，28歲
- 2001年9月24號——吉娜‧威爾森‧葛林，41歲
- 2002年1月14號——潔洛琳‧德索托，21歲
- 2002年5月31號——夏洛特‧莫里‧佩斯，23歲
- 2002年7月9號——黛安‧亞力山大
- 2002年7月12號——潘蜜拉‧金娜摩，44歲

- 2002年11月21號——特內莎‧狄恩‧科隆，23歲
- 2003年3月3號——凱莉‧琳‧尤德

疑似受害人：
- 1992年8月23號——蔻妮‧華納
- 1997年6月13號——尤金妮‧波思方婷

逮捕行動與庭審

　　2003年5月，巴頓魯治警方的各單位合作調查小組公開了一幅連續殺人狂嫌犯的畫像。當局也同時派人在當地各教區蒐集每一個他們遇見的男性DNA樣本，試圖找出嫌犯。其中一名男性就是李。調查人員因為他的外貌神似嫌犯畫像，加上他的犯罪紀錄，立刻就鎖定了李。

　　幾個禮拜後，DNA測試結果證實與葛林、尤德、金娜摩、佩斯和科隆身上採到的樣本相符。然而繳交樣本那天，李就帶著一家人搬離了路易斯安那州。李於2003年5月27號在亞特蘭大被捕後送回路易斯安那州。

　　他的第一場庭審內容是潔洛琳‧德索托案，於2004年8月開庭。他被定罪後判處終生監禁，不可假釋。幾個月後於10月間，他為強暴謀殺夏洛特‧莫里‧佩斯再次出庭。他這次一樣被定罪，判處死刑。

結果

- 李於2016年1月21號被送往醫院接受治療後，死於心臟病。
- 他仍是數起凶殺案的嫌疑犯，但是因為他已死亡，這些案件恐怕無法偵破了。

科迪・勒波科夫
CODY LEGEBOKOFF

出生年月日：1990年1月21號

別名／暱稱：無

做案特徵：強暴、性侵

受害人數：4人

犯案日期：2009年10月到2010年11月

逮捕日期：2010年11月28號

殺人手法：鈍器重擊

已知受害人：吉兒・史黛西・施圖琴科，35歲；辛西亞・法蘭西斯・馬斯，35歲；娜塔莎・琳・蒙哥馬利，23歲；洛倫・唐恩・萊斯里，15歲

犯罪地區：加拿大喬治王子城、凡德胡夫

狀態：終生監禁，25年後方可申請假釋

個人背景

　　高挑、金髮、有魅力，認識勒波科夫的人絕對想不到他竟有能力犯下殺人案。他成長的家庭美滿且充滿關愛，童年生活只能用美好來形容。求學期間，他在同儕間很受歡迎，他還參加冰上曲棍球、高山滑雪和其運動。他偶而會因為惹了些小禍進警局，但是從沒有任何需要擔心的大事。

　　勒波科夫從聖詹姆斯堡搬到喬治王子城後，與三名女性友人一起搬入一戶公寓同住。當時的他擔任技師，也喜歡在社群軟體上消磨時間。直到這時，他都沒有流露出任何暴力傾向，所有認識他的人都覺得他很「正常」，只是個與大多數

人都處得來的一般人。

這樣的情況到了2010年出現了一個巨大轉變，轉捩點就是加拿大皇家騎警的一次例行交通臨檢。接下來發生的事情，讓勒波科夫的家人和朋友全都驚駭不已，非常困惑。原來他們認識的這個年輕人，還有從來不為人知的一面。

凶殺紀錄

2009年10月9號，吉兒・史黛西・施圖琴科失蹤了。4天後有人在卑詩省的碎石堆中找到了她的遺體。下一名已知受害人是2010年8月31號失蹤的娜塔莎・琳・蒙哥馬利。雖然沒有人找到她的遺骸，但檢方在勒波科夫住的公寓中找到了她的DNA。

辛西亞・法蘭西斯・馬斯於2010年9月10號失蹤，一個月後，有人在一座公園裡發現她的遺體，上頭布滿傷痕。她的下巴和顴骨都骨折了，頸部有被踩踏的痕跡，肩胛骨上有穿刺傷，頭部多處遭受鈍物重擊。

最後一名已知受害人是青少女洛倫・萊斯里，她於2010年11月27號遇害。萊斯里是法定盲人，據信是透過網路認識了勒波科夫。

凶殺案發生時間順序：
- 2009年10月9號——吉兒・史黛西・施圖琴科，35歲
- 2010年8月31號——娜塔莎・琳・蒙哥馬利，23歲
- 2010年9月10號——辛西亞・法蘭西斯・馬斯，35歲
- 2010年11月27號——洛倫・萊斯里，15歲

逮捕行動與庭審

勒波科夫於2010年11月27號被目擊開著自己的卡車，在卑詩省27號公路上超速行駛。接著，他被一名警官攔停了下來。一開始，警方認為勒波科夫一定是出去盜獵了，因為在11月寒冷的夜裡，很少有人會在那個時間出現在那條公路上。

另一名警官也來到了現場，兩人往卡車上的勒波科夫走去，注意到他的下巴、臉上和雙腿有血漬，雙腳踩的踏墊上還有更多血跡。他們搜索卡車的時候，發現一把扳手和一把萬用工具上頭也都是血跡。有個猴子背包裡面的錢包放著洛倫・萊斯里的身分證。被問到血跡的事情時，勒波科夫說是他盜獵的一頭鹿身上的血。

雖然車內沒有看見鹿，他們還是將他逮捕，並通報環境保護單位派人到現場找尋鹿的下落。環境保護官循著勒波科夫在雪中留下的腳印找去，沒有看到鹿，反而是見到了萊斯里的遺體。

被逮捕後經比對，勒波科夫的DNA與馬斯、蒙哥馬利和施圖琴科的凶殺案證據相符。他被以四起謀殺罪嫌起訴，2014年6月開庭審判。他以無罪辯護，表示自己參與了其中三起謀殺案，但是殺害受害人的兇手不是他。

雖然他試圖把責任怪罪給不明人物，但是仍在四起謀殺罪嫌起訴中被判有罪。他被判處四次無期徒刑，需服刑25年後才可以申請假釋。

結果

- 2015年2月，勒波科夫針對審判過程中的法律代理人以及法院改變審判場地一事提出上訴。2016年9月，卑詩省的上訴法院駁回了他的上訴，全案維持原判。

鮑比・喬・朗
BOBBIE JOE LONG

出生年月日：1953年10月14號

別名／暱稱：羅伯特・約瑟夫・朗、廣告強暴犯、分類廣告強暴犯、約瑟夫・朗

做案特徵：強暴

受害人數：10人以上

犯案日期：1984年3月28號到11月11號

逮捕日期：1984年11月16號

殺人手法：勒殺、槍擊、割喉

已知受害人：阮娣隴，20歲；蜜雪兒・迪妮絲・希姆斯，22歲；伊莉莎白・B・勞登貝克，22歲；香奈兒・迪芳・威廉斯，18歲；凱倫・貝絲・丁斯弗蘭德，28歲；金柏莉・凱爾・哈普斯，22歲；維吉尼亞・李・強森，18歲；金・瑪莉・史旺，21歲；薇琪・艾略特；一名身分不明女性；亞堤斯・維克

犯罪地區：美國佛羅里達州坦帕灣區

狀態：判處死刑，等待行刑

個人背景

　　朗出生時因為基因突變，讓他多了一條X染色體，所以他在青春期便像女性一樣長出乳房，導致他被其他孩童慘烈霸凌。而在父母分居後，朗便一直睡在母親床上，直到長成青少年為止。朗與母親之間的關係功能失調，主要是因為他母親交了好幾個男朋友，而每段感情都只維持很短暫的時間。他在童年時期曾多次頭部受傷，不過具體是什麼情況或是怎麼發生的，並無清楚記錄。

1974年，朗與高中時期交往的女友結婚了，兩人生了兩個孩子。這段婚姻很短暫，1980年便由女方提出了離婚。一年後，朗開始強暴女性，犯案期間拉得很長，過程十分暴力。他會在分類廣告中找對象，如果登報的人是獨居女性，他就會強暴她。朗於1981年因強暴罪嫌被逮捕定罪，但是他要求重啟審判，最後相關控訴便被撤銷了。

朗於1983年搬到坦帕灣。當時，這個地區每年平均有30～35件命案發生。朗搬到坦帕灣後一年，命案數字劇烈提升，每隔一個禮拜就會有人找到女性遇害的屍體。是巧合嗎？沒過多久，真相便水落石出。

凶殺紀錄

1984年，朗開始了長達八個月的犯案期，在3月和11月間，平均每一個禮拜就殺一人。他會開車到處尋找適合的受害者，通常會找上妓女或是在各家酒吧外閒晃的女性。他一定會確保受害者是獨自一人，他後來宣稱這些女性總是會主動找上他。

對方會同意上他的車，他會將其帶回自家公寓。接著他會用項圈和繩索將受害人綁縛固定，強暴後再將其勒斃、鈍器重擊致死或割喉。

朗棄屍的時候會將屍體擺放成奇怪或羞辱的姿勢，通常是將雙腿打開。遺體幾乎都是在樹林間或鄉下路邊找到的。受害人中有兩名是外籍舞者，5人是妓女，其中一人是學生，剩下一名受害人的職業不明。

凶殺案發生時間順序：
- 1984年3月27號——亞堤斯‧維克
- 1984年5月4號——阮娣隴，20歲
- 1984年5月27號——蜜雪兒‧希姆斯，22歲
- 1984年6月8號——伊莉莎白‧勞登貝克，22歲
- 1984年9月7號——維琪‧艾略特，21歲

- 1984年9月30號——香奈兒・迪芳・威廉斯，18歲
- 1984年10月7號——金柏莉・哈普斯，22歲
- 1984年10月13號——凱倫・貝絲・丁斯弗蘭德
- 1984年11月6號——維吉尼亞・強森，18歲
- 1984年11月10號——金柏莉・史旺，21歲
- 1984年11月16號——維琪・M.・艾略特，21歲

逮捕行動與庭審

　　檢方從犯罪現場蒐集了大量法醫證據，包含地毯纖維、繩線、精液以及繩結。這些證據換來了三張逮捕令，可以以性侵謀殺與綁架麗莎・麥可維的理由逮捕朗。朗於1984年11月16號被逮捕並遭起訴。

　　朗承認攻擊麥可維，但是當警探開始拿其他未偵破的凶殺案訊問他的時候，他不願意回答問題。警方拿出受害人的照片，這時候朗表示他要找律師。然而始終沒有人幫他找律師來，他後來便承認犯下八起凶殺案。

　　1985年9月24號，朗與檢方同意認罪協商，對所有起訴認罪。1986年7月，針對蜜雪兒・希姆斯案的庭審開庭。這場庭審只持續了一個禮拜，朗被定罪並判處死刑。

結果

　　朗總共被判處以下刑罰：一項5年有期徒刑、四項99年有期徒刑、二十八項無期徒刑、一項死刑。朗目前仍在死牢裡等待上電椅的時間到來。

長島連續殺人狂
LONG ISLAND SERIAL KILLER

出生年月日：不明

別名／暱稱：吉爾戈殺手、吉爾戈海灘殺手、海灘連續殺人狂、克雷格分類廣告網站開膛手

做案特徵：妓女、伴遊

受害人數：10到16人

犯案日期：可能從1996年到2016年

逮捕日期：從未成功確認嫌犯身分

殺人手法：勒殺

已知受害人：莫琳・布萊納德・巴恩斯，25歲；梅莉莎・巴台勒密，24歲；梅根・沃特曼，22歲；安珀・琳・卡斯特羅，27歲；潔西卡・泰勒，20歲，其餘身分不明

犯罪地區：美國紐約州

狀態：身分不明，未曾逮捕到案

個人背景

　　長島連續殺人狂有許多名字，但是真正的身分從未被揭露。據信他在二十年間犯下十六起凶殺案，受害人通常都參與賣淫行為。兇手犯案後會將遺體棄置在海洋大道沿線，吉爾戈海灘、歐克海灘和瓊斯海灘州立公園附近。

　　最恐怖的就是知道有個連續殺人兇手到處犯案，卻沒辦法抓到他，甚至連個像樣的嫌疑犯也沒有找到。據信長島連續殺人狂可能一直到近日，也就是2016年

間都還在犯案，這件事讓當局無法招架，只能到處尋找可用資源，試圖查出凶手身分，並在兇手再次犯案前將他逮捕到案。

凶殺紀錄

長島連續殺人狂可能在大概二十年的期間犯下了十到十六起殺人案，大多數受害人都與賣淫產業脫不了關係。受害人的遺體通常會被丟在海洋大道沿線，這裡離長島不遠。總括來說，當局找到十組遺體（其中有些只有部分遺骸），許多受害人的身分仍無法查明。

莫琳・布萊納德・巴恩斯於2007年7月9號在長島失蹤。她是一名伴遊，透過線上分類廣告找客戶，這個行業常常是這樣做生意的。2010年12月，有人找到了她的遺體。

2009年7月10號，梅莉莎・巴台勒密在布朗克斯失蹤。她也在網站上登廣告接伴遊工作。她失蹤那天晚上，是接了一個直接往她戶頭轉帳900美金的客人的案子。她曾打電話給前男友，但電話沒有接通。

另一名在克雷格分類廣告網站上登廣告的伴遊女郎是緬因州的梅根・沃特曼。她在2010年6月6號失蹤。當時她告訴男友說自己要出門，然而她再也沒有回來。遺體於2010年12月被尋獲。

海洛因成癮的妓女安珀・琳・卡斯特羅於2010年9月2號在紐約北巴比倫遇害。一名陌生人出1500元美金買她的性服務，她出門去見此人之後就失蹤了。

2003年7月，20歲的潔西卡・泰勒失蹤了。她的軀幹於7月26號被找到，地點是吉爾戈海灘，雙手和頭部不知去向，檢方是用DNA檢測才找到她的身分。泰勒遺體剩下的部分直到2011年5月才被尋獲。泰勒在被殺害的時候以賣淫維生。

凶殺案發生時間順序：
- 1997年6月28號——「蜜桃」
- 2000年——無名女屍6號

- 2003年7月——潔西卡·泰勒，20歲
- 2007年7月9號——莫琳·布萊納德·巴恩斯，25歲
- 2010年6月6號——梅根·沃特曼，22歲
- 2009年7月10號——梅莉莎·巴台勒密，24歲
- 2010年9月2號——安珀·琳·卡斯特羅，27歲
- 2011年4月4號——無名男屍
- 2011年4月4號——無名嬰屍
- 2011年4月11號——無名女屍3號
- 2011年4月11號——無名女屍7號

疑似受害人：
- 2007年3月3號——「櫻桃」
- 2011年5月17號——譚雅·拉許，39歲
- 2010年5月1號——薛薾·瑪莉亞·吉伯特
- 2013年3月16號——娜塔莎·朱鉤，31歲

嫌疑犯側寫：

白人男性、二十多到四十多歲、能取得粗麻布袋、可能具備執法人員知識、可能與執法機構有關係。

喬爾·里夫金：他是當時的殺人兇手，行動活躍，許多人懷疑喬爾·里夫金可能就是長島殺手。然而雖然他坦承犯下其他案件，卻否認與長島謀殺案有任何關連。

退休警長詹姆士·伯克：薛薾·吉伯特的家屬提出伯克可能是兇手的看法。2016年他企圖隱瞞自己痛打一名從他車上偷走一個袋子的男子一事，那袋中碰巧裝滿色情片和情趣玩具，伯克為此被定罪。不過沒有其他證據支持伯克可能就是，或是有能力犯下其他殘暴的殺人案

佩德羅・羅佩茲
PEDRO LÓPEZ

出生年月日：1948年10月8號

別名／暱稱：安地斯禽獸

做案特徵：強暴、戀童癖

受害人數：53人到300人以上

犯案日期：1969年到1980年，2002年疑似仍有犯案。

逮捕日期：1980年3月9號

殺人手法：勒殺

已知受害人：無名年輕女性，年齡落在9到12歲之間

犯罪地區：哥倫比亞、祕魯、厄瓜多

狀態：1998年從當局手中潛逃，目前狀態與所在位置不明

個人背景

　　根據羅佩茲自己提供的資訊，他的人生一開始就十分不幸，他是一名妓女生下的十三名孩子之一。8歲的時候，他母親逮到他對自己妹妹做出不雅舉動，於是將他趕出家門。一名男子將小羅佩茲接走，帶回一座空屋反覆雞姦他。從此他便被施以性暴力、受威脅並被母親遺棄，被自己家人排擠。

　　羅佩茲12歲的時候，一個美國籍家庭收留了他，還送他去一所為孤兒開辦的學校就讀。根據羅佩茲所說，他在學校被一名男老師猥褻，所以他就逃學了。最後，在他18歲的時候他便因犯罪入獄，這時候的他宣稱自己曾被輪姦。他說自己在監獄裡的時候對施暴者復仇，殺了那三個人，但並無證據可證實真偽。

童年與青少年時期經歷了這麼多性侵與強暴事件，羅佩茲一出獄就成為跟施暴者一樣的人也不令人意外。但是他的行為比那些人更嚴重，後來坦承謀殺了超過300名女孩。

凶殺紀錄

羅佩茲出獄後，在哥倫比亞和厄瓜多連續犯下驚人數量的殺人案，平均每個禮拜有3名受害人。因為有超過300名年輕女孩失蹤，當局一開始以為這些女孩是被賣去當性奴和妓女。他們並沒有懷疑是有連續殺人狂在到處犯案，直到羅佩茲因為綁架失敗被捕為止。

逮捕行動與庭審

1980年3月9號，羅佩茲試圖綁架一名年輕女孩，但他被市場小販阻止了，對方將他困住，直到警方抵達現場為止。在警局裡接受訊問的時候，他承認自己犯下多起凶殺案。警方一開始並不相信他的說詞，可是一場暴洪將一座萬人塚沖出來，警方才明白他說的是實話。

結果

1998年，羅佩茲繳交了50元保釋金後，被從醫院的精神科病房釋放，等著謀殺罪開庭。然而他就此消聲匿跡，再也沒有人有他的消息。直至今日，仍沒有人知道他是生是死。

彼得・倫丁
PETER LUNDIN

出生年月日：1972年2月15號

別名／暱稱：比耶恩・斯科恩伯格

做案特徵：弒親、分屍

受害人數：4人

犯案日期：1991年4月與2000年6月

逮捕日期：2000年7月5號

殺人手法：斷頸、勒殺

已知受害人：他的母親；瑪麗安・佩德森以及兩個兒子

犯罪地區：美國北卡羅來納與丹麥

狀態：終生監禁

個人背景

　　倫丁出生於丹麥，父母親是奧萊與安娜。他7歲的時候，全家移民到了美國，於北卡羅來納瑪姬谷定居。他人形容他的童年生活十分平凡，沒有特別的暴力跡象，不過他後來表示自己和父親時常虐待自己的母親。

　　1991年，據稱倫丁和母親因為髮型吵了一架，倫丁為此出手將母親勒斃。他的父親奧萊幫助他藏屍，將安娜的遺體埋在哈特拉斯岬附近的海灘。她的遺體過了八個月才被人尋獲，倫丁與父親很快就被逮捕了。

　　當時19歲的倫丁被判15年有期徒刑，他的父親因為是在倫丁犯案後才成為幫凶，僅判處2年有期徒刑。服刑期間，倫丁接受一檔丹麥電視節目採訪，拍攝

過程中他都以半張臉塗黑的方式出鏡。這段訪談後來被一名瑞典斯精神科醫師，登·賴凡德醫師看見，他在病態人格評估表的滿分40分之中給了倫丁39分。

1999年，由於監獄滿員的關係，倫丁被釋放後遣返回丹麥。回到丹麥後，他與一名女子成婚，這名女子後來因為倫丁對她施暴，將倫丁趕出家門。就是這時候，倫丁認識了瑪麗安·佩德森以及她的兩名小孩。而這段關係對這位年輕女性與她的兩個兒子來說是一場悲劇。

凶殺紀錄

倫丁認識佩德森的時候，她在哥本哈根羅多夫的一家妓院工作。佩德森和兩名稚子於2000年7月3號被報為失蹤人口的時候，倫丁告訴當局，說母子3人去度假了，而倫丁則在她家替房子上漆。警方搜查屋內的時候發現地下室以及佩德森的車上都有血跡，

佩德森與兩個兒子的遺體從未被尋獲，然而屋內有找到少量人體組織。鑑識人員也找到地板上有證據顯示有人在此用過手持砂輪機，警方因此判斷受害人已被分屍丟棄。

凶殺案發生時間順序：
- 1991年4月——安娜·倫丁
- 2000年6月16號——瑪麗安·佩德森與兩名兒子

逮捕行動與庭審

倫丁於2000年7月5號被逮捕，以謀殺罪嫌起訴。三週後，倫丁發布聲明，宣稱自己發現佩德森嗑藥失去意識，所以出手打她，導致她喪命。倫丁表示他把屍體分屍，並說自己一開始沒有坦承這件事，是因為他認為警方看他的前科就不會相信他的說法。

倫丁於2000年10月10號再次改變說詞。這次他承認自己犯下凶殺案，並表示

之所以殺害佩德森是因為他聽見她在跟另一名男子通電話時情話綿綿。於是他先扭斷佩德森的脖子，又扭斷兩個小男孩的脖子。

倫丁於2001年出庭時，三起謀殺罪名都被判有罪。他被判處終生監禁。

結果

服刑期間，倫丁數次對記者和政治人物提告。第一次是為一名記者所說的話提告：「以彼得·倫丁的量表來看，基本上，我們都稱不上是臨床精神病患者。」這句話出現在一篇根本跟倫丁無關的社論中。此案在法庭上的裁決結果判定那名記者沒有做錯事。

另一起告訴是在2008年11月提出的，訴訟對象是丹麥人民黨的領導人，皮亞·凱斯嘉。一齣電視節目用「冷酷」來形容倫丁，所以他提出訴訟。他要求對方支付10萬克朗，但此案判決是倫丁敗訴。

倫丁在服刑期間決定改名，現在他的名字是比耶恩·斯科恩伯格。

後記

倫丁被關的期間結過三次婚，包含第一次因為弒母被關的期間。

肯尼斯・麥可達夫
KENNETH MCDUFF

出生年月日：1946年3月21號

別名／暱稱：掃帚殺手、掃帚殺人犯、理查・佛勒

做案特徵：綁架、強暴、酷刑虐待、搶劫

受害人數：9到14人以上

犯案日期：1966年8月6號

逮捕日期：1992年5月4號

殺人手法：勒殺

已知受害人：羅伯特・布蘭德，17歲；艾德娜（路易絲）・沙利文，16歲；馬庫斯・鄧曼，15歲；薩拉菲亞・帕克，31歲；布蘭達・湯普森；蕾琪娜・摩爾，17歲；辛西亞・岡薩雷斯，23歲；柯琳・瑞德；瓦倫西亞・約書亞；梅莉莎・諾斯拉普，22歲

犯罪地區：美國德州

狀態：1998年11月17號執行注射死刑死亡

個人背景

　　麥可達夫於1946年出生在德州羅斯布德。他的父親約翰做水泥生意，在1960年代建築業蓬勃發展的期間取得了可觀的成就。麥可達夫的母親艾荻在他小時候很寵他。她在麥可達夫的哥哥被趕下校車後，曾舉槍威脅校車司機，後被戲稱為「帶手槍的老媽」。麥可達夫是個霸凌者，他通常會針對個子比較小、比較弱或比較年幼的對象。但也曾找錯對象，反被痛打。他離開學校後開始替父親工作。

1964年，麥可達夫18歲的時候因為在德州三個不同的郡犯下十二起入室竊盜和企圖入室竊盜被起訴定罪。他被判十二次4年有期徒刑，需連續服刑，但是在1965年獲假釋。後來的他因為打鬥事件再次入獄，但是也沒有待太久。1966年，他結識了一名18歲的男孩羅伊·戴爾·葛林，後來此人成為麥可達夫的共犯。

凶殺紀錄

麥可達夫和朋友羅伊·戴爾·葛林於1966年8月6號開車出門，遇上了在德州艾弗曼棒球場邊的一輛車旁站的三名青少年。當時是晚間10點，麥可達夫注意到路易絲·沙利文，覺得她很漂亮，所以把車停在不遠處。他拿著一把槍走向3人，強逼沙利文以及馬庫斯·鄧曼和羅伯特·布蘭德進他們的車廂。

麥可達夫開著青少年的車，葛林則開麥可達夫的車跟在後方。他們開下公路，到了一片空地，停下車後，麥可達夫將沙利文從車廂中移到自己的車廂。然後他朝青少年的車廂開了六槍，殺掉布蘭德和鄧曼。葛林將指紋從車上抹去，兩人又開著麥可達夫的車到另一處。

沙利文遭先麥可達夫強暴，然後葛林在被半強迫的情況下也強暴了沙利文。兩人就這樣反覆強暴受害人。接著麥可達夫從車內取出一把掃帚，用掃帚將沙利文勒斃，她的遺體最後被棄置在附近的樹叢間。

幾天後，葛林對一位朋友的父母坦承他們犯下的罪行，這對父母通知了他的母親。葛林被勸自首，讓麥可達夫也一併被逮捕。葛林在獄中服刑11年有期徒刑。雖然麥可達夫被判處三次死刑，他的刑罰後來被改判為無期徒刑。不可思議地是他竟在1989年獲釋。

1991年10月10號，用毒成癮的妓女布蘭達·湯普森在德州威科被麥可達夫選中。麥可達夫將她綁縛後，開車載著她，遇上了警方攔檢。他在距離巡邏車約15公尺外停下了車。一名警官走向他的貨車時，湯普森開始踢擋風玻璃，所以麥可達夫便踩下油門，衝過攔檢處。把車開到樹林間後，他先酷刑虐待湯普森，然後就將她殺害。

目擊證人看見麥可達夫和妓女蕾琪娜・摩爾於1991年10月15號在威科的一間汽車旅館吵架，後來麥可達夫和摩爾開車離去。到了沒有人的地方後，麥可達夫將摩爾綁縛手腳，接著將她殺害。麥可達夫的下一名受害者是柯琳・瑞德，這次他有個共犯，艾爾瓦・漢克・沃立。兩人於1991年12月29號綁架瑞德，酷刑虐待、強暴後將其殺害。

最後一次有人目睹妓女瓦倫西亞・強森的身影，是在1992年2月案14號，當時她去敲麥可達夫的門。她被勒斃後遭棄屍於一座高爾夫球場。僅5天後，麥可達夫又從懷孕的梅莉莎・諾斯拉普工作的店裡綁架了她。4月26號，一名漁夫發現了她的遺體。

凶殺案發生時間順序：

- 1966年8月6號——馬庫斯・鄧曼，15歲
- 1966年8月6號——羅伯特・布蘭德，17歲
- 1966年8月6號——路易絲・沙利文，16歲
- 1991年10月10號——布蘭達・湯普森
- 1991年10月15號——蕾琪娜・摩爾，17歲
- 1991年12月29號——柯琳・瑞德
- 1992年2月24號——瓦倫西亞・約書亞
- 1992年2月29號——梅莉莎・諾斯拉普，22歲

逮捕行動與庭審

當局發現麥可達夫在販毒，還非法持有槍枝，所以於1992年3月6號發布了通緝令。4月的時候沃立（麥可達夫的幫兇）被帶回局裡訊問，沃立坦承參與綁架瑞德。這對警方來說是一大突破，他們將沃立拘留，並到處尋找麥可達夫。

1992年5月1號，麥可達夫的同事注意到美國重大通緝犯的畫像與麥可達夫的樣貌神似。麥可達夫當時是用理查・佛勒這個假名，同事通報警方後，在系統

中找到佛勒有當妓女仲介的紀錄。經指紋比對後，當局發現佛勒和麥可達夫就是同一人。5月4號，麥可達夫遭警方逮捕。麥可達夫於1992年6月26號因謀殺梅莉莎‧諾斯拉普遭起訴並被定罪，陪審團判處他死刑。此案進入上訴程序後，行刑日訂為1998年11月17號。行刑前兩週，麥可達夫告訴當局他將柯琳‧瑞德的遺體埋在哪裡。

結果

麥可達夫於1998年11月17號被送到行刑室。晚間6點26分宣告麥可達夫死亡，死刑執行過程維持了八分鐘。他被埋在德州喬‧伯德上尉公墓，一般人稱「派克伍德山」。但凡受刑人的家人不願認領遺骸，遺骸就會被埋在此處。他的墓碑上只寫了死亡日期、死刑犯編號（999055）和一個X，這是死刑受刑人的標記。

後記

- 行刑前最後發言：「我已經準備好被釋放了。釋放我吧。」
- 死刑執行過程維持了八分鐘。
- 麥可達夫的遺骸被埋在德州喬‧伯德上尉公墓，又稱「派克伍德山」。
- 他要求的最後晚餐是一頓牛排，不過卻收到被捏成牛排形狀的漢堡。

麥可‧偉恩‧麥格雷
MICHAEL WAYNE McGRAY

出生年月日：1965年7月11號

別名／暱稱：無

做案特徵：認為「有魔鬼」，要求接受精神治療

受害人數：7到18人以上

犯案日期：1984年到1998年

逮捕日期：1998年2月29號

殺人手法：刀刺、勒殺

已知受害人：伊莉莎白‧蓋兒‧塔克，17歲；馬克‧丹尼爾‧吉本斯（計程車司機）；瓊安‧希克斯，48歲，與其11歲女兒妮娜；羅伯特‧亞薩利，59歲；加丹‧伊德，45歲；傑瑞米‧菲利普斯，33歲

犯罪地區：加拿大

狀態：終生監禁，不可假釋

個人背景

　　與許多連續殺人狂一樣，麥格雷宣稱自己在酗酒的父親時常毆打下，過了很糟糕的童年生活。他在收容所與感化院長大期間，也是性侵受害者。根據麥格雷所言，他從小就很喜歡虐待、殺害動物。成人後，他一直強烈渴望殺人。

　　他宣稱自己遭到「魔鬼」控制，讓他出手殺戮。遭逮捕後的他要求接受精神科治療。幾位精神科醫生替他做了心理評估，其中一人發現他的妥瑞氏症狀非常嚴重，讓他無法控制自己的殺人行為。

麥格雷在被逮捕前已犯下數起凶殺案，而入獄後的他仍繼續這樣的行為。他曾說，沒有任何事情能夠阻止他殺人，而目前看來，他說得沒錯。

凶殺紀錄

麥格雷於1985年5月1號找上搭便車的伊莉莎白‧塔克，以兇殘手段殺害了她。然後在1987年，他殺害了馬克‧吉本斯，據稱在聖約翰市發生的搶劫案中，吉本斯就是麥格雷的共犯。

1998年2月29號，麥格雷因殺害瓊安‧希克斯和女兒妮娜，在紐布朗斯維克省蒙克頓被捕。拘留期間，他坦承在蒙特婁的同志酒吧認識了羅伯特‧亞薩利和加丹‧伊德之後，將兩人殺害。當時他是由監獄放行，獲得三天假釋外出。

凶殺案發生時間順序：
- 1985年5月1號——伊莉莎白‧塔克，17歲
- 1987年——馬克‧吉本斯
- 1991年——羅伯特‧亞薩利，59歲
- 1991年——加丹‧伊德，45歲
- 1998年2月28號——瓊安‧希克斯，48歲
- 1998年2月28號——妮娜‧希克斯，11歲
- 2010年11月——傑瑞米‧菲利普斯，33歲

逮捕行動與庭審

麥格雷最後承認在數個不同地點，殺害至少11人，犯案地點分別是聖約翰城、哈利法克斯市、多倫多市、渥太華市、溫哥華市、西雅圖市與卡加利市。他表示若當局完成他的要求，他就會提供各案件的細節。

2000年3月20號，麥格雷坦承殺害瓊安‧希克斯。2001年5月，他被以伊莉莎白‧塔克凶殺案起訴。兩案最後審判結果為終生監禁，必須服刑25年後始可申請

假釋。

結果

2010年殺害獄友傑瑞米・菲利普斯後，驗屍官報告建議連續殺人狂應該被獨立拘禁，不可與他人關在一起。麥格雷被移到聖安德普萊絲懲教所，這裡是加拿大安全等級最高的監獄。他現在在服無期徒刑，並且無假釋可能。

彼得・曼努爾
PETER MANUEL

出生年月日：1927年3月13號

別名／暱稱：伯肯肖禽獸

做案特徵：強暴、搶劫

受害人數：9到12人

犯案日期：1956年1月2號到1958年1月1號

逮捕日期：1958年1月13號

殺人手法：槍擊、勒殺、鈍器重擊

已知受害人：安娜・奈蘭絲，17歲；瑪里昂・瓦特，45歲，其16歲薇薇安女兒與41歲的妹妹瑪格麗特；席尼・鄧恩（計程車司機）；伊莎貝爾・庫克，17歲；彼得・史馬特，45歲，與其妻子朵麗斯和10歲兒子麥可。

犯罪地區：蘇格蘭、英格蘭

狀態：1958年7月11號執行絞刑

個人背景

　　曼努爾在1927年出生於紐約，雙親都是蘇格蘭人，1932年的時候一家人搬回了英國，在北拉納克郡伯肯肖定居。其他人對他的霸凌持續了他整個童年期間，他也養成了偷竊的習慣。10歲的時候，當地警方都已經知道曼努爾是個小偷。

　　曼努爾的犯罪行為到了青少年時期開始變得暴力，15歲的時候，他在一名年輕女性自家中攻擊對方。他闖入民宅，將女子喚醒，並將其內衣褲脫下後用錘子毆打她。曼努爾接著又攻擊了數名女性，直到16歲時被逮為止。這次他被逮捕並

定罪，被判處在彼得黑德監獄服刑16年。

　　最後曼努爾因為攻擊女性，包含強暴在內，服了更長刑期。1953年，他決定遷居蘇格蘭格拉斯哥，他的家人都搬到這裡了。此時的曼努爾已經知道如果留下目擊證人，就很可能會被逮捕。所以從這時期開始，他的行為就從性侵與強暴升級到了謀殺。

凶殺紀錄

　　1956年1月2號，曼努爾在東基布來德的一座高爾夫球場攻擊了安·奈蘭絲。他強暴她之後用一段鐵條將她痛擊致死。警方為此案訊問過他，但是他父親替他做了不在場證明，所以他被釋放了。

　　1956年9月17號，曼努爾闖入瑪里昂·瓦特、薇薇安·瓦特和瑪格麗特·布朗的家中，將3名女子槍殺。當時他還在一件入室竊盜案的假釋期間。警方將他列入嫌犯，最後卻逮捕了瑪里昂的丈夫，威廉·瓦特。兩個月後瓦特才被釋放。

　　曼努爾的下一位受害人是計程車司機席尼·鄧恩，他於1957年12月8號遇害。他遭槍擊斃命後被棄屍在諾桑比亞的荒野中。等到有人找到他的遺體時，曼努爾已經逃到拉納克郡了。

　　伊莎貝爾·庫克於1957年12月28號前往當地一所中學參加舞會的路上失蹤。曼努爾綁架了這名年輕女孩，強暴她之後將她勒斃。他將她的遺體埋在不遠處。

　　彼得、朵麗斯與麥可·史馬特於1958年1月1號在烏丁斯頓自家中遭槍擊身亡。犯案之後，曼努爾在他們家中住了將近一週之久，他甚至還幫忙餵這家人養的貓。他離開屋子的時候，把史馬特的車開走了，而且非常諷刺地是他還在路上接了一名需要搭便車的警察。他告訴這位警官，說他們找錯方向了。

兇殺案發生時間順序：
- 1956年1月2號——安·奈蘭絲，17歲
- 1956年9月17號——瑪里昂·瓦特，45歲

- 1956年9月17號——薇薇安・瓦特，16歲
- 1956年9月17號——瑪格麗特・布朗，41歲
- 1957年12月8號——席尼・鄧恩，36歲
- 1957年12月28號——伊莎貝爾・庫克，17歲
- 1958年1月1號——彼得・史馬特，45歲
- 1958年1月1號——朵麗斯・史馬特，42歲
- 1958年1月1號——麥可・史馬特，10歲

逮捕行動與庭審

曼努爾於1958年1月13號在一家酒吧使用從史馬特家中偷來的新紙鈔後被捕。酒保因為覺得曼努爾持有那些紙鈔很可疑，進而通報警方。審訊過後，曼努爾被以七件凶殺案起訴。

他的庭審於格拉斯哥最高法院舉行，1958年5月，他被判有罪。他在法庭上替自己辯訴，並且企圖以精神失常辯護，但是計畫失敗。他被判處死刑。

結果

曼努爾於1958年7月11號早上八點被從牢房帶到行刑室。他站在平台上，頭上戴著頭罩。他的雙手先被綁縛在身後，雙腳也被固定在一起，然後繩圈才被套上脖子。平台的暗門打開後僅過了二十四秒，他就被宣判死亡。早上8點35分，曼努爾的遺體被放入棺材，牧師替他進行了一場短暫的告別式。

曼努爾被埋葬在監獄的墓園裡，這是當時常見的做法。早上9點30分，監獄的高層官員在公開調查過程中提供曼努爾行刑與死亡的證據。曼努爾只留下九件個人物品：一支圓珠筆、一副臂環、一件上衣、三條手帕、一把壞掉的梳子、兩條領帶，以及10.79英鎊，這筆錢於7月19號由他父親來領走。

後記

曼努爾於庭審後寫下的詩：

我是彼得・安東尼・曼努爾

我在巴林尼監獄裡平躺 等待最高法院陪審團判我 死刑

我知道陪審團的判決結果

終將要我喪命

因為我是彼得・安東尼・曼努爾

地球上最骯髒的禽獸

我知道你會看報紙 當然也看過我犯的罪

我不僅殺了一個人 我殺了九個人我不尋求同情

因為你難道不了解嗎

我是彼得・安東尼・曼努爾

一隻偽裝的爬蟲

我殺害了伊莎貝拉・庫克 還有年輕的安・奈蘭絲 開槍殺了瓦特一家 還殺了史馬特一家 席尼・鄧恩也命送我手下

我想都沒想就出手 法律將我定罪

我是彼得・安東尼・曼努爾 伯肯肖的過街老鼠

我不知道劊子手是誰 因為皮埃爾波因特已經不在了 但我知道我會跟他碰面 就在厄運來臨的那天

那天我會先吃早餐 我知道我沒午餐吃

因為法律就是這樣規定的 他們只能絞我一次

等我死後他們會埋葬我

把我埋在燃燒的石灰洞裡

但我的名字會永遠流傳 留在犯罪故事書裡

他們在寫下我的墓誌銘時 這幾個字該讓大眾看見這裡埋的是彼得・安東尼・曼努爾 蘇格蘭的科學怪人

理查・勞倫斯・馬奎特
RICHARD LAURENCE MARQUETTE

出生年月日：1934年12月12號

別名／暱稱：無

做案特徵：強暴、分屍

受害人數：3人

犯案日期：1961年到1975年

逮捕日期：1975年6月30號

殺人手法：勒殺

已知受害人：瓊安・雷伊・卡多，23歲；貝蒂・威爾森，37歲；身分不明女性

犯罪地區：美國奧勒岡州波特蘭與塞冷

狀態：終生監禁，不可假釋

個人背景

　　馬奎特於1934年出生於奧勒岡州波特蘭，關於他的童年與早年生活的紀錄甚少。他第一次跟執法單位交手，是在1956年，他22歲的時候。馬奎特因為強暴未遂遭逮捕，但是受害者後來撤銷了告訴，所以他沒有被定罪就被釋放了。幾個月後，他再次因為行為不檢被警方逮捕。

　　1957年，拿了好幾把扳手當武器的馬奎特在波特蘭試圖搶劫一座加油站，不過計畫失敗。這次他被定罪並被判刑18個月有期徒刑。然而他因為素行良好，僅服刑12個月就被提早釋放。

　　後來又過了四年，馬奎特才再次出列在警方的指認嫌犯隊伍中。這次，他是

被一條叼著一只人腳回家給主人的狗給拖下了水。

凶殺紀錄

瓊安・卡多於1961年6月8號經丈夫通報為失蹤人口。最後一次有人目擊她的身影，是與一名身分不明的男子一同離開酒吧。後經指認，此人就是馬奎特。他宣稱兩人一起回到了他家裡發生關係，而他喝得太醉，失手勒死了她。因為沒有車可以棄屍，所以他就在浴室將屍體肢解。一部分遺體被包裹得像是屠夫殺好的肉一樣，冰在他的冰箱裡。

1975年4月，一名漁夫在瑪里昂的淺水區發現貝蒂・威爾森的屍塊。馬奎特後來告訴當局，說自己是在一家夜店認識了威爾森，那時他帶她回自己家發生關係。然而她拒絕與他上床，所以他就把她勒斃後分屍。

一名身分不明的女子於1974年也有一樣的遭遇。她在酒吧被馬奎特找上，同意跟他一起回家。他將她勒斃後肢解屍體，再行埋葬。

兇殺案發生時間順序：

- 1961年6月8號——瓊安・卡多，23歲
- 1974年——無名女屍
- 1975年4月——貝蒂・威爾森，37歲

逮捕行動與庭審

調查卡多命案的過程中，警探循線找到了馬奎特。但是等他們找到馬奎特家裡去的時候，他已經逃跑了。當局發出通緝令，並請聯邦調查局介入協助。

馬奎特被放上聯邦調查局的重大要犯清單當天，他就被逮捕，並以卡多命案起訴。他被定罪，並遭判處終生監禁。他服刑了11年，後於1973年獲釋。

1975年6月30號，馬奎特因謀殺貝蒂・威爾森被逮捕。庭審後，面對大量證據，他選擇認罪。他被判處終生監禁，不可假釋。

結果

　　犯罪心理學家評估後,發現馬奎特是一個正常且社會化的人,然而只要女性拒絕他,他就會暴怒行兇。

　　馬奎特坦承殺害身分不明女性死者,並帶調查人員到埋屍地點。調查人員在兩處淺墳找回了大部分的遺體部位,但是她的頭部始終沒有被尋獲。因為遺體身上沒有證據,馬奎特也不知道她的名字,這名死者的身分無法確認。

後記

　　史上第一位成為聯邦調查局十大通緝要犯清單上的第十一人,就是馬奎特。

大衛・馬斯特
DAVID MAUST

出生年月日：1954年4月5號

別名／暱稱：瘋狂大衛

做案特徵：強暴

受害人數：5人

犯案日期：1974年到2003年

逮捕日期：2003年12月9號

殺人手法：刀刺、勒殺、淹溺

已知受害人：詹姆士・麥可立斯特，13歲；唐納・瓊斯，15歲；麥可・丹尼斯，13歲；詹姆士・瑞葛恩尼，16歲；尼古拉斯・詹姆士，19歲

犯罪地區：德國；美國伊利諾伊州、印第安那州

狀態：終生監禁。2006年1月20號於牢房上吊自殺

個人背景

　　年紀還很小的時候，馬斯特就被拒絕、被拋棄，被自己母親嫌惡。他的父母在他7歲的時候離異，他留在母親身邊生活。精神狀況不穩定的她，被一名社工人員描述為精神病患者、坐立難安、自戀且幾乎無法維持日常運作。

　　馬斯特的母親從他9歲開始就會把他交給精神醫療機構照顧，她宣稱他很危險，還一度指控他在自己兄弟床上縱火。他母親也宣稱馬斯特試圖溺斃自己的兄弟，然而社工人員後來發現她把馬斯特留在醫院的真正原因是不想要他在家。

　　馬斯特13歲的時候，從精神醫院出院後的他一度被送往育幼院。雖然在醫院

的期間表現非常良好，對於母親不在乎他、不願定期來探望他，馬斯特仍非常難過。根據馬斯特和兄弟所言，他在育幼院的其間曾被另一名男孩猥褻，這件事對馬斯特留下了長久的影響。

剛成年的馬斯特替舅舅在工地做事。雖然他工作認真，仍因為開公司卡車出車禍而被開除。18歲的時候，他回到母親身邊，希望可以跟她住在一起。但是她拒絕收留他，並把他送去募兵機構。他加入了軍隊，完成基本訓練後，被派往德國法蘭克福服役，他在那裡擔任廚師一職。就是此時期，他犯下了第一起凶殺案。

凶殺紀錄

1974年，馬斯特跟著軍隊駐點在德國期間，殺害了詹姆士・麥可立斯特。他為此案上了軍事法庭，並宣稱是電動車意外事故造成這名年輕男孩的死。他被判意外致死以及竊盜罪，在萊文沃思堡服四年有期徒刑。1977年，雖然馬斯特要求當局讓他繼續待在獄中，他仍獲釋出獄。

1981年，唐納・瓊斯之死正是在錯誤的時間跑到錯誤的地點所導致的案件。馬斯特當時其實在找的是一名曾猥褻他的男孩，卻遇上了瓊斯。他決定還是將瓊斯殺害，因此瓊斯在一座採石場被溺斃。

2003年9月10號，馬斯特犯下三起凶殺案，殺害了詹姆士・瑞葛恩尼、麥可・丹尼斯與尼古拉斯・詹姆士。這3人都被用塑膠布包裹後，灌入水泥。瑞葛恩尼的遺體後來在馬斯特位於印第安那州家中的地下室尋獲。

凶殺案發生時間順序：
- 1974年——詹姆士・麥可立斯特，13歲
- 1981年——唐納・瓊斯，15歲
- 2003年9月10號——詹姆士・瑞葛恩尼，16歲
- 2003年9月10號——麥可・丹尼斯，13歲

- 2003年9月10號——尼古拉斯・詹姆士，19歲

逮捕行動與庭審

　　馬斯特因唐納・瓊斯案，於1982年被引渡回伊利諾伊州，當時判定他的狀況不適合出庭受審，所以他被改送往精神療養機構。最後，他終於在1994年出庭受審且認罪。他被判處35年有期徒刑。但是因為他已經等候審訊10年之久，法庭將這段時間也計入服刑時間。他於1999年獲釋，繼續犯下其他凶殺案。

　　馬斯特因為謀殺3名青少年，再次被逮捕並遭起訴，他於2005年11月出庭時認罪。這幾件謀殺案讓他被判刑三次終生監禁。

結果

- 2006年1月19號，馬斯特被告知即將要移監到州立監獄。大約十分鐘後，警衛便發現馬斯特在牢房中用床單編成繩索上吊自殺。他被送往當地醫院，不過於隔天，1月20號週五早上去世。

- 他留下了7頁長的筆記，其中有一段寫到：也許我死後，那些家屬和其他人就能平靜度完餘生，不需要再想為什麼我還活著。

伊凡·彌拉特
IVAN MILAT

出生年月日：1944年12月27號

別名/暱稱：背包客殺人狂、背包客殺手

做案特徵：強暴

受害人數：7人以上

犯案日期：1989年到1993年

逮捕日期：1994年5月22號

殺人手法：槍擊、刀刺

已知受害人：詹姆士·吉卜森，19歲；黛博拉·艾弗利司，19歲；席夢·施密德，21歲；加博爾·紐格鮑爾，21歲；安雅·哈布希德，20歲；卡羅琳·克拉克，21歲；喬安·瓦特斯，22歲

犯罪地區：澳洲新南威爾斯州

狀態：終生監禁，不可假釋

個人背景

　　彌拉特出生於一個克羅地亞移民父親與澳洲本地人母親組成的家庭之中，他是這個家裡的14個孩子之一。他們住在澳洲的偏鄉，刻意不與外界過多往來。彌拉特青少年時期喜歡打獵，對槍枝很著迷。彌拉特的其中一位兄弟後來表示，彌拉特在年紀很輕就出現精神病症狀，不過這點在其他家族成員之間頗有爭議。

　　彌拉特的父母很嚴格，主要原因應該是因為家裡人口數眾多，但是即便如此，他們仍難以一直掌握每個小孩的動態。這對父母親工作很勤奮，所以孩子們

常常要自己看著辦。其他人描述彌拉特，說他運動神經很好，是個很有魅力的男孩，總是會特別注意自己的外表。

因為父母工作的時候，孩子們都有點野，所以當地警局對這一家人在算是十分熟悉。彌拉特到了17歲的時候開始常常惹禍上身，因持械搶劫、入室竊盜和偷車等事件起訴。但是一直到1971年，他才開始流露出暴力跡象。

兩名搭便車的女子表示彌拉特持刀強暴了她們，彌拉特的身分也立刻被辨識出來，並遭逮捕。然而等到案子上法庭的時候，卻因為證據不足，將他無罪釋放了。20年後，該地區開始陸續發現屍體，彌拉特再次成為當地警方以及聯邦警局的追蹤對象。

凶殺紀錄

卡羅琳・克拉克與喬安・瓦特斯的遺體於1992年9月19號被人發現。兩位民眾在貝朗洛州立森林公園跑步時，通報當局表示發現一具腐爛的遺體。兩名死者於1992年4月在雪梨國王十字區失蹤。瓦特斯總共被刀刺十四次，其中一道傷口在頸部，另外九道在背部，四道在胸口。頸部那道傷口在當下應該立刻就讓她癱瘓了。而克拉克則頭部遭十次槍擊。

1993年10月，同一處森林裡又找到更多骨骸，警方再找到兩具屍體。這兩名死者分別是詹姆士・吉卜森與黛博拉・艾弗利司，兩人於1989年失蹤。吉卜森的頸部有類似傷口，會讓他當場立刻癱瘓。他的胸口與背部也有多處刺傷。艾弗利司身上有數不清的傷口，看起來曾遭過一頓兇殘毒打。她的頭顱有兩處骨折，下巴也碎了。額頭上有有刀傷，被上也有刀刺的傷勢。

1993年11月1號，同一座森林中又找到一顆顱骨。這個骨骸後來經鑑定確認是失蹤的招便車遊客，德國人席夢・施密德。他們找到她的骨骸時，在她的脊椎和身軀上發現加總有8個傷口。警方在附近尋獲一些衣物，但是並不屬於席夢・施密德，而是安雅・哈布希德的衣物，這是另一位失蹤的背包客，她與男友加博爾・紐格鮑爾於1991年失蹤。

哈布希德與紐格鮑爾的遺體於1993年11月3號在淺墳中被發現。哈布希德遭斷頭，但她的頭部並未與其他遺骸埋在一起，且始終未被尋回。紐格鮑爾遭槍擊頭部六次。

凶殺案發生時間順序：

- 1989年——黛博拉·艾弗利司，19歲
- 1989年——詹姆士·吉卜森，19歲
- 1991年1月20號——席夢·施密德，21歲
- 1991年底——加博爾·紐格鮑爾，21歲
- 1991年底——安雅·哈布希德，20歲
- 1992年4月——喬安·瓦特斯，22歲
- 1992年4月——卡羅琳·克拉克，21歲

逮捕行動與庭審

一名警探於1994年4月13號找到曾遭彌拉特攻擊但生還的保羅·歐尼恩斯的報案內容。他當時搭了一名叫做「比爾」的男子的便車，被持槍威脅，後來他逃脫了。「比爾」朝他開槍的時候，歐尼恩斯跳上了喬安·拜瑞駕駛的車。彌拉特的同事的女友也提供過線索，表示警方應該找彌拉特訊問謀殺案的事。

彌拉特有因為綁架、強暴女性而服刑的紀錄，所以他很快就成了頭號嫌疑犯。住在英國的歐尼恩斯也回到澳洲。警方提供彌拉特的照片給他看，他表示此人就是「比爾」，也就是攻擊他的那名男子。

彌拉特於1994年5月22號在自家中被逮捕。一開始出庭的時候，彌拉特沒有認罪。5月30號，他被以七起凶殺案以及攻擊歐尼恩斯一案起訴。庭審始於1996年3月，15個禮拜後，所有起訴罪名都被判有罪。攻擊歐尼恩斯一案，讓他被判處18年有期徒刑，每件凶殺案又各判處他一次無期徒刑，以上刑罰須連續服刑，不可假釋。

結果

　　彌拉特還是許多其他凶殺案的嫌犯，但由於證據不足，無法起訴。至少有七件案件將彌拉特列為兇手，但是目前仍無法證明。他的兄弟鮑里斯於2015年表示彌拉特曾坦承於1962年殺害計程車司機納威·奈特。鮑里斯以及被定罪的兇手艾倫·狄倫都接受了測謊，結果顯示兩人都沒有說謊。目前還沒有提出其他指控。

後記

- 彌拉特在服刑期間有自殘的習慣。2009年1月26號，他用一把塑膠刀切斷了自己的小指。他想把斷指寄到最高法院，但是卻被送到醫院，而醫院人員判定無法將斷指重新接回。
- 2001年，他刻意嚥下許多物件，包含訂書針、刀片和許多他手邊能找到的金屬物品。他也在2011年發起絕食，因為他想獲得遊戲機。絕食期間他瘦了25公斤，但是始終沒獲得遊戲機。
- 他的大姪子馬修·彌拉特於2012年因為謀殺罪嫌被定罪，他在2010年用斧頭殺害了一名男子。他被判處43年有期徒刑。在這起案件中，他的朋友科恩·克蘭用手機錄下了整個過程。這位朋友被判處32年有期徒刑。
- 一開始代表彌拉特、後來在開庭前遭開除的律師約翰·馬斯頓於2005年7月18號臨終前語出驚人。他表示彌拉特的姊妹曾在英國背包客案件中協助犯案。

約翰・艾倫・穆罕默德與李・波伊德・馬爾弗

JOHN ALLEN MUHAMMAD AND LEE BOYD MALVO

出生年月日：1960年12月31號、1985年2月18號

別名／暱稱：環城狙擊手、華盛頓特區狙擊手

做案特徵：狙擊

受害人數：10人以上

犯案日期：2002年2月到2002年10月

逮捕日期：兩人皆於2002年10月24號被捕殺

人手法：槍擊

已知受害人：詹姆士・馬丁，55歲；詹姆士・布坎南，39歲；普蘭庫瑪・瓦勒克，54歲；莎拉・拉莫斯，34歲；洛里・A.・路易斯-李維拉，25歲；帕斯卡・夏洛特，72歲；狄恩・哈羅德・麥爾斯，53歲；肯尼斯・布列吉斯，53歲；琳達・富蘭克林，47歲；康拉德・強森，35歲；肯亞・妮可・庫克，23歲；傑瑞・雷・泰勒，60歲；比利・琴・狄倫，37歲；米利安・瓦德瑪利安姆，41歲；克勞汀・帕克，52歲；洪林・巴倫哲，45歲

犯罪地區：美國華盛頓州、馬里蘭州、維吉尼亞州

狀態：穆罕默德——判處死刑，2009年11月10號執行注射死刑死亡；馬爾弗——終生監禁，不可假釋

個人背景

約翰・艾倫・穆罕默德

穆罕默德出生時命名為約翰・艾倫・威廉斯。他的母親在他4歲去世後，由

阿姨在路易斯安那州巴頓魯治養育他。高中畢業後他便結了婚，兩人生了一個兒子，取名林德伯格。穆罕默德加入路易斯安那州陸軍國民兵，當時看起來他當兵的發展大有可期。但是到了1980年代初期，他開始惹禍上身，一次是攻擊長官，另一次是無故未到。

1985年，穆罕默德與第一任妻子分開後加入了美軍。這時候的他已經改信伊斯蘭教。派駐華盛頓州期間，他認識了密爾德勒·葛林，後來兩人結婚。這段婚姻為他們帶來三個孩子，穆罕默德在軍隊裡也表現良好。他受訓成了神槍手，到了德國服役，也在波斯灣戰爭期間派駐到中東。

1994年，穆罕默德決定要離開軍隊。他兩度試圖創業，但是都失敗了。他的婚姻也開始崩解，1999年的時候密爾德勒提出了離婚申請。穆罕默德開始威脅密爾德勒，於是她向法院申請了禁制令。沒過多久，穆罕默德便帶走孩子們，逃到安提瓜。他在這裡認識了李·波伊德·馬爾弗。

李·波伊德·馬爾弗

馬爾弗的父母是萊斯利·馬爾弗與烏納·詹姆士。他小時候住在牙買加金士敦。他的父母關係很不穩定，在馬爾弗6歲的時候，父親便離家而去。萊斯利離開前先與烏納大吵了一架，他毆打烏納，而烏納則企圖用彎刀反擊。烏納個性非常強勢欺人，是個強悍的女性，萊斯利無法再容忍下去了。

從那之後，在母親被迫不斷工作賺取收入的時候，馬爾弗就在家人與親友間到處停留。他的母親常常會將他送到某人家中，她自己則去工作，這樣的情況讓年幼的馬爾弗非常絕望。他總在不同人的家中停留，有時會落得在收容所或育幼院度日的下場。即便如此，馬爾弗還是個聰明的孩子，雖然家裡這麼動盪，他仍持續上學。

每次烏納回到城裡的時候，不論馬爾弗當時待在哪裡，她都會把馬爾弗帶走，兩人就這樣數次搬家。每次馬爾弗剛開始習慣新環境、新學校的時候，他們就會再次搬家。馬爾弗進入青少年時期的時候，開始想要聯絡自己的父親。但是

兩人的關係從未真正修復，萊斯利一直遠離他，好讓自己可以遠離烏納。

馬爾弗與約翰·艾倫·穆罕默德認識的時候，他正處於絕望之中，不僅急需一個父親形象的人物，也需要一個不會強迫他不斷搬遷的成人。兩人結為好友，相處融洽，而這段友誼最終帶領他們通往一個充滿暴力的未來。穆罕默德成功洗腦馬爾弗，讓他相信自己所說的一切言論。對穆罕默德來說，要說服馬爾弗跟著他去美國並非難事。

凶殺紀錄

狙擊手的第一名受害者是肯亞·妮可·庫克，事件發生於2002年2月16號。庫克在華盛頓州塔科馬遭臉部槍擊身亡。2或3月的時候，一名身分不明的男子在搶劫過程中遭槍擊致死。當局始終沒有對外公布他的身分。傑瑞·雷·泰勒於3月19號在亞利桑那州土桑遭兇手從背後槍擊。這起案件直到穆罕默德坦承犯案後才被連上關係。前半年最後一位受害人是比利·琴·狄倫，5月27號遇害。

9月21號，米利安·瓦德瑪利安姆於喬治亞州亞特蘭大遭槍擊頭部。穆罕默德始終沒有承認犯下此案，但因為案件本身性質與其他由穆罕默德所犯案件之相似，當局仍判定這起案件就是他下的手。

穆罕默德於9月21號從後方射擊克勞汀·李·帕克，當時他正在洗劫她工作的酒品店。接著，於9月23號，洪林·巴倫哲在路易斯安那州巴頓魯治遭槍擊頭部。10月2號，詹姆士·馬丁在馬里蘭州銀泉的一座食物工廠外遭槍擊致死。

10月3號，槍擊事件開始升級。詹姆士·布坎南於馬里蘭州洛克維遭槍擊胸口，普蘭庫瑪·瓦勒克於阿斯彭山遭槍擊胸口與手臂。莎拉·拉莫斯於諾貝克遭槍擊頭部致死。洛里·A.·路易斯-李維拉於肯辛頓遭由後方槍擊死亡。帕斯卡·夏洛特在華盛頓州遭槍擊胸口致死。

狄恩·哈羅德·麥爾斯於10月9號在維吉尼亞州馬納沙斯的一座加油站遭槍擊頭部致死。肯尼斯·布列吉斯於10月11號在非德里堡一座加油站加油的時候遭槍擊身亡。

最後兩名受害者是琳達·富蘭克林與康拉德·強森。10月14號，富蘭克林頭部遭槍擊，當時她在福爾斯徹奇一家大型五金行Home Depot幫丈夫搬貨上車。10月22號，強森開著公車停在路上的時候腹部中槍，後於醫院身亡。

凶殺案發生時間順序：

- 2002年2月16號──肯亞·妮可·庫克，21歲
- 2002年2月或3月──身分不明男性
- 2002年3月19號──傑瑞·雷·泰勒，60歲
- 2002年5月27號──比利·琴·狄倫，37歲
- 2002年9月21號──米利安·瓦德瑪利安姆，41歲
- 2002年9月21號──克勞汀·李·帕克，52歲
- 2002年9月23號──洪林·巴倫哲，45歲
- 2002年10月2號──詹姆士·馬丁，55歲
- 2002年10月3號──詹姆士·布坎南，39歲
- 2002年10月3號──普蘭庫瑪·瓦勒克，54歲
- 2002年10月3號──莎拉·拉莫斯，34歲
- 2002年10月3號──洛里·A.·路易斯－李維拉，25歲
- 2002年10月3號──帕斯卡·夏洛特，72歲
- 2002年10月9號──狄恩·哈羅德·邁爾斯，53歲
- 2002年10月11號──肯尼斯·布列吉斯，53歲
- 2002年10月14號──琳達·富蘭克林，47歲
- 2002年10月22號──康拉德·強森，35歲

逮捕行動與庭審

警方曾在其中一個犯案現場找到一張不知道是馬爾弗還是穆罕默德所留下的紙條，要警方去查阿拉巴馬州蒙哥馬利發生的酒品店搶劫殺人案。調查人員找到

了案件現場後，在一本雜誌上找到了指紋。指紋經鑑識後證實為馬爾弗所有。因為馬爾弗總是與穆罕默德走在一塊，所以他也被調查了。

2002年的時候，警方發現穆罕默德名下有一輛退役警車，雪佛蘭Caprice。這項資訊由警方公布給大眾，很快就在馬里蘭州邁爾斯維爾一座休息站找到了車輛，接著他也被逮捕。

2003年10月，邁爾斯凶殺案於維吉尼亞州開庭，次月即判定穆罕默德有罪。他因一級謀殺被判處死刑，接著被引渡到馬里蘭州接受在當地的謀殺罪起訴審判。2006年5月30號，他在馬里蘭州被判六項一級謀殺罪有罪。其中最重要的證據之一，就是馬爾弗的證詞。

穆罕默德後來就沒有再因其他案件出庭，因為他已經被判處最重罪刑。他的法律團隊針對邁爾斯案的有罪判決以及刑罰提出上訴，不過全都被駁回。

馬爾弗於2003年12月出庭受審，12月18號因一級謀殺罪、恐怖主義與受託謀殺琳達・富蘭克林期間使用槍枝被判有罪。2004年3月10號，他被判處終生監禁，不可假釋。

2004年10月26號，馬爾弗在肯尼斯・布列吉斯謀殺案以及卡羅琳・席維爾傷害案件的審訊過程中提出認罪協議，又被判處另一條無期徒刑。2006年，馬爾弗坦承於2002年殺害傑瑞・泰勒。2006年11月，他因為在馬里蘭州殺害6人，又被判了無期徒刑。2010年7月，馬爾弗在威廉・沙特納的訪談中提及自己犯下，或者參與了超過四十件謀殺案，然而這樣的聲明並未獲得警方證實。

2013年6月，馬爾弗提出上訴，要求馬里蘭州聯邦法庭將無期徒刑撤銷。但是上訴於一年後被駁回。2014年7月他又提出了一次上訴。這次，兩條無期徒刑被改判。馬爾弗至今仍在獄中服刑，等著改判的結果公布。

結果

2009年11月10號，穆罕默德被帶到格林斯維爾懲教中心的行刑室。他可以選擇注射死刑或是電椅死刑，但他拒絕選擇，所以當局替他選擇了注射。行刑過程

於晚間9點開始，致命藥劑於晚間9點6分注入。當局於晚間9點11分宣告穆罕默德死亡。他的遺體火化後，骨灰交給了他的兒子。

後記

穆罕默德：

他的最後一餐有雞肉和紅醬，以及「一點蛋糕」，並拒絕說遺言。

約瑟夫・納索
JOSEPH NASO

出生年月日：1934年1月7號

別名／暱稱：瘋喬、重複縮寫者殺手

做案特徵：強暴

受害人數：6到10人

犯案日期：1977年到1994年

逮捕日期：2011年4月11號

殺人手法：勒殺

已知受害人：羅克辛・羅格許，18歲；卡門・科隆，22歲；潘蜜拉・帕森斯，38歲；崔西・塔菲亞，31歲；謝羅里亞・派頓，56歲；莎拉・狄倫

犯罪地區：美國加州

狀態：判處死刑，等待行刑

個人背景

　　納索於1950年代在美國空軍服役，他與茱迪絲結婚十八年後離婚。兩人離異後，納索仍會到舊金山灣區拜訪她。兩人的兒子罹患精神分裂症，後來由納索照顧。納索於1970年加入好幾個不同的大學，就讀了不同的課程，1980年代則在舊金山生活。

　　2011年納索被逮捕的時候住在內華達州雷諾，他在當地以接案攝影師一職維生。雖然他直到70多歲都有犯罪紀錄，不過記錄中的案件多是像是店內行竊這種小罪。正是因為他這樣的行為，他的朋友才叫他「瘋喬」。他們根本不知道納索

的行為曾經有多邪惡，不過他們很快就會知道了。

凶殺紀錄

羅克辛·羅格許的遺體於1977年1月10號被人尋獲，地點在加州費爾法克斯附近。納索將受害人勒斃。1978年8月13號，卡門·科隆的裸屍在高速公路旁被人發現，距離之前發現遺體的位置僅50公尺。

謝羅里亞·派頓的遺體於1981年被沖上岸，地點在提布隆的海軍基地附近。她失蹤的時候，納索就是她住處的管理經理。一開始，納索在派頓的失蹤案中的確被列為嫌犯，但當時警方沒有起訴他，所以他就這樣脫身了。

莎拉·狄倫是鮑勃·狄倫的忠實粉絲，她的本名是芮妮·沙皮羅。她於1992年5月失蹤，當時她在舊金山，正要去聽狄倫的演唱會。據信她是在加州內華達城地區附近被殺害。

潘蜜拉·帕森斯的遺體於1993年在加州猶巴城被人尋獲。當時的她在納索住的庫珀大道附近的餐廳當服務生。最後一名已知受害人是崔西·塔菲亞，她的遺體於1994年在猶巴城尋獲。她被下了藥、遭強暴後勒斃。

兇殺案發生時間順序：

- 1977年1月10號——羅克辛·羅格許，18歲
- 1978年8月13號——卡門·科隆，22歲
- 1981年——謝羅里亞·派頓，56歲
- 1992年5月——莎拉·狄倫
- 1993年——潘蜜拉·帕森斯，38歲
- 1994年——崔西·塔菲亞，31歲

逮捕行動與庭審

納索於2010年4月11號被假釋官逮捕。當局搜索他的住家時，發現一本日

記，裡面有一張紀錄了10名女性與地點的清單。當局同時也發現了幾張照片，後來經確認後，照片拍的是受害者。納索後來因為殺害羅格許、科隆、帕森斯與塔菲亞被起訴。

雖然日記本清單上的其他女性一開始並未被查明身分，後來調查人員仍能確認其中兩人就是派頓與狄倫。納索於2013年8月20號出庭受審，他被判有罪，遭處死刑。

結果

在1971年到1973年發生於洛契斯特的「字母表殺手」案件中，納索被列為「相關人士」。這個關係之所以能成立，是因為納索的受害人之中有四個人也有重複的字母縮寫，納索本身也在洛契斯特住了很長一段時間。然而，後來因為DNA證據不符，讓他被從嫌犯清單中刪除。

後記

羅格許死時身上穿的褲襪上，採集到納索的DNA。這雙繞在羅格許的頸部的褲襪也有納索前妻的DNA。

唐納・尼爾森
DONALD NEILSON

出生年月日：1936年8月1號

別名／暱稱：黑豹

做案特徵：綁架、搶劫

受害人數：5人

犯案日期：1974年到1975年

逮捕日期：1975年12月11號

殺人手法：槍擊

已知受害人：唐納・史蓋波；德瑞克・亞斯汀；西德尼・格雷蘭；萊斯利・惠特爾，17歲；傑拉德・史密斯

犯罪地區：英格蘭

狀態：終生監禁，不可假釋。2011年12月18號自然死亡

個人背景

　　尼爾森於1936年出生時本名為唐納・內皮。他10歲的時候，母親不幸乳癌身亡，享年33歲。尼爾森是個不開心的孩子，12歲的時候就開始闖入店鋪，惹禍上身。但是因為他年幼喪母，警方總是只會嚴厲警告後就放他走。

　　尼爾森18歲的時候與20歲的艾琳・泰特結婚。當時他已加入軍隊，在國王約克郡輕步兵團服役，但是艾琳成功說服他脫離軍隊。五年後，兩人的女兒凱瑟琳出生了。又過四年，他們決定將姓氏改為尼爾森，這樣他們的小女兒才不會跟自己父親一樣，從小就因為姓氏被嘲笑和霸凌。

尼爾森的計程車事業失敗的時候，他成了西約克郡布拉德福德的建築工人，正是這時候，他開始一發不可收拾地連續犯罪。據估計，在犯罪初期，他便犯下四百起闖空門案件，都沒有被逮捕。尼爾森為了騙過警方，每週都會改變犯罪手法，這麼一來警方就無法找到固定模式來追查出兇手。

沒過多久，尼爾森便開始持械搶劫，據信他在1971年到1974年間犯下18起持槍搶劫案件，但他仍然沒有被逮捕。而因為尼爾森的受害人開始會反擊，他的犯罪行為漸漸開始出現暴力行為。其中一起事件中，尼爾森闖進一間郵局，手持來福槍脅迫郵局行員。尼爾森說他的槍已經上了膛，郵局行員則伸手扣板機來挑釁他，結果子彈把天花板轟出了一個大洞。兩人一番纏鬥後，那個行員斷了幾根腳趾，腹股溝還被膝蓋撞了一記。儘管就此得以看清楚尼爾森的樣貌，提供了清楚的外觀描述，查案進度仍如墜五里霧。

那名郵局行員大概不知道自己當晚能活命是一件多幸運的事。因為沒過多久，尼爾森的行為就升級到開始殺人了。

凶殺紀錄

搶劫郵局的時候，尼爾森開槍殺死了3個人。唐納·史蓋波於1974年2月15號於哈洛蓋特遇害。接著，德瑞克·亞斯汀於1974年9月6號在巴辛頓遇害。第三名受害人是西德尼·格雷蘭，於1974年11月11號在西密德蘭郡朗里遇害。

萊斯利·惠特爾於1975年1月17號在自家被綁，這是尼爾森綁架勒贖的計畫。他在萊斯利位於沙洛普郡海利的住家留下一張紙條，要求家屬支付50,000鎊贖金。這家人準備支付贖金，但因為發生了一些失誤和其他問題，導致贖金沒有準時送達。

3月7號，有人在史塔福郡巴斯普公園的一處排水管道發現了被以鋼線吊掛的萊斯利的遺體。一開始當局以為她是遭勒斃身亡，但是驗屍報告指出，她是因為從高處跌落後驚嚇導致迷走神經抑制作用，讓她的心臟停止跳動。後來有兩種意見爭執不下，一方認為尼爾森將受害人推下排水管線，一方認為是她自己跌落。

最後一名已知受害人是傑拉德・史密斯，他於1976年3月遇害。史密斯是一名警衛。警方為惠特爾案追捕尼爾森的時候，史密斯遭尼爾森開槍擊中。史密斯沒有當場喪命，但是一年後因傷口的併發症身亡。

凶殺案發生時間順序：
- 1974年2月15號——唐納・史蓋波
- 1974年9月6號——德瑞克・亞斯汀
- 1974年11月11號——西德尼・格雷蘭
- 1975年1月17號——萊斯利・惠特爾，17歲
- 1976年3月——傑拉德・史密斯

逮捕行動與庭審

1975年12月11號，尼爾森走向載著兩名警察的警車，這輛警車就停在北諾丁漢郡曼斯斐的主道路上。尼爾森經過車邊的時候別過了頭，此舉在麥肯齊警官眼中十分可疑。因此警官將尼爾森叫回警車旁，這時他從身上的袋子裡抽出一把削短的散彈槍。

尼爾森下令要兩名警官回到車上，自己坐在後座，並持槍對準麥肯齊警官的腋下。他要麥肯齊警官開到雷恩沃思，並命令兩名警官都不准看他。過程中他們開到了一個路口，麥肯齊警官問尼爾森要往哪裡走的時候，他猛力將方向盤先打向一邊，再轉向另一邊。

此舉讓尼爾森的目光直視前方，專注力從槍上頭短暫轉移，時間足夠讓麥肯齊警官抓緊了機會結束這場挾持。他急停下車，同時將槍口往前推。雖然槍還是開了火，不過只擦傷了懷特的手。麥肯齊警官跌下車，跑到店裡求助。店裡的兩名客人羅伊・莫里斯和基斯・伍德衝上前去幫忙壓制住尼爾森。被前來幫助警官的民眾毆打了一陣後，尼爾森終於被逮捕。

在警局接受審訊的時候，發現尼爾森的指紋與惠特爾遺體發現處的排水管線

上找到的指紋相符。尼爾森承認綁架了惠特爾，並且提供了詳盡的證詞。

　　1976年7月開庭審訊之後，面對綁架罪行和殺害惠特爾，尼爾森被判有罪，遭處終生監禁。幾個禮拜後，尼爾森因為其他凶殺案件被判有罪，遭判處5次無期徒刑。他還因為綁架惠特爾被判處23年有期徒刑，因為黑函勒索惠特爾之母被判處10年有期徒刑，最後，闖空門案件與持槍讓他總共再被判處30年有期徒刑。法官指示要他完整服刑無期徒刑，意思是他永遠不得假釋。

結果

　　2011年12月17號清晨，尼爾森因呼吸困難，被轉送到諾福克與諾里治大學醫院，於隔天死亡。

後記

留給惠特爾一家的綁架信：

　　不准通知警方準備贖金5萬英鎊晚間6點到1點到史旺購物中心電話亭等候電話如果沒接到電話隔天晚間再回來接電話的時候只准說出名字和認真聽一定要跟從指令不許爭執時間有限若有警方或手段死路一條

　　基德民斯特史旺購物中心將50,000英鎊交給一輛白色貨車

　　50,000英鎊全部都用舊鈔25,000英鎊用一鎊紙鈔另外25,000鎊用5鎊紙鈔50,000英鎊點清前不會交出人質點清後會釋放人質

- 「黑豹」這個暱稱是在亞斯汀案後起的。他的妻子形容殺手動作快得宛若獵豹，加上他穿著一身深色服飾。一名記者因此稱呼他為黑豹，這個暱稱就這樣沿用下來。
- 電影：《黑豹》（1977年）——一部講述尼爾森生平與所犯罪行的電影。

丹尼斯・尼爾遜
DENNIS NILSEN

出生年月日：1945年11月23號

別名／暱稱：馬斯韋爾丘殺手、親切殺手

做案特徵：強暴、戀屍癖、分屍

受害人數：12到15人

犯案日期：1978年12月30號到1983年1月26號

逮捕日期：1983年2月9號

殺人手法：繩索勒殺、淹溺

已知受害人：史蒂芬・荷姆斯，14歲；肯尼斯・奧肯登，23歲；馬丁・達菲，16歲；威廉・薩瑟蘭，26歲；馬爾康・巴洛，23歲；約翰・霍利特，23歲；亞齊柏德・格雷姆・艾倫，27歲；史蒂芬・辛克萊爾，20歲，其餘身分不明

犯罪地區：英國倫敦

狀態：終生監禁，不可假釋

個人背景

　　尼爾遜的父親奧拉夫曾是挪威軍人。二戰期間，納粹打下挪威的時候，他被送到蘇格蘭逃生。他在蘇格蘭認識了漁夫之女，伊莉莎白・懷特。兩人成婚後生了三名子女——奧拉夫二世、丹尼斯與西爾維亞。老奧拉夫當父親的時候過得很不愉快，夫妻倆於1948年離婚，當時伊莉莎白的父親接下了孩子們父親的角色。

　　尼爾遜與外公很親，直到外公於1951年去世，當時尼爾遜剛要滿6歲。尼爾遜的外公在出海期間嚴重心臟病發作。遺體被送回岸邊時，尼爾遜的母親鼓勵尼

爾遜去看看死去的外公，並告訴他外公是「在睡覺」。那之後，尼爾遜的個性就出現了巨大變化。他變得悶悶不樂，任何想要關心他的成人都會被他拒於千里之外。

幾年後，尼爾遜一度差點溺斃在海中。一開始的慌亂過去後，他冷靜下來，並且深信外公一定會來救他。不過來救他的不是外公，而是附近的一名年輕人。他的母親不久後便再婚了，一家人搬到比較內陸的地區，離開了海邊。

尼爾遜進入青春期的時候，發現自己並非異性戀。但是他也不確定自己究竟是雙性戀還是同性戀，同時他察覺他覺得有吸引力的男生，跟自己的妹妹有點相像。為了搞清楚自己的感覺，尼爾遜在哥哥和妹妹睡覺的時候猥褻他們，然而哥哥醒來了。自此之後，哥哥就會拿這件事霸凌尼爾遜。

14歲的時候，尼爾遜加入了英國陸軍少年團，後來在高中畢業後加入了英國陸軍。他被派駐到西德，這時候的他發現只要酒喝得夠多，他就能比較自在地與他人社交。某次，在朋友家喝得酩酊大醉的尼爾遜在朋友家地板上醒來。此事無關乎性，但是這次經驗成了尼爾遜的幻想發根點，後來的他很喜歡想像與不能動或失去意識的對象發生關係。

尼爾遜於1967年被派駐在南葉門，當地時有暴力突襲與綁架案件發生，他的好幾名同伴都被綁架殺害。尼爾遜被綁後也差點落得一樣的下場，但是他成功反擊，逃出生天。那之後，他到了賽普勒斯和英國服役，最後又被派回德國。1972年，尼爾遜從軍隊退役，決定加入警隊。正是這時候，他哥哥向母親告狀，說他是同性戀。

尼爾遜在倫敦警察廳服務的那年，常常造訪當地的同志酒吧。辭去警職之後的短暫時間中他擔任過警衛一職，然後他開始在就業中心工作。他談了幾段戀愛，不過都很快就結束。尼爾遜開始相信是自己沒辦法維持正常的感情關係。現在，他可以將長久以來一直在腦海中想像的那些幻想實現了。

凶殺紀錄

1978年12月29號，史蒂芬·荷姆斯在一家酒吧認識了尼爾遜。這名青少年嘗試買酒但失敗了，已經喝了不少的尼爾遜邀請他回家喝一杯。當時尼爾遜誤以為男孩的年紀應該比實際年齡再大些。兩人喝到睡著，隔天尼爾遜醒來，看著荷姆斯，突然害怕男孩會離開，讓尼爾遜獨自跨年，所以他用一條領帶將荷姆斯勒至昏迷，然後用一桶水將他溺斃。

殺害荷姆斯之後，他兩次對著遺體自慰，然後將遺體藏在地板下方。約八個月後，尼爾遜在後院堆了一座柴火，像是許多文化中用來焚燒死者的柴堆，然後將荷姆斯的遺體燒毀。

1979年12月3號，尼爾遜在倫敦一間酒吧認識了肯尼斯·奧肯登。他表示可以帶這名年輕的加拿大人逛逛倫敦，結束觀光行程後，他邀請受害人跟他一起回家。兩人一邊聽音樂的時候，尼爾遜便將奧肯登勒斃。隔天早上，尼爾遜將奧肯登的遺體擺放成各種不同的姿態，並拍下照片。他看了一會兒電視，然後用塑膠布將遺體包裹起來，放到地板下。接下來的兩週期間，尼爾遜將奧肯登的遺體埋下又挖出重新埋葬四次。每次挖出後，到重新埋藏之前，他都會將遺體放在身邊的椅子上，自己則一邊喝酒一邊看電視。

馬丁·達菲遇見尼爾遜，他正在路邊招便車。尼爾遜邀請他回家，將他勒至失去意識後在廚房水槽溺斃。他將遺體清洗乾淨，接下來的兩天中，他對著遺體自慰，並親吻遺體。最後等到遺體開始膨脹的時候，他便將其藏匿至地板下方。

1980年8月，尼爾遜試了好幾種方法想要消除腐爛的臭味以及漫生的蛆蟲。最後他把遺體從地板下方移出來，肢解後在自家後方燒毀。10月的時候，屋主告訴尼爾遜，他打算翻修房子，所以尼爾遜將奧肯登的遺體丟棄後，搬到了馬斯韋爾丘的一間公寓。這個住處比前一處小得多，沒有花園，地板下方也沒有置物空間，所以要棄屍就變得困難許多。

1980年8月，威廉·薩瑟蘭跟著尼爾遜回到家中。薩瑟蘭收錢提供性交易，不過尼爾遜一開始拒絕了他。回到公寓後，尼爾遜隔天早上醒來，發現薩瑟蘭被

勒斃的遺體，但是他想不起來自己下手的過程。

1982年3月，約翰・霍利特受邀與尼爾遜回家喝酒。霍利特睡著後，尼爾遜看著他一會兒，然後試圖勒斃他。霍利特醒了過來，奮力掙扎，但尼爾遜最後還是將他勒得失去了意識。三次嘗試勒斃都失敗後，他最後用浴缸將霍利特溺斃。霍利特的遺體遭到肢解，內臟和肌肉被沖下馬桶。骨頭的部分跟垃圾一起丟掉，沒有人發現任何異狀。

亞齊柏德・格雷姆・艾倫於1982年底遇害，當時他被尼爾遜邀請回他家用餐，艾倫在吃尼爾遜替他煎的蛋捲時遭勒斃。他的遺體被放進浴缸，一放就是三天，尼爾遜還跟上班的地方請假一天來肢解遺體。

最後一名已知受害人是史蒂芬・辛克萊爾，他於1983年1月26號遇害。辛克萊爾與尼爾遜都喝了酒也嗑了藥，在辛克萊爾在椅子上麻痺不動的時候，尼爾遜勒斃了他。下手後他將辛克萊爾手腕上的繃帶取下，才發現這名年輕男子幾天前才企圖自殺。他清洗遺體後還替遺體撒上爽身粉，然後將遺體放在自己床上。他在床的四周擺放了幾面鏡子，然後自己也脫掉衣物，躺在辛克萊爾的遺體旁。那天晚上，他甚至與遺體共眠。之後他肢解了屍體，分裝在垃圾袋中丟掉。

凶殺案發生時間順序：

- 1978年12月29號——史蒂芬・狄恩・荷姆斯，14歲
- 1979年12月3號——肯尼斯・奧肯登，23歲
- 1980年5月——馬丁・達菲，16歲
- 1980年8月——威廉・薩瑟蘭，26歲
- 1980年11月到1981年5月——7名身分不明的受害人
- 1981年9月18號——馬爾康・巴洛，23歲
- 1982年3月——約翰・霍利特，23歲
- 1982年底——亞齊柏德・格雷姆・艾倫，27歲
- 1983年1月26號——史蒂芬・辛克萊爾，20歲

逮捕行動與庭審

說也奇怪，尼爾遜於1983年2月4號抱怨排水管阻塞。一名水電工查清原因後告訴尼爾遜，說阻塞問題是由碎骨頭和一些肌肉組織造成的。尼爾遜開玩笑道一定是有人將肯德基炸雞桶沖進馬桶了。

水電工和主管隔天回來完成通水管的工作，但是發現有人已經把工作完成了。由於情況太過可疑，所以他們又繼續往管線裡調查了一番，發現更多肉和骨。兩人立刻通報警方，警方將碎骨肉送去檢驗，證實屬於人體組織。

2月9號，警方在尼爾遜的家門口等他回家。在門口等待期間，他們聞到了屋內傳來熟悉的腐爛屍臭。尼爾遜到家後，警方告訴他排水管中找到人類組織的消息，他裝出很驚訝的模樣。警方問他遺體剩下的部分上哪去了，尼爾遜便帶他們進屋，帶他們到衣櫃看裡頭的人體部位。

警方問尼爾遜是不是還有其他受害人，他表示到了警局會把這個冗長的故事交代清楚。在前往警局的路上，其中一名警官詢問他，目前找到的遺骸屬於一位受害者還是兩位受害者，而尼爾遜回答：「從1978年開始，大概15或16位。」尼爾遜在警局做了一份完整的自白供詞，並帶警方去看之前在梅爾羅斯大道住處的毀屍現場。

在庭審過程中，尼爾遜接受兩名精神科醫師評估是否理智正常。兩名醫師發現尼爾遜難以控制自己的情緒，唯一會表達的就是憤怒。其中一名醫師診斷尼爾遜有邊緣型假性自戀型人格障礙，有時也會精神分裂症發作。

在法庭上的時候，尼爾遜表示自己從未預謀殺害受害人，而是在下手前一刻才突然興起的念頭。1983年11月4號，他在六項謀殺起訴中被判有罪。他被判終生監禁，服刑25年後可申請假釋。

結果

內政大臣麥可‧霍華將尼爾遜的無期徒刑改判為須服完完整刑期，不可假釋。尼爾遜對此表示樂意之至，並表示他本來就不希望重獲自由。

後記

- 入獄服刑多年後，尼爾遜完成了一本未公開的400頁自傳，書名是《一名溺水男孩的歷史》（*The History of a Drowning Boy*）。

- 「我跟人相處的時候，我就在『真正的』世界裡，而獨處的時候，我就會瞬間進入幻想世界中。我可以輕易在這兩個世界裡切換。」

- 警方從尼爾遜在克蘭利花園的住處搜出不少物件（其中有些成了出庭時的證物）現在所有物件都在英國蘇格蘭場犯罪博物館中展示。這些展品包含有尼爾遜用來燉煮最後三名受害人頭部的爐頭、他用來肢解受害人遺體的刀、尼爾遜用來勒斃肯尼斯・奧肯登的耳機、拿來勒斃最後一名受害人的繩索，以及克蘭利花園住處的浴缸，尼爾遜在這個浴缸中將約翰・霍利特溺斃，以及在肢解前先擺放格雷姆・艾倫。

戈登‧史都華‧諾斯考特
GORDON STEWART NORTHCOTT

出生年月日：1906年11月9號

別名／暱稱：無

做案特徵：綁架、虐待癖、分屍

受害人數：3到20人

犯案日期：1926年到1928年

逮捕日期：1928年9月19號

殺人手法：槍擊、以斧頭重擊

已知受害人：身分不明的墨西哥男孩；路易斯‧溫斯洛，12歲；奈爾森‧溫斯洛，10歲；瓦特‧柯林斯，9歲

犯罪地區：美國加州河濱市

狀態：1930年10月2號執行絞刑

個人背景

諾斯考特的童年幾乎查無資料，不過他曾宣稱自己的父親在他10歲時曾性侵他。他父親晚年住進了精神病院，最後自殺結束生命。諾斯考特的叔叔因為謀殺罪名入獄，在服無期徒刑的期間去世。

1926年的時候，諾斯考特與母親莎拉‧路易斯，還有13歲侄子桑福德‧克拉克搬到加州附近，在溫威爾的一座養雞場定居。被逮捕後，克拉克宣稱諾斯考特多次強暴與毆打他，還逼他對他們綁來的男孩做那些事，包含殺害受害人。諾斯考特的母親莎拉以及年少的克拉克究竟涉案到什麼程度，外界並不清楚，但是許

多男孩在這座養雞場失蹤，這三人最後都被逮捕也被起訴。

凶殺紀錄

路易斯・溫斯洛與奈爾森・溫斯洛兩兄弟於1928年5月16號在波摩納失蹤。諾斯考特後來宣稱他殺了路易斯，但是奈爾森是桑福德殺的。他說他後來覺得很過意不去，因為路易斯當時感覺非常苦惱。

瓦特・柯林斯於1928年3月10號自住家消失蹤影。諾斯考特的母親因殺害這名男孩被定罪，但是證據顯示是她兒子下令要她去做的。柯林斯失蹤案成了重大事件，尤其是當時還有另一名小男孩突然現身，企圖說服柯林斯太太，說他就是瓦特。瓦特的母親知道他不是瓦特，並通知當局，而當局則是將她送到精神療養機構。最後她被釋放了。經確認，那名小男孩是亞瑟・哈欽斯二世，他坦承自己是裝的。

綁架男孩後，諾斯考特沒過多久就會厭倦他們，接著會用斧頭或是開槍將他們殺害。遺體會被蓋上生石灰，好讓血肉消蝕，骨骸則被埋在沙漠中。只有一名墨西哥青少年的遺體被找回，但是他的頭部不知去向，受害人的身分也未曾查明。

逮捕行動與庭審

1928年夏天，諾斯考特向地區檢察官辦公室抱怨鄰居，他說鄰居的行為暴力又低俗，讓他的姪子很不開心。當局派人與鄰居談話，對方宣稱他看過幾次諾斯考特毆打克拉克，並督促調查人員到諾斯考特家的養雞場看看裡頭到底發生什麼事。

同時，桑福德的父母聯繫了移民局，想要把兒子接回來，所以移民局的官員也前往養雞場將桑福德帶走。桑福德一離開諾斯考特，便立刻告訴當局養雞場裡的真相。他與調查人員一起回到養雞場，帶他們去找埋屍地點。相關人員進行開挖，找到了手指和踝骨。

他們也在養雞場找到一把小斧頭與一把正常規格的斧頭，上頭有血跡。諾斯考特跑到了加拿大，不過最終仍被逮捕，送回來面對謀殺罪名。他的母親一樣被逮捕，並以謀殺瓦特‧柯林斯的罪名起訴。

諾斯考特的庭審持續了27天，於1929年2月8號結束。在墨西哥受害人以及溫斯洛兄弟案中，他皆被判有罪，遭判死刑。他的母親為柯林斯案出庭受審，被判有罪後，於1928年12月31號遭判刑終生監禁。她沒有被判處死刑的唯一理由是因為她是女性。

結果

1930年10月2號，慘叫的諾斯考特被帶到行刑室。他全身顫抖，求警衛不要走那麼快。走上絞架前有13層階梯，警衛幾乎得全程拖著他往前走。他問警衛絞刑痛不痛，並要求他們替他蒙眼，讓他不用看著絞架。走上去的過程中，諾斯考特不斷哀號、慘叫、哭泣。機關門要打開之前，他大聲喊道：「禱告啊──拜託幫我禱告。」機關門彈開，他就被吊死了。

後記

2008年的電影《陌生的孩子》便是改編自溫威爾凶殺案，以及克莉絲汀‧柯林斯到處尋找失蹤的兒子的故事，由安潔莉娜‧裘莉擔綱演出。

安納托利・歐諾普林科
ANATOLY ONOPRIENKO

出生年月日：1959年7月25號

別名／暱稱：烏克蘭禽獸、終結者、公民O

做案特徵：搶劫

受害人數：52人

犯案日期：1989年到1996年

逮捕日期：1996年4月16號

殺人手法：槍擊、以斧頭攻擊

已知受害人：男性、女性、孩童，一整家人

犯罪地區：烏克蘭

狀態：死刑後被改判為終生監禁。2013年8月27號自然死亡

個人背景

　　歐諾普林科的父親是一名功勳彪炳的軍人，曾在二戰期間服役，並獲頒英勇勳章。他的母親在他4歲時便去世了，歐諾普林科被送往育幼院之前，先由祖父母照顧了一段時間。他的哥哥當時已經13歲，逃過被送走的命運。

　　歐諾普林科後來宣稱就是在育幼院的經驗讓他踏上暴力之途。他37歲被當局逮捕的時候，已經（根據他自己的聲明）犯下五十二起凶殺案。歐諾普林科誰也不放過，將一家人的每個成員，包含兒童在內趕盡殺絕。

凶殺紀錄

　　歐諾普林科總是挑孤立的屋子下手。他會在屋外製造一些騷動，吸引住戶的注意。首先，他會下手殺害屋內的男性成年人，接著是妻子和幼童。為了掩飾自己的行蹤，他會放火燒掉屋子，希望火災過後就找不到任何證據。他也會將碰巧與他相遇、可能的目擊證人全都殺掉。

　　1989年，第一起案件的受害人是一個十人大家庭。他本來是在洗劫這家人的屋子，被這家人給打斷了。他後來宣稱有另一名男子當晚也跟他一起犯案，這人是謝爾蓋‧羅戈津。同年，歐諾普林科又殺了五名睡在車上的人。殺人之後，他放火將遺體燒毀。

　　1995年12月24號，他在入室竊盜過程中，殺害遭搶的瑟琴科一家。這一家四口遭兇手用一把鋸短的雙管霰彈槍槍擊致死。殺人後，歐諾普林科放火將房子給燒毀。1996年1月2號，另一戶四口之家遭槍擊致死。緊接在此案之後，歐諾普林科殺害一名當時走過現場的男子。

　　1996年1月6號，又有4人遇害，但這次這些受害人不是在家裡的一家人。歐諾普林科在公路上攔車，然後殺害駕駛。11天後，他闖入皮拉特一家的住處，殺人後放火將屋子燒毀。兩人在該住家外遇害，因為歐諾普林科擔心他們會成為目擊證人。

　　1996年1月30號，一名女性與她的兩個兒子，還有家裡的訪客全部遇害。另一家人，度恰克斯一家於1996年2月19號遇害。父親與兒子一起被槍擊致死，但母親與女兒是遭歐諾普林科以錘子打死。歐諾普林科試圖要這家人的女兒交出錢財，但她拒絕了，他便將她殺害。

　　邦納查克一家於1996年2月27號遭凶殘殺害。父母兩人被槍擊致死，他們年幼的女兒，分別是7歲和8歲，則是被斧頭砍死。殺害這家人之後，過了約一小時，歐諾普林科注意到鄰居在他們家附近閒晃，所以他將這名男子槍殺後用斧頭重劈遺體。

　　最後一件已知案件中的受害人是諾沃薩德一家四口。他們於1996年3月22號

遭槍擊致死，住家被縱火。

兇殺案發生時間順序：

- 1989年——十口之家
- 1989年——五名睡在車上的受害人
- 1995年12月24號——瑟琴科一家四口
- 1996年1月2號——一家四口
- 1996年1月6號——在不同案件中共殺害4人
- 1996年1月17號——皮拉特一家五口，以及兩名目擊證人
- 1996年1月30號——莫魯西娜與兩名幼兒，一名訪客
- 1996年2月19號——度恰克斯一家四口
- 1996年2月27號——邦納查克一家四口與一名男子
- 1996年3月22號——諾沃薩德一家四口

逮捕行動與庭審

1996年4月，歐諾普林科搬去住在親戚家，他們注意到他有各式各樣的武器，便將他趕出家門並且報警。他於1996年4月16號被逮捕，警方發現超過一百件物品可能與許多凶殺案有關聯。

他一開始承認在1989到1995年間殺害了8人，但是後來承認自己總共犯下52起凶殺案。他告訴當局，說他聽見有人的聲音，叫他去殺人。

他的庭審因諸多原因被延後，最主要的一個原因是因為在烏克蘭的法律中，被告必須在開庭前看過所有呈堂供證。由於本案相關證物資訊總共有多達99卷，時間便被拉得很長。除此之外，依法規定，法庭必須支付目擊證人的住宿費用與交通費用，而這場庭審有400名目擊證人，法庭無法負擔這樣的開銷，所以他們在電視上發起訴願，政府因而同意負擔這筆費用。

庭審於1998年11月開始，辯方律師一開始試圖說服法庭，說歐諾普林科精神

失常，但是精神科醫師檢驗後確認他精神正常，可以出庭受審。歐諾普林科出庭的時候被安置在一座金屬牢籠中，此舉主要是為了保護他不受民眾傷害。

跟他一起犯下第一批凶殺案的同夥羅戈津也被起訴，他因為在最初的九起殺人案件中擔任幫兇，被判有罪，判處13年有期徒刑。針對歐諾普林科的案件，陪審團只討論了三小時就確定有罪。歐諾普林科被判處死刑，會由行刑班執行。

不過歐諾普林科很幸運，因為烏克蘭當時正希望能加入歐盟，為此，他們廢除了死刑。雖然許多政治人物以及民眾都認為此案兇手十惡不赦、認為他還是該償命，但歐諾普林科的罪刑最後仍是被改判為終生監禁。

結果

2013年8月27號，被監禁在日托米爾監獄的歐諾普林科因心臟衰竭死亡，享年54歲。

克利福 · 歐爾森
CLIFFORD OLSON

出生年月日：1940年1月1號

別名／暱稱：卑詩省禽獸　**做案特徵**：戀童癖、強暴、毀屍

受害人數：11人以上

犯案日期：1980年到1981年

逮捕日期：1981年8月12號

殺人手法：勒殺、刀刺、錘子重擊

已知受害人：克莉絲汀·威勒，12歲；柯琳·戴格諾，13歲；達林·強斯魯德，16歲；珊卓拉·琳·沃夫斯坦納，16歲；艾達·安妮塔·寇兒特，13歲；西蒙·派翠克·詹姆士·帕丁頓，9歲；茱蒂·科茲瑪，14歲；雷蒙德·勞倫斯·金二世，15歲；希格倫·夏洛特·伊麗莎白·亞德，18歲；泰利·林恩·卡森，15歲；路易斯·席夢·瑪莉·艾弗琳·沙特蘭，17歲

犯罪地區：加拿大卑詩省

狀態：終生監禁。2011年9月30號死於癌症

個人背景

　　歐爾森一開始就是個麻煩精，年紀還很小的時候就時常惹禍上身。個子雖矮，身材厚實的他常常跟人打架，但時常打輸。他告訴父親說想學拳擊，開始接受訓練之後，他就開始回頭找每個曾經揍過他的男孩報仇。

　　上學之路也不順遂，歐爾森從10歲就開始逃學。他完成八年級的學業後便離開校園，開始了犯罪連連的人生。青少年時期的歐爾森是一匹孤狼，而且不論

想做什麼，都是失敗收場。他第一次入獄是在1957年，那年他17歲。接下來的二十四年之中，歐爾森因為將近一百件案子被定罪，包含偽造、詐騙、偷竊、持械搶劫、逃獄、各種不雅行為、雞姦、非法持械以及許多其他罪名。

歐爾森七度成功逃獄，其中一次是他裝病，在三名警衛陪同送醫途中逃脫。在警犬協助下逮捕到他之前，他已經逃了一個禮拜。這不是他第一次被警犬找到了，一年前他在逃避追捕的期間也發生過一樣的情況。

1980年，歐爾森認識了瓊安‧海爾，當時她才剛與暴力又會施虐的前夫離婚。一年後，兩人的兒子史蒂芬出生了，孩子出生後一個月，兩人便完婚。而瓊安不知道的是，她的新丈夫在兩人結婚的時候已經開始殺人，並且沒有打算就此停手。

凶殺紀錄

第一位已知受害人克莉絲汀‧威勒是在1980年11月7號於卑詩省薩里被綁。她的遺體直到聖誕節才被人發現。她遭刀刺數次直到死亡為止。

歐爾森於1981年4月16號綁架柯琳‧戴格諾，她的遺體於五個月後被尋獲。下一名受害人是達林‧強斯魯德，他4月22號遇害，屍體於兩週後被人尋獲。5月19號，珊卓拉‧沃夫斯坦納被歐爾森綁架殺害，6月則是艾達‧寇兒特遇害。

歐爾森的殺人行為日漸走火入魔，1981年7月出現了6名受害人。9歲大的西蒙‧帕丁頓於6月2號遭綁架、強暴後勒斃。下一名受害人是茱蒂‧科茲瑪，她於7月9號遇害。科茲瑪是在新威斯敏斯特被綁，一樣遭到強暴後勒斃。她的遺體於7月25號在維弗湖附近被人尋獲。7月23號，雷蒙德‧金遭綁架、強暴後被鈍物重擊致死。然後是德國遊客希格倫‧亞德，於7月25號遭強暴後以鈍物重擊致死。

最後兩名受害人是泰利‧林恩‧卡森與路易斯‧沙特蘭。卡森於7月27號遭強暴勒斃，沙特蘭於7月30號遭殺害。

凶殺案發生時間順序：

- 1980年11月17號——克莉絲汀・威勒，12歲
- 1981年4月16號——科林・戴格諾，13歲
- 1981年4月22號——達林・強斯魯德，15歲
- 1981年5月19號——珊卓拉・沃夫斯坦納，16歲
- 1981年6月21號——艾達・寇兒特，13歲
- 1981年7月2號——西蒙・帕丁頓，9歲
- 1981年7月9號——茱蒂・科茲瑪，14歲
- 1981年7月23號——雷蒙德・金，15歲
- 1981年7月25號——希格倫・亞德，14歲
- 1981年7月27號——泰利・林恩・卡森，15歲
- 1981年7月30號——路易斯・沙特蘭，17歲

逮捕行動與庭審

　　歐爾森於1981年8月12號被逮捕，警方懷疑他試圖綁架兩名女孩。後來他在8月25號因殺害茱蒂・科茲瑪被起訴。這時歐爾森與當局達成協議，他會在十一起凶殺案中認罪，並帶當局去棄屍現場，而作為交換，當局要支付他的妻子一筆金額，算法是每個受害人10,000元。

　　多虧了歐爾森談下的這個條件，他的妻兒收到了10萬元，此事激怒了許多人。歐爾森接著便在1982年1月承認犯下十一起殺人案件。他被判處十一次無期徒刑，需連續服刑。

結果

　　2011年9月，媒體報導歐爾森已是癌症末期，並已送往醫院接受治療。歐爾森於2011年9月30號去世，享壽71歲。

後記

- 歐爾森在精神病檢查表中的40分拿下了38分。
- 七度逃獄成功。
- 寄送低級不雅的卡片給遭殺害孩童的父母。
- 寄色情信件給議會成員。

卡爾・潘茲蘭姆
CARL PANZRAM

出生年月日：1891年6月28號

別名/暱稱：卡爾・巴德溫、傑夫・戴維斯、傑佛森・戴維斯、傑佛森・羅茲、傑夫・羅茲、傑克・艾倫、傑佛森・巴德溫、約翰・金、約翰・歐賴瑞、庫珀・約翰、泰迪・貝達德

做案特徵：雞姦、搶劫

受害人數：22人

犯案日期：1920年到1929年

逮捕日期：1928年8月16號

殺人手法：勒殺、槍擊、鈍器重擊

已知受害人：成年男性與男孩——大多未曾公布姓名或身分不明

犯罪地區：美國紐約州、麻薩諸塞州、康乃狄克州、馬里蘭州、賓夕法尼亞州、堪薩斯州、安哥拉魯安達

狀態：1930年9月5號執行絞刑

個人背景

　　潘茲蘭姆在家族農場裡長大，有五個兄弟姊妹。12歲的時候，他從鄰居家偷了食物和槍。沒過多久，他就被送到明尼蘇達州立訓練學校矯正行為。根據潘茲蘭姆表示，他被校內員工毆打、虐待無數次，全都發生在「繪畫室」裡。其他孩童把這地方取名為繪畫室，是因為不論是誰進了那扇門，出來的時候身上都像「被畫過」——換句話說，出來的人身上都是深淺不一的瘀青和血痕。潘茲蘭姆

滿懷恨意地放了一把火將「繪畫室」燒個精光，但從未有人懷疑縱火的就是他。

　　青少年時期過了一半，潘茲蘭姆已經有了酗酒的習慣。他數次犯下入室竊盜以及偷竊行為，常常犯法惹禍上身。潘茲蘭姆在14歲的時候逃家，據聞曾在火車廂中遭一群男子輪暴。15歲的時候，他加入了軍隊，但一年不到，潘茲蘭姆就被以竊盜罪定罪。他被送往萊文沃思堡的美軍懲戒營，服刑2年於1910年獲釋。

　　長大成人後的潘茲蘭姆還是繼續入室竊盜的行徑，有多次被捕入獄的經驗。即便在獄中，潘茲蘭姆仍時常惹禍上身，不是攻擊獄警，就是不聽從命令。因此，獄警有時會毆打潘茲蘭姆，或是找其他處罰他的方式教訓他。潘茲蘭姆是個非常強而有力的人，後來他這股力量讓他得以控制受害人。

凶殺紀錄

　　為期八年的時間中，潘茲蘭姆在旅行中於許多不同的郡恐嚇、搶劫以及殺害他人。他的動機幾乎都是搶劫，如果剛好有人在場，他就會把人殺掉。他曾買下一艘遊艇，然後到紐約的酒吧，用遊艇當藉口誘拐水手，灌醉他們之後先行強暴再槍殺受害人，潘茲蘭姆將遺體棄置在長島海灣執岩燈附近。

　　遊艇沉沒後，潘茲蘭姆旅行到非洲。根據潘茲蘭姆陳述，他殺了一名年輕男孩，還有一次他雇了一艘划艇，將六名划船手開槍擊斃後拋下水餵鱷魚。回到美國後，他於1922年7月18號在塞冷將一名小男孩痛毆致死。同年底，他將另一名年輕男孩勒斃，地點在紐黑文附近。

　　潘茲蘭姆說他在1923年6月槍殺了一名男子，當時對方試圖搶劫潘茲蘭姆。他宣稱自己曾在入室竊盜時殺人，也曾在費城殺害兩名男孩——一名於1921年遇害，另一人則是於1928年遇害。後來他表示，他曾考慮在城市的飲水源頭加入砷，藉此大開殺戒。

逮捕行動與庭審

　　1928年8月16號，潘茲蘭姆因在華盛頓州入室竊盜被捕。他為入室竊盜案被

審訊的時候，坦承殺害了兩名男孩。他出庭受審後被定罪，遭判刑25年到終生監禁。他告訴典獄長說他會殺掉第一個來找他麻煩的人，此話後來果然成真了。

1929年6月20號，潘茲蘭姆殺了監獄裡的洗衣房領班，羅伯特·沃恩克。潘茲蘭姆用一根鐵條痛毆對方致死。這次他出庭的時候，被判了死刑。他拒絕任何上訴的機會，人權活動分子企圖幫助他的時候，潘茲蘭姆就威脅要殺害他們。

結果

1930年9月5號，潘茲蘭姆的死刑如期行刑。不過他也不是靜靜地結束一切。據聞在劊子手將繩圈套上的時候，潘茲蘭姆往他臉上吐了口水。絞刑結束後，潘茲蘭姆被埋在萊文沃思監獄的墳場，墓碑上只寫上了他的監獄編號。

後記

- 潘茲蘭姆交過最要好的朋友是一名監獄獄警，亨利·雷瑟，亨利最後替潘茲蘭姆寫下了一生的故事，潘滋蘭姆曾吹牛說自己犯下超過一千次雞姦罪。
- 他的遺言是「動作快，你浪費的時間我都能吊死一打人了。」
- 「我不信人、神或魔鬼。我恨所有人類，包含我自己……我會替軟弱的人、無害的人以及單純沒有疑心的人祈禱。這是我從其他人身上學到的：意志成就一切。」

潘茲蘭姆寫的詩：

我坐下來想把事情好好想一遍。坐在那兒思考的時候，
一個小孩，大概十一、二歲大，跑到我身邊吵鬧。他在找東西。
也的確是找到了。
我把他帶到四分之一哩外的一座砂石坑，把他留在那裡。
但是在那之前，我先雞姦了他，然後將他殺掉。我走的時候，他的大腦從耳朵裡流出來，死透了。

傑拉德・帕克
GERALD PARKER

出生年月日：1955年

別名／暱稱：臥室殺人狂、鈍器殺人狂

做案特徵：強暴、私闖民宅

受害人數：5人以上

犯案日期：1978年到1979年

逮捕日期：當局發現他的DNA與殺人案件相符時，他人已經因為違反假釋令被拘留於獄中

殺人手法：鈍器重擊

已知受害人：珊卓拉・凱・芙萊，17歲；金柏莉・蓋伊・羅林斯，21歲；馬洛琳・凱・卡爾頓，31歲；黛博拉・甘迺迪，24歲；大黛博拉・琳，17歲；一名未出世的胎兒（香緹兒・瑪莉・葛林）

犯罪地區：美國加州橘郡

狀態：判處死刑，等待行刑

個人背景

　　帕克是美國海軍陸戰隊退役軍人，直到1980年為止，幾乎沒什麼犯罪紀錄。1960年代的他曾因吸膠被逮，在少年感化院待過一段時間，不過那之後他就一直沒有惹禍。

　　到了1980年，他被派駐在美國加州托羅的海軍陸戰隊空軍基地。這個時期的他強暴了一名4歲大的女孩，並很快就被緝捕到案，他被判6年有期徒刑，照流程

規定，他的DNA樣本也被存入系統。隨著時間過去，科技日漸發達，正是當年存下的樣本，讓後來的偵查人員得以偵破殺人案件。後來帕克自己提供的資訊，讓一名之前被誤判殺人罪刑入獄的男子得以獲釋出獄。

凶殺紀錄

因為帕克於1970年代在橘郡犯下的性侵殺害案件手段兇殘，後來便被暱稱為「臥室殺人狂」。1978年到1979年間，5名女性遭帕克強暴後殺害。另一名女性，黛安娜・達埃洛（原姓葛林）遇害時懷有身孕，她僥倖生還，然而腹中的胎兒沒有逃過死劫。

凶殺案發生時間順序：

- 1978年12月2號——珊卓拉・凱・芙萊，17歲
- 1979年4月1號——金柏莉・羅林斯，21歲
- 1979年9月14號——馬洛琳・卡爾頓，31歲
- 1979年9月30號——未出世的胎兒（香緹兒・瑪莉・葛林）
- 1979年10月7號——黛博拉・甘迺迪，24歲
- 1979年10月21號——大黛博拉・琳，17歲

逮捕行動與庭審

當局透過DNA技術發現帕克與這些凶殺案有關的時候，他已經因為其他罪名被收押在監獄裡。調查人員把證據拿給他看，他便承認自己就是臥室殺人狂。帕克於1998年10月出庭受審，六項一級謀殺罪嫌全都確定有罪，還有一起謀殺未遂，以及六起一級強暴罪。

帕克於1999年1月被判處死刑，除此之外他也還被判了無期徒刑，外加64年有期徒刑。

結果

　　遇害的腹中胎兒死者之父，凱文・葛林在案件發生後被捕，當局判定他攻擊自己的妻子導致流產，因而起訴他。因為胎兒已經足月，凱文・葛林被以謀殺罪嫌起訴並遭定罪，送往監獄服17年有期徒刑，後來才查明原來真兇其實是帕克。

希爾里・寶林
THIERRY PAULIN

出生年月日：1963年11月28號

別名／暱稱：蒙馬特禽獸、蒙馬特野獸、巴黎死神、老太太殺手

做案特徵：搶劫

受害人數：18到21人

犯案日期：1984年到1987年

逮捕日期：1987年12月1號

殺人手法：勒殺、窒息、刀刺、毆打

已知受害人：安娜・芭比爾旁托斯，83歲；瑞秋・科恩，79歲；潔納維・格蒙特；蘇珊・芳寇特，89歲；洛安納・席格拉賽洛，71歲；艾莉絲・布南，84歲；瑪莉・崔，80歲；瑪莉亞・彌科迪亞茲，75歲，其餘受害人姓名不明

犯罪地區：法國巴黎

狀態：等候庭審期間因愛滋病併發症身亡

個人背景

　　寶林於1963年出生於馬提尼克島的法蘭西堡。出生後不久，他的父親便離開了，留下當時僅是青少女的寶林母親照顧他。因為生活困難，寶林的奶奶便把他接去扶養，但是她沒有對寶林展現什麼關懷或憐愛。寶林10歲的時候搬回去跟母親同住，但是她當時已經結了婚，寶林只能想辦法在繼弟繼妹之間，找出屬於自己的位置。他對待其他兒童的行為很暴力，所以他的母親連繫了他的父親，問他能不能把寶林帶到法國一起生活。

在學校裡的寶林不論課內外都過得很不順遂，常常因為混血兒的身分被捉弄或被冷落。17歲的時候，考試不及格的寶林決定加入軍隊。他加入了跳傘隊，但是同志身分加上種族因素，讓他被同袍排擠。他在軍隊的時候，因為持刀搶劫一名老婦人被逮，雖然被判了兩年有期徒刑，刑罰卻被暫停執行，於是他仍繼續留在軍營裡。

兩年後，1984年，寶林離開了軍隊，搬到巴黎南提赫，再次與母親同住。寶林開始在一間叫作拉丁天堂的夜店工作，這間夜店有異裝癖的表演。接著，寶林也開始變裝演出，模仿歌手厄莎·凱特。在他在拉丁天堂工作的時候，認識了瓊一希爾里·馬瑟林，兩人開始談戀愛。馬瑟林和寶林都有毒癮，不過馬瑟林的癮頭比寶林還嚴重許多。他們需要錢才能滿足毒癮，販毒賺的錢不夠多，所以寶林開始到處搶劫，最後演變成好幾件殺人案件。

凶殺紀錄

安娜·芭比爾旁托斯與朋友潔曼·佩蒂托於1984年10月5號被攻擊。佩蒂托從事件中生還，但芭比爾旁托斯遭毆打窒息後身亡。佩蒂托在事件中受創很深，無法提供任何細節或外觀描述給警方。

1984年10月到11月間，又有8名受害人遇害，這些人大多住在巴黎十八區。這些案件中殺人的手法有不少差異——有些受害人是遭塑膠袋窒息，其中一人被迫喝下水管清潔劑，還有其他人遭毆打致死。這些案件的唯一共通點就是受害人的年紀，以及他們全都被洗劫一空。

1985年12月和1986年6月又發生了八起凶殺案。案件的證據不多，但警方比對了前後案件現場採集到的指紋，確認兇手是同一人。

瑞秋·科恩於1987年11月25號遭寶林殺害。同天，寶林還攻擊了另一名老太太，貝特·芬諾泰利，但她幸運生還。兩天後，寶林勒斃了潔納維·格蒙特。

從攻擊事件中復原後的芬諾泰利夫人向警方詳細描述了攻擊者的外貌，這項資訊後來使寶林於12月被逮，當時一名警探在寶林走在路上的時候認出了他。

凶殺案發生時間順序：

- 1984年10月5號——安娜·芭比爾旁托斯，83歲
- 1984年10月9號——蘇珊·芳寇特，89歲
- 1984年11月5號——洛安納·席格拉賽洛，71歲
- 1984年11月7號——艾莉絲·布南，84歲
- 1984年11月8號——瑪莉·崔，80歲
- 1984年11月9號——瑪莉亞·彌科迪亞茲，75歲
- 1987年11月25號——瑞秋·科恩，79歲
- 1987年11月27號——潔納維·格蒙特
- 1985年12月到1986年6月間還有8名受害人遭殺害。

逮捕行動與庭審

被拘留後，寶林立刻就坦承犯罪，說自己犯下二十一起凶殺案。因為有些案件尚未完成調查，寶林被以十八起凶殺案起訴。他被送往監獄等候開庭。

結果

1988年初，寶林的身體開始遭愛滋病吞噬。隔年的他幾乎癱瘓，因腦膜炎和結核症被送往醫院。寶林死於1989年4月16號。當時他仍在等候庭審，所以他從未因為自己坦承犯下的那些案件被定罪。不過馬瑟林則有經歷庭審並被定罪，他被判處無期徒刑，外加18年不得假釋。

路易絲・皮特
LOUISE PEETE

出生年月日：1880年9月20號

別名/暱稱：路易絲・M・古德、安娜・李

做案特徵：殺人取財

受害人數：3人以上

犯案日期：1912年、1920年、1944年

逮捕日期：1944年12月20號

殺人手法：槍擊

已知受害人：喬・亞波；雅各・查爾斯・登頓；瑪格麗特・羅根

犯罪地區：美國德州、加州

狀態：1947年4月11號以毒氣處死

個人背景

　　皮特出生時被取名為洛菲・路易絲・普萊斯勒，她於1880年在路易斯安那州一個富裕的家庭中出生。她的父母付了一大筆錢，讓她接受最好的教育，但是她仍因校方判定行為不檢而被退學。

　　1903年，皮特與四處出差的業務亨利・博斯利成婚。然而，皮特與另一名男子被博斯利捉姦在床之後，博斯利便自殺了。皮特最後跑到波士頓住了一陣子，期間擔任「高級」應召女維生，而且她還有會偷客人財物的名聲。

　　她的下一段婚姻，對象是德州威科的石油大亨喬・亞波。後來亞波遭到殺害，珠寶不翼而飛，皮特遭指就是殺人兇手。與皮特成婚後驟然離世的丈夫不只

亞波一人，皮特的舉動最後終讓她被送入毒氣室。

凶殺紀錄

皮特被指指控殺害亞波的時候，她告訴陪審團亞波想強暴她，她為了自保才殺害亞波。她因此獲釋，罪名也被撤銷。

1913年，皮特與飯店櫃檯人員哈利·福羅特成婚，據聞他發現她外遇後便自殺了。接著她於1915年在丹佛與理查·皮特成婚，兩人的女兒出生後，皮特便離開，去了洛杉磯。她在洛杉磯認識了石油大亨雅各·C·登頓。登頓於1920年失蹤，警方到他家搜尋線索的時候，皮特早已不知去向。她回到丈夫身邊，但是當局找到了登頓的遺體後，追蹤到皮特身上，將她逮捕起訴。

在登頓的謀殺案中被確立有罪的皮特，被判處無期徒刑，不過只服刑18年。皮特的丈夫理查在她服刑期間自殺身亡。皮特開始在潔絲·瑪西家當管家，但沒過多久瑪西就去世了，另一名同事也因可疑原因死亡。

皮特後來去替艾蜜莉·杜懷特·拉瑟姆工作，而她也死了。她的下一份工作是去替亞瑟·C·羅根與妻子瑪格麗特當管家。皮特再次結婚，這次的對象是李·博登·賈德森。瑪格麗特·羅根失蹤後，因為皮特曾試圖假造她的簽名來通過檢測，讓她立刻被列為主要嫌犯。

逮捕行動與庭審

皮特於1944年12月20號被逮捕，在庭審過程中，皮特的殺人罪嫌被定罪，判處毒氣死刑。她的丈夫賈德森被無罪釋放，但警方審訊他的隔天，他便自殺了。

結果

皮特於1947年4月11號早上10點3分進入毒氣室。十分鐘後，於早上10點13分，當局便宣告她死亡。她走進毒氣室時態度自若，面帶微笑，但是可以看見她的雙手微微顫抖。她朝著後來已經非常熟識的典獄長微笑點頭，並謝謝拍她肩膀

要她「放輕鬆」的獄卒。

後記

皮特是加州第二位執行死刑的女性。

克里斯多福・彼得森
CHRISTOPHER PETERSON

出生年月日：1969年1月20號

別名／暱稱：俄巴底亞・班伊斯雷爾、副駕殺手

做案特徵：搶劫

受害人數：7人

犯案日期：1990年10月到12月

逮捕日期：1991年1月29號

殺人手法：槍擊

已知受害人：勞倫斯・米爾斯，43歲；朗達・L・漢默斯利，25歲；哈尚德・辛格・達娃拉，54歲；瑪莉・梅茲勒，48歲；奧拉・L・維爾德姆斯，54歲；伊萊・巴洛夫斯基，60歲；喬治・巴洛夫斯基，66歲

犯罪地區：美國印第安那州

狀態：死刑改判為終生監禁

個人背景

　　彼得森因殺人被捕之前的資訊甚少，只知道他曾是海軍陸戰隊成員，直到他成為逃兵。後來的他與母親和姊妹住在印第安那州蓋瑞市。從他被捕，到後來的定罪結果，全程都非常有爭議性，直至今日仍有人深信他是無辜的。

　　警方一開始的報告內容，就是後來的爭議發酵源頭。警方報告內容描述犯案者為一名白人男性，留有棕色長髮。彼得森是黑人，槍擊案件發生時他蓄短髮。此事引爆了各種指控，包含種族偏見、證據收集不當，以及誤判罪名。然而彼得

森被捕後坦承犯案，直到出庭受審時才改口。

凶殺紀錄

1990年10月30號到12月18號，在北印第安那州共有7人遭彼得森槍擊致死。一名目擊證人提供警方兇手的外觀描述，然而這個描述後來引發了爭議。根據描述，這名兇手是一名身材纖瘦的白人男性，鬍子刮得很乾淨，一頭棕色長髮。

1990年10月30號，勞倫斯·米爾斯被槍殺致死時，人就坐在自己的車內，車子停在格力非斯的66號美軍團哨所外。同一天的幾小時後，朗達·漢默斯利於雪松湖一座加油站的停車場遭槍擊致死。

哈尚德·辛格·達娃拉於12月13號在加油站工作時遭殺害，收銀機也被洗劫一空。下一名受害人是瑪莉·梅茲勒，她於12月15號在一家汽車旅館櫃檯工作時被槍殺，兇手殺人後也將錢財搜刮殆盡。梅茲勒遇害六分鐘後，彼得森開槍殺了當時站在自動提款機旁的奧拉·L·維爾德姆斯。

最後的已知受害人是喬治與伊萊·巴洛夫斯基兄弟，兩人於1990年12月18號在自己的裁縫鋪旁的大樓遭槍擊。

凶殺案發生時間順序：

- 1990年10月30號——勞倫斯·米爾斯，43歲
- 1990年10月30號——朗達·漢默斯利，25歲
- 1990年12月13號——哈尚德·辛格·達娃拉，54歲
- 1990年12月15號——瑪莉·梅茲勒，48歲
- 1990年12月15號——奧拉·L·維爾德姆斯，54歲
- 1990年12月18號——喬治·巴洛夫斯基，66歲
- 1990年12月18號——伊萊·巴洛夫斯基，60歲

逮捕行動與庭審

1991年1月29號，彼得森與安端‧麥吉一起被捕，兩人搶劫了美林維爾的一家餐廳，並企圖殺害餐廳經理。審訊過程中，麥吉對調查人員說另一名男子，羅納德‧J‧哈里斯在兩次受害人遭殺害的案件中與彼得森一起犯案。他也表示彼得森說過，人就是他殺的。

彼得森的第一場庭審，勞倫斯‧米爾斯案與朗達‧漢默斯利案。於9月開始。然而不可思議的是即便有證據和自白書，面對這些謀殺罪起訴，彼得森仍被無罪釋放。最初的目擊證人說詞有落差這件事也毫無幫助——彼得森不是白人，也沒有長髮。

彼得森於1月為維爾德姆斯案以及殺人未遂案出庭受審，這次彼得森再次被無罪釋放！下一次庭審的案子是達娃拉案與梅茲勒案。一開始，庭審被宣布為無效審判，但是整個審判流程重啟後，檢方提出了一件證據。這次，彼得森終於被定了罪。

1992年4月，彼得森為巴洛夫斯基兄弟凶殺案出庭受審，他被定罪了。雖然陪審團沒有建議判處死刑，法官仍判了彼得森死刑。

至於被指為共犯的哈里斯則在達娃拉案與漢默斯利案中被判定殺人有罪。到了1991年底，麥吉因為殺害餐廳經理未遂案以及搶劫案出庭受審。由於彼得森案件中，檢方需要麥吉出庭當證人，所以檢方提供了認罪協商給麥吉，讓他可以僅以較輕的罪名被起訴，並遭判8年有期徒刑。

結果

2004年12月12號，彼得森的刑罰被重判，由死刑改為120年有期徒刑。

亞力山大‧皮修斯金
ALEXANDER PICHUSHKIN

出生年月日：1974年4月9號

別名／暱稱：棋盤殺手、比沙公園殺人狂

做案特徵：受害人主要都是街友

受害人數：49到63人

犯案日期：1992年到2006年

逮捕日期：2006年6月14號

殺人手法：錘子重擊

已知受害人：身分不明之男、女、幼童

犯罪地區：俄羅斯莫斯科

狀態：判處終生監禁，並且刑期的前15年必須單獨監禁

個人背景

　　原本大家眼中的皮修斯金很正常，會社交，是個快樂的孩子，直到發生了一起鞦韆意外，讓他頭部受創為止。受傷後，皮修斯金的性格宛若在一夕之間變得衝動又偏激，在學校也被取笑為「智障」，飽受霸凌。最後他母親只得將他從一般校園轉學至特教學校就讀。

　　剛進入青春期的時候，皮修斯金的祖父發現他其實非常聰穎。祖父認為學校沒有鼓勵皮修斯金想辦法達成什麼目標，於是他帶皮修斯金回家同住，鼓勵他追求學業成就。皮修斯金對於西洋棋非常有興趣，而且也很有天分。但他又被轉回了一般學校，其他學童的戲謔和霸凌行為持續不斷，皮修斯金的祖父去世時，情

況變得更糟，皮修斯金只得搬回去與母親同住。

　　大概就是這個時期，皮修斯金開始喝酒，他會去比沙公園跟長輩下棋，同時一邊喝伏特加。他很快就發現酒精對他的影響不同於對那些年長的棋友的影響。他也養成了一個很黑暗的嗜好，就是拍攝自己威脅年幼孩童的過程，然後重複觀賞，欣賞自己對受害人展現的力量和強勢。然而這個嗜好沒過多久就滿足不了他。1992年，他犯下了第一起凶殺案。

凶殺紀錄

　　皮修斯金於1992年開始殺人，到了2001年的時候，他的殺人行為變本加厲。他會鎖定年長男性街友，說要請他們喝伏特加，藉以引誘他們。他會與他們喝上一會兒，然後用錘子重擊受害人頭部。然後，他會將伏特加酒瓶插進傷口裡。

　　後來的他挑選受害人的範圍逐漸放寬，殺害的對象涵蓋比較年輕的男性、女性和兒童。他的殺人手法是從背後出其不意地攻擊對方，這麼做也讓他得以避免被鮮血噴濺到身上的衣服。有時他會將受害人遺體丟入比沙公園的下水道，但是這個做法並不成功，因為其中一名受害人生還了。

　　皮修斯金犯下的最後一起案件，發生於2006年春天。36歲的瑪琳娜‧馬斯卡洛娃的遺體於比沙公園被人尋獲，遺體上有與其他受害人相似的傷勢。由於她身上有地鐵票卡，所以警方去地鐵站檢查監視攝影畫面，他們在錄影畫面中看見她與皮修斯金一起走在月台旁。

逮捕行動與庭審

　　皮修斯金於2006年6月16號被逮捕，他很快就坦承犯罪，並於隔年出庭受審。2007年10月24號，他在四十九起謀殺案以及三起謀殺未遂的起訴中被判有罪。受審期間，他都被安置在一座特製玻璃罩之中，以保護他不受民眾傷害。

　　由於皮修斯金被起訴與定罪的案件量眾多，法庭光是宣讀完整判決的過程就花了超過一個小時。他被判處終生監禁，並且於刑期的前15年必須單獨監禁

結果

　　皮修斯金原本計畫殺害64人（與棋盤上的方格數相同），但是他在達標前就被捕了。在庭審過程中，他請法官再加上另外11人受害人，讓死者總數達到60人，一部分原因是因為他想超越自己的「偶像」安德烈・切卡提洛，

後記

皮修斯金語錄

「我的日子若少了殺人，就像你們的人生沒了食物一樣。」

羅伯特・皮克頓
ROBERT PICKTON

出生年月日：1949年10月26號

別名／暱稱：豬農殺手、豬頭殺手、豬排勞勃、威力

做案特徵：強暴、分屍

受害人數：6人到49人

犯案日期：1995年到2001年

逮捕日期：2002年2月2號

殺人手法：槍擊、繩索勒殺

已知受害人：瑟琳娜・艾比托維，29歲；莫娜・李・威爾森，26歲；安德里亞・喬斯伯里，22歲；布蘭達・安・沃爾夫，32歲；瑪妮・李・弗雷，25歲；喬治娜・費斯・佩萍，35歲；賈桂林・麥克唐納，23歲；黛安・洛克，34歲；海瑟・巴東姆利，25歲；珍妮佛・弗明格；海倫・霍馬克；派翠希亞・強森；海瑟・西努克，30歲；譚雅・霍利克，23歲；雪莉・厄文，24歲；英嘉・霍爾，46歲；蒂芬妮・德魯；莎拉・德弗里斯；辛西亞・費利克斯；安琪拉・賈菈汀；黛安娜・梅爾尼克；黛博拉・瓊斯；溫蒂・克勞福德；凱莉・科斯基；安德里亞・波爾海芬；卡拉・艾利斯，25歲

犯罪地區：加拿大卑詩省科基特蘭港

狀態：終生監禁，服刑25年後可申請假釋

個人背景

　　1992年，皮克頓與兄弟大衛是卑詩省科基特蘭港一座農場的主人。雖然這

座農場本來是養豬場，實際上裡頭的豬隻並不多。倒是有一頭非常大的公豬，喜歡跟狗一起在農場裡閒晃、追人，作勢咬人。其他人形容皮克頓，都說他比較安靜，很難跟他聊什麼天。

這對兄弟對農場漸漸疏於照料，並想出另一個賺錢的方法。他們成立了一個非營利慈善機構，叫做小豬皇宮美好時光協會，於1996年向政府註冊立案。這個慈善協會的主要工作，就是規劃、舉辦特殊活動、演出和舞蹈。然而這個協會其實都是在舉辦大尺度的派對，派對上還有不少妓女參加。派對在農場上的屠宰場舉行，這座屠宰場已經被改裝成舉辦派對的場地，曾有多達兩千人來參加活動，甚至還成為當地地獄天使幫派的固定聚會場所。

1997年3月，皮克頓與一名名為溫蒂·琳·艾斯特的妓女在農場發生爭執。艾斯特宣稱皮克頓將她用手銬銬起，並且拿刀割傷她數次，她想辦法反用刀刺皮克頓，才從而逃脫。1998年1月，皮克頓的起訴被撤駁回了。此事之後，當局禁止皮克頓在農場舉辦任何派對，他們的非營利慈善機構也被解散。

接下來三年中，前往農場的女性開始陸續失蹤，一直到警方因為非法武器的搜查行動進入農場後，農場內的真相才終於大白。

凶殺紀錄

官方並未公布每一起殺人案件的細節，包含死者是如何被殺、如何被棄屍。目前已知的資訊是皮克頓會帶妓女回農場，將她們銬上手銬後強暴。將受害人勒斃後，有一說法是他有時會將遺體放血，除去內臟，將屍體丟進碎木機，遺骸則被送去餵豬。另一個指控稱皮克頓會將死者遺體絞碎後跟豬絞肉一起做成香腸，分送給家人和朋友。

據信皮克頓引誘妓女回到農場的方式，就是假裝他打算付錢要對方提供性服務。有時在性交易的過程中，皮克頓會突然指控妓女做了某件事，例如偷東西，然後讓自己的怒氣一直升高，最後他就將對方殺掉。

已知受害人死亡時間順序：

- 2001年8月──瑟琳娜·艾比托維，29歲
- 2001年11月30號──莫娜·李·威爾森，26歲
- 2001年6月──安德里亞·喬斯伯里，22歲
- 2000年4月25號──布蘭達·安·沃爾夫，32歲

其他疑似受害者：

- 1991年8月──瑪莉·安·克拉克（南西·格立克）
- 1995年12月──黛安娜·梅爾尼克
- 1996年──卡拉·路易絲·艾利斯（尼奇·崔琳波），25歲
- 1996年10月──譚雅·霍利克，23歲
- 1997年──雪莉·厄文，24歲
- 1997年3月──安德里亞·費·波爾海芬
- 1997年8月──海倫·梅依·霍馬克
- 1997年12月──辛西亞·費利克斯
- 1998年1月──凱莉·科斯基
- 1998年2月──英嘉·莫尼克·霍爾，46歲
- 1998年4月──莎拉·德弗里斯
- 1998年11月20號──安琪拉·蕾貝卡·賈菈汀
- 1999年1月──賈桂林·蜜雪兒·麥克唐納，23歲
- 1999年12月──溫蒂·克勞福德
- 1999年12月──蒂芬妮·德魯
- 1999年──珍妮佛·琳·弗明格
- 2000年12月──黛博拉·琳·瓊斯
- 2000年12月──道恩·泰瑞莎·克雷
- 2001年10月19號──黛安·蘿絲瑪莉·洛克，34歲

- 2001年4月17號——海瑟・凱特琳・巴東姆利，25歲
- 2001年3月——派翠希亞・蘿絲・強森
- 2001年4月——海瑟・西努克，30歲
- 2001年3月16號——伊芳・瑪莉・伯恩，34歲

逮捕行動與庭審

　　2002年2月6號，當局發出一張搜索令，到農場調查非法武器。皮克頓兄弟倆遭逮捕後帶回警局，調查人員又申請了另一張搜索令，好讓他們可以去調查跟失蹤女性案件有關的證據。這張搜索令發下來了。在搜索過程中，他們發現了幾樣屬於失蹤女性的物品。

　　隔天，皮克頓便因多起武器攻擊案件被起訴。然而因為沒有足夠證據以殺人罪嫌起訴他，他便被釋放了。雖然如此，警方仍繼續監控他。到了2月底，警方已經找到足夠證據，皮克頓於2月22號再次被捕。這次，他因莫娜・威爾森案與瑟琳娜・艾比托維案遭以一級謀殺罪名起訴。

　　4月2號的時候又增加了3起謀殺罪名起訴，分別是海瑟・巴東姆利案、賈桂林・麥克唐納案與黛安・洛克案。同一個月他又因安德里亞・喬斯伯里案和布蘭達・沃爾夫案被以殺人罪嫌起訴。9月20號，皮克頓因喬治娜・佩萍案、海倫・霍馬克案、派翠希亞・強森案與珍妮佛・弗明格案被以殺人罪嫌起訴。10月3號又增加四條殺人罪起訴，分別是譚雅・霍利克案、海瑟・西努克案、英嘉・霍爾案與雪莉・厄文案。

　　總共有十五件案件起訴的皮克頓被視為加拿大史上最惡劣的連續殺人魔，但是發展至此都還不是終點。2005年5月26號，他被以另外十二起案件起訴，死者分別是安德里亞・波爾海芬、卡拉・艾利斯、黛博拉・瓊斯、蒂芬妮・德魯、瑪妮・弗雷、莎拉・德弗里斯、凱莉・科斯基、安琪拉・賈菈汀、辛西亞・費利克斯、黛安娜・梅爾尼克、克勞福德與一具無名女屍。皮克頓總共因二十七件殺人案件被起訴。

皮克頓的庭審始於2006年1月30號，在西敏市舉行，他以無罪辯護。光是要判定哪一件證據可以送到庭審使用，就花了將近一年的時間。3月2號，法官因證據不足，駁回無名女屍案的起訴。

法官決定將起訴罪名分成兩組（因為案件的本質與規模）——第一組有六條謀殺罪嫌，第二組則是剩下的二十條。經過一次延遲改期之後，庭審於2007年1月22號展開。2007年12月9號，法官針對皮克頓的一級謀殺起訴判定無罪。但是皮克頓在這6位死者的案件中皆遭判二級謀殺有罪。皮克頓被判處終生監禁，服刑25年後可申請假釋。

結果

2010年8月4號，皮克頓的起訴案中還未裁決的案子都由皇家檢察官終止進度，這表示皮克頓再也不需要為剩下二十起謀殺罪嫌出庭受審。

後記

2016年的時候，一本顯然就是由皮克頓撰寫的皮克頓的人生故事出版了。這本書的書名是《皮克頓：自白》（*Pickton: In His Own Words*），而此書掀起的爭議所涉範圍直達政府等級。民眾不同意皮克頓從這本書的銷售中獲利。

諾伯特‧波爾奇
NORBERT POEHLKE

出生年月日：1951年9月15號

別名／暱稱：錘子殺手

做案特徵：弒親、殺害子女、搶劫銀行

受害人數：6人

犯案日期：1984年到1985年

逮捕日期：被逮捕前死亡

殺人手法：槍擊

已知受害人：席格弗來德‧費澤，47歲；尤金‧威堤，37歲；威爾費德‧謝德，26歲；謝德的妻子英博格‧波爾奇與兩名兒子亞得里安與蓋比爾

犯罪地區：德國、義大利

狀態：被捕前自殺身亡

個人背景

　　波爾奇在其他人眼裡可說是社會砥柱，身為一名德國警官，工作就是執法，但是波爾奇私底下卻偷偷花很多時間進行一些違法行為。當局開始調查他的時候，局勢急轉直下，悲劇收場。

凶殺紀錄

　　波爾奇的第一位受害人席格弗來德‧費澤於1984年5月3號在西德馬爾貝克的一座休息站被人發現。他的頭部遭到槍擊，車輛後來被開去搶劫銀行，事後在

400公尺外被人尋獲。

12月21號，有人在紐倫堡附近的一座休息站發現身亡的尤金‧威堤。他遭槍擊身亡，車也不知去向。這輛車於一週後被波爾奇用來搶銀行。威爾費德‧謝德於1985年7月22號在貝爾斯坦－施密豪森的一座停車場被人發現中槍身亡，犯案武器經辨識後確認是警用手槍。他的車一樣被用來搶銀行。

凶殺案發生時間順序：

- 1984年5月3號——席格弗來德‧費澤，47歲
- 1984年12月21號——尤金‧威堤，37歲
- 1985年7月22號——威爾費德‧謝德，26歲
- 1985年10月20號——英博格‧波爾奇
- 1985年10月20號——亞得里安‧波爾奇
- 1985年10月20號——蓋比爾‧波爾奇

逮捕行動與庭審

1985年9月29號，一名反恐警官在檢查車站是否有炸彈的時候，在置物櫃裡發現一套警察制服。這套制服讓調查人員追溯到波爾奇身上，他說他是因為急著換衣服去參加一場喪禮，才把制服留在置物櫃。但是警方深入調查後發現，波爾奇的家族中並沒有人死亡。不過他們倒是發現波爾奇欠了40萬元的債務，主要是為了支付女兒昂貴的醫藥費欠下的，他的女兒於1984年死於癌症。

波爾奇於10月14號請病假，上級批准了。幾天後，警方到他家去問他關於銀行搶劫案件以及凶殺案的資訊，但是沒人回應。警方猜測波爾奇已經逃跑，所以就進屋調查。他們在浴室發現波爾奇妻子的遺體，她的頭部遭槍擊兩次。兩人的兒子亞得里安的遺體在臥室，一樣遭槍擊身亡。

10月23號，調查人員在義大利布林底西找到波爾奇的車，車內有波爾奇與兒子蓋比爾的遺體。兩人都遭槍擊，明顯是殺人後自殺，案件自此就視為結案。

結果

波爾奇自殺後，彈道報告證實這把槍就是在前面三起殺人案中使用的凶器。

哈利·袍爾斯
HARRY POWERS

出生年月日：1893年

別名／暱稱：哥尼拉斯·O.·皮爾森、A.R.·維弗、郵購藍鬍子、西維吉尼亞藍鬍子

做案特徵：殺人取財

受害人數：5人以上

犯案日期：1931年

逮捕日期：1931年8月

殺人手法：絞殺、錘子重擊

已知受害人：艾斯特·艾希爾，50歲；艾希爾的子女格雷塔，14歲；哈利，12歲；安娜貝爾，9歲；桃樂絲·勒姆克伊，50歲

犯罪地區：西維吉尼亞州檜爾戴爾

狀態：1932年3月18號執行絞刑

個人背景

　　袍爾斯於1983年出生於荷蘭，命名為赫曼·德倫斯。1910年，他與家人移民到美國，一開始先定居於愛荷華州，後來於1926年移居至西維吉尼亞州。他的父親是農夫，袍爾斯完全不打算踏上一樣的路。他想要更好、更有地位的生活，想出了各式各樣的方式來賺錢。

　　袍爾斯於1927年與盧艾拉·斯特歐德成婚。盧艾拉當時在寂寞之心雜誌上登了廣告，她在廣告裡寫道自己經營一家雜貨店和一座農場，所以袍爾斯很自然地

被她給吸引了。雖然已經有了妻子，袍爾斯卻開始在雜誌上刊登自己的廣告，並吸引了許多回覆，數量高達一天20則。當然，他沒有用真名刊登廣告，他編造了幾個假名，這麼一來就不會有人知道他真正的身分。

袍爾斯決定在自家搭建一座地下室和車庫。他深信自己想到了一個增加財務收入的妙計，這下他便有了可以執行計畫又不被人發現的空間。

凶殺紀錄

袍爾斯用假名哥尼拉斯·O.·皮爾森與艾斯特·艾希爾通了一陣子信，艾希爾是一名帶著三個孩子的寡婦，住在伊利諾伊州帕克里奇。1931年6月23號，袍爾斯前去拜訪這一家。艾希爾把孩子們交給伊莉莎白·亞伯納西看顧後，便與袍爾斯走了。

亞伯納西收到一封信說袍爾斯會去接孩子。袍爾斯接到孩子以後，要求其中一個孩子想辦法從艾希爾的銀行帳戶領錢出來。但是因為支票上面的偽造簽名，銀行拒絕放款。袍爾斯馬上帶著孩子們離開了，並告訴鄰居，他們要去歐洲。

袍爾斯的下一個受害人也是寂寞心讀者，桃樂絲·勒姆克伊，她住在麻州諾斯波羅。在通信一陣子之後，袍爾斯說服她到愛荷華州來跟他結婚。袍爾斯先說服她從帳戶領了一大筆錢出來，金額高達4,000美金。最後勒姆克伊跟艾希爾與孩子們一樣人間蒸發了。

逮捕行動與庭審

1931年8月26號，警方開始調查艾希爾與三個孩子的失蹤案。他們查找艾希爾生前最後幾位聯絡人，找到了哥尼拉斯·O.·皮爾森這個名字。他們很快就發現根本沒有這個人，但是其他人提供的外觀描述與袍爾斯相符。

袍爾斯被逮捕後，警方搜查了他的住家，意外發現了可怕的場景。地下室裡有四個房間，每個房間裡都有染血的證據。頭髮、沾了血跡的衣物、一枚幼童的腳印，第一批找到的證物中還有燒過的銀行存摺。屋子外頭的一條水溝看起來是

近期才被填平，所以警方決定開挖蒐證。警方挖開土堆後，發現所有被殺害的死者遺體全都在裡面。

每一個女性受害人都遭勒斃，但是艾希爾的兒子遭錘子重擊頭部。警方在袍爾斯的後車廂中發現大量情書，看起來他已經計畫好下一起謀殺和搶劫了。

袍爾斯的庭審於1931年12月7號開始，僅持續了五天，他在所有起訴罪名都被判有罪，並於12月2號被判處絞刑

結果

袍爾斯於1932年3月18號被送往位於蒙茲維爾州立監獄的絞刑架。他拒絕發表最後聲明。繩圈套上脖子後，機關門彈開，袍爾斯就被吊死了，行刑十一分鐘後宣布死亡。

後記

只要繳交年費（男性4.95美金，女性1.95美金），會員就可以取得配對對象清單，成員大多都是寡婦或鰥夫，清單上還會附上自己最有魅力的特點描述，不論真偽。1931年，《美國交友》的客戶中，一名男子的檔案介紹看起來應該非常容易就能吸引女性的注意。

「富有的鰥夫」，這篇廣告上這樣寫道，「身價15萬美金。收入每月從400元到2000元。」他的專業能力欄位寫的是「土木工程師。擁有一座美麗的十房磚造住宅，裝潢完善，能讓好女人幸福的一切應有盡有。我的妻子會有自己的車，還有不少零花錢。除了好好享受生活以外，什麼都不需要做。」

克雷格・普來士
CRAIG PRICE

出生年月日：1973年10月11號

別名／暱稱：沃威克開膛手

做案特徵：少年殺人犯

受害人數：4人

犯案日期：1987年、1989年

逮捕日期：1989年9月

殺人手法：刀刺

已知受害人：蕾貝卡・斯賓塞，27歲；瓊安・希頓，39歲，其10歲女兒珍妮佛與8歲女兒梅莉莎

犯罪地區：美國羅德島州沃威克

狀態：因服刑期間表現惡劣，共判處29年有期徒刑

個人背景

　　普來士是美國史上最年輕的連續殺人魔之一。他出生於羅德島州的一個藍領家庭，15歲的時候，他已經有數不清的犯罪紀錄，包含偷窺、偷竊、吸毒和入室竊盜。但是當局不知道的是，早在兩年前，普來士犯過最嚴重的兩起犯罪行為之一就已經發生。13歲的時候，普來士犯下第一起暴力殺人案。

　　普來士的脾氣火爆，在家就常常與家人打架，警方數次來到他家調解爭執。普來士一度跟一群不良少年混在一起，犯下數起入室竊盜，闖進別人家裡偷取任何可以換錢的東西。

普來士住的社區發生了一起謀殺案，而這個暴力又愛惹事的少年成了嫌疑犯。警方審訊的時候，他冷靜地承認犯下四起凶殺案。

凶殺紀錄

普來士的第一個受害人蕾貝卡‧斯賓塞，是在普來士僅13歲時殺害的。死者是一名白人女性，跟普來士住在同一區，他經常會透過窗戶偷窺她。斯賓塞身亡那天，是遭到普來士闖進她家，用一把在廚房拿到的刀，將她刺傷致死。普來士從未被列入嫌疑犯，主要原因就是因為他的年紀。

兩年後，15歲的普來士殺了瓊安‧希頓與兩名女兒珍妮佛和梅莉莎。跟斯賓塞一樣，她們也是被刀刺致死。一直到一名警官發現普來士手上有一道很大的割傷，普來士才成為嫌疑犯。

逮捕行動與庭審

普來士於1989年9月被捕。在完全沒有人對他施壓的情況下，他直接坦承犯案。這讓他成為美國史上最年輕的連續殺人魔。因為年紀的緣故，普來士以未成年人的身分受審，這代表就算他被定罪，也只能被關到21歲。

服刑期間，普來士又多次惹事，包含藐視法庭、因監禁期間打架而違反緩刑條例。因為這些行為，他又被加判了10到25年有期徒刑。

結果

普來士於2009年7月29號與另一名囚犯起爭執，獄警來制止的時候，其中一人被普來士手上握的一支土製武器刺傷手指。因此，普來士被移監到另一座監獄。

克里歐福斯·普林斯二世
CLEOPHUS PRINCE JR.

出生年月日：1967年7月24號

別名／暱稱：克雷爾蒙殺人魔

做案特徵：強暴、搶劫

受害人數：6人

犯案日期：1990年1月12號到1990年9月13號

逮捕日期：1991年2月4號

殺人手法：刀刺

已知受害人：蒂芬妮·舒爾茨，20歲；珍妮·懷恩厚德，21歲；荷莉·塔爾，18歲；愛麗莎·凱勒，38歲；潘蜜拉·克拉克，42歲，與其18歲女兒安珀

犯罪地區：美國加州聖地牙哥

狀態：判處死刑，等待行刑

個人背景

普林斯在伯明罕出生長大，父母是老克里歐福斯與桃樂絲。在他滿兩歲前，父親就因為在雜貨店外發生的事件，被以殺人罪名逮捕並定罪。根據老克里歐福斯的說法，當時他被好幾名持刀男子包圍，所以他為求自衛，朝其中一人開槍。他被判了40年有期徒刑，但他只在獄中服刑11年多一點。

父親入獄服刑期間，普林斯的母親要獨自照顧他與妹妹並不容易，所以兩個孩子常常待在祖父母身邊。孩子們很享受在祖父母身邊這種無憂無慮的生活，跟父母住在一起的時候壓力很大。

普林斯對上學並不熱衷，連工作也待不久，所以他在1987年的時候加入了海軍。他的父母對此非常高興，也全力支持他。普林斯在芝加哥附近的大湖海軍訓練中心完成訓練，那之後，他被派到聖地牙哥的密拉馬海軍航空基地擔任技師。

1989年，普林斯被以竊盜罪起訴。軍事法庭審判後，他被判處禁閉27天，後來他也遭海軍除役。他搬到布維納維斯塔花園區，租了一間公寓，隔年，普林斯的行為出現了致命的轉變。

凶殺紀錄

每一次普林斯犯案，都是在白天透過某扇沒上鎖的窗戶或門進入受害人家中，等到屋主回家才下手。他會讓受害人大吃一驚，像是趁受害人洗澡後或正洗澡時時候現身，再用受害人自己家裡廚房的刀刺殺對方。他曾向一位朋友吹牛殺人的事，還會把受害人的珠寶留下。他將其中一名女子的婚戒掛在脖子上，另一只戒指則給了自己的女友。

普林斯殺害荷莉·塔爾後，一名目擊證人看見他從布維納維斯塔花園區的公寓大樓裡跑出來。他提供了外觀描述給警方，警方對外公布合成畫像。

凶殺案發生時間順序：
- 1990年1月12號──蒂芬妮·舒爾茨，21歲
- 1990年2月16號──珍妮·懷恩厚德，21歲
- 1990年4月3號──荷莉·塔爾，18歲
- 1990年5月20號──愛麗莎·凱勒，38歲
- 1990年9月13號──潘蜜拉·克拉克，42歲
- 1990年9月13號──安珀·克拉克，18歲

逮捕行動與庭審

1991年2月，一名女子準備洗澡的時候，聽見大門外有人的聲音，她從屋內

逃了出去。她跑去找鄰居幫忙，兩人一起與普林斯對質。普林斯試圖編造藉口，可是最後只急忙奪門而出。一名目擊證人記下了他的車牌，並且從警方公布的照片上認出了他。

　　普林斯於1991年2月4號遭到逮捕。警方要求他提供唾液和血液樣本進行DNA分析的時候，他同意了。分析報告證實他就是殺害珍妮·懷恩厚德的兇手。因為此案犯案模式與其他案件相似，警方得以找到普林斯與其他案件之間的關聯。

　　普林斯於1992年3月出庭受審，雖然辯方提出各種反對論點，1993年7月15號，普林斯仍被判六項一級謀殺罪，在二十一項重罪指控中也被判有罪。1993年11月5號，他被判處死刑。

結果

- 針對刑罰，普林斯提出上訴，宣稱媒體報導給陪審團打造了一個「有罪推定」。加州最高法院駁回了他的上訴。
- 普林斯仍在死牢裡等待行刑日期。

丹尼斯・雷德
DENNIS RADER

出生年月日：1945年3月9號

別名／暱稱：BTK殺人魔、BTK勒殺手

做案特徵：戀物癖、虐待狂

受害人數：10人

犯案日期：1974年到1991年

逮捕日期：2005年2月25號

殺人手法：繩索勒殺、絞殺、刀刺

已知受害人：約瑟夫・奧特羅，38歲；其妻朱莉，34歲；兩人的兩名子女，約瑟夫二世，9歲；喬瑟芬，11歲；凱瑟琳・布萊特，21歲；雪莉・維安・雷爾福德，24歲；南西・福斯，25歲；莫琳・黑居，53歲；薇琪・韋格勒，28歲；多羅雷斯・E.・戴維斯，62歲

犯罪地區：美國堪薩斯州塞治威克郡

狀態：判處終生監禁，服刑175年後可申請假釋

個人背景

　　雷德從年紀還很小的時候就開始有問題行為，但是當時沒有人認真看待。他從小就會虐待小動物，這樣的行為就是發展成連續殺人魔的表現之一。雷德也對女性內衣物有性狂熱，他常會自己穿上這些衣物，尤其那些本來屬於受害人的貼身衣物。

　　從1966到1970年，雷德在美國空軍服役。離開軍隊後，他在一家超市的肉品

部門工作。1971年，他與寶拉·狄亞茲結婚，兩人生了兩個孩子。雷德決定要繼續接受教育，於是他進入一所社區大學就讀，取得電子專業的大學學歷，於1973年畢業。他接著進入威契托州立大學，於1979年取得司法行政學士學位。

雖然有這些學歷，雷德在接下來幾年間換了好幾次工作，包含警衛、戶外用品組裝以及捕狗員。諷刺的是，他曾受雇去替害怕BTK殺人魔的人安裝警報器。這些人不知道他們最害怕的人就在自己家裡！擔任捕狗員的時候，許多人反應他對動物的方式過度嚴苛，他也曾被控無故將犬隻安樂死。

雷德一直沒被人懷疑，因為他的表象讓大家認為他是社會上的善良分子。他是個愛家的男人，工作勤奮，還是童子軍領袖。他也每週上教堂，是教會理事會的成員之一。完全沒有人想到這個男人在20年內曾殘暴虐待並殺害了10個人，受害者包含孩童。

凶殺紀錄

1974年1月15號，雷德闖入奧特羅一家人的住家中，將家中成員全數殺害。約瑟夫與妻子朱莉遭勒斃，女兒喬瑟芬遭綁縛後在地下室絞殺。兒子約瑟夫被用袋子套頭，窒息身亡。他們家的車被偷走後，於一家商店外的停車場被尋獲。

凱瑟琳·布萊特於1974年4月4號在自家中遭雷德攻擊。她被刺殺致死，哥哥遭槍擊但幸運生還。下一名受害者是雪莉·維安·雷爾福德。1977年3月17號，有人發現她在自家被綁縛後勒斃。

雷德接著於1977年12月8號殺害南西·福斯。他進入福斯家中將她勒斃。這次雷德撥了電話報警，聲音第一次被相關單位錄下。

1985年4月27號，莫琳·黑居從自家失蹤，她家與雷德家在同一個街區。遺體於5月5號被人發現。薇琪·韋格勒於1985年9月16號於自家遭勒斃。她的車被偷走，後來在兩個街口外被尋回。最後一名已知受害人是多羅雷斯·戴維斯。她於1991年1月19號從自宅被綁，於1991年2月1號被找到。

凶殺案發生時間順序：

- 1974年1月15號——約瑟夫‧奧特羅，38歲
- 1974年1月15號——朱莉‧奧特羅，33歲
- 1974年1月15號——約瑟夫‧奧特羅二世，9歲
- 1974年1月15號——喬瑟芬‧奧特羅，11歲
- 1974年4月4號——凱瑟琳‧布萊特，21歲
- 1974年3月17號——雪莉‧維安‧雷爾福德，24歲
- 1974年12月8號——南西‧福斯，25歲
- 1985年4月27號——莫琳‧黑居，53歲
- 1986年9月16號——薇琪‧韋格勒，28歲
- 1991年1月19號——多羅雷斯‧E.‧戴維斯，62歲

逮捕行動與庭審

　　隨著時間過去，警方的調查進度沒有明顯推進。到了2004年，雷德開始寄信給當地媒體。有些信裡有犯罪現場的照片或駕照副本，證明寫信的人就是兇手。回信地址是「比爾‧湯瑪士殺人兇手」，因此後來出現了BTK這個外號。

　　信件一封接一封，裡面總是附上凶殺案的生動細節，他甚至還寄了章節目錄列表，想找人出版《BTK的故事》。寄給媒體和警方的這些東西之中，有些令人看了就毛骨悚然，包含一尊被綁住手腳、頭上套了塑膠袋的娃娃。

　　雷德在其中一封信裡甚至問警方，若他將信件存在磁片裡，警方會不會就追查得到他。警方在當地報紙上刊登廣告，表示使用磁片沒有問題，雷德就上當了。技術人員找到一份雷德刪除過的文件，從裡面的解釋用資料發現「基督路德教會」幾個字，而編輯這份文件的人是「丹尼斯」。

　　雷德於2005年2月25號遭逮捕。逮捕他的警官問他知不知道自己為什麼被捕，雷德說他大概猜得到。幾個不同調查單位合作搜查雷德的住家、汽車、教會以及他去寄出其中幾封信的那間圖書館。

2005年2月28號，雷德以十件一級謀殺案被起訴。沒過多久，媒體便刊登新聞說他向其他殺人犯坦承犯案，但是這是假新聞。雷德的第一次庭審是3月1號，他透過影片出庭。他的假釋金被定為1000萬美金，並指定了一位公設辯護人給他。

雷德於5月3號對於所有起訴罪名全都以不認罪答辯，接著在6月27號改為對十件凶殺案全部認罪。他生動地描述了所有殺人案件細節，一點都沒有露出悔意，也不曾道歉。2005年8月18號判刑結果出爐，雷德被判處十次無期徒刑，須連續服刑，到2180年後方可申請假釋。

結果

雖然在庭審過程中從未流露任何情緒，雷德在被判刑後要送往多拉多的路上，聽見廣播播放的受害人家屬聲明時哭了。為了保護雷德的人身安全，他被關在一個特殊管理單位，也是俗稱的單獨監禁。他很可能會在那裡度過餘生。

後記

雷德語錄

「這個怪物什麼時候進入我的大腦，我永遠不會知道，但是它來了就不會走。一個人要怎麼治癒自己？我阻止不了它，怪物我行我素，傷害我也傷害社會。也許你可以阻止它。我沒有辦法。」

「我真的覺得我可能被惡魔附身了，我小時候頭撞傷過。」

理查・拉米耶茲
RICHARD RAMIREZ

出生年月日：1960年2月29號

別名／暱稱：暗夜跟蹤狂、闖空門殺人魔、灣區入侵魔

做案特徵：搶劫、強暴、毀屍

受害人數：13人到16人以上

犯案日期：1984年4月10號到1985年8月24號

逮捕日期：1985年8月31號

殺人手法：刀刺、槍擊、鈍器重擊

已知受害人：珍妮・文考，79歲；代爾・岡崎，34歲；蔡蘭瑜維洛妮卡，30歲；文森・薩茲拉，64歲，與其44歲妻子美心；威廉・「比爾」・朵伊，66歲；梅布爾・「馬貝爾」・凱勒，83歲；瑪莉・路易絲・坎能，75歲；喬伊斯・路西爾・奈爾森，61歲；麥克斯・尼丁，68歲；夏納隆・科瓦納奈夫，32歲；伊利亞斯・亞伯娃斯，35歲

犯罪地區：美國加州洛杉磯

狀態：判處死刑。2013年6月7號因B細胞淋巴瘤併發症死亡

個人背景

　　拉米耶茲是朱利安與梅賽德斯・拉米耶茲的五個孩子之一。他的父親在墨西哥華雷茲曾任警察，但是搬到美國德州後在聖達菲鐵路工作。雖然工作勤奮，但是他的脾氣火爆，常對妻小施暴。

　　拉米耶茲2歲的時候，被掉落的家具砸到頭，在額頭上留下一道很大的撕裂

傷。他5歲的時候又被鞦韆打到頭，這次被撞得失去了意識。因此直到進入青春期之後不久，他都經常癲癇發作。

12歲開始，拉米耶茲就很常跟堂哥米格爾·拉米耶茲混在一起。米格爾的年紀比拉米耶茲大很多，而且曾參與越戰，是美國陸軍特種部隊退役軍人。他會告訴小拉米耶茲他見過的各種暴行，以及自己駐點在越南時犯下的暴力強暴行為。他甚至有一張照片，照片中他手裡拿著被他暴行虐待過再被斬首的女子的頭。

拉米耶茲很年輕就開始抽大麻，他會跟米格爾一起一邊抽大麻，一邊聽他說那些可怕的戰績。米格爾教拉米耶茲一些他在軍隊裡學到的技巧，包含隱身戰術和殺人的方法。1973年5月4號，拉米耶茲與米格爾在米格爾家中的時候，米格爾與妻子吵架，朝自己妻子臉部開槍。米格爾因為精神失常的緣故被判無罪，接下來的四年都在州立精神病院服刑。

槍擊事件過後，有一陣子拉米耶茲跟姊姊和姊夫羅伯托住在一起，跟其他家人朋友都斷了聯繫。羅伯托是個偷窺狂，他會帶拉米耶茲跟他一起在夜裡出門去偷窺別人家窗口。拉米耶茲就是在這時候開始對撒旦教產生興趣，並且開始用更強的毒品，也就是LSD。

青少年時期的拉米耶茲開始把性幻想結合暴力。他還在唸書的時候，開始在假日酒店兼差，這點給了他不少方便。他會用員工鑰匙進入客房，洗劫房客財物。然而有一天，一名房客回到房內的時候，發現拉米耶茲正在強暴他的妻子，男子於是痛毆了他一頓。拉米耶茲因而被逮捕，但是因為這對夫妻拒絕出庭作證，告訴便被取消。儘管如此，拉米耶茲仍丟了假日酒店的差事。

拉米耶茲22歲的時候從德州搬到了加州，決定在此定居。就在幾年之內，他開始到處殺人，讓他成為美國史上最知名的連續殺人狂之一。

凶殺紀錄

珍妮·文考的遺體於1984年6月28號在自宅被人發現。她在睡夢中被刀刺數次，喉嚨的傷勢之深，近乎斬首。拉米耶茲從只關了紗窗的窗戶進入她家。

1985年3月17號，瑪莉亞・赫南德茲在自宅寓所外遭槍擊臉部，不過她幸運生還。她的室友代爾・岡崎聽見槍聲，立刻躲到廚房流理台後。在她抬頭想確認拉米耶茲人在哪裡的時候，遭拉米耶茲槍擊額頭斃命。此事之後沒多久，拉米耶茲在蒙特利公園遇見在車上的蔡蘭瑜。他將她從車上拖下來，槍擊兩次。

拉米耶茲於1985年3月27號闖入一處位於惠提爾的民宅，殺死在床上的文森・薩茲拉。薩茲拉的妻子美心醒來時，拉米耶茲痛毆她之後將她綁縛，逼她說出家中值錢物品的所在位置。就在拉米耶茲搜索家中的時候，美心成功掙脫，從床下拿出一把獵槍。不幸的是，槍裡沒有裝子彈。暴怒的拉米耶茲朝她開了3槍，然後用刀多次砍傷遺體。他還將美心的雙眼挖出，放進一個珠寶盒中帶走。

比爾・朵伊與妻子莉莉安於1985年5月4號在自家中驚見拉米耶茲。拉米耶茲朝比爾的臉部開槍，並且將他痛毆至失去意識。接著他綁縛莉莉安並強暴她之後，把受害者的家中財物洗劫一空。比爾雖然一直撐到醫院，但是最後仍因為傷勢過重不幸身亡。

5月29號晚上，拉米耶茲開著偷來的車，闖入梅布爾・「馬貝爾」・凱勒與姊妹弗羅倫斯・「娜蒂」・朗家中。拉米耶茲在廚房找到一支錘子，將朗綁縛後以錘子重擊。接著他也將貝爾綁縛重擊後，用電線電擊她。拉米耶茲強暴朗之後在她的大腿和臥室牆上用口紅畫了五角星。兩名女子過了兩天才被人找到。雖然找到的時候兩人都還活著，貝爾後來因為傷重不幸身亡。

1985年7月2號，拉米耶茲潛入瑪莉・路易絲・坎能的家中。當時她在床上睡覺，拉米耶茲用檯燈重擊她直到她失去意識。接著拉米耶茲用她家廚房的一把刀刺殺她。

五天後，喬伊斯・路西爾・奈爾森在自家客廳沙發上睡覺時遭拉米耶茲痛毆致死。因為拉米耶茲踹了她的頭部，在她臉上留下清楚的鞋印。

拉米耶茲於1985年7月20號買了一把彎刀，開著贓車到格倫代爾。他闖進梨拉與麥克森・尼丁的家中，衝進他們的臥室。他先用彎刀攻擊兩人，再朝兩人的頭部開槍。受害人死亡後，他又用彎刀在遺體上留下更多傷口。

幾小時後，他在夏納隆·科瓦納奈夫家中朝他頭部開槍，將他殺害。拉米耶茲多次強暴他的妻子松姬德，並雞姦與毆打她。兩人年幼的兒子遭綁縛後，拉米耶茲拖著松姬德在家中四處洗劫值錢物品。拉米耶茲攻擊松姬德的時候，還逼她「誓言效忠撒旦」。

下一名受害人是伊利亞斯·亞伯娃斯與妻子薩姬娜。1985年8月8號，拉米耶茲進入兩人家中，直闖臥室。他朝伊利亞斯頭部開槍，伊利亞斯當場斃命。薩姬娜被銬上手銬，慘遭痛打後被迫告訴拉米耶茲珠寶放在哪裡，接著拉米耶茲強暴她。她也被迫「誓言效忠撒旦」。她年幼的兒子進入房間，所以拉米耶茲將他綁起來。拉米耶茲離開後，薩姬娜立刻替兒子鬆綁，並去找鄰居求助。

拉米耶茲犯下的最後一件殺人案發生於8月18號。他闖入彼得與芭芭拉·潘家中，彼得立刻遭到槍擊頭部。芭芭拉遭性侵與痛毆，接著拉米耶茲開槍射擊她的頭部，然而芭芭拉奇蹟生還。拉米耶茲在臥室牆上用口紅畫了一個五角星，並寫上「刀男傑克」。

凶殺案發生時間順序：

- 1984年6月28號──珍妮·文考，79歲
- 1985年3月17號──代爾·岡崎，34歲
- 1985年3月17號──蔡蘭瑜，30歲
- 1985年3月27號──文森·薩茲拉，64歲
- 1985年3月27號──美心·薩茲拉，44歲
- 1985年4月14號──威廉·朵伊，66歲
- 1985年6月1號──梅布爾·凱勒，83歲
- 1985年7月2號──瑪莉·路易絲·坎能，75歲
- 1985年7月7號──喬伊斯·路西爾·奈爾森，61歲
- 1985年7月20號──麥克斯·尼丁，68歲
- 1985年7月20號──梨拉·尼丁，66歲

- 1985年7月20號——夏納隆‧科瓦納奈夫，32歲
- 1985年8月9號——伊利亞斯‧亞伯娃斯，35歲

逮捕行動與庭審

8月24號，拉米耶茲闖入比爾‧卡恩斯與伊內茲‧艾利克森的家中。卡恩斯頭部遭槍擊，拉米耶茲強暴了艾利克森。他走之前將她綁縛，但她成功掙扎到窗邊，看到他開的車。她描述車輛與拉米耶茲的外觀給警方，這項資訊在新聞上放送。一名青少年認出了這輛車，寫下部分車牌號碼。

8月28號，警方找到了車輛位置，並且在鏡子上找到一枚指紋。當局這下知道他們的嫌疑犯就是拉米耶茲。他的大頭照在全國電視頻道上撥放，加州各大報也將這張照片印在頭版上。隔天，一群人在拉米耶茲企圖偷另一輛車的時候將他包圍，並毒打了他一頓。警方抵達現場時，生氣的暴民仍在對拉米耶茲拳打腳踢，警方只得趕在拉米耶茲被打死之前出手制止。

庭審於1989年開庭，於9月20號結束，多起罪名皆判處有罪。起訴罪名中包含十三起殺人案、五次殺人未遂、十四起入室竊盜與十一起性侵案件。1989年11月7號，他被判處死刑。

結果

等待行刑日期公布的期間，拉米耶茲因B細胞淋巴瘤開始出現不適症狀，這是慢性C型肝炎感染加上長期濫用藥物所致。他的健康狀況一落千丈，被移送到加州格林布羅的馬林綜合醫院，於2013年6月7號因淋巴瘤死於院內。他死亡時53歲，已經等候行刑23年之久。

後記

拉米耶茲的這份問卷出現於《快回答！》上第四期：
- 最喜歡的運動：橄欖球、足球、拳擊

- 最喜歡的音樂：重金屬
- 最喜歡的演員：莎曼莎・斯壯
- 最喜歡的度假地點：天王星
- 最喜歡的食物：女性的腳
- 最喜歡的顏色：紅色
- 興趣與嗜好：到處旅行與測量棺木
- 最喜歡的東西：古柯鹼
- 最討厭的東西：偽君子、權威份子
- 許個願：讓我把手指放在發射核彈的按鈕上
- 你喜歡怎麼樣的女生：漂亮的屁股、美腿
- 完美約會：月光下在公墓喝蘭姆酒
- 形容你自己：混帳──而且很自豪
- 座右銘：每天都像人生最後一天一樣的過
- 如果你喜歡一個女生，你會怎麼讓她注意你？我會拔槍
- 如果可以改變自己一件事，你會改變什麼？完全沒有，除了我現在所在處以外。
- 你的成功為你的人生帶來了什麼樣的改變？隱私成了回憶
- 你想對粉絲說什麼？保持堅強的精神。

大衛・帕克・雷
DAVID PARKER RAY

出生年月日：1939年11月6號

別名/暱稱：玩具箱殺人狂

做案特徵：打造一座虐待室

受害人數：疑似多達六十起殺人案件

犯案日期：1960年代到1999年

逮捕日期：1999年3月12號

殺人手法：不明

已知受害人：無法辨識身分與未公開身分之女性

犯罪地區：美國新墨西哥州特魯斯康西昆西斯

狀態：謀殺罪名未定罪，因其他罪名被判處224年有期徒刑。2002年5月28號死於心臟病

個人背景

　　雷小時候與祖父同住，但是他那會虐待人的父親偶而會去探望他們。除了自己父親會虐待他，雷在學校也遭到霸凌，而霸凌的原因主要是因為他在女生身邊時總是極度害羞窘迫的模樣。進入青春期後，他開始經常嗑藥和喝酒，並且有暴力的性幻想。

　　雷會幻想虐待、強暴和謀殺的過程，還蒐集裹綁帶的女性照片。他也畫了幾幅畫，都是施虐、受虐的內容，作品被自己姊妹發現。完成學業後的雷開始當技師維生，接著他加入了軍隊。雷在服役期間繼續擔任技師，最後光榮退役。

退役後的雷搬到新墨西哥州象山水庫市定居，他在這裡規劃設計了完美的虐待室，讓他實現恐怖的幻想。雷將一座稱之為「玩具箱」的車屋裡面裝滿了各式各樣的設備、工具以及酷刑器具，包含如何引發最高度的痛覺的掛圖。

因為地處僻境，雷幾乎可以躲過所有注意──直到其中一位被他綁架的受害人掙脫玩具箱逃跑為止。

凶殺紀錄

雷遭許多人控訴──包含他的共犯──指稱他犯下多起凶殺案，然未曾有任何一具遺體被尋獲。警方認為他犯下的殺人案件可能多達六十件。雷會綁架女性，帶回玩具箱對她們為所欲為，行為包含暴力強暴、雞姦與酷刑虐待。

他在玩具箱中設立了各種工具和器材，主要都是為了造成受害人痛苦與折磨受害人所用。這些器材中包含鉗子、滑輪、鞭子、鐵鍊、腿撐桿、束縛帶、鋸子和手術刀。玩具箱中還有大量的性愛玩具，以及顯示能夠對人體造成各種不同程度的痛楚的行為圖表。天花板上的鏡子讓受害人可以看見自己被怎麼施暴。

1999年3月19號，雷假裝自己是臥底警察，讓辛西亞・薇吉兒以為自己因為賣淫被逮。他將她銬上手銬後帶回玩具箱。三天後，她成功脫逃，期間還與雷的伴侶辛蒂・亨迪打了一架。薇吉兒持碎冰錐刺傷亨迪的頸部後逃出門，她全身赤裸，脖子上掛著鐵製的奴隸項圈還掛有鎖鏈。

逮捕行動與庭審

薇吉兒聯繫上警方後，警方前往現場逮捕了雷。當時他們以為雷只涉及攻擊薇吉兒，全然不知道他會是一名連續殺人狂。警方公布了案件細節後，另一名受害人出面了。安潔莉卡・蒙塔諾告訴警方說她也在玩具箱中經歷過相同的惡行對待，當時她有報案，但是沒有人繼續追查。

警方從雷錄下的虐待影片中辨認出第三名受害人的身分。凱莉・加勒特於1996年7月遭雷綁架與恐怖對待。他對她下毒並性侵、酷刑虐待她，持續超過兩

天。等他玩夠的時候，就將她割喉，棄置路邊。但雷不知道受害人當時還活著。

　　當局決定雷要出席三場庭審：一名受害人一場。第一場庭審以無效審判結束，需重新開庭再審。針對攻擊辛西亞・薇吉兒的12條罪名，雷全都被判有罪。第二場庭審本來是要審安潔莉卡・蒙塔諾的案子，但是在開始前她便去世了，於是庭審也就被撤銷。第三場庭審中，雷同意認罪協商，被判處224年有期徒刑。

結果

　　2002年5月28號，雷在要前往新墨西哥州利郡懲教中心接受州警審訊的時候突然因嚴重心臟病發作，倒地身亡。

馬爾文・里斯

MELVIN REES

出生年月日：1928年

別名／暱稱：性野獸

做案特徵：強暴

受害人數：5到9人

犯案日期：1957年6月26號、1959年1月11號

逮捕日期：1960年6月24號

殺人手法：槍擊、勒殺、窒息、鈍器重擊

已知受害人：瑪格麗特・哈羅德、卡羅・傑克森，其妻密爾德勒及兩名女兒，4歲的蘇珊與18個月大的珍妮特

犯罪地區：美國馬里蘭州、維吉尼亞州

狀態：終生監禁。因心臟衰竭，於1995年死亡

個人背景

里斯的童年很神祕，一直到進入大學就讀才開始有一點資料。1950年代初期，他進入華盛頓附近的馬里蘭大學就讀。他的同學後來說他很有音樂天分，很會彈鋼琴、吹薩克斯風和黑管，他因為希望成為成功的音樂家而休學。

里斯的犯罪紀錄從1955年攻擊一名女子開始。里斯試圖強迫女子上車，但她逃走了。由於女子不願提出告訴，這起案件最後就被撤銷。當時，里斯的朋友無視此事，完全沒意識到這是後來要發生的事情的重要前兆。

凶殺紀錄

　　瑪格麗特‧哈羅德與男友於1957年6月26號，在馬里蘭州的路上開車遇上了里斯，里斯逼他們開下馬路。他下車舉槍要求兩人搖下車窗，要他們交出現金和香菸，但是這對年輕男女拒絕交出任何東西。里斯因此朝哈羅德臉部開槍，將其殺害。男友逃脫後跑到附近的農舍報警，警方抵達現場時，哈羅德的衣物已遭移除，里斯性侵了她。

　　在搜尋犯罪現場時，警方發現一棟廢棄的煤渣屋。屋子地下室的窗戶被砸破，警方在屋內發現牆上貼了大量暴力性愛照片和驗屍照片，可是沒有任何與里斯有關連的物品。

　　傑克森一家於1959年1月11號拜訪親戚後失蹤。有人報警，說發現他們的車被人發現棄置在路旁。約莫兩個月後，卡羅‧傑克森的遺體在非德里堡附近的樹叢中被人尋獲。他被綁縛後從後腦槍擊。當局在他的屍身下方找到珍妮特。當局判定她被放入溝渠的時候還活著，死因是被自己父親的遺體重量壓迫窒息身亡。蘇珊與密爾德勒的遺體於3月21號在安納波利斯附近的一處森林被尋獲。驗屍結果顯示兩人都遭性侵與酷刑折磨後才遭殺害。

凶殺案發生時間順序：

- 1957年6月26號──瑪格麗特‧哈羅德
- 1959年1月11號──卡羅‧傑克森
- 1959年1月11號──密爾德勒‧傑克森
- 1959年1月11號──珍妮特‧傑克森，17個月
- 1959年1月11號──蘇珊‧傑克森，4歲

逮捕行動與庭審

　　警方收到一封信，信裡要他們將謀殺案的調查轉向里斯身上。這是一封匿名信，但是寫信的人後來身分確認為葛蘭‧莫瑟。他告訴當局他和里斯常進行深入

的哲學探討，包含殺人到底是不是可被接受的行為。當時里斯表示他會考慮「為求體驗」而去殺人。這段對話是在傑克森一家失蹤前一天進行的。

里斯於1960年6月24號於阿肯色州孟菲斯遭逮捕。警方在搜查他的住處時發現傑克森一家凶殺案的筆記。後來，一名目擊瑪格麗特‧哈羅德凶殺案的男子出面指認了里斯。

里斯為哈羅德案出庭受審，被判有罪，處以無期徒刑。後來又因傑克森一家的凶殺案出庭受審，一樣被判有罪。一開始他是被判處死刑，但是刑罰在1972年改判為終生監禁。

結果

據信里斯也是馬里蘭大學區域的其他凶殺案的兇手，受害人包含瑪莉‧沙莫特、瑪莉‧費勒斯、安‧萊恩與雪爾比‧維諾柏，不過他從未因這些案件被起訴。里斯因心臟衰竭，於1995年死亡。

瑪莎・倫德爾
MARTHA RENDELL

出生年月日：1871年8月10號

別名／暱稱：無

做案特徵：虐待、弒童

受害人數：3人

犯案日期：1907年7月28號、1907年10月6號、1908年10月6號

逮捕日期：1909年7月

殺人手法：鹽酸毒害

已知受害人：安妮・莫里斯，7歲；奧利佛・莫里斯，5歲；亞瑟・莫里斯，14歲

犯罪地區：澳洲伯斯

狀態：1909年10月6號執行絞刑

個人背景

　　倫德爾出生於南澳州阿德雷德市，長大後的她成為一名不追隨現代社會規範的女子。她16歲的時候從家中搬出去，沒過多久就生了三個非婚生子女。此舉讓她成了社會的邊緣人，因為在當時擁有多名性伴侶被視為一種宗教上的可怕罪刑。後來她與有婦之夫湯瑪士・尼可斯・莫里斯扯上關係。

　　湯瑪士與自己的妻子生了九個孩子，在1890年代中期開始與倫德爾發生婚外情。1900年，湯瑪士得跟著工作搬家，所以他把全家都搬到了西澳州珀斯市。他們之所以要搬家，一方面也是因為整個小城都在傳他與倫德爾外遇的謠言。不願放棄與湯瑪士之間這段感情的倫德爾拋下自己的小孩，跟著湯瑪士和他的妻子的

腳步到了珀斯市。

當時那個年代，離婚是不可能的事，所以湯瑪士完全不可能為了與倫德爾在一起而跟妻子離婚。基督教徒認為離婚是一種罪，因為婚姻是「國家基礎、人民福祉，也代表幸福與繁榮」。曾有人提出聯邦離婚法案，但是這條法案很快就被投票淘汰了。

倫德爾和湯瑪士則持續這段婚外情，直到1906年，湯瑪士終於離開他的妻子。雖然兩人無法正式離婚，仍然可以分居。湯瑪士帶著五名年紀較小的孩子一起離開，與倫德爾同居一個屋簷下。到這時候，這段婚外情已經維持了超過10年之久，看起來倫德爾終於如願以償，但是情況卻不如她想像的那樣美好。

兩人搬到了東珀斯，在一個沒人會多問八卦的地方定居，倫德爾以湯瑪士的妻子身分自居。雖然兩人終成眷屬，生活卻非常貧困，倫德爾的時間也全都花在清理、照顧孩子們上頭。孩子們很厭惡倫德爾，主要是因為他們很想自己的媽媽，而媽媽卻被斷了聯繫。孩子們要不就是年紀太小，要不就是沒有時間幫忙家務，倫德爾大多數時間都獨自一人，沒有家人也沒有朋友。生活很不快樂，又已經厭倦了孩子們帶來的困境，倫德爾決定自己出手來讓日子變成她想要的模樣。

凶殺紀錄

7歲的小安妮是第一個死於他們繼母手中的孩子。倫德爾先在食物裡加了東西，讓安妮開始喉嚨痛。然後她會把聲稱是「藥」的東西抹在安妮的喉嚨深處。這種「藥」其實是鹽酸，使得喉嚨發炎的程度嚴重到孩子無法進食。安妮最後於1907年7月28號被餓死。醫生填寫死亡證明的時候，將死因登記為白喉症。

幾個月後，奧利佛於1907年10月6號以相同方式死亡，而死因一樣被填上了白喉症。倫德爾接著等了一段日子才出手解決最大的孩子亞瑟。當時他已14歲，倫德爾的「療程」花了比較長的時間才奏效。1908年10月6號，亞瑟死後，醫生要求進行驗屍。倫德爾同意了，但前提是要讓她旁觀。醫生沒有找到任何可疑證據。

倫德爾一直等到1909年4月才決定下手結束另一名孩子的生命，這個孩子是喬治。她給了他一杯茶，在幾乎是喝完的瞬間，喬治就說覺得喉嚨痛。倫德爾又往他的喉嚨深處抹上酸液，這讓喬治嚇得跑回母親家中。

凶殺案發生時間順序：

- 1907年7月28號──安妮·莫里斯，7歲
- 1907年10月6號──奧利佛·莫里斯，5歲
- 1908年10月6號──亞瑟·莫里斯，14歲

逮捕行動與庭審

喬治被報為失蹤人口後，鄰居連繫了警方，表示擔心孩子們陸續死亡，喬治又失蹤。警方到處尋找喬治，最後在他母親家中找到他。他告訴警方，說倫德爾殺害了他的手足，還企圖用鹽酸，也就是氫氯酸害死他。

因為最後一名孩子去世的時間距離當時已經過了有一陣子，要能判斷孩子們是否被謀殺，唯一的方法就是開棺驗屍。開關的日期是1909年7月3號，驗屍結果顯示孩子們遭到了毒害。儘管如此，當局仍沒有倫德爾抹他們喉嚨的證據。所以他們用天竺鼠和兔子做了實驗，實驗結果與遇害孩童的驗屍結果一樣。

倫德爾與丈夫湯瑪士一同被捕，兩人一開始都被以殺害孩童起訴。最後湯瑪士被無罪開釋，但是倫德爾被判有罪，判處死刑。

結果

- 1909年10月，倫德爾被帶到弗里曼特爾監獄的絞架前，於早上8點執行絞刑。對於自己犯下的罪，她始終沒有流露出任何愧疚或後悔的神情。她被埋葬在弗里曼特爾墓園。

後記

- 瑪莎・倫德爾是西澳州處死的最後一名女性。
- 傳說監獄的窗子會出現只有窗外才看得到的幻影。若是從監獄的教堂裡往外看的時候，玻璃完全不會出現任何奇怪的人影。也有一則都市傳說認為那個幻影是倫德爾，是她在照看著監獄。
- 連續殺人魔艾瑞克・艾德嘉・庫克被處死後，與倫德爾埋葬在同一個墓穴。

羅伯特・班・羅茲
ROBERT BEN RHOADES

出生年月日：1945年11月22號

別名/暱稱：卡車攔截殺手

做案特徵：酷刑虐待、強暴

受害人數：3到50人以上

犯案日期：1975年到1990年

逮捕日期：1990年4月1號

殺人手法：繩索勒殺、槍擊

已知受害人：芮吉娜・凱・瓦特斯，14歲；道格拉斯・史考特・查考斯基，25歲；派翠希亞・坎迪斯・華許，24歲；瑞奇・李・瓊斯

犯罪地區：美國德州、伊利諾州

狀態：終生監禁，不可假釋

個人背景

　　羅茲的童年前期幾乎都只由母親帶大，但是到了他開始上學的時候，他的父親從海外歸來。他的青少年時期可說是十分平庸，直到他在18歲的時候因為妨害車輛罪名被逮捕為止。他於1964年高中畢業，畢業後旋即加入了海軍陸戰隊。同年，羅茲的父親因疑似猥褻12歲女孩遭逮捕，在出庭受審前，他便自殺了。

　　羅茲於1966年遭海軍陸戰隊除役，但是原因為何，並未公開。隔年他再次犯法，因偷竊被捕。成年後的羅茲與三名女性成婚，生育了一名小孩。為了養家活口，他成了一名卡車司機，這個職業讓他有了他一直想望的自由，得以在15年間

犯下多起殺人案件。

羅茲年輕的時候並無暴力犯罪的歷史，也沒有任何太過古怪的行為，後來竟對超過50名女性施展暴力和虐行這件事，可說是一點前兆都沒有。

凶殺紀錄

羅茲的第一位已知受害人是道格拉斯・查考斯基及妻子坎迪斯・華許。這對夫妻於1990年1月在路邊招攬便車，開著卡車的羅茲同意載他們一程。查考斯基立刻被殺害，遺體被棄置在德州薩頓郡的路邊。羅茲綁架華許一週，對她酷刑虐待、反覆強暴。她死後，羅茲將她的遺體棄置在猶他州的米拉德郡。她被羅茲槍擊多次。

據信下一組受害人是瑞奇・李・瓊斯與女友芮吉娜・凱・瓦特斯。兩名年輕人於1990年2月從休士頓逃家後便失去了蹤影，羅茲在他們招便車的時候載了他們一程，當時羅茲很可能立刻就殺害了瓊斯。瓦特斯被羅茲綁架的時間長到（等遺體被尋獲時）身上的毛髮都長長了。

1990年4月1號清晨，羅茲的卡車被人發現停在高速公路旁，閃著警示燈號。公路警察往車內看的時候，只見一名裸體的女子遭手銬銬住，不斷尖叫。羅茲試圖解釋，但是沒有成功，最後遭到逮捕。

逮捕行動與庭審

羅茲後來被以性侵、加重傷害與非法監禁起訴。警方進一步調查的時候，發現羅茲與休士頓的凶殺案有關聯。法院批准了搜查他家的搜索令，警方在屋內找到好幾張裸體青少女與另一名女性的照片，經辨識後證實照片中的人是瓦特斯與華許。

羅茲於1994年出庭受審，在瓦特斯案中遭判一級謀殺罪。他被判處終生監禁，不可假釋。

結果

羅茲於2005年因華許與查考斯基案，被引渡到猶他州，然而猶他州的起訴在2006年撤銷了。在此之後，他又因華許與查考斯基案被引渡到德州。羅茲與地區檢察官達成協議，又被判了一條無期徒刑。

後記

羅茲替受害人拍攝的照片中，有一張非常知名，照片驚悚地記錄了芮吉娜·凱·瓦特斯死前幾分鐘在一處棄置穀倉中的模樣。

蓋瑞‧里治威
GARY RIDGWAY

出生年月日：1949年2月18號

別名／暱稱：格林里弗殺手

做案特徵：強暴、戀屍癖

受害人數：49人以上

犯案日期：1982年到1998年

逮捕日期：2001年11月30號

殺人手法：勒殺

已知受害人：溫蒂‧李‧科菲爾德，16歲；吉賽爾‧安‧洛夫文，19歲；黛博拉‧琳‧邦納，23歲；瑪希亞‧費‧查普曼，31歲；歐波‧夏美音‧米爾斯，16歲；泰利‧芮妮‧密利根，16歲；瑪莉‧布里姬‧米漢，18歲；黛博拉‧蘿蘭‧艾斯堤斯，15歲；琳達‧珍‧魯爾，16歲；迪妮絲‧達塞爾‧布希，23歲；薛汪達‧李‧薩默斯，16歲；雪莉‧瑪莉‧雪柔，18歲；科林‧芮妮‧布洛克曼，15歲；艾爾瑪‧安‧史密斯，18歲；狄洛芮絲‧勒芙恩‧威廉斯，17歲；蓋兒‧琳‧馬修斯，23歲；安德里亞‧M.‧契爾德斯，19歲；珊卓拉‧凱‧蓋博特，17歲；姬咪凱‧皮茲瑟，16歲；瑪麗‧M.‧瑪爾瓦，18歲；卡蘿‧安‧克里斯森，21歲；瑪蒂娜‧泰瑞莎‧奧托李，18歲；雪柔‧李‧威姆斯，18歲；伊芳‧雪莉‧安托許，19歲；凱莉‧A.‧羅伊斯，15歲；康斯坦絲‧伊莉莎白‧內昂，19歲；凱莉‧瑪莉‧維爾，22歲；蒂娜‧瑪莉‧湯普森，21歲；艾波‧道恩‧巴特蘭姆，16歲；黛比‧梅‧亞伯納西，26歲；崔西‧安‧溫斯頓，19歲；莫琳‧蘇‧費尼，19歲；瑪莉‧蘇‧貝洛，25歲；帕米‧亞凡特，15歲；迪妮絲‧路易絲‧普萊格，22歲；金柏莉‧L.‧奈爾森，21歲；麗莎‧葉慈，19歲；瑪莉‧耶

賽塔‧威斯特，16歲；辛蒂‧安‧史密斯，17歲；派翠希亞‧蜜雪兒‧巴札克，19歲；羅柏塔‧約瑟夫‧海伊斯，21歲；瑪塔‧李維斯，36歲；派翠希亞‧耶羅洛波，38歲；蕾貝卡‧瑪瑞羅，20歲；身分不明白人女性（12～17歲）；身分不明白人女性（17～19歲）；身分不明黑人女性（18～27歲）；身分不明白人女性（14～18歲）

犯罪地區：美國華盛頓州

狀態：終生監禁，不可假釋

個人背景

認識里治威的人對他的描述，說他有點奇怪但友善。他沒辦法對妻子忠誠，前兩次婚姻都是因為兩方皆不忠而告吹。他的第二任妻子，瑪希亞‧溫斯洛後來表示里治威有一次掐住她的脖子，但是這起事件沒有人提出告訴。

在第二段婚姻中，里治威投身宗教，會挨家挨戶登門拜訪，宣傳福音。也常有人在工作的地方聽見他大聲朗讀聖經，在家也一樣，他還指示自己的妻子去追隨教堂牧師的講堂。里治威會在教堂聽講道的時候哭出來，有時甚至是在閱讀聖經段落時也會。

在多次婚姻之中，里治威都常常付錢召妓。他會要求自己的妻子跟他在公共場合或其他不合適的場合發生性關係。根據他的數名前妻與前女友表示，里治威的性需求很大。有時他會一天多次要求性交，而且他特別喜歡在樹林間進行。

雖然里治威承認常常會召妓，但他顯然也一直陷入宗教信仰與無法控制的慾望的拉扯。他常常會抱怨住家附近有妓女，拉低社區素質。但是當天晚上，他又會付錢召妓。

也許就是他與妓女、與自己的這種糾結關係，他後來才會在漫長的時間裡，不斷到處殺害那些讓他樂得一心憎恨的女人。

凶殺紀錄

里治威犯下的殺人案件數量據信有高達七十一件之多——可能還不止。在10年之中，他出手當晚找上的都是妓女和逃家女性。多數殺人案件都是發生在1982和1984這兩年之中。因為受害人數太多，里治威本人已不記得他殺害了多少受害人。

殺害受害人之後，里治威將多數遺體都棄置在格林里弗，這就是他的外號由來。有時遺體會堆積在一起，遺體全都全身赤裸，發現的人無一不深受衝擊。有時里治威還會回到棄屍現場與屍體性交。

里治威的犯案手法是先拿出兒子的照片，讓妓女對他放下戒心。妓女同意跟他走後，他就會強暴她們，然後將其勒斃。因為徒手勒斃受害人往往會遭受害人反抗並被抓傷，所以里治威開始改用繩索。

犯案現場包含他的卡車、自宅，還有些僻靜的地點，在那些地方殺人也不會有人看見。調查人員追查里治威的時候，有時會去訪問泰德・邦迪，聆聽他對於這個凶手的看法，以及對於兇手犯下的凶殺案的見解。邦迪給的其中一個看法就是他認為兇手很可能還會回去找屍體性交，此說法後來獲得了證實。邦迪表示，如果能找到新的埋屍地點，那就可以安排警力留守，等兇手回來。

因為里治威之前就有跟妓女有關的起訴案件，所以1984年的時候他曾經被列入嫌疑犯，警方安排他接受測謊，他通過了。當局於1987年4月再次找里治威來問話，這次還採集了唾液以及毛髮樣本，DNA分析報告確認里治威就是格林里弗殺手。

凶殺案發生時間順序：

- 1982年7月8號——溫蒂・李・科菲爾德，16歲
- 1982年7月17號——吉賽爾・安・洛夫文，17歲
- 1982年7月25號——黛博拉・琳・邦納，23歲
- 1982年8月1號——瑪希亞・費・查普曼，31歲

- 1982年8月11號——辛西亞・珍・韓茲，17歲
- 1982年8月12號——歐波・夏美音・米爾斯，16歲
- 1982年8月29號——泰利・芮妮・密利根，16歲
- 1982年9月15號——瑪莉・布里姬・米漢，18歲
- 1982年9月20號——黛博拉・蘿蘭・艾斯堤斯，15歲
- 1982年9月26號——琳達・珍・魯爾，16歲
- 1982年10月8號——迪妮絲・達塞爾・布希，23歲
- 1982年10月9號——薛汪達・李・薩默斯，16歲
- 1982年10月20號——雪莉・瑪莉・雪柔，18歲
- 1982年12月3號——蕾貝卡・瑪瑞羅，20歲
- 1982年12月24號——珊卓拉・迪妮絲・梅喬爾，20歲
- 1983年3月3號——艾爾瑪・安・史密斯，18歲
- 1983年3月8號——狄洛芮絲・勒芙恩・威廉斯，17歲
- 1983年4月10號——蓋兒・琳・馬修斯，23歲
- 1983年4月14號——安德里亞・M.・契爾德斯，19歲
- 1983年4月17號——珊卓拉・凱・蓋伯特，17歲
- 1983年4月17號——姬咪凱・皮茲瑟，16歲
- 1983年4月30號——瑪莉・M.・瑪爾瓦，18歲
- 1983年5月3號——卡蘿・安・克里斯森，21歲
- 1983年5月22號——馬丁・泰瑞莎・奧托李，18歲
- 1983年5月23號——雪柔・李・威姆斯，18歲
- 1983年5月31號——伊芳・「雪莉」・安托許，19歲
- 1983年5月31號——凱莉・安・羅伊斯，15歲
- 1983年6月8號——康斯坦絲・伊莉莎白・內昂，19歲
- 1983年7月18號——凱莉・瑪莉・維爾，22歲
- 1983年7月25號——蒂娜・瑪莉・湯普森，21歲

- 1983年8月18號——艾波‧道恩‧巴特蘭姆，16歲
- 1983年9月5號——黛比‧梅‧亞伯納西，26歲
- 1983年9月12號——翠絲‧安‧溫斯頓，19歲
- 1983年9月28號——莫琳‧蘇‧費尼，19歲
- 1983年10月11號——瑪莉‧蘇‧貝洛，25歲
- 1983年10月26號——帕米‧安奈特‧亞凡特，15歲
- 1983年10月30號——迪妮絲‧路易絲‧普萊格，22歲
- 1983年11月1號——金柏莉‧L.‧奈爾森，21歲
- 1983年12月23號——麗莎‧葉慈，19歲
- 1984年2月6號——瑪莉‧耶賽塔‧威斯特，16歲
- 1984年3月21號——辛蒂‧安‧史密斯，17歲
- 1986年10月17號——派翠希亞‧蜜雪兒‧巴札克，19歲
- 1987年2月7號——羅柏塔‧約瑟夫‧海伊斯，21歲
- 1990年3月5號——瑪塔‧李維斯，36歲
- 1998年1月——派翠希亞‧耶羅洛波，38歲

逮捕行動與庭審

2001年11月30號，里治威在一家卡車工廠工作時，警方抵達現場逮捕了他。一開始他是因為被列入20年前4名女性的謀殺案嫌犯被捕。2003年8月，據聞里治威面對那些謀殺案，同意認罪協商，並供出其他案件，換取免除死刑處分。

2003年11月5號庭審過程中，里治威對48起嚴重一級謀殺起訴認罪。他在法庭上的證詞表示他是在華盛頓州金郡殺害所有死者，為混淆警方查案，將遺體棄置在波特蘭附近。2003年12月18號，里治威的判決結果出爐，他遭判處四十八次無期徒刑，不可假釋。他還被判處另外一條無期徒刑，須接續服刑。因為破壞案件證據，每一名受害人的案件再加判10年有期徒刑，總共是480年。

結果

里治威於華盛頓州州立監獄被關在隔離牢房中，直到他於2005年向聯邦政府提出書狀，才被移到航空高地犯罪矯正所的中低等安全緊戒區。他一直在那裡待到2015年5月，接著被移監到科羅拉多州一所高度安全警戒的聯邦監獄。然而在當年9月，他被送上包機，飛回華盛頓州，讓調查人員在調查其他未解案件的時候可以「更容易接觸他」。

後記

里治威在後來的證詞中提到殺害年輕女性是他的「職業」。

「我會跟她說話……讓她不要去想上床的事，或是任何會讓她緊張的事，而是去想，你知道的，讓她去想，『噢，他在乎』……其實我不在乎，我只是想，嗯，讓她上車，最後殺掉她。」

喬爾‧里夫金
JOEL RIFKIN

出生年月日：1959年1月20號

別名/暱稱：開膛手喬爾

做案特徵：分屍

受害人數：9到17人以上

犯案日期：1989年到1993年

逮捕日期：1993年6月28號

殺人手法：勒殺

已知受害人：海蒂‧巴爾奇（「蘇西」），25歲；朱莉‧布萊克博德（遺體未曾尋獲）；芭芭拉‧雅各，31歲；瑪莉‧艾倫‧德盧卡，22歲；李芸，31歲；「6號」，身分不明，未曾尋獲；蘿蘭‧奧維耶托，28歲；瑪莉‧安霍洛曼，39歲；「9號」，身分不明；艾瑞絲‧桑切斯，25歲；安娜‧洛佩茲，33歲；維奧莉‧奧尼爾，21歲；瑪莉‧凱薩琳‧威廉斯，31歲；珍妮‧索托，23歲；莉亞‧伊凡斯，28歲；蘿倫‧馬凱茲，28歲；蒂芬妮‧伯斯卡亞尼，22歲

犯罪地區：美國紐約

狀態：判處203年有期徒刑

個人背景

　　里夫金是意外懷孕的結果，他的生父母當時只是年輕的大學生。他出生三週後就被送去接受領養。他的養父母來自長島，屬於中上階層家庭。他的養母是西班牙人後裔，養父是俄羅斯猶太人後裔，母親在兩人結婚時改信猶太教。

這家人於1965年遷居到東美多,里夫金一生多在這裡度過。他很熱衷攝影和手作。雖然是個聰明的孩子,卻無法融入其他孩童的圈子。智商很高的他在學校表現並不優秀,主要是因為他常常因為站姿和走路的方式被同儕取笑與霸凌。因為他駝背,走路又慢,外號被取作「烏龜」。儘管如此,他仍完成了高中學業。不過雖然多次努力維持大學學業,最後還是無法畢業,數次休學。

里夫金幾乎都住在家裡,即便已經長大成人,工作似乎還是都做不久。他曾經與一名女孩交往,對方對他的描述是貼心但深受憂鬱症所苦。里夫金的養父罹患了癌症,1987年2月以自殺手段來了結病魔帶來的痛苦。里夫金被指派在喪禮上朗誦悼念詞,從那之後,他的行為就開始急轉直下。里夫金於8月因召妓被捕,當時距離父親去世僅隔六個月。他沒讓母親知道自己被逮捕的消息,只繳了一筆罰鍰就脫身。為了不要讓母親發現自己會召妓,他開始特地出遠門召妓。大約在同一時期,他開始蒐集關於謀殺妓女的書籍和剪報,其中包含亞瑟·肖克羅斯與格林里弗殺手的案子。他的父親去世兩年後,他終於從幻想世界踏出去,開始動手殺人。

凶殺紀錄

里夫金於1989年犯下第一起殺人案,在長島自家中殺害了一名女性。他將遺體肢解,除去指紋和牙齒,以免遺體遭尋獲後警方會查到死者身分。這名女性被砍下的頭部被放進油漆桶中,丟在紐澤西州一座高爾夫球場的林間。她的雙腿被棄置在更北部的地方,其餘屍身則被拋入紐約東河。

據信里夫金在接下來的四年間,還殺了其他16名女性。遺體被棄置之前,常被放入像是盒子或蒸氣箱一類的容器中,至少有4名死者是在油桶中被發現的。他殺人的手法眾多,有些遺體上有證據顯示在被切割棄置之前曾遭到勒頸。里夫金後來承認自己通常都是先與死者發生性關係之後才殺人。

凶殺案發生時間順序：

- 1989年——海蒂·巴爾奇（「蘇西」），25歲
- 1990年——朱莉·布萊克博德
- 1991年7月13號——芭芭拉·雅各，31歲
- 1991年9月1號——瑪莉·艾倫·德盧卡，22歲
- 1991年——李芸，31歲
- 1991年12月——蘿蘭·奧維耶托，28歲
- 1992年1月2號——瑪莉·安·霍洛曼，39歲
- 1992年4月——艾瑞絲·桑切斯，25歲
- 1992年5月25號——安娜·洛佩茲，33歲
- 1992年——維奧莉·奧尼爾，21歲
- 1992年7月——無名女屍
- 1992年——無名女屍2號
- 1992年10月2號——瑪莉·凱薩琳·威廉斯，31歲
- 1992年11月16號——珍妮·索托，23歲
- 1993年2月27號——莉亞·伊凡斯，28歲
- 1993年3月2號——蘿倫·馬凱茲，28歲
- 1993年6月24號——蒂芬妮·伯斯卡亞尼，22歲

逮捕行動與庭審

里夫金於1993年6月28號終於遇到阻撓，他因為駕駛的貨車沒有掛車牌遭到警方追逐。這場追逐戰持續到里夫金的貨車撞上紐約米尼歐拉一座法院外的電線桿才結束。警方逮捕里夫金時，發現貨車後頭傳來一股惡臭。警方檢查車內，發現了是舞者兼妓女的蒂芬妮·伯斯卡亞尼的屍體。

最開始的訊問進行了八個小時，里夫金在訊問過程中坦承殺害17名女性。他一五一十地提供了每件案件的細節，不過有幾次想不起來受害人的名字。他甚至

畫下地圖，告訴警方他棄屍的地點，讓警方去找回遺骸。

　　警方到他與母親同住的家中搜尋後，發現了數不盡的證據。他的臥室中有受害人的個人物品，包含身分證、信用卡、駕照、珠寶、衣物和照片。最駭人的發現出現在車庫，警方找到了沾有人類組織的電鋸一把和一台獨輪手推車。

　　里夫金於1994年出庭受審的時候，在九條二級謀殺罪起訴中被判定有罪。他被判處203年到無期徒刑，2197年後可申請假釋。

結果

　　1994年，里夫金與殺人狂科林・弗格森捲入一場監獄打鬥。弗格森當時在講電話，他要里夫金安靜。這情況在弗格森說他殺了「六個魔鬼」，但里夫金只殺女性的時候開始惡化，里夫金回應說他的殺人數字比較高，弗格森則朝他的嘴巴揮了一拳。

　　1996年，當局判定，由於里夫金的惡名，將他與其他囚犯一同監禁會造成負面影響。矯治機關於是將他改為單獨監禁，每天只允許他離開牢房一小時。他的獨立監禁維持了四年，直到被移監至克林頓懲教中心為止。

　　里夫金對矯治機關提出告訴，認為他被獨立監禁是違憲的行為，但是最後當局判定該安排並未危害他的權益。

後記

- 智商經測試為128分。
- 據報里夫金在1994年初與殺人狂科林・弗格森掀起一場監獄中的鬥毆。這場打鬥的起因是弗格森要里夫金在他講電話時安靜。紐約每日新聞報導中指出，弗格森告訴里夫金「我殺掉六個惡魔，而你只會殺女人」，里夫金回答「對，但我的受害人數比較多」，這場爭執從這之後便迅速升溫。弗格森接著便朝里夫金的嘴巴揮了一拳。

約翰·愛德華·羅賓森
JOHN EDWARD ROBINSON

出生年月日：1943年12月27號

別名╱暱稱：約翰·奧斯本、奴隸主、網路奴隸主

做案特徵：強暴

受害人數：8人以上

犯案日期：1984年到2000年

逮捕日期：2000年6月2號

殺人手法：鈍器重擊

已知受害人：寶拉·葛弗雷，19歲；麗莎·斯塔西，19歲；凱薩琳·克蘭彼特，27歲；希拉·戴爾·費斯，45歲；黛比·琳·費斯，15歲；伊莎貝拉·洛威卡，21歲；比佛利·邦納，49歲；蘇賽特·特羅騰，28歲

犯罪地區：美國密蘇里州堪薩斯城

狀態：判處死刑，等待行刑

個人背景

　　羅賓森的父親會酗酒，母親管教非常嚴厲。在他們位於伊利諾州西瑟羅的家中，羅賓森是五個孩子其中之一。他於1957年成為鷹級童軍，與團隊一起被送到倫敦，在女王面前表演，這件事即便對一個小男孩來說都是非常高的榮耀。同年他進入私立男子學校，奎格利預備神學院就讀，此校專收想成為牧師的男學生。然而，因為某些懲處的問題，他僅完成一年學業後就離開了。

　　羅賓森決定成為醫療X光片技師，於1961年進入莫頓學院就讀，不過他只待

約翰·愛德華·羅賓森　　473

了兩年就休學了。三年後，他搬到堪薩斯城，在這裡認識了妻子南西。兩人的第一個孩子是個男孩，於婚後一年出生，接著在1967年，女兒也誕生了，1971年，兩人迎接了一對雙胞胎。

1969年，羅賓森因挪用公款被逮捕。他用假證件拿到了在醫療中心當X光片技師的工作，任職期間，他偷取了33,000元，被判處緩刑3年。隔年他違反了緩刑規定，在沒有取得批准的情況下搬到芝加哥。開始擔任保險業務員的他於1971年再次因挪用公款惹禍上身。這次他被送回堪薩斯城，按要求服完緩刑，緩刑的長度已因再次挪用公款而延長。

然而羅賓森就是沒辦法不給自己找麻煩。1975年，他成立了一家假的醫療顧問公司，因證券欺詐與郵件詐欺被捕。他的緩刑再次被延長。而同一時期的羅賓森一直把自己打造成好先生、社會重要成員的模樣。他是籃球教練、童子軍隊長，甚至在主日學校擔任老師。

他一路靠著騙術當上了慈善機構的董事，擔任此職的他假造執行長文書，發文給坎薩斯城的市長，也假造市長文書發給其他社團機構的領導人，讚揚自己身為志工以及社會一分子的豐功偉業。他的詐騙規模甚至擴大到舉辦了一場「年度人物」頒獎典禮，並把獎項頒給自己。

雖然最後終於在1979年完成緩刑，他仍無法克制自己的詐騙和偽造習慣。他於1980年因偽造支票與挪用公款再次被捕。這次，他被判處60天有期徒刑，於1982年執行。他被釋放後，成立了一間假的公司，詐騙一名自己的朋友並取得25,000元，靠的騙術是自稱可以快速獲利，讓他的朋友能有錢支付病榻上垂死的妻子的醫療費用。

這時候的羅賓森成了社區裡面的討厭鬼。他會調戲社區裡的太太，導致與她們的丈夫發生肢體衝突。他也宣稱自己加入了一個非常祕密的虐待狂邪教，叫做國際主人理事會。他說他自己是「奴隸主」，工作就是要引誘女性受害人來參加聚會，讓她們被強暴和折磨。他的思緒顯然已經從財務獲利轉移到了暴力的幻想領域。

凶殺紀錄

羅賓森於1984年雇用寶拉·葛弗雷擔任他名下其中一家詐騙公司的銷售代表。沒過多久，他便告訴大家，他派葛弗雷去受訓了，但是她再也沒有回來。警方接獲她父母提出的失蹤消息，幾天後她父母收到一封用打字機打的信件（信件內容指是葛弗雷寫的），說自己沒事，但不想與他們聯繫。

羅賓森於1985年在堪薩斯城一處家暴婦女收容所認識了麗莎·斯塔西。他答應給她一份工作、一個住的地方以及讓她的孩子去托嬰中心。他要求斯塔西在許多張空白紙張上簽名。幾天後，羅賓森聯繫自己兄弟。因為他的兄弟和妻子一直無法透過正常管道領養孩童，羅賓森告訴兄弟，說他手上有個可以給他們領養的孩子。他表示要收取5000元的法律文書費用，並宣稱孩子的母親自殺了。收養流程開始進行，而再也沒有人有麗莎·斯塔西的消息。

凱薩琳·克蘭彼特於1987年搬到堪薩斯城找工作。羅賓森雇用了她，畫大餅說要讓她到處出差、花錢治裝，而她於6月失蹤。因為被關，還有許多其他原因，羅賓森一直到1999年才再次下手殺人，當時他表示要給伊莎貝拉·洛威卡一份工作。

羅賓森雇用洛威卡的時候，他也跟她發展出綁縛關係。她搬到堪薩斯城，並收到羅賓森的求婚戒指，但羅賓森此時仍是已婚身分。洛威卡簽下奴隸合約，讓羅賓森可以完全控制她的生活。洛威卡告訴自己父母說她結婚了，但沒有說對象是誰。洛威卡於1999年夏天失蹤。

羅賓森的最後一名受害人是護理師蘇賽特·特羅騰。她同意以順從的性奴隸身分與羅賓森去環遊世界。特羅騰於2000年3月1號遭殺害，但她的父母親一直收到打字機打出的信件，內容述說世界之旅的消息與自己的經歷。

凶殺案發生時間順序：

- 1984年──寶拉·葛弗雷，19歲
- 1985年1月10號──麗莎·斯塔西，19歲

- 1987年6月15號——凱薩琳‧克蘭彼特，27歲
- 1993年——比佛利‧邦納，49歲
- 1994年夏天——希拉‧戴爾‧費斯，45歲
- 1994年夏天——黛比‧琳‧費斯，15歲
- 1999年夏天——伊莎貝拉‧洛威卡，21歲
- 2000年3月1號——蘇賽特‧特羅騰，28歲

逮捕行動與庭審

到了1999年，羅賓森在掩蓋自己的行蹤一事上開始變得隨便。坎薩斯城和密蘇里州當局對他特別留意，因為他一直出現在失蹤人口報告和調查過程之中。

2000年6月2號，羅賓森被以性侵和盜竊投訴後被逮捕。因為有盜竊罪名，當局便有合理立場搜索他的農場。調查人員在搜索過程中找到兩個大桶，桶子裡裝著洛威卡和特羅騰腐爛的遺體。

密蘇里州當局搜索了羅賓森租用的儲藏室，發現另外3個大桶。這幾個桶子裡放的是邦納、希拉‧費斯與女兒黛比‧費斯的遺體。經過判定，這5名死者都是因鈍物重擊頭部死亡。

羅賓森於2002年為特羅騰案、斯塔西案與洛威卡案出庭受審。他在所有罪名都被判有罪，在特羅騰與洛威卡案的判決中被判處死刑，斯塔西案中被判處終生監禁。他也因為安排特羅騰的孩子接受領養一事，被加判處5～20年有期徒刑。

當局提出從寬協議，表示若羅賓森願意告訴當局斯塔西、克蘭彼特與葛弗雷的遺骸地點，在謀殺罪名的判決上可以寬判。然而羅賓森拒絕了這項協議，於2003年10月，當局與他重新協商了認罪協議。羅賓森發出一篇聲明，承認檢方已經握有足夠證據將他以剩下的凶殺案定罪，雖然這嚴格來說並非認罪協議，他仍在這幾條凶殺罪名中被定罪後，每案判處一條無期徒刑。

結果

　　有一段很長的時間，當局無法掌握羅賓森的行蹤，因此警方懷疑受害者可能還有更多人。羅賓森於堪薩斯城的死牢等候行刑日期。

提亞哥・戈梅茲・達羅卡
TIAGO GOMES DA ROCHA

出生年月日：1988年

別名／暱稱：戈亞尼亞連續殺人狂

做案特徵：自稱因童年受虐，因「憤怒」殺人

受害人數：16到39人以上

犯案日期：2011年到2014年

逮捕日期：2014年10月14號

殺人手法：槍擊、勒殺、刀刺

已知受害人：迪亞哥・馬丁・門德斯，16歲；芭芭拉・里貝羅・科斯塔，14歲；碧兒翠絲・奧利維拉・莫拉，23歲；莉莉安・麥司基塔・席爾瓦，16歲；安娜・維多・杜爾特，27歲；溫內莎・奧利維拉費利佩・費利佩，51歲；潔內拉・狄蘇莎，24歲；布魯納・德索薩・貢卡拉維斯，26歲；卡拉・巴博薩・亞羅胡，22歲；伊薩多拉・坎迪達・多斯里斯，24歲；塔瑪拉・達康席亞克・席爾瓦，17歲；塔納拉・羅德里格斯・達克魯斯，13歲；羅西林・瓜貝托・達席爾瓦，29歲；茱利安娜・紐比亞・迪亞斯，22歲；安娜・莉迪亞・戈梅茲，14歲；亞列・達安紐斯・卡瓦略，16歲；莫羅・費雷哈・努挪斯，51歲，其餘受害人未公開姓名

犯罪地區：巴西戈亞斯州，戈亞尼亞

狀態：判處56年又4個月有期徒刑

個人背景

羅卡沒說過太多關於他早年生活的事，只說過他是祖父母帶大的，11歲的時候曾遭鄰居性虐待。他也宣稱從小就飽受霸凌。年輕的羅卡開始了警衛的工作，並利用這份工作協助自己犯下搶劫案。

等到他終於因為謀殺罪嫌被逮捕時，他供述殺人的理由是沒有女人愛過他。

凶殺紀錄

羅卡的犯下的凶殺案中沒有特別的犯案習慣，他會隨機挑選受害人，殺人的方式也各不相同。他的第一起殺人案件是於2011年11月9號，殺害男同志迪亞哥·馬丁·門德斯。羅卡假裝想跟他發生性關係，藉此引誘他到林間，然後將受害人勒斃。

芭芭拉·科斯塔於2014年1月18號遭殺害，羅卡騎機車經過柯斯塔身邊時開槍將她射殺身亡。

當時柯斯塔在廣場上等候祖母。隔天，羅卡開槍射殺碧兒翠絲·莫拉。2014年2月3號，羅卡殺害莉莉安·麥司基塔·席爾瓦。他是先悄聲走到她身邊，再朝她的胸口開槍。

下一名受害人，安娜·杜爾特當時站在小吃店外，羅卡朝她開槍。一個月後，4月23號這天，羅卡殺害了溫內莎·費利佩，當時她在藥局買藥，羅卡從她背後開槍。5月8號，羅卡在酒吧開槍射擊潔內拉·狄蘇莎，同一天，他也殺害了布魯納·貢卡拉維斯，當時她在街邊等公車。

5月23號，他找上卡拉·巴博薩姊妹倆，要她們交出手機。他在卡拉的妹妹面前開槍打死了卡拉。伊薩多拉·多斯里斯於6月時號遇害，當時她與男友走在街上。接著，懷孕的塔瑪拉·席爾瓦於6月15號去教堂的路上遇害。同一天，羅卡開槍殺害塔納拉·羅德里格斯·達克魯斯。

羅西林·席爾瓦於7月19號被殺害，一週後，茱利安娜·迪亞斯在跟男友約會時遭槍殺。最後一名受害人是安娜·戈梅茲，她在等公車時遭槍擊致死。

凶殺案發生時間順序：

- 2011年11月9號──迪亞哥・馬丁・門德斯，16歲
- 2014年1月18號──芭芭拉・里貝羅・科斯塔，14歲
- 2014年1月19號──碧兒翠絲・克里斯蒂娜・奧利維拉・莫拉，23歲
- 2014年1月28號──亞列・達安紐斯・卡瓦略，16歲
- 2014年2月3號──莉莉安・麥司基塔・席爾瓦，27歲
- 2014年2月28號──莫羅・費雷哈・努挪斯，55歲
- 2014年3月14號──安娜・瑪莉亞・維多・杜爾特，26歲
- 2014年4月23號──溫內莎・奧利維拉・費利佩，22歲
- 2014年5月8號──潔內拉・狄蘇莎，24歲
- 2014年5月8號──布魯納・德索薩・貢卡拉維斯，26歲
- 2014年5月23號──卡拉・巴博薩・亞羅胡，22歲
- 2014年6月10號──伊薩多拉・坎迪達・多斯里斯，24歲
- 2014年6月15號──塔瑪拉・達康席亞克・席爾瓦，17歲
- 2014年6月15號──塔納拉・羅德里格斯・達克魯斯，13歲
- 2014年7月19號──羅西林・瓜貝托・達席爾瓦，29歲
- 2014年7月25號──茱利安娜・紐比亞・迪亞斯，22歲
- 2014年8月2號──安娜・莉迪亞・戈梅茲，14歲

逮捕行動與庭審

　　戈梅茲的凶殺案發生沒幾分鐘，警方就注意到羅卡的機車車牌被偷了。羅卡最後還是在2014年10月14號行蹤曝光，遭警方逮捕。在訊問過程中，羅卡坦承犯下所有凶殺案，這讓警方非常驚訝，因為他們一開始以為那些案件是當地幫派或毒梟下的手。

　　警方搜尋羅卡住家的時候，發現他的槍。彈道測試顯示這把槍跟凶殺案用的武器符合，羅卡出庭二十六次，最後在二十四起謀殺案件、非法持已武器以及搶

劫案中被判有罪。未來羅卡恐怕還要面對更多罪名起訴。

結果

　　遭監禁等候庭審的期間，羅卡打碎了牢房裡的燈泡，並用碎片割腕。他企圖自殺，但失敗了。獄方很快就發現他的狀況，並送他去接受治療。

後記

　　警察局長愛德華多·普拉多是眾多負責調查這些殺人案件的人員之一，他曾說：「羅卡問如果是在監獄中殺人，是否還要面對庭審。」

　　「他仍想殺人，他的態度非常古怪。」

代頓・雷洛・羅傑斯
DAYTON LEROY ROGERS

出生年月日：1953年9月30號

別名／暱稱：莫拉拉森林殺手

做案特徵：強暴、酷刑虐待、毀屍

受害人數：7到8人以上

犯案日期：1983年到1987年

逮捕日期：1987年8月7號

殺人手法：刀刺

已知受害人：辛西亞・「迪迪」・黛安・德沃，21歲；莫琳・安・霍奇斯，26歲；瑞沙・瑪莉・蓋爾斯，16歲；納丹絲・「諾麗」・凱・塞凡提斯，26歲；麗莎・瑪莉・莫克，23歲；克莉絲汀・洛特絲・亞當斯，35歲；珍妮佛・麗莎・史密斯，25歲；身分不明受害人

犯罪地區：美國奧勒岡州克拉克馬斯郡

狀態：判處死刑，等待行刑

個人背景

　　羅傑斯出生於愛達荷州，從小一家就常常遷居各地。他是家裡三個小孩之一。他的父母又領養了四個小孩後，羅傑斯便失去了家中老么的地位。他從年紀很輕的時候就開始會犯一些小罪，7年級時，他用BB槍射擊駛過的車輛被抓。

　　1972年，羅傑斯與一名15歲的女孩交往。8月15號的時候，他帶她到樹林中，應該是要與她發生關係，但是最後卻是拿刀刺她的腹部。羅傑斯說他無法再

相信她了，緊接著又立刻向她求婚，最後便開車送她去醫院接受治療。

　　羅傑斯遭逮捕起訴後，面對二級傷害罪，他選擇認罪，遭判處4年緩刑。一年後，他用破酒瓶攻擊兩名15歲的女孩，再次因傷害罪名被起訴。這次他以精神障礙為由被判無罪，送往州立醫院治療。1974年12月12號，他出院了。

　　1976年1月，羅傑斯被以一級強暴罪名起訴，不過幾個月後陪審團判他無罪。然而到了2月，羅傑斯在等候開庭期間強暴了一名女高中生，又持刀威脅另一名受害人。他再次以精神問題進行無罪辯護，不過仍被定罪。這次他被判處5年有期徒刑。此案的檢察官說羅傑斯是「等著下手的殺人犯」。儘管如此，他仍只被加判緩刑17個月。他隨即違反緩刑的條件，被送回監獄關了10個月。

　　幾年後，那位檢察官的預言成真了。

凶殺紀錄

　　羅傑斯與七件凶殺案有關，受害人通常是妓女、逃家孩童和毒蟲。他殺害的6名受害人遺體同時在一座位於奧勒岡州莫拉拉一片私人林地的垃圾場被找到。

　　其中一名受害人，珍妮佛·史密斯，是一名妓女，她於1987年8月7號被羅傑斯找上。羅傑斯將貨車停進停車場，然後用刀刺她十一次。她的腹部、乳房和後背皆有刀刺傷。她跌下貨車，目擊者衝上前去協助她，然而她最後仍在醫院死亡。

　　史密斯跌下貨車後，幾名目擊證人用自己的車將羅傑斯的貨車擋下。但是羅傑斯仍將車開上路旁的園圃造景後逃離現場。其中一名目擊者一路追車經過密爾瓦基、格拉斯通、俄勒岡市和康比。羅傑斯停進住家車道後，目擊者寫下地址並報警。

逮捕行動與庭審

　　羅傑斯殺害史密斯後沒多久就被逮捕，並以殺人罪嫌起訴。在羅傑斯等待出庭期間，調查人員在莫拉拉森林中發現7名女性遺骸。所有死者都遭受到相同的

暴力虐待，包含毀屍。羅傑斯最後總共被以八件凶殺案起訴，於殺害史密斯案中被判有罪，處以無期徒刑。1989年6月7號，另外七件凶殺案也定罪，羅傑斯遭判處死刑。

結果

羅傑斯的死刑處分被最高法院推翻了兩次——分別是1992年和2000年。2012年，死刑判決再次被推翻，至於應改判為何，需重新開庭審議，日期仍未確定。

2015年11月16號，羅傑斯第四度被判處死刑。若想爭取將死刑改判為無期徒刑，羅傑斯必須放棄未來上訴的機會，並承認自己的罪行。

後記

羅傑斯將多數受害人的腳掌砍下當作紀念品。

格倫・羅傑斯
GLEN ROGERS

出生年月日：1962年7月15號

別名／暱稱：跨州殺手、卡薩諾瓦殺人魔

做案特徵：搶劫、強暴

受害人數：5人以上

犯案日期：1993年、1995年

逮捕日期：1995年11月13號

殺人手法：刀刺、勒殺

已知受害人：馬克・彼得斯，71歲；珊卓拉・蓋勒格，33歲；琳達・普來士，30歲左右；蒂娜・瑪莉・克里布斯；安狄・吉爾斯・薩頓

犯罪地區：美國加利福尼亞州、密西西比州、肯塔基州、佛羅里達州、路易斯安那州

狀態：判處死刑，等待行刑

個人背景

羅傑斯出身大家庭，家裡有7個孩子。他的父母克勞德與艾德娜・羅傑斯在俄亥俄州漢米頓將他養大。滿16歲之前，羅傑斯就被就讀的國中退學，不過沒有資料記錄原因。沒過多久後，他的女友，當時14歲的黛博拉・安・尼克斯就懷上了另一名男孩的孩子。儘管如此，兩人仍結了婚，於1981年又生了另一個孩子。

根據尼克斯的描述，羅傑斯會對她施暴，所以她於1983年提出了離婚申請。從羅傑斯離婚後，一直到1995年因殺人被捕之間之前，這段時間內發生過什麼

事，沒有太多紀錄。在訊問過程中，羅傑斯宣稱自己犯下將近七十起謀殺案，但是他後來又改變說法，說自己只是「在開玩笑」。然而，他在監獄的自白引發了後續的許多疑問，包含殺害妮可・辛普森與羅恩・戈德曼的人究竟是不是羅傑斯。

凶殺紀錄

馬克・彼得斯的遺體於1994年1月10號在彼得斯家所屬的小木屋中被發現。早在1993年10月的時候，彼得斯曾給羅傑斯一個住處——時間跟彼得斯失蹤時差不多。羅傑斯也消失了，警方最後是因為羅傑斯的哥哥克雷給的消息才找到這座小木屋。彼得斯的遺骸被發現時遭綁在一把椅子上，藏在一堆家具底下。

珊卓拉・蓋勒格於1995年9月28號在洛杉磯凡奈斯一家酒吧裡認識了羅傑斯，隔天便有人發現她的遺體，在一輛車上被勒斃後放火焚燒。這輛車停放地點就在羅傑斯的寓所附近。羅傑斯開始移動，先是到了密西西比州，接著是路易斯安那州與佛羅里達州。他在自己住過的每一州各殺過一名女子。

羅傑斯在密西西比州博覽會的一座啤酒帳篷認識了琳達・普來士，兩人間的關係發展到後來，一起在傑克森的一間公寓同居了一陣子。普來士的妹妹於1995年的萬聖節前來拜訪，但是普來士沒有來應門，羅傑斯也不見蹤影。最後是在浴缸裡發現已經死亡的普來士。

1995年11月5號，羅傑斯在佛羅里達州坦帕的一家酒吧裡認識了蒂娜・瑪莉・克里布斯。根據酒保描述，當時羅傑斯約克里布斯去兜風。她的遺體於兩天後在一間旅館被人發現，臀部與胸口皆有遭刺傷痕跡。旅館櫃檯人員證實羅傑斯在克里布斯遇害幾天前來過。發現遺體當天，克里布斯的皮包在休息站被人拾獲，上頭的指紋與羅傑斯的指紋相符。

羅傑斯的一名點頭之交安狄・吉爾斯・薩頓住在路易斯安那州波西爾城，1995年11月9號，有人發現她的遺體躺在自己的水床上，身上多處刀刃割傷。過了幾天後，羅傑斯四處殺人的行為才終於畫下句點。

凶殺案發生時間順序：

- 1993年10月——馬克‧彼得斯，71歲
- 1995年9月28號——珊卓拉‧蓋勒格，33歲
- 1995年10月30號——琳達‧普來士
- 1995年11月5號——蒂娜‧瑪莉‧克里布斯，34歲
- 1995年11月9號——安狄‧吉爾斯‧薩頓，37歲

逮捕行動與庭審

羅傑斯開著克里布斯的車，於1995年11月13號在肯塔基州被攔停。他宣稱車子是克里布斯借他的，但警方不相信他說的話。這時候大家都已經知道羅傑斯就是多起凶殺案的頭號嫌疑犯，所以他被逮捕，送到局裡問訊。

羅傑斯一開始坦承犯下七十起殺人案，不過後來改變說法，改了一個比較保守的說詞。他宣稱自己只是在開玩笑，並沒有犯下任何殺人案件。

不過他出庭受審的時候，陪審團不相信他說的話。1997年7月11號，羅傑斯在蒂娜‧瑪莉‧克里布斯案中被判有罪，後來被判處死刑。1999年6月22號，在珊卓拉‧蓋勒格案中，羅傑斯的殺人罪嫌被定罪。7月16號，他再次被判處死刑。

結果

羅傑斯的上訴程序即將用完，除非他最後一次上訴成功，否則他就會一直在死牢裡待到行刑日。

後記

羅傑斯對紅髮女性有狂熱。

丹尼‧洛林
DANNY ROLLING

出生年月日：1954年5月26號

別名/暱稱：根茲維開膛手、詹姆士‧R.‧甘迺迪

做案特徵：強暴、戀屍癖、毀屍、斬首

受害人數：8人

犯案日期：1989年11月4號到1990年8月27號

逮捕日期：1990年9月8號

殺人手法：刀刺

已知受害人：朱莉‧葛里森，24歲；尚恩‧葛里森，8歲；威廉‧葛里森，55歲；頌亞‧拉森，18歲；克莉絲汀娜‧鮑威爾，17歲；克里斯塔‧霍伊特，18歲；曼努爾‧「曼尼」‧塔波娃達，23歲；崔西‧保羅斯，23歲

犯罪地區：美國路易斯安那州、佛羅里達州

狀態：2006年10月25號執行注射死刑死亡

個人背景

　　從洛林出生開始，他的警察父親詹姆士就一直說他是沒人要的小孩。孩子們和母親都慘遭父親的嚴重虐待。洛林的母親一度進入當地醫院，稱丈夫要逼她自殘。她數次試圖離開丈夫，但是最後都會回到他身邊。某一次洛林遭父親用手銬銬住，被警察帶走，只因為他父親說洛林「讓他蒙羞」。

　　青春期到剛成人後的這段時間裡，洛林犯下許多搶劫，多次被捕，他也曾因偷看啦啦隊換衣服被逮。長大後的他難以維持工作，各方面看起來，洛林彷彿跟

整個社會格格不入。到了1990年5月，問題開始成形，這次的洛林試圖弒父。這次嘗試沒有成功，但是他父親失去了一只耳朵和一隻眼睛。

攻擊父親之後幾個月，洛林開始到處搶劫，最後演變成殺人。

凶殺紀錄

1989年11月4號，威廉‧葛里森與女兒朱莉和孫子尚恩在士里夫波特自宅中準備用晚餐時，遭洛林攻擊並殺害。朱莉的遺體遭毀屍，然後再被清理乾淨後擺放姿態。洛林從未承認犯下這幾起殺人案件，但是他寫下了只有兇手才會知道的細節。

1990年的那個8月裡，有5名學生遭洛林殺害，當時洛林在佛羅里達州四處入室竊盜。第一起殺人案件發生於8月24號，洛林闖入克莉絲汀娜‧鮑威爾與頌亞‧拉森的公寓。看見在沙發上熟睡的鮑威爾後，洛林上樓，找到在房裡睡覺的拉森。他用膠帶將拉森的嘴巴封起，用刀將其刺傷致死。接著他下了樓，將鮑威爾德嘴巴封住後，雙手手腕也貼起來。他強暴了她，往她背上刺了五刀，然後再把兩名女孩的遺體擺放成挑逗的姿勢。

隔天，洛林闖入克里斯塔‧霍伊特的家中，等著她回家。他從身後攻擊受害人，一直掐著她，直到她倒下，接著將她的嘴巴用膠帶封起，並綁縛雙手手腕。他強暴她，刺傷她的後背，再將她斬首。洛林將她的頭部放在架子上，宛若是在俯瞰屍身。

8月27號星期一，洛林闖入崔西‧保羅斯與曼尼‧塔波娃達的公寓中。他與塔波娃達拉鋸了一陣子才將他殺害，騷動引起了保羅斯的注意。她試圖用東西擋住房門口，但是洛林還是闖了進去。他將用膠帶將她封口，固定手腕後強暴了她。接著他用刀刺死保羅斯，並替遺體擺放姿態。

凶殺案發生時間順序：
- 1989年11月4號——威廉‧葛里森，55歲

1989年11月4號——朱莉・葛里森，24歲

1989年11月4號——尚恩・葛里森，8歲

1990年8月24號——頌亞・拉森，17歲

1990年8月24號——克莉絲汀娜・鮑威爾，17歲

1990年8月25號——克里斯塔・霍伊特，18歲

1990年8月27號——崔西・保羅斯，23歲

1990年8月25號——曼尼・塔波娃達，23歲

逮捕行動與庭審

洛林於1990年因入室竊盜被捕。在調查過程中，警方發現他的工具與葛里森一家的凶殺案中留在犯罪現場的記號相符。警方搜查了洛林住的營區，發現了洛林錄製自己唱的自創曲，內容依稀可看出他在坦承自己犯下了殺人案。1991年11月，他因數起謀殺案件被起訴。

1994年，洛林發出認罪答辯，對所有罪名起訴認罪。他犯下的殺人案件，讓他被判一案一死刑。

結果

2006年10月25號，洛林遭執行注射死刑死亡，當局於晚間6點13分宣布洛林死亡。他行刑前拒絕發表最後聲明，不過倒是唱了一首奧斯佩爾讚美詩。他在行刑前手寫了一篇自白書，承認殺害葛里森一家。

後記

• 洛林在佛羅里達州立監獄等待死刑的期間，寫下數首歌曲和詩歌，還畫了圖。

• 票房大片《驚聲尖叫》的靈感，就是來自洛林的案子。

羅伯特・羅澤爾
ROBERT ROZIER

出生年月日：1955年7月28號

別名／暱稱：尼拉亞・以色列爾

做案特徵：黑人至上主義者邪教「愛神殿」成員——聽命殺戮、毀屍

受害人數：7人

犯案日期：1981年到1986年

逮捕日期：1986年10月31號

殺人手法：刀刺

已知受害人：雷蒙德・凱利，61歲；塞西爾・布蘭區，45歲；魯迪・布羅薩德，37歲；安東尼・布朗，28歲，其餘受害人無公開姓名

犯罪地區：美國佛羅里達州、紐澤西州、密蘇里州

狀態：辯訴交易——殺人案件判處22年，10年後可釋放。因支票詐欺以三振出局法定罪，判處25年至無期徒刑

個人背景

　　羅澤爾出生於阿拉斯加，但是這家人後來搬到了加州，他進入沙加緬度的科爾多瓦高中就讀。他進入亞伯丁二年制學院就讀後轉到柏克萊的加州大學，加入橄欖球隊。1979年，他在美國國家美式足球聯盟抽籤時以第九順位被聖路易斯紅雀隊選中。不過他只替紅雀隊打了六場比賽，就被解除合約，傳言解約的原因跟用藥有關。

　　羅澤爾開始犯輕罪。入獄六個月後，他於1982年搬到雅威・本・雅威的

「愛神殿」中。接著他決定改名為「尼拉亞·以色列爾」，名字的意思是「神之子」。

凶殺紀錄

雅威有一個秘密社團，稱為「兄弟會」，羅澤爾於1985年加入該社。要進入這個秘密社團，申請者必須殺害一名白人男性，將其遺體一部分帶回來社團。這讓羅澤爾踏上不歸路，為了討好兄弟會而殺害7名無辜受害者。

他接獲的第一條指令，是要去殺害一名白人男性來證明自己的價值。羅澤爾走在街上的時候，遇見了有點喝多了的雷蒙德·凱利。凱利在自己車上睡覺，車子停在自己待了整晚的酒吧後方的停車場。羅澤爾發現凱利後，走近車邊，打開車門並以一把刀劍反覆刺傷凱利。羅澤爾必須帶回一項證據，所以他割下了凱利的耳朵。但是他把耳朵弄丟了，找不到，所以他還得去割下另一只耳朵。

塞西爾·布蘭區對於在街上被邪教成員騷擾這件事很不悅，所以有天晚上他伸手將一名女性成員推開。布蘭區的車牌號碼被記了下來，那天晚上，3名成員出現在他的公寓，不過他把那些人趕跑了。因此4名死亡天使，包含羅澤爾在內，一起回到了公寓，將布蘭區塞住嘴巴，綁在椅子上。接著他們用刀刺了他二十五次。他的耳朵被割下，帶回去給雅威。

下一次下手的目標是安東尼·布朗和魯迪·布羅薩德。他們很反對邪教買下他們那棟公寓，並且到處告訴大家他們的看法。所以死亡天使跟羅澤爾在1986年萬聖節一起前去解決問題。首先，他們引誘布羅薩德離開公寓，並槍擊他的頭部。布朗試圖逃脫，但是被撲倒在地上之後遭槍擊身亡。這一次，有人目睹了案發過程。

逮捕行動與庭審

羅澤爾於1986年10月31號當晚即被逮捕。為了自救，他表示願意告訴當局所有關於邪教犯罪的資訊，其中包含數起殺人案件。因為提供了這些資訊，羅澤爾

被安排接受證人保護計畫，獲得了一個全新的身分。

結果

　　改名為拉美西斯的羅澤爾於1999年2月5號因為空頭支票跳票被逮捕。警方追查到29張由他開出的空頭支票，金額加起來總共超過兩千多美元。這時候他才告訴警方他的真名，認為自己既然是受證人保護計畫保護，就不會被起訴。

　　但是他錯了，他因詐騙被定罪。因為他已經被關過，所以等於違反了加州的三振出局法，自動被判處25年無期徒刑。他會在2024年取得申請假釋的資格。

馬克・薩平頓
MARC SAPPINGTON

出生年月日：1978年2月9號

別名／暱稱：堪薩斯城吸血鬼

做案特徵：食人行為、藥物成癮、精神分裂症

受害人數：4人

犯案日期：2001年3月到4月

逮捕日期：2001年4月12號

殺人手法：刀刺、槍擊

已知受害人：大衛・馬沙克；泰利・T.・葛林，25歲；麥可・維弗二世，22歲；艾爾頓・「弗瑞德」・布朗二世，16歲

犯罪地區：美國堪薩斯城

狀態：終生監禁

個人背景

　　薩平頓在單親家庭中由母親帶大，他的母親為了養活他們兩人，工作非常努力。薩平頓的父親在他出生前就不見了蹤影，所以他與父親從未見過面。為了要讓兒子在少了男性形象的環境下能正直地長大，他的母親堅持每周日都要上教堂做禮拜。薩平頓甚至加入了合唱團，在他們住的那個貧困且到處都是幫派和饒舌歌手的社區中，這點非常罕見。

　　雖然在校不是非常優秀的學生，但薩平頓就是有種魅力，吸引大家接近他。其中一名跟薩平頓很要好的男孩是16歲的艾爾頓・布朗，大家都叫他弗雷迪。他

把薩平頓當作哥哥，對他非常崇拜，但是薩平頓已經不再單純無害了。

薩平頓在青少年時期開始接觸毒品，對天使塵特別感興趣——這是一種強力毒品，會造成妄想症。他會將香菸泡在天使塵液體中再晾乾後抽，這種菸在街頭被暱稱為「濕菸」。受到毒品的引響，薩平頓開始與當地警方產生摩擦，主要都是一些小麻煩，沒有什麼真的暴力或傷害他人的問題。

2001年3月16號，薩平頓用藥後導致一名將他當作哥哥般看待的年輕男子用殘暴又恐怖的手法殺害。

凶殺紀錄

薩平頓第一次動手殺人，其實是一次搶劫失誤的結果。他與共犯蓋坦找上大衛‧馬沙克，他們打算走上前去，拿槍威脅他，要他將現金和首飾都交出來。馬沙克毫不猶豫地交出了所有東西，但是不知怎麼地，薩平頓仍開槍將他殺害。

薩平頓的下一名受害人是自己的朋友，泰利‧葛林。因為他們已經是往來很久的朋友，所以2001年4月7號，薩平頓突然出現在葛林家門口時，葛林並不覺得奇怪。根據薩平頓所敘，他腦海中的聲音控制了他，聲音要他引誘葛林到地下室去。然後他用一把刀殘暴地攻擊葛林，地下室的牆面都留下鮮血噴濺的痕跡。那個聲音又要薩平頓喝下葛林的鮮血，於是薩平頓照做了，最後再行棄屍。

4月10號，薩平頓腦海中的聲音再次控制了他，要他去找下一名受害人。他看見自己的朋友麥可‧維弗坐在家門外，兩人開始聊了起來。薩平頓提議兩人一起搭維弗的車去兜風，最後卻來到了陰暗的巷子。薩平頓在這裡將好友用刀刃刺死。雖然腦中的聲音要薩平頓喝下維弗的鮮血，但是薩平頓很怕被抓，所以他離開了，留下維弗的遺體在原地。

殺害維弗後回家的路上，薩平頓遇見了艾爾頓‧布朗。他聽從腦海裡的聲音，邀請布朗到家裡。這次，他沒有用刀刺，而是用獵槍殺了布朗。他喝下布朗的鮮血，然後將遺體大卸八塊，並生吃了一部分的肉。他將布朗的遺骸放進垃圾袋後離開了家。

凶殺案發生時間順序：

- 2001年3月16號——大衛·馬沙克
- 2001年4月7號——泰利·葛林，
- 25歲 2001年4月10號——麥可·維弗，22歲
- 2001年4月10號——艾爾頓·「弗雷迪」·布朗，16歲

逮捕行動與庭審

2001年4月12號，警方在薩平頓家中地下室發現布朗的遺體後，將薩平頓找進警局問話。在訊問過程中，警方找到了薩平頓與其他案件的關聯。

他一開始被以殺害葛林、維弗和布朗被起訴，2004年6月23號，儘管辯護團隊強調薩平頓是受到天使塵的影響才犯案，他仍被判有罪。他被判處三條無期徒刑，還因入室竊盜被判處32個月有期徒刑，以及因綁架被判處79個月有期徒刑。後來他因搶劫謀殺馬沙克被定罪，再被加判一條無期徒刑，20年後可申請假釋。

結果

薩平頓宣稱腦中的聲音告訴他，若他不喝下人類的鮮血、吃下人類的肉，他就會死。許多人認為這是精神失常的現象，然而實際上他所濫用的迷幻藥很可能就是造成幻聽的主因。後來經證實，他很著迷連續殺人魔傑佛瑞·丹墨，這位殺人魔也對食人行為很有興趣。

後記

- 薩平頓與堪薩斯城的凶殺組警探對談時，他問能不能「啃咬警官的腿」。
- 訊問薩平頓的警官形容他能言善道、幽默風趣且很聰明。

亞瑟・肖克羅斯
ARTHUR SHAWCROSS

出生年月日：1945年6月6號

別名／暱稱：日內西河殺人狂、河域殺人狂、洛契斯特勒殺手

做案特徵：可能有食人行為

受害人數：13人

犯案日期：1972年、1988年到1990年

逮捕日期：1990年1月5號

殺人手法：勒殺、窒息、鈍器重擊

已知受害人：傑克・布萊克，10歲；凱倫・安・希爾，8歲；派翠希亞・艾夫斯，25歲；法蘭西斯・布朗，22歲；朱恩・西瑟羅，34歲；達琳・崔皮，32歲；安・瑪莉・史戴芬，28歲；桃樂絲・布拉克本，27歲；金柏莉・羅根；朱恩・斯托克斯，30歲；瑪莉・韋爾奇，22歲；伊莉莎白・吉卜森；桃樂絲・凱勒，59歲

犯罪地區：美國紐約州門羅縣與偉恩縣

狀態：終生監禁，不可假釋。2008年11月10號自然死亡

個人背景

　　肖克羅斯出生於緬因州。他年紀還小的時候，一家人就搬到了紐約州沃特鎮。根據肖克羅斯所說，他小時候常常尿床，還遭母親嚴重性虐待。他指稱他母親將異物塞入他的直腸，在他9歲的時候，她還對他口交。他後來承認在國中時就與自己姊妹發生性關係。

　　雖然肖克羅斯一開始唸書的時候成績很好，頭兩年過去後，他的成績就開

始一落千丈。後來經過測試，他的智商僅有86分。這表示他其實已經在被判定為智商障礙的界線，不過後來他再次接受測試，得出的結果稍微高了一些，有105分。肖克羅斯在校遭受霸凌，而他會在遭受霸凌後暴力回擊，最終於1960年休學。

1967年，肖克羅斯被陸軍抽中。雖然當時的他僅21歲，但他已經結了婚，並有一名18個月大的兒子。他進入軍隊後，與妻子離婚，放棄孩子的監護權，後來他再也沒見過這個孩子。在他參與越戰的期間，他宣稱自己參與了駭人的行動，包含將越南女子斬首，然而他的紀錄上卻顯示他從未參與任何戰鬥行動。

從越南回國後，肖克羅斯被派駐在俄克拉荷馬。他在當地娶了第二任妻子，琳達。琳達注意到肖克羅斯好像對於點火有特別的偏好，一名軍中的心理醫師告訴琳達，肖克羅斯會從火焰中獲得性快感。

肖克羅斯從軍隊被除役後，與妻子搬到了紐約州克雷頓。他開始犯罪，包含入室竊盜和縱火，導致被判處5年有期徒刑。僅服刑22個月後，他便被釋放了，其中一部分的原因是在一場監獄暴動中，他出手幫忙救援了一名獄警。已經再次離婚的肖克羅斯出獄後，搬回沃特鎮。1972年5月，兩名年幼孩童之死深深撼動了整個社會，而此案的嫌疑犯，就是肖克羅斯。

凶殺紀錄

肖克羅斯犯下的第一起凶殺案就是令兩名幼童喪命的駭人案件。1972年5月7號，他誘拐傑克・歐文・布萊克到沃特鎮的林子裡，強暴後殺害了他。幾個月後，在9月2號這天，他又對凱倫・安・希爾故技重施，當時希爾因為勞動節週末去那一區玩。肖克羅斯很快就在10月被捕，也坦承犯下兩起殺人案件。他談成了認罪協商，讓他的罪名減輕至過失殺人。他被判處25年有期徒刑，於1987年4月獲得緩刑釋放。

在接下來一連串的殺人案中，肖克羅斯的犯案手法完全地改變了。他不再鎖定幼童，而是改找上當地的成年性工作者——除了朱恩・斯托克斯以外，她只

是當地婦女。因為好幾名女性死亡，警方開始使用空中監視管道來尋找不見的遺體。1990年1月3號，他們找到了朱恩·西瑟羅的遺體。監視團隊還看見肖克羅斯站在不遠處的車子旁，從鮭魚溪大橋對著河面尿尿，他的最後一名受害人就是被他棄屍於此河中。

凶殺紀錄

- 1972年5月7號——傑克·歐文·布萊克，10歲
- 1972年9月2號——凱倫·安·希爾，8歲
- 1988年3月18號——桃樂絲·「桃絲」·布拉克本，27歲
- 1988年7月9號——安娜·瑪莉·史戴芬，28歲
- 1989年7月29號——桃樂絲·凱勒，59歲
- 1989年9月29號——派翠希亞·「派蒂」·艾夫斯，25歲
- 1989年10月23號——朱恩·斯托克斯，30歲
- 1989年11月5號——瑪莉·韋爾奇，22歲
- 1989年11月11號——法蘭西斯·「法蘭尼」·布朗，22歲
- 1989年11月15號——金柏莉·羅根，30歲
- 1989年11月25號——伊莉莎白·「莉茲」·吉卜森，29歲
- 1989年12月15號——達琳·崔皮崔皮，32歲
- 1989年12月17號——朱恩·西瑟羅，34歲
- 1989年12月28號——費利西亞·史蒂芬，20歲

逮捕行動與庭審

　　肖克羅斯於1990年1月5號被捕，在訊問期間，他完全沒有流露任何線索能證明他就是殺人兇手。不過檢調單位找到了足夠的證據，仍將肖克羅斯以十一起殺人案件起訴。肖克羅斯在法律顧問建議下，對所有起訴罪狀皆選擇以無罪辯護。法院要求精神科醫師對肖克羅斯進行評估，於是他接受了許多測試。雖然測試結

果顯示他有許多精神上的問題，不過照法律的標準判定，仍是神智正常之人。

最後肖克羅斯的所有起訴罪名都被判定有罪，被判處在獄中度過餘生。

結果

肖克羅斯於2008年11月10號自然死亡。他去世之前抱怨腿痛，所以被轉到奧爾巴尼醫學中心接受治療，最後在該中心心臟驟停，於晚間9點50分宣告死亡。

後記

精神科醫師分析結果：

克勞斯醫師完成了一份內容非常詳盡的報告，指出亞瑟‧肖克羅斯「情緒不穩定、有學習障礙、基因受損、神經系統失調與受損，一生中與重要對象情感疏遠，將挫敗、憤怒、恐懼與藐視透過強烈的暴力和具有破壞力的攻擊性來釋放，最後終究導致壓倒性的殺人衝動。」

肖克羅斯語錄

「我將那個女人的右腿取下，膝蓋到髖骨，我把肥肉拿掉，一邊吃下的同時，她就盯著另一個女孩看。我一口咬下，她就尿出來了。」

「她幫我口交，結果做得太過頭⋯⋯我就把她掐死了。」

哈羅德・希普曼
HAROLD SHIPMAN

出生年月日：1946年1月14號

別名／暱稱：死亡醫師、死亡天使

做案特徵：毒害自己的病患

受害人數：215人到250人以上

犯案日期：1975年到1998年

逮捕日期：1998年9月7號

殺人手法：注射二乙醯嗎啡毒害致死

已知受害人：瑪莉・威斯特，81歲；艾琳・透納，67歲；莉茲・亞當斯，77歲；珍・莉莉，59歲；艾薇・洛馬斯，63歲；穆里爾・格里姆肖，76歲；瑪莉・奎恩，67歲；蘿拉・凱特琳・瓦格斯塔夫，81歲；比安卡・龐弗列特，49歲；諾拉・納托，64歲；潘蜜拉・希里爾，68歲；莫琳・沃德，57歲；溫尼弗烈德・梅洛，73歲；瓊安・梅里亞，73歲；凱特琳・格倫迪，81歲；伊娃・里昂斯，70歲；莎拉・漢娜・馬斯蘭德，86歲；瑪莉・艾倫・喬丹，73歲；哈羅德・布蘭姆威爾，73歲；安妮・坎貝爾，88歲；艾莉絲・戈頓，76歲；傑克・雪爾梅丁，77歲；梅・斯萊特，84歲；伊莉莎白・艾許沃斯，81歲；珀西・沃德，90歲；莫伊拉・福斯，77歲；桃樂絲・塔克，51歲；格拉迪斯・羅伯茲，78歲；約瑟夫・巴德斯利，83歲；溫尼弗烈德・亞羅史密斯，70歲；瑪莉・溫特伯頓，76歲；艾達・艾許沃斯，87歲；約瑟夫・艾弗羅，80歲；伊迪絲・威伯利，76歲；艾琳・考克斯，72歲；彼得・路易斯，41歲；梅・布魯克斯，74歲；艾倫・希格森，84歲；瑪格麗特・康威，69歲；凱特琳・麥當勞，73歲；湯瑪士・默特，70歲；密爾德勒・羅賓森，84歲；法蘭西斯・透納，85歲；賽琳娜・麥肯齊，77歲；維

拉・布蘭姆威爾，79歲；弗瑞德・凱萊特，79歲；黛博拉・米德爾頓，81歲；桃樂絲・弗萊契，74歲；湯瑪士・福登，81歲；莫娜・懷特，63歲；瑪莉・湯姆林，73歲；碧翠絲・托夫特，59歲；莉莉・布羅德班特，75歲；詹姆士・伍德，82歲；法蘭克・哈利戴，76歲；亞伯特・奇特姆，85歲；艾莉絲・湯瑪士，83歲；珍・法蘭西斯・羅斯東，78歲；南西・安・布拉辛頓，71歲；瑪格麗特・湯森，80歲；奈莉・巴德斯利，69歲；伊莉莎白・安・羅傑斯，74歲；伊莉莎白・弗萊契，90歲；艾莉絲・瑪莉・瓊斯，83歲；多蘿西亞・希爾・倫威克，90歲；安・庫珀，93歲；珍・瓊斯，83歲；拉維尼亞・羅賓森，84歲；蘿絲・安・亞許黑德，80歲；艾莉絲・普雷斯維奇，69歲；瓦特・汀格，85歲；哈利・斯塔福德，87歲；埃塞爾・班奈特，80歲；威爾弗雷德・查佩爾，80歲；瑪莉・艾瑪・海默，81歲；碧翠絲・海倫・克莉，78歲；喬瑟芬・霍爾，69歲；希爾達・菲頓，75歲；瑪里昂・凱勒迪斯，80歲；艾爾希・哈洛普，82歲；伊莉莎白・瑪莉・伯克，82歲；莎拉・珍・威廉森，82歲；約翰・查爾頓，81歲；喬治・艾德嘉・維澤，67歲；約瑟夫・法蘭克・威爾考克森，85歲；桃樂絲・羅瓦斯，56歲；瑪莉・蘿絲・達德利，莫妮卡・芮妮・史巴克斯，72歲；希爾達・瑪麗・考森斯，92歲；奧利佛・海金鮑森，86歲；艾米・韋赫德，82歲；瑪莉・艾瑪・安德魯，86歲；莎拉・艾許沃斯，74歲；瑪喬立・帕克，74歲；奈莉・莫蘭，77歲；艾德娜・梅・盧艾倫，68歲；艾蜜莉・摩根，84歲；維奧莉・梅・博德，60歲；喬希・凱特琳・黛安娜・理查茲，74歲；伊迪絲・卡爾弗利，77歲；約瑟夫・利，78歲；艾琳・羅賓森，54歲；查爾斯・愛德華・布拉克赫斯特，90歲；瓊安・米雷・哈丁，82歲；克莉絲汀・漢考克，53歲；艾爾希・普拉特，73歲；瑪莉・艾莉絲・史密斯，84歲；羅尼・德文波特，57歲；希瑟莉・夏爾波思，87歲；艾莉絲・克莉絲汀・奇琴，70歲；瑪莉亞・桑頓，78歲；亨麗耶塔・沃克，87歲；伊莉莎白・艾倫・梅洛，75歲；約翰・班奈特・摩斯岱爾，81歲；艾莉絲・甘迺迪，88歲；露西・維珍，70歲；內塔・艾胥卡夫特，71歲；莉莉・巴德斯利，88歲；瑪莉・安東尼特・弗恩利，53歲；約翰・克朗普頓，82歲；法蘭

克・克朗普頓，86歲；維拉・布拉克赫斯特，70歲；安琪拉・菲洛梅娜・蒂爾尼，71歲；伊迪絲・史考特，85歲；克拉拉・哈克尼，84歲；芮尼特皮卡普・奧特勞德・奧弗頓，47歲；凱特・莫德・賽洛斯，75歲；克利福・巴恩斯・西佩，85歲；伯莎・魯道爾，82歲；艾達・馬特利・希爾頓，88歲；艾琳・艾特肯，65歲；亞瑟・亨德森・斯達普弗德，82歲；喬福里・博格爾，72歲；朵拉・伊莉莎白・艾希頓，87歲；穆里爾・瑪格麗特・沃德，87歲；伊迪絲・布羅克，74歲；查爾斯・亨利・巴洛，88歲；康拉德・彼得・奧夫卡・羅賓遜，43歲；伊莉莎白・泰瑞莎・希格利，67歲；肯尼斯・沃姆比・伍德海德，75歲；希爾達・瑪莉・希伯特，81歲；埃拉・柯博蘭，79歲；珍・伊莉莎白・雪爾梅丁，80歲；約翰・席爾德・格林哈爾，88歲；米妮・朵麗斯・艾琳・加爾平，71歲；瑪喬立・霍普・沃勒，79歲；約翰・史東，77歲；艾爾希・葛弗雷，85歲；伊迪絲・布雷迪，72歲；瓦萊麗・卡斯伯特，54歲；莉莉安・卡倫，77歲；芮妮・蕾西，63歲；莉亞・福格，82歲；格拉迪斯・桑德斯，82歲；奈莉・班奈特，86歲；瑪格麗特・瑪莉・維柯斯，81歲；湯姆・巴爾福・羅素，77歲；凱莉・利，81歲；瑪里昂・伊莉莎白・海恩姆，84歲；艾爾希・漢尼布，85歲；艾爾希・巴克，84歲；西德尼・亞瑟・史密斯，76歲；桃樂絲・瑪莉・安德魯，85歲；安・莉莉安・拉夫斯，75歲；彌利森・加賽德，76歲；艾琳・希思柯特，76歲；山謬・米爾斯，89歲；湯瑪士・奇特姆，78歲；肯尼斯・恩尼斯・史密斯，73歲；艾琳・達芙妮・克朗普頓，75歲；大衛・艾倫・哈里森，47歲；艾爾希・洛娜・狄恩，69歲；艾琳・布魯德，76歲；夏洛特・班尼森，89歲；查爾斯・亨利・基蘭，90歲；貝蒂・羅伊斯頓，70歲；喬伊斯・伍德海德，74歲；蘿絲・賈利克，76歲；梅・洛兒，84歲；瑪莉・庫次，80歲；艾爾希・奇特姆，76歲；蕾娜・諾拉・斯萊特，68歲；埃塞爾・梅・凱萊特，74歲；朵麗斯・厄爾斯，79歲；維拉・灰汀斯洛，69歲；莫琳・拉蒙尼耶・傑克森，51歲；約翰・勞登・利弗西，69歲；莉莉・紐比・泰勒，86歲；桃樂絲・多雷塔・霍普金斯，72歲；南西・傑克森，81歲；馬維斯・瑪麗・皮卡普，79歲；貝西・史旺，79歲；恩尼德・歐特，77歲；

弗羅倫斯・路易斯，79歲；瑪莉・沃斯，78歲；伊莉莎白・瑪莉・巴德利，83歲；伊莉莎白・巴特斯比，70歲；艾莉絲・布雷克，73歲；詹姆士・約瑟夫・金，83歲；馬貝爾・肖克羅斯，79歲；西西・戴維斯，73歲；蘿拉・法蘭西斯・林，83歲；艾琳・拜瑞，74歲；瓊安・艾德溫娜・狄恩，75歲；哈羅德・艾德斯頓，77歲；瑪格麗特・安・沃爾頓，65歲；艾琳・查普曼，74歲；桃樂絲・朗，84歲；莉莉・希金斯，83歲；艾達・沃伯頓，77歲；瑪莎・馬利，88歲

犯罪地區：英國西約克郡、大曼徹斯特郡

狀態：終生監禁。2004年1月13號於牢房上吊自殺。

個人背景

希普曼出生於英國諾丁漢，父母都是虔誠循道宗教徒。希普曼年輕時參加橄欖球聯盟，大家都認為他是很優秀的選手。他也是優異的長跑運動員，畢業前最後一年，希普曼在校內擔任運動校隊的副隊長。

希普曼7歲的時候，母親因為肺炎去世。因為他與母親關係很親，母親的病情和去世一事對他影響至深。她死前最後的日子裡，醫生會來家裡替她注射嗎啡，希普曼會在場看這些藥物對他母親的影響。對他來說，雖然母親已經病入膏肓，但是嗎啡還是把苦痛都帶走了。

希普曼於1966年成婚，這段婚姻帶來了4名孩子。婚後四年，希普曼從里茲醫學院畢業，取得醫學院的學位。開始工作的頭幾年，他都在約克郡總醫院服務，於1974年在西約克郡開始擔任家醫科醫師。

希普曼於1975年因假造處方籤被逮捕，他一直在給自己開配西汀，這是一種作用類似嗎啡的止痛鎮靜劑，此事讓他被判繳交罰鍰並必須到勒戒診所就診。兩年後，他再次回任家醫科醫師，這次是在海德的唐尼布魯克醫療中心。他一直在這家醫院待到1993年，接著開始自己開業。

1998年3月，在希普曼的照料下，病人的高死亡率引起了各界的疑竇。一開

始只是民眾的疑慮，後來演變成一場徹查，調查結果震驚了全國。

凶殺紀錄

1998年3月，當地殯儀館人員黛博拉·梅西聯繫時任位於海德的布魯克手術中心的琳達·雷諾斯醫師，說自己有點擔心從希普曼手中交來的客戶人數增加一事。南曼徹斯特區驗屍官約翰·波拉德也因高死亡率接到了聯繫。值得注意的是有大量的老年女性火化表單需要希普曼共同簽核這件事。有人聯繫了警方，但是當時他們認為證據不足以起訴任何人。

一名計程車司機，約翰·蕭於1998年8月聯繫警方，他表示懷疑希普曼可能在大量殺害病患，以及有一份遺囑可能不是真實文件的疑慮。安琪拉·伍德拉夫年邁的母親去世時，沒有留下任何財產給孩子和家人，但是給了希普曼一大筆錢（總共是386,000英鎊）。家屬將疑慮告訴警方。

警方展開調查，並將伍德拉夫的母親凱特琳·格倫迪開棺驗屍，檢方在她的遺體上找到二乙醯嗎啡的殘留，這種藥物通常會用在癌症末期病人身上，以控制病患的疼痛。現在檢方就有了案件，能夠提起告訴了。

疑似希普曼犯案之凶殺紀錄：

- 1975年3月17號——伊娃·里昂斯，70歲
- 1978年8月7號——莎拉·漢娜·馬斯蘭德，86歲
- 1978年8月30號——瑪莉·艾倫·喬丹，73歲
- 1978年12月7號——哈羅德·布蘭姆威爾，73歲
- 1978年12月20號——安妮·坎貝爾，88歲
- 1979年8月10號——艾莉絲·穆德·戈頓，76歲
- 1979年11月28號——傑克·萊斯里·雪爾梅丁，77歲
- 1981年4月18號——梅·斯萊特，84歲
- 1981年8月26號——伊莉莎白——艾許沃斯，81歲

- 1983年1月4號——珀西・沃德，90歲
- 1983年6月28號——莫伊拉・艾希頓・福斯，77歲
- 1984年1月7號——桃樂絲・塔克，55歲
- 1984年2月8號——格拉迪斯・羅伯茲，78歲
- 1984年4月15號——約瑟夫・巴德斯利，83歲
- 1984年4月24號——溫尼弗烈德・亞羅史密斯，70歲
- 1984年9月21號——瑪莉・溫特伯頓，76歲
- 1984年11月27號——艾達・艾許沃斯，87歲
- 1984年12月17號——約瑟夫・文森・艾弗羅，80歲
- 1984年12月18號——伊迪絲・威伯利，76歲
- 1984年12月24號——艾琳・泰瑞莎・考克斯，72歲
- 1985年1月2號——彼得・路易斯，41歲
- 1985年1月2號——梅・布魯克斯，74歲
- 1985年2月4號——艾倫・希格森，84歲
- 1985年2月15號——瑪格麗特・安・康威，69歲
- 1985年2月22號——凱特琳・麥當勞，73歲
- 1985年6月26號——湯瑪士・默特，70歲
- 1985年6月26號——密爾德勒・羅賓森，84歲
- 1985年8月23號——法蘭西斯・伊莉莎白・透納，85歲
- 1985年12月17號——賽琳娜・麥肯齊，77歲
- 1985年12月20號——維拉・布蘭姆威爾，79歲
- 1985年12月31號——弗瑞德・凱萊特，79歲
- 1986年1月7號——黛博拉・米德爾頓，81歲
- 1986年4月23號——桃樂絲・弗萊契，74歲
- 1986年6月6號——湯瑪士・福登，81歲
- 1986年9月15號——莫娜・艾希頓・懷特，63歲

- 1986年10月7號——瑪莉‧湯姆林，73歲

- 1986年11月17號——碧翠絲‧托夫特，59歲

- 1986年12月16號——莉莉‧布羅德班特，75歲

- 1986年12月23號——詹姆士‧伍德，82歲

- 1987年3月30號——法蘭克‧哈利戴，76歲

- 1987年4月1號——亞伯特‧奇特姆，85歲

- 1987年4月16號——艾莉絲‧湯瑪士，83歲

- 1987年5月8號——珍‧法蘭西斯‧羅斯東，78歲

- 1987年9月14號——南西‧安‧布拉辛頓，71歲

- 1987年12月11號——瑪格麗特‧湯森，80歲

- 1987年12月29號——奈莉‧巴德斯利，69歲

- 1987年12月30號——伊莉莎白‧安‧羅傑斯，74歲

- 1988年1月5號——伊莉莎白‧弗萊契，90歲

- 1988年1月15號——艾莉絲‧瑪莉‧瓊斯，83歲

- 1988年2月9號——多蘿西亞‧希爾‧倫威克，90歲

- 1988年2月15號——安‧庫珀，93歲

- 1988年2月15號——珍‧瓊斯，83歲

- 1988年2月16號——拉維尼亞‧羅賓森，84歲

- 1988年9月18號——蘿絲‧安‧亞許黑德，80歲

- 1988年10月20號——艾莉絲‧普雷斯維奇，69歲

- 1988年11月6號——瓦特‧汀格，85歲

- 1988年12月17號——哈利‧斯塔福德，87歲

- 1988年12月19號——埃塞爾‧班奈特，80歲

- 1989年1月31號——威爾弗雷德‧查佩爾，80歲

- 1989年3月8號——瑪莉‧艾瑪‧海默，81歲

- 1989年5月12號——碧翠絲‧海倫‧克莉，78歲

- 1989年6月5號——喬瑟芬‧霍爾，69歲
- 1989年7月6號——希爾達‧菲頓，75歲
- 1989年8月14號——瑪里昂‧凱勒迪斯，80歲
- 1989年9月22號——艾爾希‧哈洛普，82歲
- 1989年9月26號——伊莉莎白‧瑪莉‧伯克，82歲
- 1989年10月15號——莎拉‧珍‧威廉森，82歲
- 1989年10月16號——約翰‧查爾頓，81歲
- 1989年10月18號——喬治‧艾德嘉‧維澤，67歲
- 1989年11月6號——約瑟夫‧法蘭克‧威爾考克森，85歲
- 1990年9月18號——桃樂絲‧羅瓦斯，56歲
- 1990年12月30號——瑪莉‧蘿絲‧達德利，69歲
- 1992年10月7號——莫妮卡‧芮妮‧史巴克斯，72歲
- 1993年2月24號——希爾達‧瑪莉‧考森斯，92歲
- 1993年2月24號——奧利佛‧海金鮑森，86歲
- 1993年3月22號——艾米‧韋赫德，82歲
- 1993年4月8號——瑪莉‧艾瑪‧安德魯，86歲
- 1993年4月17號——莎拉‧艾許沃斯，74歲
- 1993年4月27號——瑪喬立‧帕克，74歲
- 1993年5月2號——奈莉‧莫蘭，77歲
- 1993年5月4號——艾德娜‧梅‧盧艾琳，68歲
- 1993年5月12號——艾蜜莉‧摩根，84歲
- 1993年5月13號——維奧莉‧梅‧博德，60歲
- 1993年7月22號——喬希‧凱特琳‧黛安娜‧理查茲，74歲
- 1993年8月16號——伊迪絲‧卡爾弗利，77歲
- 1993年12月16號——約瑟夫‧利，78歲
- 1993年12月22號——艾琳‧羅賓森，54歲

- 1993年12月31號——查爾斯·愛德華·布拉克赫斯特，90歲
- 1994年1月4號——瓊安·米雷·哈丁，82歲
- 1994年1月13號——克莉絲汀·漢考克艾爾希，53歲
- 1994年2月9號——艾爾希·普拉特，73歲
- 1994年5月17號——瑪莉·艾莉絲·史密斯，84歲
- 1994年5月25號——羅尼·德文波特，57歲
- 1994年6月15號——希瑟莉·夏爾波思，87歲
- 1994年6月17號——艾莉絲·克莉絲汀·奇琴，70歲
- 1994年7月27號——瑪莉亞·桑頓，78歲
- 1994年11月25號——亨麗耶塔·沃克，87歲
- 1994年11月30號——伊莉莎白·艾倫·梅洛，75歲
- 1994年12月29號——約翰·班奈特·摩斯岱爾，81歲
- 1995年1月9號——艾莉絲·甘迺迪，88歲
- 1995年3月1號——露西·維珍，70歲
- 1995年3月7號——內塔·艾胥卡夫特，71歲
- 1995年3月7號——莉莉·巴德斯利，88歲
- 1995年3月13號——瑪莉·安東尼特·弗恩利，53歲
- 1995年3月21號——約翰·克朗普頓，82歲
- 1995年3月26號——法蘭克·克朗普頓，86歲
- 1995年3月31號——維拉·布拉克赫斯特，70歲
- 1995年4月10號——安琪拉·菲洛梅娜·蒂爾尼，71歲
- 1995年4月13號——伊迪絲·史考特，85歲
- 1995年4月14號——克拉拉·哈克尼，84歲
- 1995年4月21號——芮尼特·奧特勞德·奧弗頓，47歲
- 1995年5月4號——凱特·莫德·賽洛斯，75歲
- 1995年6月2號——克利福·巴恩斯·西佩，85歲

- 1995年6月13號——伯莎‧默思，68歲
- 1985年6月17號——布蘭達‧艾許沃斯，63歲
- 1985年6月29號——恩尼斯‧魯道爾，82歲
- 1995年7月12號——艾達‧馬特利‧希爾頓，88歲
- 1995年7月12號——艾琳‧艾特肯，65歲
- 1995年8月29號——亞瑟‧亨德森‧斯達普弗德，82歲
- 1995年9月14號——喬福里‧博格爾，72歲
- 1995年9月26號——朵拉‧伊莉莎白‧艾希頓，87歲
- 1995年10月24號——穆里爾‧瑪格麗特‧沃德，87歲
- 1995年11月8號——伊迪絲‧布羅克，74歲
- 1995年11月22號——查爾斯‧亨利‧巴洛，88歲
- 1995年11月25號——康拉德‧彼得‧奧夫卡‧羅賓遜，43歲
- 1995年12月14號——伊莉莎白‧泰瑞莎‧希格利，67歲
- 1995年12月14號——肯尼斯‧沃姆比‧伍德海德，75歲
- 1996年1月2號——希爾達‧瑪莉‧希伯特，81歲
- 1996年1月11號——埃拉‧柯博蘭，79歲
- 1996年2月21號——珍‧伊莉莎白‧雪爾梅丁，80歲
- 1996年2月27號——約翰‧席爾德‧格林哈爾，88歲
- 1996年3月12號——米妮‧朵麗斯‧艾琳‧加爾平，71歲
- 1996年4月18號——瑪喬立‧霍普‧沃勒，79歲
- 1996年4月24號——約翰‧史東，77歲
- 1996年5月7號——艾爾希‧葛弗雷，85歲
- 1996年5月13號——伊迪絲‧布雷迪，72歲
- 1996年5月29號——瓦萊麗‧卡斯伯特，54歲
- 1996年5月30號——莉莉安‧卡倫，77歲
- 1996年6月6號——芮妮‧蕾西，63歲

- 1996年6月10號——莉亞·福格，82歲
- 1996年6月17號——格拉迪斯·桑德斯，82歲
- 1996年6月25號——奈莉·班奈特，86歲
- 1996年6月25號——瑪格麗特·瑪莉·維柯斯，81歲
- 1996年7月2號——湯姆·巴爾福·羅素，77歲
- 1996年7月11號——艾琳·透納，67歲（定罪）
- 1996年7月16號——凱莉·利，81歲
- 1996年7月19號——瑪里昂·伊莉莎白·海恩姆，84歲
- 1996年7月24號——艾爾希·漢尼布，85歲
- 1996年7月29號——艾爾希·巴克，84歲
- 1996年8月30號——西德尼·亞瑟·史密斯，76歲
- 1996年9月12號——桃樂絲·瑪莉·安德魯，85歲
- 1996年9月20號——安·莉莉安·拉夫斯，75歲
- 1996年10月23號——彌利森·加賽德，76歲
- 1996年11月20號——艾琳·希思柯特，76歲
- 1996年11月23號——山謬·米爾斯，89歲
- 1996年12月4號——湯瑪士·奇特姆，78歲
- 1996年12月17號——肯尼斯·恩尼斯·史密斯，73歲
- 1997年1月2號——艾琳·達芙妮·克朗普頓，75歲
- 1997年1月3號——大衛·艾倫·哈里森，47歲
- 1997年1月8號——艾爾希·洛娜·狄恩，69歲
- 1997年1月20號——艾琳·布魯德，76歲
- 1997年1月27號——夏洛特·班尼森，89歲
- 1997年2月3號——查爾斯·亨利·基蘭，90歲
- 1997年2月4號——貝蒂·羅伊斯頓，70歲
- 1997年2月23號——喬伊斯·伍德海德，74歲

- 1997年2月28號——莉茲‧亞當斯，77歲（定罪）
- 1997年3月22號——蘿絲‧賈利克，76歲
- 1997年3月27號——梅‧洛兒，84歲
- 1997年4月21號——瑪莉‧庫次，80歲
- 1997年4月25號——艾爾希‧奇特姆，76歲
- 1997年4月25號——珍‧莉莉，58歲（定罪）
- 1997年5月2號——蕾娜‧諾拉‧斯萊特，68歲
- 1997年5月12號——埃塞爾‧梅‧凱萊特，74歲
- 1997年5月21號——朵麗斯‧厄爾斯，79歲
- 1997年5月29號——艾薇‧洛馬斯，63歲（定罪）
- 1997年6月24號——維拉‧灰汀斯洛，69歲
- 1997年7月7號——莫琳‧拉蒙尼耶‧傑克森，51歲
- 1997年7月14號——穆里爾‧格里姆肖，76歲（定罪）
- 1997年7月25號——約翰‧勞登‧利弗西，69歲
- 1997年7月28號——莉莉‧紐比‧泰勒，86歲
- 1997年8月10號——桃樂絲‧多雷塔‧霍普金斯，72歲
- 1997年9月1號——南西‧傑克森，81歲
- 1997年9月22號——馬維斯‧瑪莉‧皮卡普，79歲
- 1997年9月26號——貝西‧史旺，79歲
- 1997年9月29號——恩尼德‧歐特，77歲
- 1997年11月10號——弗羅倫斯‧路易斯，79歲
- 1997年11月14號——瑪莉‧沃斯，78歲
- 1997年11月21號——伊莉莎白‧瑪莉‧巴德利，83歲
- 1997年11月24號——瑪莉‧奎恩，67歲（定罪）
- 1997年12月8號——伊莉莎白‧巴特斯比，70歲
- 1997年12月9號——蘿拉‧凱特琳‧瓦格斯塔夫，81歲（定罪）

- 1997年12月10號——比安卡·龐弗列特，41歲（定罪）
- 1997年12月18號——艾莉絲·布雷克，73歲
- 1997年12月24號——詹姆士·約瑟夫·金，83歲
- 1998年1月22號——馬貝爾·肖克羅斯，79歲
- 1998年1月26號——諾拉·納托，64歲（定罪）
- 1998年2月2號——西西·戴維斯，73歲
- 1998年2月9號——潘蜜拉·瑪格麗特·希里爾，68歲（定罪）
- 1998年2月13號——蘿拉·法蘭西斯·林，83歲
- 1998年2月15號——艾琳·拜瑞，74歲
- 1998年2月18號——莫琳·艾莉絲·沃德，57歲（定罪）
- 1998年2月27號——瓊安·艾德溫娜·狄恩，75歲
- 1998年3月4號——哈羅德·艾德斯頓，77歲
- 1998年3月6號——瑪格麗特·安·沃爾頓，65歲
- 1998年3月7號——艾琳·查普曼，74歲
- 1998年3月13號——桃樂絲·朗，84歲
- 1998年3月17號——莉莉·希金斯，83歲
- 1998年3月20號——艾達·沃伯頓，77歲
- 1998年3月24號——瑪莎·馬利，88歲
- 1998年5月11號——溫尼弗列德·梅洛，73歲（定罪）
- 1998年6月12號——瓊安·梅·梅里亞，73歲（定罪）
- 1998年6月24號——凱特琳·格倫迪，81歲（定罪）

逮捕行動與庭審

希普曼於1998年9月7號被逮捕。當局搜索他的住處時，發現一台打字機，正是希普曼拿來打凱特琳·格倫迪那份假造遺書的打字機。警方將所有由希普曼簽署的死亡證明書的病例找出來，一開始總共有十五件案子。

檢方檢視每一個案子，發現一個犯案手法。所有案件都是由希普曼注射二乙醯嗎啡，簽署死亡證明，然後假造醫療紀錄，說病患死前健康狀況很差。一場大型調查行動開始檢驗希普曼經手的每一個病例，經查明，有多達250名受害人。

1999年10月5號，希普曼的庭審開始。他被以謀殺起訴的案件受害人包含艾琳·透納、瑪莉·威斯特、珍·莉莉、莉茲·亞當斯、艾薇·洛馬斯、瑪莉·奎恩、穆里爾·格里姆肖、凱特琳·瓦格斯塔夫、諾拉·納托、比安卡·龐弗列特、潘蜜拉·希里爾、溫尼弗烈德·梅洛、莫琳·沃德、凱特琳·格倫迪與瓊安·梅里亞。起訴罪名是於1995年與1998年間，透過注射致命藥劑致死。

庭審結束時，陪審團討論了六天。2000年1月31號，希普曼在十五項謀殺罪嫌以及一項假造文書罪嫌中都被判有罪。他被判處十五條無期徒刑，另外因為假造遺書再被多判4年有期徒刑。2002年，內政大臣確認兇手應完整服刑。

結果

2004年1月13號，希普曼在韋克菲爾德監獄自己的牢房中上吊自殺。他於晚間6點20分被人發現，於晚間8點10分宣告死亡。他將床單綁在窗戶欄杆上來上吊。雖然有些受害家屬聽聞他的死訊後感到鬆了一口氣，還是有許多人認為他們被占了便宜，因為現在希普曼再也無法提供任何自白，他們也永遠不知道希普曼到底為什麼要殺害自己的病患。

雖然自殺原因不明，但是他的確對自己的假釋官提過，說如果自己自殺了，他的妻子在經濟上就有了保障，能夠繼續領取他的退休金。如果希普曼活過60歲，他的妻子就不能領取他的退休金。

後記

- 2002年的電影《哈羅德·希普曼：死亡醫生》本來找約翰·赫特擔任主角。然而赫特拒絕了，因為他認為這個計畫「很沒品味」。
- 海德公園裡有一座「寧靜花園」，用來緬懷希普曼的受害人。

丹尼爾・李・希伯特
DANIEL LEE SIEBERT

出生年月日：1954年6月17號

別名／暱稱：無

做案特徵：強暴、搶劫

受害人數：9到12人

犯案日期：1979年、1985年到1986年

逮捕日期：1986年9月4號

殺人手法：勒殺、刀刺

已知受害人：未公開姓名同性戀男子；吉格特・卡斯特羅，28歲；納希亞・麥卡拉斯，23歲；其女友雪莉・威德斯，24歲，與兩名兒子，5歲的查德和4歲的約瑟夫；琳達・賈曼，33歲；琳達・費・奧德姆，32歲；碧翠絲・麥道格，57歲

犯罪地區：美國加州、紐澤西州、阿拉巴馬州

狀態：判處死刑。於2008年4月22號因癌症死亡。

個人背景

　　希伯特在一個充滿暴力、虐待和霸權的家庭中長大。他的父親是個虐待狂，對希伯特不僅身體上的虐待，還有性虐待。據希伯特所言，他的父親曾強暴、毆打、逼他進行口交，還逼他與父親性交，甚至也會被迫穿上女性內衣褲再與父親性交。虐待時，他都會被塞住嘴巴、綁縛手腳，有時父親還會尿在他身上。

　　希伯特的父親很喜歡鞭打他，傷疤也跟著希伯特一輩子。他的母親也很害怕丈夫，嚇得不敢離開他，也不敢跟其他人訴說。最後她終於在希伯特11歲那年

鼓起勇氣，帶著孩子們逃離這個家。一年後，希伯特的母親開始與另一名男子交往，而希伯特逃家了。他流落街頭的日子裡，開始接觸毒品與從事性工作。

希伯特於1972年決定要振作起來，他使用假名丹尼爾·馬洛加入了海軍陸戰隊，雖然海軍陸戰隊紀律嚴謹的環境對希伯特有益，但是他仍被軍中提早除役，不過原因為何，並無詳細資料。在接下來的兩年中，希伯特有了兩名孩子，他的兒子長大成人後也入獄了。

1979年，希伯特因過失殺人被定罪。從獄中釋放後，他用另一個假名丹尼·史班斯在美國各州移動。1985年底，他遇見要去阿拉巴馬州盲聾學校工作的唐納·亨德倫。亨德倫邀請希伯特與他同行，但希伯特拒絕了，於是兩人分道揚鑣。然而亨德倫於一個月後，也就是1月的時候打電話給希伯特，這次希伯特答應了，搬到阿拉巴馬州塔拉迪加與亨德倫同住。

希伯特開始在校內提供志工服務，擔任美術老師，他也希望這份工作最後會成為長期給薪的工作。但是希伯特開始與其中一名學生交往，她是雪莉·威德斯，此舉違背校方政策。接下來發生的事情，讓希伯特永遠不可能拿到那份工作。

凶殺紀錄

1986年2月，雪莉·威德斯超過一週沒有出席位於塔拉迪加的阿拉巴馬盲聾學校的課程。相關單位搜查她的公寓時，發現雪莉與兩名孩子的遺體，3人都遭到他殺。當局進一步調查下發現另外還有一名學生也失蹤了，她是琳達·賈曼。當局發現她在自己的公寓裡遭到殺害。

調查學生凶殺案時，有人表示，一名美術科別的學生丹尼爾·史班斯對雪莉·威德斯有意思，當局便找他來問話。但比對指紋後，發現這個人其實是希伯特。他曾因過失殺人被起訴過，當時他也因為一起攻擊案件被通緝。

進一步調查顯示他在琳達·奧德姆於1986年2月19號失蹤前，正與奧德姆交往。奧德姆的遺體於一個月後被人尋獲，很明顯是遭到他殺。她失竊的財物被找

回後，當局在上頭比對出希伯特的指紋。

希伯特開始了長達六個月的逃亡，然後他打了一通電話給朋友，這位友人馬上就聯繫了警方。等到希伯特再次致電這位朋友的時候，電話就被追蹤了，警方因此得知他的所在位置。

凶殺案發生時間順序：

- 1985年12月——吉格特·卡斯特羅，28歲
- 1985年12月——納希亞·蓋兒·麥卡拉斯，23歲
- 1986年2月19號——琳達·賈曼，33歲
- 1986年2月19號——雪莉·威德斯，24歲
- 1986年2月19號——查德·威德斯，5歲
- 1986年2月19號——約瑟夫·威德斯，4歲
- 1986年2月19號——琳達·費·奧德姆，32歲
- 1986年3月8號——碧翠絲·麥道格，57歲

逮捕行動與庭審

1986年9月4號，希伯特去上班的時候，警方前去將他逮捕。在警局接受訊問的時候，希伯特坦在阿拉巴馬州承犯下五起凶殺案，在其他州還有犯下其他案件。據信他總共殺了12人。希伯特出庭受審的時候被判有罪，處以死刑。

結果

希伯特原訂於2007年10月25號執行死刑，但是就在行刑前幾個小時，他的行刑日期被延後了。當時他罹患了胰臟癌，正在接受治療。當年12月，希伯特因色情圖片案件接受訊問，但是沒有立案起訴。

2008年4月22號下午1點35分，希伯特因癌症併發症死亡，當時的他已經等候行刑長達21年。

羅伯特・約瑟夫・瑟維利亞二世
ROBERT JOSEPH SILVERIA, JR.

出生年月日：1959年3月3號

別名／暱稱：貨櫃車廂殺手、旁道

做案特徵：搶劫、幫派份子

受害人數：14人以上

犯案日期：1981年到1996年

逮捕日期：1996年3月2號

殺人手法：刀刺、鈍器重擊

已知受害人：安東尼・加希亞，62歲；達倫・羅由・米勒，19歲；威力・克拉克，52歲；麥可・賈芬柯，20歲；羅傑・波曼，38歲；詹姆士・麥克林恩，50歲；查爾斯・藍道爾・波伊德；保羅・偉恩・馬修斯，43歲；威廉・艾維斯・佩蒂特二世，39歲；麥可・布蘭多利諾，其餘受害人身分不明

犯罪地區：美國各處

狀態：終生監禁，不可假釋

個人背景

　　雖然出生於中產階級的家庭，瑟維利亞卻一生受酗酒和嗑藥問題所苦。他常吸食海洛因，還有冰毒和快克古柯鹼，全都配酒服用。只要能讓他嗨的東西，他都會照單全收。

　　瑟維利亞的父親幫他在自己工作的機場找了好幾份不同的工作，但是他每一份工作都因為用藥與酒精問題保不住。瑟維利亞曾經結過婚，但他的妻子無法忍

受他的藥物與酒精問題以及常常到處亂晃的習慣而離開了他。

當時有一群人組成了一個叫做美國貨運車手（FTRA）的團體，這群人會日以繼夜地搭乘貨櫃火車車廂。這個組織一開始是越戰回國的退伍軍人組成的，但是沒過多久，一般人也開始可以加入，包含瑟維利亞。為了表現自己的會員身分，瑟維利亞常常帶著頭巾，還有一顆別針。這顆別針顯示他是一個稱為「破壞組」的團體成員，這個組的工作就是要控管FTRA的成員。

FTRA開始與貨櫃火車上發生的數起犯罪事件有所關聯，其中也包含搶劫和攻擊事件。對於沉迷毒品又無法控制內心怒火的瑟維利亞來說，這類攻擊事件往往一發不可收拾。

凶殺紀錄

瑟維利亞搭乘貨櫃火車的時候，發現上頭有大量的潛在受害人可供他任意挑選。一般而言他都是攻擊無家可歸的男性，不分人種或年紀。他喜歡徒手以及使用一把被他稱為「傻瓜棒」的大棍棒將受害人痛毆致死。有時受害人會死於金屬棒或石頭的攻擊，總之看他手邊有什麼就用什麼。殺人之後，瑟維利亞不曾嘗試藏匿屍體或棄屍，他只是把遺體丟在鐵道旁。

受害人死後，瑟維利亞會將受害人的個人物品取走，特別是他認為還可以用得上或是可以賣錢的東西，包含錢財和藥物。他也會拿走死者的身分證明，後續才能去領救濟金和餐券。瑟維利亞對於自己心中的那把「怒火」一清二楚。他會與無家可歸之人短暫碰面，花點時間跟他們一起找樂子，接著找個藉口讓自己對他們發火。接著他就會將對方痛毆致死，釋放所有怒氣。

凶殺案發生時間順序：
- 1989年4月9號——安東尼·加希亞，62歲
- 1992年7月8號——達倫·羅由·米勒，19歲
- 1994年4月28號——威力·克拉克，52歲

- 1994年8月2號——麥可‧賈芬柯，20歲
- 1995年4月21號——羅傑‧波曼，38歲
- 1995年7月22號——詹姆士‧麥克林恩，50歲
- 1995年7月26號——查爾斯‧藍道爾‧波伊德
- 1995年10月——身分不明之毒販
- 1995年10月15號——保羅‧偉恩‧馬修斯，43歲
- 1995年12月1號——威廉‧艾維斯‧佩蒂特二世，39歲
- 1995年12月6號——麥可‧A.‧賽茲，24歲
- 1995年12月23號——麥可‧A.‧布蘭多利諾

逮捕行動與庭審

　　麥可‧賽茲的遺體於奧勒岡州一列火車上被人尋獲，負責本案的警探找到了當時同樣在這班列車上的人。他們表示最後看見賽茲的時候，他跟「旁道」在一起，其他人稱這個人為瑟維利亞。警探一開始以為這兩個名字是指兩個人，根據目擊證人所說，瑟維利亞與賽茲當時在到處找毒品。

　　所有執法部門都收到了通知，要找到旁道或瑟維利亞。1996年3月2號，瑟維利亞於加州遭捕後收押。當局到了訊問室，才發現旁道和瑟維利亞原來是同一人。瑟維利亞宣稱是上帝要他投降並坦承自己殺害了威廉‧佩蒂特與麥可‧賽茲。

　　整個調查過程中，瑟維利亞開始陸續坦承他犯下的凶殺案。他畫下地圖，說明每一起凶殺案件發生的地點，並且交代了發生過程，這些資訊透露出他至少參與十四起凶殺案。

　　瑟維利亞因謀殺罪嫌出庭受審，三起謀殺罪嫌分別於1998年1月30號、1998年2月17號與1998年5月20號被判定有罪。因為他已經談妥認罪協商，所以被判處終生監禁，不可假釋。

結果

　　瑟維利亞總共承認犯下四十七起凶殺案,但是警方懷疑他參與的僅有十四件。因為這些罪行的性質,以及案件發生過程以及犯罪者的變動無常,許多案件恐怕沒有破解的一天。

喬治・約瑟夫・史密斯
GEORGE JOSEPH SMITH

出生年月日：1872年1月11號

別名／暱稱：浴缸新娘殺人魔；奧利佛・喬治・勒夫；喬治・蘿絲・史密斯；查爾斯・奧利佛・詹姆士；約翰・洛伊德；亨利・威廉斯

做案特徵：重婚、保險詐騙

受害人數：3人

犯案日期：1912年到1914年

逮捕日期：1915年2月1號

殺人手法：淹溺

已知受害人：碧翠絲・「貝西」・蒙迪，31歲；艾莉絲・伯納姆，25歲；瑪格麗特・伊莉莎白・洛夫帝，38歲

犯罪地區：英國

狀態：於1915年8月13號執行絞刑

個人背景

　　史密斯從小就不是個乖孩子。他年僅9歲的時候，就因為行為問題，被送到少年感化院，他後來因偷竊與詐騙入獄服刑。1886年，他說服一名女性去偷老闆的錢給他開麵包店。他被抓到後被判處入獄服12月的刑期。

　　史密斯與卡羅琳・索恩希爾於1898年成婚，但是他沒有用自己的真名。那時候的他很常用假名，所以他與索恩希爾結婚時是用奧利佛・喬治・勒夫這個名字。兩人從列斯特搬到了倫敦，索恩希爾當幫傭的時候，會偷東西給自己的丈

夫。最後她被抓到了，定罪後判處入獄服刑12個月。

索恩希爾從獄中被釋放後，立刻指史密斯也有參與偷竊行為。因此史密斯被定罪，入獄服刑兩年，他的妻子則搬到加拿大定居。史密斯於1899年與另一名女性重婚，出獄後的他將對方的戶頭清空後便離去了。

史密斯於1908年6月再次成婚，這次對象是寡婦弗羅倫斯·威爾森。次月史密斯便離開了她，並帶走她銀行帳戶裡的30英鎊，還賣掉她的個人物品換取現金。同一個月，史密斯與伊迪絲·佩格勒成婚，佩格勒一開始僅是回覆了史密斯刊登的管家徵求廣告。這幾次婚姻關係都不合法，大多還都是以假名進行。

儘管有多次婚姻關係進行中，史密斯總是會帶著自己非法取得的財物回到佩格勒身邊。1909年10月，史密斯（當時使用的是喬治·蘿絲·史密斯這個名字）與莎拉·費里曼成婚。史密斯再次清空了對方的存款後離去。他取得的財物總共多達400英鎊，這在當時是一筆很大的金額。他接下來的幾位妻子是艾莉絲·伯納姆與貝西·穆戴。

史密斯以假名查爾斯·奧利佛·詹姆士與艾莉絲·於1914年9月成婚。於1908年到1914年之間，史密斯總共結了七次婚，全都是重婚罪下的產物。每一次都在竊取「妻子」的財物後離去。1915年，兩名女性的死亡事件開始掀起疑雲，其中一人就是艾莉絲·史密斯（本姓伯納姆）。調查過程讓當局找上了史密斯。

凶殺紀錄

調查警長亞瑟·尼爾於1915年1月收到一封信，寄信的男子是黑潭一家旅舍的主人。這位旅舍主人約瑟夫·克羅斯利隨信還附上兩張剪報，簡報內容寫的是兩名女性以非常相似的狀況死去的消息。第一名女性是瑪格麗特·伊莉莎白·洛伊德，她於住處浴缸中被自己的丈夫約翰·洛伊德以及房東太太發現身亡。這起死亡案件發生於1914年底。

第二張剪報裡報導的是艾莉絲·史密斯的死訊，她於1913年在入住的旅舍浴缸中被發現身亡。發現她的人是她的丈夫，喬治·史密斯。克羅斯利的信是替自

己的妻子，以及一名叫做查爾斯・伯納姆的男子所寫，他們懷疑這兩起案件的死亡內幕並不單純，於是寫信懇請警方盡快調查。

尼爾到了瑪格麗特・洛伊德死亡的地點，他看見浴缸的大小時，實在無法想像一名成年女性怎麼會在這樣的浴缸中溺斃。他去找驗屍官商談，並詢問遺體上是否有暴力留下來的痕跡，但是遺體上頭只有左手肘上方有出現一塊瘀青。尼爾也發現她的遺囑完成的時間，僅在死亡前三小時，她的丈夫是唯一受益人，死者所有存款也都在當天被領出。

警長離開後，驗屍官又致電表示，因為遺囑以及保險政策規定，保險公司提出調查死亡原因的要求。尼爾請驗屍官先不要回覆，給他一點時間查找資料。接著他聯繫了黑潭警方，詢問艾莉絲・史密斯的死亡案件細節。調查結果顯示，這名死者一樣也是在死前買了保險，遺囑受益人是丈夫。除此之外，當他們在準備搬進旅舍的同時，史密斯先生還要先檢查浴缸大小才同意入住。

尼爾聯繫驗屍官，請他回覆保險公司一份正面的報告，這樣等到嫌疑犯去律師辦公室請款時就可以將他逮個正著。這個計畫奏效了，2月1號這天，一名男子現身。尼爾問他是不是約翰・洛伊德，男子說是，但是問他是不是喬治・史密斯的時候，他否認了。尼爾表示要為重婚罪的事情訊問他，史密斯才承認兩名男子都是他本人。

逮捕行動與庭審

史密斯被逮捕後，碧翠絲・穆戴的凶殺案調查出現了更多資訊。她在艾莉絲・史密斯死亡前身故，死亡方式一樣是透過浴缸。她的丈夫叫做亨利・威廉斯，這是史密斯的另一個假名。

6月22號，史密斯在中央刑事法院出庭受審。因為受限於當時英國法律規定，當局只能以碧翠絲・穆戴的凶殺案件起訴史密斯。不過檢方可以利用其他凶殺案中的細節來證明史密斯的犯罪模式。7月1號這天，審議僅進行了二十分鐘後就判定史密斯有罪。他被判處死刑。

結果

　　史密斯於1915年8月13號被帶往絞架並執行絞刑。在審判過程中，「體系」派上了用場，也就是其他犯罪案件都可以在這場凶殺案的庭審中做為呈堂供證。比方說，一件訴訟案中若有超過一起凶殺案，可以同時在審判期間提出來佐證犯罪模式。這樣的作法為後世進行凶殺案審理方式創下了先例。

勒謬爾・史密斯
LEMUEL SMITH

出生年月日：1941年7月23號

別名／暱稱：無

做案特徵：強暴、毀屍、搶劫

受害人數：6人

犯案日期：1958年、1976到1977年、1981年

逮捕日期：1977年8月19號

殺人手法：勒殺、槍擊、毆打

已知受害人：桃樂絲・瓦特史崔特；羅伯特・海德曼，48歲；海德曼的秘書瑪格麗特・拜倫，59歲；瓊安・里奇堡，24歲；馬拉莉・威爾森，30歲；堂娜・佩安特，31歲（女性獄警）

犯罪地區：紐約州奧巴尼

狀態：死刑改判為終生監禁

個人背景

　　史密斯出生於紐約州一個虔誠的家庭。他後來宣稱自己11歲的時候差點將一名9歲女孩悶死，但無證據支持他的說法。雖然生長在固定上教堂以及虔誠信教的家庭中，史密斯的人格中仍有陰暗暴力的一面。

　　16歲的時候，史密斯被列為一樁發生於1958年1月21號的搶劫謀殺案的嫌疑犯，死者是桃樂絲・瓦特史崔特，證據顯示史密斯有罪，但是此案卻因地區檢察官倉促想取得自白出錯遭撤銷，史密斯未遭逮捕或起訴。

沒過多久，史密斯便因為覺得長期受到當地警方的施壓，搬到了馬里蘭州巴爾的摩。他很快就綁架了一名女性，將其毆打致瀕死，幸好有目擊者阻止，他因此被逮捕並被定罪。1959年4月12號，他被判處20年有期徒刑。

將近十年後，史密斯於1968年5月取得假釋，不過他並沒有守法太久。隔年5月，他綁架並性侵了一名女性，受害人成功從史密斯手中逃脫。而就在同一天，史密斯又綁架了一名母親的友人並強暴她。受害人說服史密斯放走她，這次史密斯再次遭逮後被定罪，被判處高達15年有期徒刑。

然而不可思議的是，史密斯在18年的刑期中服刑17年之後，一條新法將他再次釋放回社會中。1976年10月5號，史密斯走出監獄，重拾自由身分。次月底，他犯下截至當時最暴力的罪刑——殺人。

凶殺紀錄

史密斯出獄後一個月，於11月24號，有人在羅伯特・海德曼位於奧巴尼的宗教商店後方發現了海德曼以及秘書瑪格麗特・拜倫的遺體。現場證據遭到人類糞便汙染，然而這狀況後來反而成為有用的鑑識證據，協助檢方找到嫌犯。

12月23號，瓊安・里奇堡在科隆尼鎮的一座購物中心，於自己車中被攻擊。她遭強暴、殺害並被肢解。犯罪現場找到的毛髮屬於史密斯，但是在警方調查期間，他仍是自由身。

馬拉莉・威爾森於1977年7月22號被人發現遭勒斃後肢解，地點位於紐約州斯克內塔第的鐵軌附近。遺體遭肢解的情況比過去都來得兇殘。遺體發現地點在史密斯常去的地方，目擊證人的描述也與史密斯相符，所以他被列為首要嫌疑犯。

接著，在1977年8月19號，史密斯綁架了18歲的瑪麗安・瑪吉歐並強暴她。史密斯逼她開車前往奧巴尼，車子在路上被警方攔停的時候，史密斯遭到逮捕。

凶殺案發生時間順序：

- 1958年1月21號——桃樂絲·瓦特史崔特
- 1976年11月24號——羅伯特·海德曼，48歲
- 1976年11月24號——瑪格麗特·拜倫，59歲
- 1976年12月23號——瓊安·里奇堡，24歲
- 1977年7月22號——馬拉莉·威爾森，30歲
- 1981年5月15號——堂娜·佩安特，31歲

逮捕行動與庭審

在調查史密斯的過程中，唐·平托警官在檢視馬拉莉·威爾森犯罪現場照片時，注意到她鼻子上有個咬痕。他們將遺體開棺相驗，經比對後確認那個咬痕與史密斯相符。

警方於10月安排史密斯與另外四名男子一起到布萊克體育場接受指認，五名男子分別被安置在個別的布幕後，警方接著將海德曼凶殺案現場沾到糞便的衣物給警犬嗅，警犬聞過後直接走向了史密斯。警方將5名男子的站立順序重新安排過後，警犬再次走向史密斯。

1978年3月5號，咬痕證據提出後，史密斯坦承犯下這五起凶殺案。他宣稱自己有多重人格，並表示自己被死去的兄弟的靈魂控制。雖然試圖以精神問題辯護，最後仍於1978年3月9號因強暴罪嫌被定罪。他被判處10～20年有期徒刑。

1978年7月21號開始的一場為期四天的庭審判定史密斯綁架罪嫌確立，他被判處25年至無期徒刑。1979年2月2號，海德曼店鋪雙屍案件判決結果出爐，史密斯被判有罪，處以50年至無期徒刑。

史密斯一開始是被以威爾森與里奇堡案件起訴，但是因為先前的案件判決結果讓他永遠不能再離開監獄，所以這兩案的起訴就被駁回了。

結果

　　史密斯在獄中殺害了一名獄警，有鑑於他對其他囚犯與監獄工作人員的威脅，他被獨立監禁了將近20年。當時這是獨立監禁執行最久的一個例子。

莫里斯・所羅門二世
MORRIS SOLOMON JR.

出生年月日：1944年3月15號

別名／暱稱：沙加緬度殺人魔

做案特徵：強暴、性工作者

受害人數：6到7人

犯案日期：1986年6月到1987年4月

逮捕日期：1987年4月22號

殺人手法：因遺體腐敗嚴重，無法判定

已知受害人：尤蘭達・強森，22歲；安琪拉・帕羅多利，25歲；瑪莉亞・亞波達卡，18歲；雪莉・華盛頓，16歲；琳達・維特拉，24歲；希拉・潔考克斯，17歲；雪倫・梅西，29歲

犯罪地區：美國加州沙加緬度

狀態：判處死刑，等待行刑

個人背景

　　所羅門從小在暴力的施虐家庭中由祖母帶大，只要他犯一點小錯，就會被祖母痛打。他常常因為尿床或說錯字挨打，就連在被打的時候哭泣也會讓祖母的處罰變得更加嚴厲。所羅門與兄弟也常無故被毆打。

　　從所羅門還小的時候，祖母就會把他抓到腿上來毆打。有時候她會要求所羅門脫去衣物，站在角落的小凳子上讓她用接線器或電線鞭打。他身上常常留下見血的傷口。如果所羅門膽敢退避，祖母就會用延長線將他綁在床柱上。

所羅門對自己的父母幾乎一無所知，但是在他13歲那年，他與祖母搬到父母住處附近的艾爾斯頓，他得以與父母團圓。他們住的地方是城裡貧困的一區，常被稱為「罐頭廠巷」或「錫盤巷」，他的父母常在孩子面前拳腳相向或對彼此性侵。這時候的所羅門不只會挨祖母的揍，他的母親也會揍他，而且還很喜歡在外面對他言語暴力。

完成高中學業的所羅門開始去上社區大學的課程，並做了好幾種工作，包含開公車和當木匠。1966年，他加入軍隊，參與越戰。軍旅生涯結束後他搬回了艾爾斯頓，未婚妻與他解除婚約，此事讓他決定搬到舊金山灣區。他在這裡認識了另一名女子，兩人後來生了一名女兒。

離婚後的所羅門搬回沙加緬度，開始當水電工。所羅門第一次與警方交手，是他報警表示發現一具女屍的時候。警方一開始以為這是一件好市民上報犯罪事件的舉動，其實不然。

凶殺紀錄

1986年6月18號，在所羅門報警後，警方找到尤蘭達‧強森的遺體。警方已知她是有毒癮的性工作者，遺體被發現的時候身上衣衫不整，且遭到綁縛。安琪拉‧帕羅多利於7月20號被發現的時候，遺體一樣衣衫不整，遭到綁縛。

另一名有毒癮的性工作者瑪莉‧亞波達卡於1987年3月19號被殺害。遺體被床單包裹後掩埋。下一名受害人是雪莉‧華盛頓，她於1987年4月20號被殺害。有毒癮的她疑似也從事性工作，被發現時身體赤裸，遭到綁縛，並以床單包裹。

另一名吸毒的性工作者，琳達‧維特拉於1987年4月22號被殺害。她同樣全身赤裸並被床單包裹——與希拉‧潔考克斯和雪倫‧梅西相同。這些女性死者顯示出一種犯案模式，案件細節幾乎如出一轍。

所羅門為強森之死報警時，曾交出血液樣本和指紋。雖然供詞前後不一致，他仍未遭逮捕或起訴。在發現亞波達卡的遺體後，他再次接受訊問，也再次給了假的證詞。他試圖解釋之所以給出假證詞是因為他身上有輕罪導致的通緝令。

1987年4月20號，所羅門同意警方搜索他的車。車子當時停在停車場，警方到場時，注意到有一區的土壤似乎被重新翻動過。警方利用鏟子挖到了華盛頓的遺體。兩天後，他們又在另一個與所羅門有關聯的地方找到了潔考克斯與維特拉的遺體。後來又在亞波達卡遺體被發現的地方找到了梅西的遺體。

凶殺案發生時間順序／遺體發現日期：

- 1986年6月18號——尤蘭達‧強森，22歲
- 1986年7月20號——安琪拉‧帕羅多利，25歲
- 1987年3月19號——瑪莉亞‧亞波達卡，18歲
- 1987年4月20號——雪莉‧華盛頓，26歲
- 1987年4月22號——琳達‧維特拉，24歲
- 1987年——希拉‧潔考克斯，17歲
- 1987年4月29號——雪倫‧梅西，29歲

逮捕行動與庭審

所羅門於1987年4月22號遭逮捕，並因凶殺案接受訊問。他被以七件凶殺案起訴，但是殺害帕羅多利的起訴後來被撤銷了。辯護團隊試圖說服法院，表示所羅門因為童年受到的虐待、吸食古柯鹼以及參與越戰的緣故，導致他深受心理問題所苦。然而他被起訴的六起凶殺案件最後仍被判定有罪，並且判處死刑。

結果

所羅門仍在等候死刑執行的日期。

安東尼‧索威爾
ANTHONY SOWELL

出生年月日：1949年8月19號

別名／暱稱：克利夫蘭勒殺手、帝國大道殺人狂

做案特徵：綁架、強暴、戀屍癖

受害人數：11人

犯案日期：2007年5月到2009年9月

逮捕日期：2009年10月31號

殺人手法：用外物勒殺

已知受害人：克利斯朵‧多席爾，38歲；提沙那‧克弗，31歲；萊絲漢達‧朗，25歲；蜜雪兒‧梅森，45歲；托尼亞‧卡爾麥可，53歲；南西‧考布斯，43歲；亞曼爾達‧杭特，47歲；特拉西亞‧福特森，31歲；珍妮絲‧韋伯，49歲；金‧伊維特‧史密斯，44歲；黛安‧透納，38歲

犯罪地區：美國俄亥俄州克里夫蘭

狀態：判處死刑，等待行刑

個人背景

　　索威爾是單親媽媽克勞迪婭‧加里森的七個孩子之一。他的姊姊也生了七個孩子，姐姐因病去世後，孩子們全都與索威爾、索威爾之母以及其他手足住在同一個屋簷下。加里森會虐待那些孩子，但不會虐待自己的孩子，她自己的孩子會在旁邊看她鞭打其他孩子。索威爾的姪女曾一度被迫脫去所有衣物，遭加里森用電線鞭打至皮開肉綻為止。她也幾乎每天都遭索威爾強暴，從她僅11歲起，維持

了長達大約兩年之久。

索威爾於1978年19歲時加入了海軍陸戰隊。他在海軍陸戰隊裡接受電工訓練，於1980年花了一年與第三部隊服務支援小組在海外服役，回國之後在櫻桃角海軍陸戰隊航空站待了一段日子。1984年，他被派遣到位於日本的巴特勒營海軍陸戰隊基地。隔年，他在美國加州的彭德頓營海軍陸戰隊基地待了三天，於1985年1月18號退役。

索威爾服役期間獲頒多項獎項，包含一枚海外服役勳章、一枚一星傑出服役勳章、一次敘功表揚、兩封感謝信函，以及一張獎狀。

索威爾於1989年攻擊一名孕婦，他將她勒頸，並用一條皮帶綁縛。這名孕婦最後成功脫逃，索威爾則被以強暴未遂起訴，遭判處15年有期徒刑。他在獄中服刑期滿，於2005年獲釋。

接下來的兩年，他就在一家工廠裡工作。不過索威爾於2007年開始不再工作，開始領取失業補助金，也會賣廢棄金屬來賺點外快。他加入了線上交友媒合網站，個人檔案中表示自己是個「主人」，在找順從的女性讓他「訓練」。大約在這個時期，索威爾的鄰居開始注意到附近出現可怕的臭味，衛生部門也接收到好幾起抱怨通報。索威爾宣稱臭味是來自他家隔壁的香腸店，然而臭味真正的來源，很快就真相大白了。

凶殺紀錄

索威爾於2009年9月邀請一名女性到家裡喝一杯。9月22號，這名女子到了警局表示兩人喝了幾杯後，索威爾突然勃然大怒，出手打她，又掐住她的脖子，並在她昏迷後強暴她。警方於10月29號持搜索令與逮捕令抵達索威爾家中，但是他人不在家裡。警方沒找到他，倒是在客廳地板上發現兩具遺體。

警方在他家中展開調查，發現在地板下方的管線區有4具遺體，地下室一個淺坑中還埋了另一具遺體。他們在屋外找到另外3具遺體，以及1具不完整遺骸。有個水桶裡放了1顆頭骨。總共算起來，警方在他家一共找出了11名受害人的遺

體。這些受害人大多數都是被勒斃的，有些遺體的頸部仍留有繩索物。

凶殺案發生時間順序：

- 2008年11月10號——托尼亞·卡爾麥可，53歲
- 2007年5月17號——克利斯朵·多席爾，35歲
- 2008年6月——提沙那·克弗，33歲
- 2008年8月——萊絲漢達·朗，17歲
- 2008年10月8號——蜜雪兒·梅森，45歲
- 2009年1月17號——金·Y.·史密斯，44歲
- 2008年4月24號——南西·科布，44歲
- 2009年春季——亞曼爾達（艾米）·杭特，47歲
- 2009年6月——珍妮絲·韋伯，49歲
- 2009年6月3號——特拉西亞·福特森，31歲
- 2009年9月——黛安·透納，38歲

逮捕行動與庭審

索威爾於2009年10月31號被警方找到所在位置並遭逮捕。他被以數起謀殺罪嫌起訴，保釋金被定為500萬元。在經歷了多次延期之後，索威爾於2011年6月6號出庭受審。除了十一起重罪謀殺罪，還有七十條其他訴狀與強暴、綁架、破壞屍體及證據等罪名有關。他一開始以精神障礙為由進行無罪辯護，但是後來改成僅為無罪辯護。7月22號，索威爾在所有起訴罪名中只有兩條獲判無罪，其他皆為有罪。8月12號刑罰判定出爐，索威爾被判處死刑。

結果

儘管索威爾提出多項告訴以及上訴，死刑仍未改判。他仍在等候行刑日期，從2011年9月14號開始就是待行刑的死刑犯了。

堤摩西・威爾森・斯賓塞
TIMOTHY WILSON SPENCER

出生年月日：1962年3月17號

別名/暱稱：南方勒殺手、南方殺人狂、南方強暴犯

做案特徵：強暴

受害人數：5人

犯案日期：1984年、1987年到1988年

逮捕日期：1988年1月20號

殺人手法：繩索勒殺

已知受害人：卡蘿・哈姆；黛比・達德利・戴維斯，35歲；蘇珊・赫爾姆斯；黛安・趙，15歲；蘇珊・塔克，44歲

犯罪地區：美國維吉尼亞州阿林頓郡

狀態：1994年4月27號以電椅處死

個人背景

斯賓塞在阿林頓郡的綠谷長大，一般人普遍視這個地區為「最困苦的黑人社區」。他因為青少年時期多次入室竊盜，成為警局常客。後來他成為美國第一位僅使用DNA證據即定罪的殺人兇手，後來也讓一名被誤判入獄的無辜男子得以被釋放出獄。

凶殺紀錄

斯賓塞的第一名受害人據信是死於1984年的卡蘿・哈姆。一開始，這起案件

審理的對象是大衛‧巴斯克斯，後來斯賓塞為其他凶殺案被逮捕後，他便被無罪釋放了。

黛比‧達德利‧戴維於1987年9月18號到9月19號之間遭到殺害。警方發現她的遺體赤裸，躺在自家公寓床上，並在遺體頸部發現一條繩索，繩索裝上了類似棘輪的物件，受害人死因判定為繩索勒殺。

1987年10月2號，蘇珊‧赫爾姆斯醫師於自家被殺害。她的丈夫回家時發現她在臥室衣櫥前的地上，衣衫不整，已經斷氣。她的脖子上被勒上兩條腰帶，死因是繩索勒頸致死。

下一名受害人是高中生黛安‧趙，她於1987年11月22號遭殺害。她在自家中被人發現，遭到強暴後被勒頸致死。斯賓塞的最後一名已知受害人是蘇珊‧塔克，她於1987年11月27號在自家住宅被強暴殺害，直到12月1號才被人發現。雖然她住在另一區，但是本案與其他案件中的相似度極高，很明顯是同一人犯案。

凶殺案發生時間順序：

- 1984年──卡蘿‧哈姆
- 1987年9月18號──黛比‧達德利‧戴維斯，35歲
- 1987年10月2號──蘇珊‧赫爾姆斯醫師
- 1987年11月22號──黛安‧趙，15歲
- 1987年11月22號──蘇珊‧塔克，44歲

逮捕行動與庭審

斯賓塞於1988年1月20號在阿林頓郡因強暴殺害塔克遭逮捕。斯賓塞當時因為要與住在塔克家附近的母親共度感恩節，從阿林頓移動到里奇蒙。

後來斯賓賽也因發生於里奇蒙的戴維斯案、赫爾姆斯案、趙案被起訴。他之前一直住在距離戴維斯與赫爾姆斯家走路就可到達的範圍內。檢方將犯罪現場蒐集到的生物樣本進行鑑識測試，DNA報告找出了斯賓塞與塔克案之間的關聯，這

是維吉尼亞犯罪案件的審理中首次利用DNA檢驗技術。斯賓塞的DNA也與戴維斯案、赫爾姆斯案和哈姆案的樣本相符。

1988年7月11號，他在阿林頓接受塔克案中的強暴、謀殺與入室竊盜罪嫌審理。因為有了DNA證據，他被判處死刑。接著他到里奇蒙接受戴維斯案中的謀殺、強暴與入室竊盜罪嫌審理。這次DNA證據再次扮演要角，而斯賓賽被定罪。

下一場庭審在1989年1月17號進行，為赫爾姆斯案中的謀殺、強暴與入室竊盜罪嫌開庭，斯賓賽被定罪。趙氏案中的起訴罪名也都判處有罪。

結果

斯賓塞於1994年4月27號在格林斯維爾懲教中心以電椅執行死刑。他在晚間11點13分被宣布死亡。他接受了四次電擊，其中第一次電擊讓他的身體緊縮。他死前拒絕捐贈器官，也沒有留下遺言。

原本因為卡蘿‧哈姆凶殺案被定罪的男子大衛‧巴斯克斯於1989年1月4號被無條件釋放。這時的他已經將35年的有期徒刑完成了5年刑期。他成為第一位受DNA測試結果幫助而無罪開釋的美國人。

後記

用來執行斯賓塞死刑的電椅是於1960年代由囚犯打造而成的。

卡里・斯泰納
CARY STAYNER

出生年月日：1961年8月13號

別名／暱稱：優勝美地殺人魔

做案特徵：強暴

受害人數：4人

犯案日期：1999年2月、1999年7月

逮捕日期：1999年7月24號

殺人手法：割喉、勒殺

已知受害人：卡蘿・桑德，42歲，其15歲女兒朱莉，以及他們的阿根廷籍友人西爾維娜・佩洛索，16歲；喬伊・露絲・阿姆斯壯，26歲

犯罪地區：美國加州馬里波沙郡

狀態：判處死刑，等待行刑

個人背景

斯泰納的童年於1972年因為失去弟弟而受到震盪。史蒂芬當時被兒童性侵犯肯尼斯・帕內爾綁架，並遭囚禁了七年才逃脫。斯泰納後來表示，在弟弟被綁的這段時間中，因為當時大家都以為弟弟已經被殺害，他覺得父母親太過哀痛，冷落了他。斯泰納也宣稱自己的叔叔在他11歲的時候曾性騷擾他。

1980年，斯泰納的弟弟史蒂芬奇蹟似地歸來，成了一樁媒體爭相報導的故事，後來還出了一本書，並被拍成一部為電視播出所拍攝的電影。書與電影的名稱都是《我知道我叫史蒂芬》（*I Know My First Name Is Steven*），這是他從帕內

爾手中逃脫後，接受當局問話時所說出的第一個陳述。

逃脫9年後，史蒂芬於一場機車事故中喪生。一年過後，到了1990年，斯泰納的叔叔被殺害。斯泰納於殺人案件發生期間，正與叔叔同住。隔年，斯泰納試圖自殺，但是失敗生還。1997年他因為持有甲基安非他命與大麻被捕，但是案件後來被撤銷了。同年他開始在雪松小屋汽車旅館擔任雜工，此旅館位於優勝美地國家公園入口處附近。1999年，兩具女性遺體在旅館附近一輛被燒毀的汽車後車廂中被人發現時，斯泰納仍在該旅館工作。

凶殺紀錄

斯泰納在距離優勝美地國家公園入口處不遠的艾爾波特這地方的雪松小屋汽車旅館當雜工的時候，於1999年的2月和7月間殺害了4名女性。頭兩名受害人是西爾維娜・佩洛索與卡蘿・桑德，兩人的遺體被放在桑德租來的車的後車廂中，被燒得面目全非，只能靠牙醫紀錄才得以辨識身分。

警方收到一封信，上面附了地圖，告訴他們朱莉・桑德的遺體在哪裡。信件最開始，兇手寫道「我們這次玩得很高興」。調查人員趕忙來到信件中指明的地點，找到了被割喉的朱莉。

因為三名受害人都待過那間旅館，所以旅館員工都接受了訊問，包含斯泰納在內。調查過程中，警方一度將斯泰勒排除在嫌疑名單之外，而且他也沒有任何前科紀錄。然而當警方找到被斬首的喬伊・阿姆斯壯的遺體時，目擊證人表示曾見到一輛藍色1979年International Scout（也就是斯泰納的車）停在阿姆斯壯租下的小木屋外。

逮捕行動與庭審

斯泰納逃跑了。不過他在威爾頓的一座天體營裡被人發現，警方立刻逮捕了他。他的車輛裡的證據證實他與阿姆斯壯的凶殺案有關，在接受訊問的時候，他坦承犯下所有凶殺案。他宣稱自己從年僅7歲的時候就會想像殺害女性的情景。

斯泰納出庭受審時，以精神障礙為由進行無罪辯護。一名心理專家評估結果判定他神智正常，因此他被定罪。

結果

斯泰納被判四項一級謀殺罪有罪，於2001年被判處死刑。他仍在等候行刑，也提出上訴，正在等候進行。

後記

- 斯泰納要求檢方拿兒童色情圖來換他的自白。
- 斯泰納患有強迫疾患。

彼得・薩克利夫
PETER SUTCLIFFE

出生年月日：1946年6月2號

別名／暱稱：約克夏開膛手、彼得・威廉・庫南

做案特徵：宣稱聽見聲音——目標鎖定性工作者

受害人數：13人

犯案日期：1975年到1980年

逮捕日期：1981年1月2號

殺人手法：刀刺、錘子攻擊

已知受害人：威爾瑪・麥肯，28歲；艾蜜莉・傑克森，42歲；艾琳・里查森，28歲；派翠希亞・亞金森，32歲；傑恩・麥當勞，16歲；珍・喬丹，20歲；伊芳・皮爾森，21歲；海倫・瑞特卡，18歲；維拉・米爾沃德，40歲；喬瑟芬・惠特克，19歲；芭芭拉・莉琪，20歲；瑪格麗特・沃斯，47歲；賈桂林・希爾，20歲

犯罪地區：英國西約克郡

狀態：終生監禁，不可假釋

個人背景

　　薩克利夫於約克郡的一個天主教家庭中長大，父母親是約翰與凱特琳。15歲的時候，他休學並開始做了好幾份其他人認為很卑微的工作，包含在1960年代擔任了掘墓人。1971年11月到1973年4月，他在當地一家工廠的包裝產線上工作，但是因為接到旅行推銷員這份工作邀約而離職。

　　1975年，薩克利夫自願被裁員，領了遣散費後去接受輕型貨車駕駛的訓練。

他取得了駕照，於1975年9月開始在一家輪胎公司當司機。不到一年時間，他便因為盜取輪胎被開除，自此開始他就沒有工作，直到後來於1976年10月取得其他駕駛工作為止。

薩克利夫於1974年8月與索尼亞・祖爾瑪結婚。儘管不斷努力，祖爾瑪仍多次流產，最後醫生對兩人宣告她永遠無法懷孕為止。祖爾瑪開始接受教師的訓練，期間她發生了婚外情，不過兩人沒有離婚。1977年，兩人靠祖爾瑪在布拉德福德的希頓當老師的薪水，買下了一棟房子，兩人在此住到警方找上門來為止。

凶殺紀錄

在發生了多次對女性的隨機暴力攻擊之後，薩克利夫的行為於1975年升級為謀殺。第一位受害人，威爾瑪・麥肯於10月30號遭殺害。她遭到錘子攻擊兩次，被刀刺傷十五次，傷口分布在胸口、腹部與頸部。

下一名受害人是艾蜜莉・傑克森，她在1976年1月遭殺害。她的頭部遭錘子攻擊，並被一把磨尖的螺絲起子刺傷。穿刺傷口分布於她的胸腔、腹部和頸部，薩克利夫曾猛力踩踏她的大腿，力道之強勁，在她腿上留下了靴底的印記。

艾琳・里查森於1977年2月5號遭鈍物重擊致死。薩克利夫用一把錘子毆打她，並持刀毀屍。接著在4月23號，派翠希亞・亞金森在布拉德福德自家寓所中遭殺害。薩克利夫的殺人衝動開始升級，現在的下手頻率已經越來越頻繁了。

16歲的傑恩・麥當勞於1977年6月26號被殺害。10月1號，薩克利夫謀殺了一名性工作者，珍・喬丹。她的遺體一直到十天後才被人發現，調查人員判定她的遺體在死後被移動過。根據薩克利夫表示，他給了喬丹一張5鎊新鈔，而他擔心會因此被追蹤，所以回頭去找她的遺體，取回那張鈔票。接著他動手毀屍，並且搬動位置。

1978年1月，伊芳・皮爾森被殺害。薩克利夫將她的遺體藏在被丟掉的一張舊沙發底下，遺體就在那裡一直到3月。接著他在1月31號殺害了性工作者海倫・瑞特卡，她的遺體於3天後被人發現。下一名受害人，維拉・米爾沃德於5月16號

在曼徹斯特皇家醫院停車場遭殺害。這是曼徹斯特城裡的大型醫院。

　　薩克利夫於1979年4月4號殺害了走在回家路上的喬瑟芬·惠特克。接著他於9月1號殺害了芭芭拉·莉琪，並將她的遺體棄置在一棟建築物後方的磚塊堆下方。瑪格麗特·沃斯於8月20號遭殺害，賈桂林·希爾則是在11月17號遭殺害。

凶殺案發生時間順序：

- 1975年10月30號——威爾瑪·麥肯，28歲
- 1976年1月——艾蜜莉·傑克森，42歲
- 1977年2月5號——艾琳·里查森，28歲
- 1977年4月23號——派翠希亞·亞金森，32歲
- 1977年6月26號——傑恩·麥可唐諾，16歲
- 1977年10月1號——珍·喬丹，20歲
- 1978年1月——伊芳·皮爾森，21歲
- 1978年1月31號——海倫·瑞特卡，18歲
- 1978年5月16號——維拉·米爾沃德，40歲
- 1979年4月4號——喬瑟芬·惠特克，19歲
- 1979年9月1號——芭芭拉·莉琪，20歲
- 1980年8月20號——瑪格麗特·沃斯，47歲
- 1980年11月17號——賈桂琳·希爾，20歲

逮捕行動與庭審

　　警方在調查這幾起凶殺案的過程中，曾多次訊問薩克利夫，但是他沒有被列入嫌疑犯名單中。不過，在1981年1月2號，他被警方攔停，當時他車內載著性工作者，奧利維亞·瑞弗斯。因為車上掛的是假車牌，所以薩克利夫被逮捕後帶回警局。

　　薩克利夫與約克夏開膛手的許多外觀特徵相符，所以警方拿凶殺案來訊問

他。隔天，警方回到之前逮捕他的現場，發現了一把錘子、一把刀和繩索，這些都是他在告訴警方說自己「膀胱快憋不住了」的時候趁機丟棄的。他們在警局廁所水箱裡又發現另一把刀。

警方取得了搜索令，進入薩克利夫家中進行搜索，同時薩克利夫被另接受脫衣搜身。警方發現他將一件V領毛衣倒著穿在褲子裡，他的雙腿穿過毛衣袖子，V領的部分正好露出他的生殖器。

警方對薩克利夫進行了長達兩天的問話，最後他終於在1981年1月4號坦承自己就是開膛手。隔天他花了一整天的時間，詳細描述所有攻擊事件的案發過程。1月5號，薩克利夫遭警方以十三起謀殺案正式起訴。

薩克利夫出庭受審時，他對謀殺罪嫌以無罪辯護，不過考量減輕罪責，他對於較輕的過失殺人罪嫌選擇認罪。他宣稱是上帝要他去殺害性工作者。他的減責認罪作法後來遭法官終止，完整的庭審訂於1981年5月5號開始。

庭審進行了兩周後，薩克利夫在所有殺人罪嫌的起訴中都被判有罪，被判處二十次終身監禁。一開始他的刑期建議是服刑至少30年，後來高等法院判決要求薩克利夫完成無期徒刑。

結果

薩克利夫入獄期間，曾於1983年1月10號在帕克赫斯特監獄遭囚犯詹姆士‧卡斯特羅攻擊。卡斯特羅持破碎咖啡罐攻擊薩克利夫臉部兩次，薩克利夫的四處割傷共縫了30針。

1984年，薩克利夫被以精神衛生法分類，將他送往布羅德摩爾醫院。他於1996年2月23號再次遭遇攻擊，對方是囚犯保羅‧威爾森。威爾森試圖用電話線將薩克利夫勒斃。兩名遭定罪殺人兇手傑米‧德維特與肯尼斯‧厄斯金因為聽到他的呼喊聲，前來協助，薩克利夫才因此獲救。

1997年3月10號，薩克利夫遭囚犯伊恩‧凱攻擊，導致他一眼失明，另一眼嚴重受損。他於2007年12月22號再次遭到攻擊，這次是派翠克‧蘇雷達持刀衝向

他。薩克利夫勉強盡快閃開，才保住僅存的眼睛，但仍被刺中胸膛。

後記

　　薩克利夫後來被診斷出患有妄想型精神分裂症。

詹姆士・史旺
JAMES SWANN

出生年月日：1964年

別名／暱稱：獵槍跟蹤狂

做案特徵：妄想型精神分裂症、開車槍擊

受害人數：4人

犯案日期：1993年2月到4月

逮捕日期：1993年4月19號

殺人手法：槍擊

已知受害人：茉莉絲・布萊恩，58歲；伊莉莎白・哈特森，28歲；愛德華・弗萊明，35歲；內洛・休斯，61歲

犯罪地區：美國華盛頓州

狀態：因精神狀態判定無罪。強制拘留於精神疾病機構。

個人背景

　　史旺出生於紐澤西州的伊瑟林，他直到青少年時期才開始出現受精神疾病所苦的跡象。常常有人看見或聽見他自言自語，有時他會突然毫無原因地爆出大笑。他的父母與家人資訊非常少，僅知他的父親詹姆士曾是海軍成員，曾於財政部工作。

　　長大後的史旺雖然有精神疾病，有時仍會擔任警衛一職。不過他最後還是被開除了，因為他堅持在巡邏的時候倒著走。後來他與姊姊搬到奧克森丘，不過她在1993年初與史旺大吵一架後將他趕出家門。從那之後，史旺就在紐澤西州、紐

約州與賓州之間多次遷徙。

　　同樣在1993年，他腦海中的聲音變得越來越強勢，史旺已經無法無視了。

凶殺紀錄

　　史旺的第一位凶殺案受害人是在理髮廳遭槍擊斃命。史旺特意走進店鋪裡，殺害了這名坐在理髮椅上的客人。警方一開始以為這是一起與毒品有關的槍擊案件。接著，史旺在6天後殺害了正在遛狗的伊莉莎白·「貝西」·哈特森。4月10號，史旺隨機朝行人掃射，殺害了愛德華·弗萊明，並造成另外兩人受傷。

　　4月19號，史旺再次朝著一群行人開槍掃射，這次他殺了內洛·休斯。不知怎地，其他行人竟逃過一劫，這是史旺最後一次犯案。在殺害了休斯之後，闖紅燈的史旺立刻引起警方注意。一名警官跟隨史旺，直到他在一棟建築物旁停下來，試圖逃跑。這名警官抓住了他，將他逮捕。

凶殺案發生時間順序：

- 1993年2月26號——茱莉絲·布萊恩，58歲
- 1993年3月23號——伊莉莎白·哈特森，28歲
- 1993年4月10號——愛德華·弗萊明，35歲
- 1993年4月19號——內洛·休斯，61歲

逮捕行動與庭審

　　史旺的車裡有一把口徑20的獵槍，與隨機掃射事件用的武器相似。史旺被以凶殺案以及因殺人未遂造成人員受傷起訴。1994年9月27號史旺出庭受審，因精神狀態判定無罪。心理醫師判定在槍擊事件發生當時，史旺患有妄想型精神分裂症。

結果

　　史旺被送到聖伊莉莎白醫院，這是具備最高維安規格的精神科醫院。強制留院期間，史旺取得了計算機科學的副學位。雖然史旺在聖伊莉莎白醫院中表現良好，從2003年起也沒有精神病發作的紀錄，但是所有讓史旺出院的申請都被當局回絕了。

後記

- 留院期間，常有人看見史旺穿著一件他父親給他的T恤，上面寫著「熱血殺人」。
- 他被診斷出自戀型人格疾患以及妄想型精神分裂症。

瓦西・塔蘇希克
VASILE TCACIUC

出生年月日：約為1900年

別名／暱稱：雅夕殺人狂

做案特徵：搶劫

受害人數：21到26人以上

犯案日期：1917年到1935年

逮捕日期：1935年

殺人手法：斧頭

已知受害人：不明

犯罪地區：羅馬尼亞雅夕

狀態：逮捕過程中試圖逃跑，遭警方開槍擊斃

個人背景

關於這位羅馬尼亞殺人魔瓦西・塔蘇希克的個人背景與童年紀錄甚少。他曾犯入室竊盜與搶劫，並因一隻狗在塔蘇希克家下方找到埋藏的屍體後遭警方拘捕。遺體被挖出後，塔蘇希克說明了自己如何特製一把斧頭，專門用來殺人。

凶殺紀錄

塔蘇希克的殺人動機主要是為了獲取財物。他會殺害受害人之後，將其洗劫一空。受害人遺體被發現後，每具遺體都有遭到類似斧頭的物件攻擊的痕跡。

逮捕行動與庭審

　　塔蘇希克承認犯下二十六起謀殺案之後，被警方從獄中帶出來協助重建犯案現場。在外出的期間，他企圖逃脫。警方開槍擊中他，他當場身亡。塔蘇希克犯罪的真實原因無法得知。

約翰・弗羅伊德・湯瑪士

JOHN FLOYD THOMAS

出生年月日：1936年7月26號

別名/暱稱：西區強暴犯、南方勒殺手、威力・尤金・威爾森

做案特徵：強暴

受害人數：7到15人以上

犯案日期：1972年到1986年

逮捕日期：2009年3月31號

殺人手法：窒息

已知受害人：埃塞爾・索科洛夫，68歲；伊莉莎白・麥基文，67歲；科拉・佩瑞，79歲；梅貝爾・哈德森；彌利安姆・麥金利；伊瓦琳・邦納；亞得里安・艾斯克武，85歲

犯罪地區：美國洛杉磯

狀態：終生監禁，不可假釋

個人背景

　　湯瑪士的母親在他12歲的時候去世，他由祖母與姑姑帶大，期間輪流在兩個家中搬遷。他在洛杉磯的公立學校就讀，於1956年加入空軍。服役期間，一名長官注意到湯瑪士常常遲到，對於外貌也「疏於照料」。他服役沒多久就遭軍方除役了。

　　離開軍隊後，湯瑪士因強暴未遂以及入室竊盜遭逮捕。他被判有罪，處以六年有期徒刑。因為後來的他兩度違反假釋條例，於是必須在獄中待到1966年。據

信他在1970年代又開始犯強暴罪與殺人，多虧了DNA證據，湯瑪士於2009年終於又被逮捕。

凶殺紀錄

1970年代中期，西區強暴犯讓洛杉磯獨居女性長者聞之喪膽。他會闖入受害人家中，強暴受害人後將其掐死或掐至昏迷。受害人至少有17人，被發現時臉部往往被以毯子或枕頭遮蓋。在接連犯案後過了十年，克雷爾蒙地區發生了五起女性長者死亡的案件，受害人被發現時皆遭以毯子或枕頭遮蓋臉部。

2008年10月，湯瑪士被警方要求提供DNA樣本，以建立罪犯資料庫。因為他曾兩度犯下性侵案件，所以是首要鎖定目標。這份DNA樣本讓警方在搜捕西區強暴犯的進度上大有斬獲，因為湯瑪士因此被鎖定為兇手。

凶殺案發生時間順序：
- 1972年——埃塞爾·索科洛夫，68歲
- 1976年——伊莉莎白·麥基文，67歲
- 1975年9月20號——科拉·佩瑞，70歲
- 1976年4月——梅貝爾·哈德森
- 1976年6月——彌利安姆·麥金利
- 1976年10月——伊瓦琳·布倫納
- 1986年6月——亞得里安·艾斯克武

逮捕行動與庭審

湯瑪士於2009年3月31號遭逮捕，警方針對過去30年之間發生的女性長者凶殺案對他調查訊問。湯瑪士在4月2號被正式以埃塞爾·索科洛夫與伊莉莎白·麥基文凶殺案起訴。到9月23號，他又被以另外五起凶殺案起訴，分別是科拉·佩瑞案、梅貝爾·哈德森案、彌利安姆·麥金利案、伊瓦琳·邦納案與亞得里安·

艾斯克武案。

　　湯瑪士第一次出庭受審的時候，面對七起凶殺案的起訴，他全部以無罪辯護。2011年4月1號，他改為承認犯下這七起凶殺案，以避免因殺害亞得里安・艾斯克武被判死刑。他因此被判處終生監禁，不可假釋。

結果

　　一開始湯瑪士僅被以兩起凶殺案起訴，但是最後他被以殺害7名女性起訴。檢方表示他們握有DNA證據可以證明他與凶殺案件之間的關聯。當局也相信他可能犯下多達三十起未解凶殺案。湯瑪士很有可能在超過40年間一直陸續殺人。

　　湯瑪士之所以被稱為「西區強暴犯」是因為一開始普遍以為他的罪行只發生於洛杉磯西邊，現在據信他也曾在其他區域攻擊女性，範圍包含克雷爾蒙、雷諾斯、波摩納與印格塢。

彼得・托賓
PETER TOBIN

出生年月日：1946年8月21號

別名/暱稱：彼得・威爾森、詹姆士・凱莉、保羅・森普、約翰・托賓、彼得・普羅班、派特・麥可勞林

做案特徵：強暴

受害人數：3人以上

犯案日期：1991年2月10號、1991年8月、2006年9月24號

逮捕日期：2006年10月3號

殺人手法：刀刺

已知受害人：維琪・漢默頓，15歲；黛娜・麥克尼科爾；安潔莉卡・克朗克，23歲

犯罪地區：英國蘇格蘭、英格蘭

狀態：終生監禁，不可假釋

個人背景

　　托賓是家裡八個小孩之一，其他人形容他是個「棘手」的小孩，1953年在他7歲的時候，曾被送到特教學校就讀。後來他進了少年感化院，在1970年因偽造罪和入室竊盜被定罪，入獄服刑。

　　出獄後的他跟女友瑪格麗特・路易絲・羅柏森・芒特妮一起搬到了索塞克斯的布來頓，當時芒特妮年僅17歲。兩人於1970年8月結婚，於1971年離婚。托賓於1973年再次結婚，對象是30歲的護理師西爾維亞・杰弗瑞斯。兩人育有兩名兒

女，但不幸的是第二個孩子出生後很快就夭折了。這段婚姻充滿暴力，西爾維亞於1976年帶著兩人的兒子逃離了這個家。

1987年，托賓與凱西‧威爾森生了另一個孩子，當時威爾森年僅15歲，兩人於1989年成婚。三年後，這家人搬到巴斯蓋特，但是這段關係很快就結束了。托賓的三任前妻都表示他在婚前都很有魅力，但婚後就會變成虐待狂、是個有暴力傾向的精神病態。

托賓為了能離自己最年幼的孩子住得近一點，於1991年5月搬到馬蓋特。1993年8月，兩名青少女在托賓位於哈凡特萊公園的公寓遭攻擊。兩名14歲的少女本想拜訪托賓的鄰居，但鄰居當時不在家，所以她們問托賓是不是可以在他的公寓等朋友回來。然而兩人一進入公寓裡，托賓便拿出一把刀威脅兩個女孩，逼她們喝酒喝到不省人事。接著托賓強暴兩人，並且刺傷其中一人，整個過程中他的孩子都在公寓中。托賓接著打開瓦斯開關，想讓兩人中毒身亡，不過兩名受害人都存活了下來。

托賓開始逃亡，並試圖躲進宗教庇護所，也就是位於科芬特里的耶穌團契。後來警方鎖定他的車輛位置，進而逮捕了他。1994年5月，托賓被定罪並判處14年有期徒刑。但他僅服刑8年，於2004年在他58歲的時候獲釋。不過托賓的恐怖行為並未就此終止。後來有許多人懷疑他可能就是聖經約翰（參考54頁）。

凶殺紀錄

維琪‧漢默頓於1991年2月10號在等公車回家的時候失蹤。2007年6月，托賓在馬蓋特的舊居因為維琪案的關係被警方搜索，警方在花園中掘出維琪的遺體。

黛娜‧麥克尼科爾於1991年8月5號結束音樂節活動後想招便車回家，之後便失去了蹤影。她的男友本來與她在一起，但是男友先下了車，麥克尼科爾則與陌生人繼續前行。2007年11月16號，有人發現一具遺體，經證實就是麥克尼科爾。

托賓於2006年9月在格拉斯哥的聖派翠克羅馬天主教會擔任雜工，當時他使用的是假名：派特‧麥可勞林。用假名是因為他仍在性侵犯的名單上，他不想讓

別人知道這件事。他離開佩斯利的時候沒有通知警方，所以現在警方對他發出了通緝令。

波蘭籍學生安潔莉卡·克朗克當時在教堂當清潔工賺外快，她就住在長老會中。最後一次有人看見她，是2006年9月24號，當時托賓就在她身邊。她的遺體於9月29號在告解室的地板下方被人尋獲。她遭強暴、毆打並被刺傷致死。沒過多久，在10月3號這天，托賓就被逮捕了。

凶殺案發生時間順序：

- 1991年2月10號——維琪·漢默頓，15歲
- 1991年8月5號——黛娜·麥克尼科爾，18歲
- 2006年9月24號——安潔莉卡·克朗克，23歲

逮捕行動與庭審

托賓於2006年10月3號遭逮捕後，因漢默頓案與麥克尼科爾接受大量的訊問。他被以殺害安潔莉卡·克朗克的罪名正式起訴，庭審定於2007年3月。

這場庭審持續了六個星期，在2007年5月4號結束。托賓否認殺害及強暴克朗克，但是仍被定罪。他被判處終生監禁，最少須服刑21年方可申請假釋。

警方在托賓家花園中找到漢默頓與麥克尼科爾的遺體後，托賓於2007年7月21號於形式上被以前述兩案逮捕。先開庭審理的是維琪·漢默頓案。一個月後，托賓於2008年12月2號被定罪，他再次被判處終生監禁。

托賓於2008年9月1號被以麥克尼科爾案起訴。庭審於2009年6月開始，但是因托賓健康狀況不佳，在等候手術的緣故，不得不延後。庭審於2009年12月14號重新開始。12月16號，經過僅十五分鐘的討論後，陪審團認定他有罪。他被判處第三次無期徒刑，法官建議永不釋放。

結果

托賓於2012年8月9號出現胸痛症狀，疑似心臟病發作，故被送往愛丁堡皇家醫院。後來他平安無事地回到了獄中。2016年2月，他再次因疑似中風被送往醫院。他一直待在獄中，且無假釋可能。

在托賓被逮捕前，英國警方成立了一支專案小組，叫做「變位字任務」，專門鎖定托賓的動態。這個專案小組的任務就是調查托賓是否是遍佈全英的幾十件殺人案的兇手。英國全國警方都加入了調查。在變位字任務中，找到了兩名受害人的遺體（黛娜‧麥克尼科爾與維琪‧漢默頓）。2011年6月，因遲遲無法找到其他受害人遺體或查出其他受害人的身分，這個專案小組受到重挫。

托賓因那些兇殺案被定罪後，他的外觀樣貌、住過的地點以及殺人手法與其他案件的相似度之高，讓人懷疑他可能就是在格拉斯哥犯案、人稱聖經約翰的連續殺人魔。值得玩味的是，托賓搬離格拉斯哥後，當地那些兇殺案就停止了。托賓與警方根據目擊者提供的外觀描述做的畫像十分神似。其中一名目擊者證詞表示兇手的上排右側牙齒少了一顆，而托賓的牙科紀錄顯示他在1960年代晚期曾拔掉一顆同樣位置的牙齒。

莫里・崔維斯
MAURY TRAVIS

出生年月日：1965年10月25號

別名／暱稱：無

做案特徵：強暴

受害人數：12到17人以上

犯案日期：2001年到2002年

逮捕日期：2002年6月7號

殺人手法：繩線勒殺

已知受害人：布蘭達・比斯利，33歲；伊芳・克魯斯，50歲；維羅納・湯普森，36歲，其他疑似受害人：貝蒂・詹姆士，46歲；泰瑞莎・威爾森，36歲；艾麗莎・格林韋德，34歲；瑪莉・希爾德斯，61歲，其餘受害人身分不明

犯罪地區：美國密蘇里州弗格森

狀態：2002年於出庭受審前在警方拘留牢房中上吊身亡

個人背景

　　崔維斯的成長背景看似「正常」，沒有特別奇怪之處。他的鄰居、學校裡的老師以及認識崔維斯的人，幾乎都說他有禮貌、樂於助人並且話不多。他的父母親於1978年離異，雖然母親後來再婚又離婚，此事並無對崔維斯留下重大影響的紀錄。

　　他如此平凡，連以前同班同學都不太記得他。連在他就讀過的學校的畢業紀念冊裡，都找不出人可以認出他的照片。其中一名老師記得他這個學生，這名老

師形容崔維斯很孤僻，但在班上並不是什麼頭痛人物。他長大的過程中，家裡也沒有任何家暴或虐待的紀錄。喜歡折磨或殺害小動物這種行為是發展成殺人兇手的重要指標，然而他童年時期並無此舉。

崔維斯22歲的時候，進入亞特蘭大的大學就讀。在校期間，他養成了古柯鹼毒癮。1988年，崔維斯在返家過春假期間急需現金維持古柯鹼毒癮，所以他在8天之內一連搶了好幾家鞋店，因此被逮捕並被定罪。刑期要判定的時候，他告訴法官自己已經開始接受戒毒治療，沒有再使用毒品。當局也收到好幾封信表示支持崔維斯，並希望從寬判刑，最後他被判處15年有期徒刑。

雖然服刑期間曾有十三次違規行為，崔維斯僅服刑5年又幾個月。當局判定那些違規行為嚴重程度不足以影響他的假釋，所以崔維斯於1994年6月14號就被釋放了。出獄後的崔維斯搬到了盧卡斯與杭特路上的複合住宅。接下來的幾年中，崔維斯又因為毒品因素，兩度入獄服刑。2000年與2001年的夏天，他在5月於飯店的餐廳擔任服務生。

他在餐廳裡的其中一名同事，戴夫・伍契爾後來表示崔維斯常常——幾乎是著迷一般——談起自己的車。在兩人某日的談話中，伍契爾告訴崔維斯說他朋友的車被偷了以後，在東聖路易斯街被點火燃燒。崔維斯回答他說東聖路易斯街是個「丟東西的好地方，因為那裡沒什麼警察」。

伍契爾當時的女友朱莉・克羅寧在新聞台當實習生，有天崔維斯問她新聞台有沒有報導到當地性工作者被殺害的新聞。他說自己從朋友那裡聽說有屍體被棄置在那裡。克羅寧跟新聞台的主管確認過，沒有跟崔維斯提及的消息有關的資訊。三個月後，警方公布當地一名連續殺人狂殺害性工作者的案件細節，克羅寧這才意識到崔維斯告訴她的事情背後的真相。

凶殺紀錄

2001年3月，崔維斯出獄後不久，開始有人在密蘇里州弗格森附近發現被勒殺的女性遺體。每一具屍體上都有死前被酷刑虐待的痕跡，大多數受害人都是性

工作者。

　　崔維斯一開始在嫌犯名單之中，主要是因為他的犯罪紀錄，但是當時並無證據可以以那些凶殺案逮捕他。崔維斯試圖用小聰明對付當局，然而卻弄巧成拙，導致自己被逮捕。

　　警方於2002年5月21號收到一封凶手寫來的信，信中有一張地圖，告訴警方最近期殺害的受害人的遺體所在位置。警方搜查了地圖上指出的那個區域，找到被殺害的女性的遺骸。這時調查人員仔細地檢查了那張地圖，發現地圖上網路上下載下來的。

　　而崔維斯不知道的是，他在下載地圖的時候，電腦的IP位址也會被存起來。因此當警方與地圖提供單位聯繫時，對方可以叫出紀錄，查出電腦所在地點。這條線索將警方直接帶到了崔維斯面前。

凶殺案發生時間順序（已查實身分之受害人）：

- 2000年7月31號——瑪莉・希爾德斯，60歲
- 2001年4月1號——艾麗莎・格林韋德，34歲
- 2001年5月15號——泰瑞莎・威爾森，36歲
- 2001年5月23號——貝蒂・詹姆士，46歲
- 2001年6月29號——維羅納・湯普森，36歲
- 2001年8月25號——伊芳・克魯斯，50歲
- 2001年10月8號——布蘭達・比斯利，33歲
- 2002年1月30號——發現身分不明女性遺骸
- 2002年3月11號——發現身分不明女性遺骸
- 2002年3月28號——發現身分不明女性遺骸

逮捕行動與庭審

　　2002年6月7號，警方逮捕崔維斯並帶回拘留。他們搜索崔維斯住家的時候，

發現大量紀錄了對多名受害人施以酷刑虐待、強暴與謀殺的影片。他們無疑是抓對人了。

然而崔維斯在路易斯郡拘留所期間，動手確保自己永遠不需要出庭面對多起凶殺案的審判。

結果

崔維斯於2002年6月10號等候出庭受審時上吊自殺。當局本來應該嚴防他自殺，但是負責自殺防治的警官沒有到場執勤。

亨利·路易斯·華勒斯
HENRY LOUIS WALLACE

出生年月日：1965年11月4號

別名／暱稱：塔可鐘勒殺手

做案特徵：強暴

受害人數：9人以上

犯案日期：1990年到1994年

逮捕日期：1994年3月12號

殺人手法：刀刺、勒殺

已知受害人：卡羅琳·勒夫；肖娜·霍克；奧黛麗·安·斯班；瓦倫西亞·M.·江普爾；蜜雪兒·史汀森；凡妮莎·利托·麥克；貝蒂·珍·鮑克姆；布蘭迪·朱恩·亨德森；黛博拉·史勞特爾；塔湘妲·貝西婭

犯罪地區：美國北卡羅來納州夏洛特

狀態：判處死刑，等待行刑

個人背景

　　華勒斯是母親洛蒂·梅依·華勒斯與一名學校老師外遇的結果，這名教師一發現他母親懷孕，立刻就結束了這段感情。他母親因此成了一位單親媽媽，也是一位眾所皆知會嚴厲體罰孩子的母親。華勒斯只要犯錯，即便只是小錯，都會被母親批評。

　　華勒斯於1983年從高中畢業後，進入好幾間大學就讀，直到1985年加入海軍為止。同年，他與瑪蕾塔·布拉漢姆成婚，兩人從高中就開始交往。他一直待在

海軍服役，直到1992年光榮退伍為止。

　　華勒斯在海軍期間使用過許多不同的毒品，他的犯罪史也差不多在這時候展開。他開始在西雅圖到處入室盜竊，於1988年1月因為闖入店面被捕。他因此被判處2年附保護管束的緩刑，但是每一次的強制會面，華勒斯幾乎都缺席。然而，入室竊盜只是一連串事件的開端。1990年，他犯下了第一起殺人案。

凶殺紀錄

　　與其他隨機殺害陌生人的連續殺人狂不同，華勒斯幾乎都找自己認識的女性下手。這些人都是他女友的朋友、他的同事、員工和華勒斯姊妹的朋友。不知怎麼地，華勒斯與案件之間的關聯竟一直拖到他犯下第11起案件時才被警方發現。這實在很不可思議，畢竟他還出席死者喪禮，工作地點也與死者相同。

　　塔湘妲・貝西婭是華勒斯手下的第一位已知受害人。他於1990年初殺害了貝西婭，並棄屍於湖中，一直到好幾個禮拜後，貝西婭的遺體才被人發現。在調查過程中，華勒斯曾因貝西婭失蹤與凶殺案一事接受警方訊問，但是沒有被起訴。

　　華勒斯於1992年5月找上是性工作者同時也是毒販的雪倫・南斯，到了要付錢給南斯的時候，華勒斯把她痛毆致死，然後將遺體棄置在鐵軌旁，幾天後才有人發現。

　　次月，卡羅琳・勒夫於自宅寓所遭強暴後被勒斃。她是華勒斯女友的朋友，勒夫的姊妹去警局報失蹤的時候，華勒斯就陪在她身邊。華勒斯將勒夫的遺體棄置在夏洛特的一處樹林間，她的遺體一直到兩年後才被人尋獲。

　　1993年2月19號，華勒斯與肖娜・霍克在她家裡發生關係後殺害了霍克。華勒斯是她工作上的主管，他甚至還出席了霍克的喪禮。另一名同事，奧黛麗・斯班於6月22號遭華勒斯強暴後勒斃。

　　華勒斯於1993年8月10號強暴並勒斃自己姊妹的朋友，瓦倫西亞・M・江普爾。為了掩蓋這場凶殺案，他點火焚燒江普爾的遺體。幾天後華勒斯與自己的姊妹一同出席了江普爾的喪禮。9月時，他去一位工作上認識的朋友的家裡，這位

朋友是蜜雪兒・史汀森。他強暴對方，然後勒住對方頸部再用刀刺她，全程都在她其中一名孩子面前進行。

下一起凶殺案發生在1994年2月20號，這次華勒斯殺了另一名員工。凡妮莎・利托・麥克於自宅寓所被殺害。幾個禮拜後，在3月8號這天，華勒斯又勒斃了貝蒂・鮑克姆。鮑克姆死後，華勒斯將她家洗劫一空，開著她的車離去，後來他將這輛車棄置在一座購物中心。鮑克姆是華勒斯女友的同事。

同一晚，他回到同一棟公寓大樓裡殺了朋友的女友，布蘭迪・朱恩・亨德森。他強暴她時，她還抱著自己的嬰孩，最後華勒斯勒斃了她。雖然他試圖連嬰孩一起勒斃，但他最後存活下來了。華勒斯還將公寓洗劫一空。

3月12號前後某日，他殺害了最後一名受害人，黛博拉・安・史勞特爾，這是他女友的另一位同事。華勒斯將她勒斃後再往她胸口和腹部插了三十八刀。

凶殺案發生時間順序：

- 1990年——塔湘姐・貝西婭
- 1992年5月——雪倫・南斯
- 1992年6月——卡羅琳・勒夫
- 1993年2月19號——肖娜・霍克
- 1993年6月22號——奧黛麗・斯班
- 1993年8月10號——瓦倫西亞・M.・江普爾
- 1993年9月——蜜雪兒・史汀森
- 1994年2月20號——凡妮莎・利托・麥克
- 1994年3月8號——貝蒂・珍・鮑克姆
- 1994年3月8號——布蘭迪・朱恩・亨德森
- 1994年3月12號——黛博拉・安・史勞特爾

逮捕行動與庭審

華勒斯於1994年3月13號被逮捕。他在十二小時內承認在夏洛特殺害10名女性，並詳細描述每一起殺人案件的細節。他被以這些凶殺案起訴，並被拘留等待開庭。

在接下來的兩年裡，庭審被延後了數次，原因包含開庭地點的選擇、陪審團挑選與DNA證據。1996年9月，庭審終於開始。為了避免被判處死刑，他的辯護團隊試圖將過錯推給精神疾病。然而這樣的辯護計畫失敗了，1997年1月7號，華勒斯面對九起凶殺案起訴被判有罪，並且遭判九次死刑。

結果

在監獄裡服刑期間，華勒斯於1998年6月5號與蕾貝卡‧托蕾亞斯成婚，托蕾亞斯曾任監獄護理師。兩人的婚禮在死刑行刑室旁舉行，死囚管理團隊的主管參加了婚禮。

華勒斯多次以不同理由為死刑判決上訴，包含宣稱自己是在被脅迫的情況下自白。他也宣稱調查警官危害他的憲法權益。截至目前為止，他的上訴都沒有成功，目前他仍在等候行刑日期公布。

費里楊‧沃德利普
FARYION WARDRIP

出生年月日：1959年3月6號

別名／暱稱：無

做案特徵：強暴

受害人數：5人

犯案日期：1984年到1986年

逮捕日期：1986年5月6號、1999年2月14號

殺人手法：刀刺、窒息、勒殺

已知受害人：泰利‧李‧辛斯，20歲；托尼‧珍‧吉布斯，24歲；黛博拉‧泰勒，25歲；艾倫‧布勞，21歲；蒂娜‧伊莉莎白‧金布魯，22歲

犯罪地區：美國德州威契托郡

狀態：判處死刑，等待行刑

個人背景

　　沃德利普於1959年出生於塞冷，父母親是喬治與黛安娜。他在學校裡表現不太好，課業分數都很低，12年級結束前便離開了校園。1978年，他加入了陸軍國民兵。就一般人的理解來看，他在這個位置上適得其所。

　　1983年，沃德利普與第一任妻子成婚，並且在當地醫院擔任清潔工維生。同年，他在工作上獲得晉升，成為雜務工人。隔年，他因為吸毒、違法缺席以及行為不檢，從陸軍國民兵非榮譽退役。

　　1984年，沃德利普因強暴與謀殺罪名被逮捕入獄，他服刑11年後獲假釋出

獄。他的婚姻於1985年就已結束，出獄後他便再婚。到了1997年，眼看還要兩年警方才會透過DNA證據找上沃德利普，調查他與1980年代間發生的凶殺案之間的關係。

凶殺紀錄

沃德利普的第一位已知受害人是泰利・李・辛斯。她的遺體在1984年於自家中被人發現，她遭性侵後被刺殺致死。她本來試圖阻止沃德利普闖入她家，可是他仍破門而入。因為她不斷反抗，沃德利普將她的雙手用電線綁縛。後來沃德利普說自己殺她完全沒有什麼特別的原因。

1985年1月19號，托尼・吉布斯失蹤了。她當時本來在威契托醫院工作，失蹤兩天後，車子在幾哩外被發現。她的遺體於2月15號被尋獲，驗屍報告顯示她先被性侵後被刺傷致死。

黛博拉・泰勒於1985年3月24號在德州沃斯堡被殺害。她在丈夫先回家之後，於酒吧認識了沃德利普，沃德利普表示可以載她回家。根據沃德利普描述，他對她採取了一些追求手段，但卻被她拒絕，所以他就殺了她。她的遺體於一週後在一處工地被尋獲。

艾倫・布勞於1985年9月20號那天晚上下班之後被殺害。沃德利普逼她將車子開到偏僻處，然後將她勒斃。沃德利普曾一度表示他扭斷了布勞的脖子。沃德利普開走布勞的車、拿走皮包，再棄置於威契托瀑布。

蒂娜・伊莉莎白・金布魯於1986年5月6號在自宅寓所遇害。沃德利普後來表示他殺金布魯是因為金布魯讓他想起自己的前妻。金布魯遭以枕頭悶死。遺體被發現後，鄰居向警方表示曾見到一名高個子的棕髮白人男性離開金布魯的公寓。

5月9號，沃德利普致電警方，坦承自己殺害了金布魯。他為此被判處35年刑期，不過於1997年就獲假釋出獄。這時的他看起來已經改過自新，重新結了婚，也在奧爾尼找到了一份工廠的工作。

同一時期，當局也在威契托瀑布重啟針對懸案辛斯案、吉布斯案、布勞案與

泰勒案的調查。當局曾在其中兩處犯罪現場，也就是殺害辛斯與吉布斯的現場，蒐集到DNA證據，這些證據互相符合。這時當局可以確認的是他們面對的是一名連續殺人狂。

當局一邊調查的同時，發現布勞與沃德利普之間的關係。沃德利普為金布魯案出庭受審的時候，曾說過自己認識布勞，但是沒有人繼續追查此事。當局找到其他證據，已可確認沃德利普與其他案件之間的關聯性，不過還是需要一份沃德利普的DNA樣本。為取得這份樣本，警方到沃德利普工作的地方，跟沃德利普要了一只他喝水用過的紙杯，藉口要吐菸草汁。

當局隨後立刻做了DNA分析，結果與吉布斯案與辛斯案中的樣本也符合。

凶殺案發生時間順序：

- 1984年——泰利・李・辛斯，20歲
- 1985年1月19號——托尼・珍・吉布斯，23歲
- 1985年3月24號——黛博拉・泰勒，25歲
- 1985年9月20號——艾倫・布勞，21歲
- 1986年5月6號——蒂娜・伊莉莎白・金布魯，21歲

逮捕行動與庭審

沃德利普於1999年2月14號被逮捕，他坦承殺害了辛斯、布勞、泰勒和吉布斯。他的庭審於同年展開，面對所有起訴都被判定有罪。沃德利普被判處死刑。

結果

沃德利普因殺害辛斯被判處死刑。但是在被判刑九年後，於2008年，一名聯邦治安法官表示，因為審判期間沃德利普的辯護團隊沒有發揮作用，應將沃德利普的死刑改判。2011年6月，巡迴上訴法院下令要德州政府將刑期改為無期徒刑，或重新開啟判刑流程。案件由美國地方法院重新檢視，目前沃德利普仍是死囚。

卡爾‧「科羅爾」‧瓦特
CARL "CORAL" WATTS

出生年月日：1953年11月7號

別名／暱稱：科羅爾、週日晨間殺人狂

做案特徵：跟蹤、酷刑虐待

受害人數：22到100人

犯案日期：1974年到1982年

逮捕日期：1982年5月23號

殺人手法：勒殺、刀刺、淹溺、刀割、鈍器重擊

已知受害人：珍妮‧克萊恩，35歲；琳達‧緹利，22歲；伊莉莎白‧蒙哥馬利，25歲；菲利斯‧塔姆，27歲；瑪格麗特‧福希，25歲；伊蓮娜‧塞曼德，20歲；艾蜜莉‧拉奎，14歲；伊迪絲‧萊德，34歲；尤蘭達‧賈希亞，21歲；凱莉‧傑佛森，32歲；蘇珊‧塞爾斯，25歲；蜜雪兒‧麥戴，20歲；海倫‧達契爾，36歲；葛洛莉亞‧史提爾，19歲，其餘身分不明

犯罪地區：美國密西根州、德州

狀態：終生監禁，不可假釋。2007年9月21號死於前列腺癌

個人背景

　　1953年瓦特出生的時候，父親是陸軍二等兵，母親是幼稚園的美術老師。這家人住在德州啟琳，瓦特兩歲的時候父母離異，瓦特由母親帶大，後來他們搬到了密西根州。他的母親於1962年改嫁，生下兩名女兒。

　　根據瓦特描述，他開始幻想殺人和酷刑虐待的情境是在12歲的時候。身為一

名青少年，他很喜歡跟蹤他們這個社區裡的女孩和年輕女性。當局懷疑瓦特第一次殺人，就是發生在他僅15歲的時候。

瓦特13歲時染上腦膜炎，不得已只好於八年級留級。他發現自己難以跟上同學進度，大多數成績都不及格。到了16歲的時候，他僅有三年級的閱讀能力，並遭到同儕嚴重霸凌。

他第一次與執法機構接觸，是在1969年6月的時候，當時他因為性侵26歲的瓊安‧蓋夫而遭到逮捕。但是他沒有入獄服刑，而是被送到底特律的精神療養院，拉法葉療養機構。院方發現他智商僅有75分，被判定為輕度智障，精神科醫師也發現他有妄想症。

不過，其中一名逮捕他的警官認為他記憶絕佳，並且似乎很聰明。

瓦特於1969年11月離開醫療機構，回到高中完成學業。雖然成績很差，他仍於1973年畢業，並取得橄欖球獎學金，進入田納西州傑克森市的萊恩學院就讀。然而，他只在校三個月，就因為攻擊與跟蹤女性遭退學。當時他身陷一名女學生的凶殺案調查之中，但是警方沒有找到足夠的證據可以起訴他。

瓦特後來搬到了德州休士頓，與女友迪洛莉斯生下一名女兒。1979年，他娶了另一名女子，瓦萊里亞‧古德威爾，但是兩人於幾個月後就在1980年5月離了婚。這時候的瓦特已經成了連續殺人狂，不過一直到兩年後，他才被警方逮捕。

凶殺紀錄

瓦特20歲的時候開始殺害女性。他會先從受害人家中綁架受害人，對她們酷刑虐待，然後再將其殺害。他鎖定年齡介於14到44歲的女性，用各種方式殺害她們。他使用的殺人手法包含勒頸、鈍器重擊、淹溺與刀刺。

瓦特能維持很長一段時間都沒有被警方注意到，主要有幾個原因。首先是他總是在不同地方殺人，比方不同的州，或是不同司法管轄區，所以這些凶殺案就比較不容易被串連起來。他很少性侵受害人，所以不會留下DNA樣本。

不過瓦特也不是每次出手都會取人性命。大量女性受害人受了嚴重的傷，有

些人甚至差點傷重身亡。瓦特被逮捕後宣稱自己殺了大約40名女性。若加上無致命的攻擊案件，受害人數大約是80人。

兇殺案發生時間順序（受害人身分已確立）：

- 1979年——海倫·達契爾
- 1979年10月31號——珍妮·克萊恩，35歲
- 1981年9月5號——琳達·緹利，22歲
- 1981年9月12號——伊莉莎白·蒙哥馬利，25歲
- 1982年1月4號——菲利斯·塔姆，27歲
- 1982年1月17號——瑪格麗特·福希，25歲
- 1982年2月7號——伊蓮娜·塞曼德，20歲
- 1982年3月20號——艾蜜莉·拉奎，14歲
- 1982年3月27號——伊迪絲·萊德，34歲
- 1982年4月15號——尤蘭達·賈希亞，21歲
- 1982年4月16號——凱莉·傑佛森，32歲
- 1982年4月21號——蘇珊·塞爾斯，25歲
- 1982年5月23號——蜜雪兒·麥戴，20歲

逮捕行動與庭審

　　瓦特最後一次試圖殺人是在1982年5月22號這天，他闖入了一戶住有兩名女性的住家。這次，他被逮捕並被帶回警局接受訊問。

　　在訊問過程中，有幾件事讓警方覺得有必要將其他凶殺案一併調查，最後他們找出了瓦特與那些案件的關係。1981年初，瓦特住在密西根州，調查人員相信他就是當地至少十起女性凶殺案背後的殺人兇手。他於1975年為這些案件接受過警方訊問，但是當時他們沒有足夠證據可以起訴他。

　　檢方認為單就手上的證據，並無法成功起訴瓦特，所以他們換了個方式，

提供他認罪協商的機會。1982年，他們告訴瓦特，如果他願意坦承犯下所有殺人案，並且將細節全部交代清楚，那他就不會被以殺人罪名起訴，而是被以入室竊盜與企圖謀殺的罪名起訴，這樣的起訴罪名會被判刑60年有期徒刑。

瓦特同意接受這個選擇，坦承於德州犯下十二起殺人案件。密西根州當局不想與他談成協議，所以案件調查工作仍持續中。瓦特如事先約定好的條件，被判處60年有期徒刑，但是因為技術上的原因，他被重新歸類為非暴力罪犯。這表示他可以提早申請假釋。

密西根州檢察長於2004年在全國電視台上呼籲民眾提供資訊，協助他們以殺人罪嫌起訴瓦特。一名目擊證人宣稱目睹了瓦特於1979年殺害海倫‧達契爾，後來這名目擊證人也成功辨認出瓦特。雖然他在德州有豁免權，可是在密西根州可沒這種事。

瓦特被以殺害海倫‧達契爾的罪名起訴，那年底他便出庭受審。2004年11月17號，瓦特在謀殺罪名的審判中被判有罪。12月7號，他被判處無期徒刑。這場判刑結束兩天後，瓦特被以殺害葛洛莉亞‧史提爾一案起訴，史提爾於1974年被殺害。

此案的庭審於2007年7月25號開始，兩天後他便被判有罪，並且處以終生監禁，不可假釋。

結果

2007年9月21號，瓦特因前列腺癌去世。當局懷疑瓦特殺了90人。

弗瑞德・威斯特與蘿絲瑪莉・威斯特
FRED WEST AND ROSEMARY WEST

出生年月日：1941年9月29號、1953年11月29號

別名／暱稱：格洛斯特恐怖屋

做案特徵：亂倫、酷刑虐待、強暴、分屍、毀屍

受害人數：11到13人以上

犯案日期：1971年到1987年

逮捕日期：1994年2月25號

殺人手法：窒息、勒殺

已知受害人：夏美音・威斯特，8歲；凱薩琳・博娜黛・「蕾娜」・威斯特，27歲；琳達・卡蘿・戈夫，19歲；卡蘿・安・庫珀，15歲；露西・凱瑟琳・帕丁頓，21歲；泰瑞莎・賽娜泰勒，21歲；雪莉・哈伯德，15歲；胡安妮塔・瑪里昂・默特，18歲；雪莉・安・羅賓森，18歲；艾莉森・珍・錢伯斯，16歲；海瑟・威斯特，16歲

犯罪地區：英國格洛斯特夏

狀態：弗瑞德於發回更審時上吊自殺；蘿絲被判處終生監禁

個人背景

弗瑞德・威斯特

　　威斯特在非常有問題的環境中長大，這點對於他後來臭名昭著的人生有著很大的影響。他出生於窮苦家庭，父母親瓦特與黛西都是赫瑞福夏馬克勒的農工。他們家中有六個孩子，威斯特後來宣稱父親與所有女兒都有亂倫關係。顯然對這

個家庭來說，亂倫並沒有問題，威斯特對於獸姦的認識也是跟父親學的。他對自己兒子說，做什麼都可以，只要不被抓到就好了。威斯特也宣稱自己從12歲開始，就遭母親性虐待。

威斯特在學業表現並不出色，但是在藝術和木工則特別擅長。他於1956年12月，也就是他15歲的時候離開校園。1958年，他發生了一場機車事故，頭顱、手臂和腿骨折，還昏迷了一個多禮拜。事故之後，他便常常情緒驟變、大發雷霆。兩年後他再次頭部受傷，這次是從防火梯上摔下來，昏迷了二十四小時。

威斯特20歲的時候，因猥褻一名13歲女孩被起訴。雖然被定了罪，卻僥倖躲過牢獄之災。那之後，他家人就開始表現出跟他切割關係的態度。畢竟他的父親曾經再三告誡他，千萬不要被抓到。

蘿絲瑪莉‧威斯特

蘿絲瑪莉是威廉與黛西‧列茲在經歷了辛苦的孕期後生下的孩子。她的母親在整個孕期中都受到間歇性憂鬱症所苦，甚至還一度接受電擊痙攣休克治療法。後來有人懷疑也許就是這個療法傷害了當時還在母親腹中的威斯特的大腦。青春期間，她是一個情緒特別喜怒無常的孩子，在學校表現也不好。

她的父母在她還是青少女的時候就離了婚，她與母親同住一段時間，於16歲時才搬去與父親同住。這點非常令人訝異，因為她的父親一直重複性虐待她，而且還是個會使用暴力的人。她大概就是在這個時期認識了弗瑞德‧威斯特，兩人開始約會。她的父親對此非常不滿，威脅恐嚇弗瑞德，說要聯絡社福單位。

最後蘿絲瑪莉搬到湖畔小屋旅館露營車公園與弗瑞德同居。她開始接手照顧弗瑞德的女兒安瑪莉（弗瑞德與前妻蕾娜‧卡斯特羅生的孩子）與他的繼女夏美音，夏美音是蕾娜與另一名男子生的女兒。1970年，蘿絲瑪莉發現自己懷孕了，這家人於是搬到了格洛斯特米德蘭路上的一間房子裡定居。

1973年1月，一名叫做卡羅琳‧羅伯特的年輕女子從蘿絲瑪莉和弗瑞德家中逃脫，並向警方報案，指兩人性侵她。然而兩人僅被以猥褻定罪，判處罰鍰。

蘿絲瑪莉常常進行性交易賺取金錢，她帶男人回家的時候，弗瑞德就會在一旁看。令人感到最不適的一點是其中一個最常出現的客人，就是蘿絲瑪莉的親生父親。他一直享受與蘿絲瑪莉的性關係，甚至持續到她第四個孩子出生之後。他也強暴了弗瑞德的女兒安瑪莉。蘿絲瑪莉一連生下了8個孩子，弗瑞德是其中5名孩子的父親。

弗瑞德拍下自己強暴女兒的影片，他女兒把這件事告訴了學校裡的幾個朋友。此事驚動了一名家長，家長報了警。弗瑞德於1992年8月6號遭逮捕，蘿絲瑪莉也因為身為共犯被起訴。蘿絲瑪莉還被以其他罪行起訴，包含虐待兒童。她的孩子們都被送到寄養家庭安置。不過因為2名目擊證人拒絕出庭作證，整起案件就這樣瓦解，蘿絲瑪莉與弗瑞德重拾自由之身。

這時候已經開始有傳言討論他們失蹤的女兒，海瑟。弗瑞德和蘿絲瑪莉擁有的格洛斯特恐怖屋就是在調查行動中被公諸於世。

凶殺紀錄

弗瑞德與蘿絲瑪莉在長達6年期間至少殺害了8名女性。有些人來到克倫威爾街25號這棟房子是來寄宿的，有些人則來是替這家人做童工或管家。琳達・戈夫於1973年4月遭殺害，她在擔任裁縫的時候認識了弗瑞德與蘿絲瑪莉。

1973年11月，卡蘿・安・庫珀從電影院走回家的路上失蹤，後來證實她也是威斯特雙人組的受害人。那年12月一天，露西・凱瑟琳・帕丁頓在等公車要回家的時候，遭到威斯特雙人組綁架。他們將她拘禁了一個禮拜，強暴她、對她的身體施以酷刑虐待，最後才殺害她。

接下來的五年裡，又有5名女性遭這對男女殺害。他們很有可能在1979年之後仍繼續殺人行為，因為像威斯特雙人組這種人是不會收手的。但是在克倫威爾街上這棟屋子裡沒有再發現其他屍體了，除了他們的女兒海瑟。弗瑞德開始虐待海瑟，她抵抗的時候，弗瑞德就會逼她就範。1987年6月，因為場面失控，海瑟便被勒斃。事發之後，他們將海瑟的遺體分屍，埋進花園。

兇殺案發生時間順序：

- 1967年夏天——安‧麥克福爾

- 1971年6月——夏美音‧威斯特，8歲

- 1971年8月——凱薩琳‧博娜黛‧「蕾娜」‧威斯特，27歲

- 1973年4月——琳達‧卡蘿‧戈夫，19歲

- 1973年11月——卡蘿‧安‧庫珀，15歲

- 1973年12月——露西‧凱瑟琳‧帕丁頓，21歲

- 1974年4月——泰瑞莎‧賽娜泰勒，21歲

- 1974年11月——雪莉‧哈伯德，15歲

- 1975年4月——胡安妮塔‧瑪里昂‧默特，18歲

- 1978年5月——雪莉‧安‧羅賓森，18歲

- 1979年8月——艾莉森‧珍‧錢伯斯，16歲

- 1987年6月——海瑟‧威斯特，16歲

逮捕行動與庭審

1992年5月，弗瑞德三度拍下自己強暴親生女兒的過程，他的女兒將這件事告訴學校的朋友。其中一名朋友告訴自己的母親後，這位母親於8月4號直接報警。兩天後，警方展開調查，弗瑞德與蘿絲瑪莉都因強暴罪嫌被逮捕。

蘿絲瑪莉除了因為身為共犯被起訴以外，還被以虐待兒童起訴。所有孩子都被送到寄養家庭接受保護。弗瑞德與蘿絲瑪莉的強暴罪庭審原訂於1993年6月7號開庭，但是兩名目擊證人拒絕出面作證，因此全案化為烏有。

同時，警方仍持續試圖查明海瑟到底出了什麼事。警方與社工人員談過後得知孩子們表示弗瑞德說過，如果他們表現不好，就會「像海瑟一樣去露臺下面」。這段話已經足以讓警方申請搜索令。於1994年2月取得搜捕令後，警方在2月24號這天到那棟房屋開挖。

弗瑞德於2月25號遭逮捕，警方也找到了人骨，弗瑞德進而承認自己殺害了

海瑟。後來他撤回自白，並給出另一份自白證詞，說蘿絲瑪莉並未參與該案。隨著開挖進度推進，警方又在屋子裡外找出更多屍體。弗瑞德終於在3月4號坦承，除了海瑟案以外，他還犯下另外九起殺人案。

弗瑞德與蘿絲瑪莉於1994年6月30號出庭。弗瑞德被以犯下十一件凶殺案起訴，蘿絲瑪莉則是十件。弗瑞德在這之後立刻再次被逮捕，這次是以殺害安・麥克福爾為由，他於7月3號被起訴。

蘿絲瑪莉不肯承認犯下任何凶殺案，檢方找到的證據頂多也只能算是間接證據。然而蘿絲瑪莉於1995年10月出庭時，仍在十起凶殺案起訴中被判定有罪，處以無期徒刑。法庭認為她最好永遠不得假釋。

結果

1995年1月1號，弗瑞德・威斯特被發回更審的時候，在牢房裡上吊自殺了。當局替他舉辦了喪禮，只有三個人參加，儀式結束後他便被火化。1996年10月，格洛斯特那棟所有暴行發生的房子被拆除，變成了一條馬路。那座房屋的殘骸碎片被完全摧毀，確保紀念品獵人不會得逞。

奈坦尼爾·懷特
NATHANIEL WHITE

出生年月日：1960年7月28號

別名/暱稱：無

做案特徵：強暴

受害人數：6人

犯案日期：1991年到1992年

逮捕日期：1992年8月2號

殺人手法：刀刺、毆打

已知受害人：茉利安娜·R.·法蘭克，28歲；克莉絲汀·M.·克萊柏；蘿蕾特·哈金斯·瑞維爾，34歲；安潔莉娜·霍普金斯，23歲；布蘭達·L.·懷特塞德，20歲；亞得里安·M.·杭特，27歲

犯罪地區：美國紐約州橘郡

狀態：判處150年有期徒刑到終生監禁

個人背景

　　懷特出生於1960年，他的整個童年紀錄大概就只有這則了。在1990年代，已經長大成人的懷特於紐約州哈德遜河谷一帶殺害了許多人。他曾因綁架一名16歲女孩入獄服刑一年，出獄後僅過了幾個月就開始殺人。後來懷特因謀殺罪嫌被捕，先前的短暫刑期與提早假釋一事掀起了許多爭議。懷特同意在輕罪上認罪，不承認重罪的部份，這是認罪協商的內容之一，這也就是為什麼他可以被輕判。

　　他後來宣稱自己有幻聽，但是他其實從未被診斷出任何精神疾病。他也宣稱

自己犯下的其中一起凶殺案是模仿電影《機器戰警》的其中一幕。

凶殺紀錄

1991年3月25號，懷特犯下的第一起凶殺案件中，受害人是一名孕婦，茱利安娜·法蘭克。懷特將她殺害後，將其裸屍棄置在米德爾頓的鐵軌旁。下一名受害者是克莉絲汀·克萊柏，當時她年僅14歲。克萊柏於1991年6月29號失蹤，遺體於8月4號被發現。

1992年7月10號，懷特在蘿蕾特·哈金斯·瑞維爾位於米德爾頓的自宅中殺害了她。十天後，懷特在一家小酒館認識了安琪拉·霍普金斯與布蘭達·懷特塞德，兩名女性最後身影就是要進入懷特的車裡。兩人的遺體於8月4號在克萊柏家中一起被人發現。霍普金斯與懷特塞德的死因是頭部遭鈍物重擊。

1992年7月30號清晨，亞得里安·杭特遭暴力刺傷致死。她的遺體當天便於哥申被尋獲。

安琪拉·霍普金斯的姊妹瑟西莉亞目擊霍普金斯與懷特塞德在失蹤那天晚上與4名男子離開酒吧。8月2號，瑟西莉亞見到懷特回到同一家酒吧，所以她通知了警方。

兇殺案發生時間順序：
- 1991年3月25號——茱利安娜·法蘭克，29歲
- 1991年6月29號——克莉絲汀·克萊柏，14歲
- 1992年7月10號——蘿蕾特·哈金斯·瑞維爾
- 1992年7月20號——安琪拉·霍普金斯
- 1992年7月20號——布蘭達·L.·懷特塞德
- 1992年7月30號——亞得里安·杭特，27歲

逮捕行動與庭審

懷特於1992年8月2號遭逮捕。在審訊過程中，他坦承犯下殺人案，並告訴警方他棄屍在哥申何處。他於8月7號為殺害克萊柏一案出庭受審。9月9號，起訴書上又增加另外五起凶殺案，表示懷特總共被以五起凶殺案起訴。

結果

- 雖然懷特以精神障礙為由進行無罪辯護，他被判定在犯案當時精神狀況沒有問題。他被判處150年有期徒刑，於1993年5月27號開始在葛雷麥道爾懲教中心服刑。

- 紐約州州長喬治·帕塔基用懷特犯下的案件來推動爭取恢復死刑。

偉恩・威廉斯
WAYNE WILLIAMS

出生年月日：1958年5月27號

別名／暱稱：亞特蘭大弒童兇手

做案特徵：弒童

受害人數：2到31人

犯案日期：1979年到1981年

逮捕日期：1981年6月21號

殺人手法：窒息、勒殺

已知受害人：奈坦尼爾・凱特，28歲；吉米・雷・裴恩，21歲；奧福雷・伊凡斯，13歲；尤瑟夫・貝爾，9歲；艾瑞克・米德布魯克斯，14歲；克里斯多福・里查森，12歲；亞倫・威徹，10歲；安東尼・卡特，9歲；厄爾・特雷爾，11歲；克利福・瓊斯，13歲；查爾斯・史蒂芬斯，12歲；亞倫・傑克森，9歲；派翠克・羅傑斯，16歲；路比・蓋特，14歲；泰利・普，15歲；派翠克・巴爾塔扎，11歲；科特斯・沃克，13歲；喬喬・貝爾，15歲；堤摩西・希爾，13歲；艾迪・當肯，21歲；賴瑞・羅傑斯，20歲；麥可・麥金塔施，23歲；約翰・波特，28歲；威廉・巴瑞特，17歲

犯罪地區：美國喬治亞州亞特蘭大城

狀態：終生監禁

個人背景

　　威廉斯在亞特蘭大城狄西希爾斯出生長大，其他人覺得他有點愛作夢，也是

個舌燦蓮花的騙子，常對別人說一些自己神奇經歷，但內容荒誕得離譜。他想成為一名DJ，也真的在父母家中成立了一座業餘廣播電台。當地人都知道威廉斯熱愛開發音樂人，他特別熱衷於挖掘青少年男女音樂人。

雖然社區間也有傳言說威廉斯是男同志，這件事始終沒有得到證實。1976年，他假冒警官身分後被逮捕，不過未被起訴。在他被懷疑殺害兒童被捕之前，這是他唯一與警方交手的紀錄。

凶殺紀錄

1979年到1981年間，亞特蘭大發生了好幾起年輕非裔孩童被殺的案件。到了1981年5月，總共已有29名兒童被殺害，大多都被勒殺或窒息而死。死者清單中還有兩名年紀較大的男子——吉米·雷·裴恩與奈坦尼爾·凱特。

聯邦調查局於1980年介入調查。1981年5月，有人在橋上看見威廉斯的車，還聽見下方河面傳來巨大水聲。當時為了抓到兇手，當局還封鎖了那座橋樑與河流。當時就有人提出來，說兇手很可能將下一名受害人棄置於河流，因為遺體被找到的速度太快了。

警方攔下威廉斯，而威廉斯則宣稱自己是要進城聽一名年輕歌手的試唱。然而，警方檢查他的不在場證明後，發現他提供的資訊中，有大部分都是錯的。

奈坦尼爾·凱特的裸屍於3天後在河中被人尋獲。驗屍報告顯示凱特很有可能是因為窒息身亡。因為威廉斯幾天前曾被人目睹出現在橋上，警方便起了疑心。他們將威廉斯找來進一步訊問，並讓他接受測謊。威廉斯沒有通過測謊。

警方搜查他的住家與車裡的時候，發現許多纖維和毛髮與受害者身上找到的證據相似。目擊證人出面表示，在其中幾件凶殺案發生那幾天，他們曾看到威廉斯手臂與臉上出現抓痕。威廉斯為了堅持自己的清白，還在自己父母家外頭舉行記者會，但是沒有人想聽他說的話。

凶殺案發生時間順序：

- 1979年7月28號——愛德華・霍普・史密斯，14歲
- 1979年7月28號——奧福雷・伊凡斯，14歲
- 1980年3月4號——安琪・萊奈爾，12歲
- 1980年3月11號——傑佛瑞・瑪帝斯，11歲
- 1980年5月18號——艾瑞克・米德布魯克斯，14歲
- 1980年6月9號——克里斯多福・里查森，12歲
- 1980年6月22號——拉托尼亞・威爾森，7歲
- 1980年6月23號——亞倫・威徹，10歲
- 1980年7月——安東尼・卡特，9歲
- 1980年7月——厄爾・特雷爾，11歲
- 1980年8月到11月——克利福・瓊斯，13歲
- 1980年8月到11月——查爾斯・史蒂芬斯，12歲
- 1980年8月到11月——亞倫・傑克森，9歲
- 1980年8月到11月——派翠克・羅傑斯，16歲
- 1981年1月3號——路比・蓋特，14歲
- 1981年1月——泰利・普，15歲
- 1981年2月——派翠克・巴爾塔扎，11歲
- 1981年2月——科特斯・沃克，13歲
- 1981年3月——喬喬・貝爾，15歲
- 1981年3月——堤摩西・希爾，13歲
- 1981年3月——艾迪・當肯，21歲
- 1981年3月——麥可・麥金塔施，23歲
- 1981年4月——賴瑞・羅傑斯，20歲
- 1981年4月——約翰・波特，28歲
- 1981年4月——吉米・雷・裴恩，21歲

- 1981年5月——威廉·巴瑞特，17歲
- 1981年5月——奈坦尼爾·凱特，27歲

逮捕行動與庭審

1981年6月21號，威廉斯遭逮捕，並以殺害凱特與裴恩的罪名遭起訴，但是他沒有因為殺害那些男孩被起訴。他的庭審於1982年1月6號開始，檢方靠的是間接證據，雖然並不理想，但是數量甚多。

庭審持續了兩個月，期間有許多法醫鑑識證據被做為呈堂供證。除了纖維和威廉斯養的狗的毛髮，檢方還在他的車內找到血跡，相驗確認與其中幾名受害人相符。有幾位目擊證人出面證實威廉斯是個喜歡非裔男孩的戀童癖。

2月27號，陪審團花了十個小時討論，最後決定威廉斯在裴恩與凱特案中有罪。他被判處二次無期徒刑，須連續服刑。

結果

威廉斯的定罪結果掀起了許多爭議。有許多人，尤其是跟他住在同一個社區鄰里的人不相信是他犯下了那些凶殺案件。其中四起凶殺案件於2005年在迪卡爾布郡重啟調查，但是鄰近的富爾頓郡當局並未重啟任何案件。迪卡爾布當局後來以缺乏證據為由，再次關閉了案件。

前聯邦調查局側寫員、《破案神探》作者約翰·E.·道格拉斯表示，他相信威廉斯犯下其中幾起凶殺案，但不認為他是所有案件的兇手。他在自己的書裡寫道，他認為當局大概知道其他兇手是誰。這裡引用他的句子，「兇手不只一人，而真相並不討喜。」

後記

在案件調查過程中，三K黨成員查爾斯·桑德斯被當局懷疑曾參與其中幾名兒童的凶殺過程。但是他後來通過了測謊，被從名單中刪除了。

藍道爾・伍德菲爾
RANDALL WOODFIELD

出生年月日：1950年12月26號

別名／暱稱：I-5公路搶匪、I-5公路殺人魔

做案特徵：強暴、搶劫

受害人數：3到18人以上

犯案日期：1979年10月到1981年2月

逮捕日期：1981年3月7號

殺人手法：槍擊

已知受害人：達西・費克斯；道格・艾爾堤克；薛麗・扈爾；朱莉・瑞茲，其餘受害人未公布姓名或未確認

犯罪地區：美國華盛頓州、加州、奧勒岡州

狀態：判處終生監禁加上90年有期徒刑

個人背景

　　伍德菲爾出生於奧勒岡州的塞冷，童年看起來很正常，在一般中產階級的家庭中長大，沒有任何類型的失常紀錄或徵兆。他在學校很受歡迎，在紐波特高中時期還是橄欖球明星。畢業後他於波特蘭州立大學就讀，期間繼續打橄欖球。

　　伍德菲爾從青少年時期就開始出現某些反社會行為。他喜歡暴露自己的身體，第一次被警方逮捕的時候，他還在念高中。不過身為重要的橄欖球隊員，他的教練隱瞞了這些違規行為，讓他繼續留在球隊裡。

　　1970年代早期，伍德菲爾因為在公共場合行為不檢以及破壞財物被警方逮捕

三次，但是他仍被綠灣包裝工隊選中。到1974年，他已經被逮捕超過十二次，都是因為不雅暴露行為，最後他被球隊開除。隔年的他持刀威脅受害人，犯下一連串性侵案件和搶劫。他被逮捕並被定罪，但是罪名僅是二級搶劫罪。他被判處10年有期徒刑，然而只服刑4年。

出獄後的伍德菲爾仍持續進行犯法行為，從1979年開始，他在為期兩年時間到處搶劫加油站、住家和冰淇淋店。若他的受害人是女性，他就會性侵對方，有時甚至會將其殺害。伍德菲爾於1981年接受凶殺案調查，當時因為奧勒岡州比佛頓發生了一起女性遭槍擊致死的案件，死者正好是他認識的人。

凶殺紀錄

1980年11月，達西·費克斯與道格·艾爾堤克於北波特蘭的費克斯家中遭槍擊死亡。兩人顯然是遭行刑式槍殺，槍擊傷口在頭部，費克斯的左輪手槍也不知去向。雖然費克斯與伍德菲爾之前曾透過另一名朋友認識彼此，警方並未將伍德菲爾列入涉案嫌疑。

1981年1月18號，薛麗·扈爾與貝絲·威爾莫特在工作的時候遭一名男子闖入辦公室性侵。男子殺了扈爾，且認為自己也殺了威爾莫特，不過威爾莫特生還了。下一名受害人是朱莉·瑞茲，她於1981年2月15號在奧勒岡州被槍擊致死。西爾維亞·杜蘭特於1979年12月在西雅圖被勒斃。

瑪莎·維特與友人凱西·艾倫的遺體於1980年5月雙雙被發現。

1981年2月3號，堂娜·埃卡德與女兒的遺體被人發現。兩人一起躺在床上，頭部皆有多處槍傷。驗屍報告指出，年輕女孩在死前曾遭強暴。

兇殺案發生時間順序：

- 1980年11月——達西·費克斯
- 1980年11月——道格·艾爾堤克
- 1981年1月18號——薛麗·扈爾

- 1981年2月15號——朱莉・瑞茲

  疑似案件：
- 1979年12月——西爾維亞・杜蘭特，21歲
- 1980年5月——瑪莎・維特，19歲
- 1980年5月——凱西・艾倫，18歲
- 1981年2月3號——堂娜・埃卡德，37歲
- 1981年2月3號——堂娜・埃卡德之女，14歲

逮捕行動與庭審

　　警方在調查比佛頓槍擊致死案件的過程中接觸到伍德菲爾，他是死者認識的人。警方取得足夠理由去搜尋他的住處，並在他家找到他與這起凶殺案有關的證據，以及對兩名女子犯下的殺人未遂案證據。

　　1981年3月7號，伍德菲爾被逮捕，並以三件殺人案件起訴——比佛頓案、加州母女案。他的庭審於1981年10月開始，同時他也因薛麗・扈爾案被起訴。伍德菲爾被定罪並判處終生監禁，外加90年有期徒刑。

結果·

　　入獄服刑期間，伍德菲爾結婚三次，離婚二次。到1990年，懷疑是他犯下的案件多達四十四起。DNA檢測技術後來找到了他與兩起1980年代發生於奧勒岡州的凶殺案之間的關聯。

後記

　　伍德菲爾在自己的MySpace帳號寫下：

　　「我是藍迪，我55歲。我的餘生即將在獄中度過，因為我殺了人，還犯下其他案件。我曾經加入過綠灣包裝工隊。我沒有繼續留在球隊的唯一原因，是因為我當時能夠提供的球技不是他們需要的。」

史蒂芬・萊特
STEVEN WRIGHT

出生年月日：1958年4月24號

別名／暱稱：薩弗克勒殺手、伊普斯威治開膛手

做案特徵：殺害性工作者

受害人數：5人

犯案日期：2006年10月到12月

逮捕日期：2006年12月19號

殺人手法：勒殺、窒息

已知受害人：塔妮亞・妮可，19歲；潔瑪・亞當斯，25歲；安妮莉・艾爾德頓，24歲；安奈特・尼可斯，29歲；寶拉・克萊內爾，24歲

犯罪地區：英國薩弗克伊普斯威治

狀態：終生監禁，建議不可假釋

個人背景

　　萊特是憲兵之子，出生於諾福克厄平罕。在父親服役期間，這一家人也住過新加坡和馬爾他。萊特8歲的時候，母親離家而去，父母兩人於1977年離婚。孩子們跟著父親，父親後來再婚，又生了兩個孩子。

　　萊特於1974年完成學業後，加入商船隊，後來成為渡輪上的廚師船員。他於1978年與安琪拉・歐唐納文成婚，兩人生了一個兒子，取名麥可。1987年，夫妻倆分居，其後離婚。萊特擔任遠洋郵輪伊莉莎白女王2號的勤務船員一段時間，接著做過許多不同工作，包含酒保、卡車司機、堆高車駕駛。

他於1987年與黛安・卡塞爾成婚，不過兩人於1988年7月離婚。當時，萊特是一家酒吧的總管。一年後他開始與莎拉・懷特利交往，兩人於1992年生了一名女兒。因為酗酒與賭博的關係，萊特最後被從酒吧總管的位置開除。2001年，萊特因為偷取80英鎊被定罪。他持續欠下鉅額賭債，一度還宣告破產，並兩度自殺未遂。萊特第一次企圖自殺是在1990年代中期，他試圖讓自己因為一氧化碳中毒而死，不過沒有成功。接著在2000年，他想靠用藥過度自殺，不過他再次生還了。2001年他認識了潘蜜拉・萊特（巧合同姓），兩人於2004年開始同居。然而當潘蜜拉開始上晚班，兩人的親近關係便開始惡化。而萊特則重拾在跑船時的習慣，找上了性工作者。一直到2006年底，幾名性工作者身亡的事件發生，這時候萊特才成了嫌疑犯。

凶殺紀錄

萊特鎖定的對象是薩弗克伊普斯威治的性工作者。他的第一位受害人塔妮亞・妮可於2006年10月30號遇害，遺體於12月8號在科普多克磨坊附近的河中被人發現。驗屍報告無法判定確切死亡原因，遺體也沒有遭性侵的證據。

2006年11月15號，潔瑪・蘿絲・亞當斯在伊普斯威治的西區路失蹤。12月2號，她的裸屍在辛特斯罕一條河中被人發現。然而驗屍報告中並無證據證明她曾被性侵。亞當斯生前是因為毒癮的關係成了性工作者。

第三名受害人是名為安妮莉・艾爾德頓的孕婦，她於12月3號搭火車到伊普斯威治後失蹤。她的遺體於7天後在納卡頓的安伯菲爾學校前方林地中被人尋獲。這次，死亡原因被判定為窒息身亡。與其他受害人一樣，艾爾德頓的遺體全裸，但是被擺放成耶穌受難像的姿勢。

安奈特・尼可斯於12月8號在伊普斯威治市中心失蹤。她也一樣是靠著從事性工作來賺錢買毒。她的裸屍於12月12號在萊文頓被人發現，遺體一樣被擺放成耶穌受難像的姿勢。根據驗屍報告，她並未遭到性侵。雖然死因不明，她生前的確經歷過某種呼吸中斷的狀況。

萊特手中的以知受害人中，最後一位是寶拉·克萊內爾。她於12月10號失蹤，裸屍於兩天後在萊文頓附近被人發現，這天也是尼可斯的遺體被找到的日子。克萊內爾的驗屍報告顯示她的喉嚨曾被擠壓，導致死亡。跟其他女子一樣，她並未遭性侵。

兇殺案發生時間順序：
- 2006年10月30號——塔妮亞·妮可，19歲
- 2006年11月15號——潔瑪·蘿絲·亞當斯，25歲
- 2006年12月3號——安妮莉·艾爾德頓，24歲
- 2006年12月8號——安奈特·尼可斯，29歲
- 2006年12月10號——寶拉·克萊內爾，24歲

逮捕行動與庭審

　　警方調查這幾起凶殺案的時候，相信案件之間本身必有關聯。便決定檢視受害人失蹤時的監視攝影機畫面。這件事得花費大量時間梳理畫面內容，但是警方最後成功找到一輛在每一件失蹤案中都曾出現的車輛。他們查詢了車牌號碼，追蹤到萊特身上。

　　鑑識報告發現三名受害人身上有萊特的DNA，這項證據就足以讓警方取得通緝令，逮捕萊特。萊特於2006年12月19號被逮捕。接受訊問時，萊特面對所有問題，一概只肯回答「無可奉告」。

　　萊特被以五起凶殺案正式起訴。2008年2月21號，庭審來到尾聲，面對所有起訴，萊特皆被判有罪。萊特被判處無期徒刑，法官建議讓他留在獄中一輩子，終生不可假釋。

結果

　　雖然萊特針對刑期判決提出多次上訴，最後他於2009年2月2號決定停止所有

上訴流程。因為法官建議他永不得假釋，萊特非常有可能此生都要在獄中度過。

後記

　　聽說萊特因凶殺案被逮捕後，萊特的父親表示：「他就不是那種人，史蒂夫很軟弱！他是個傻瓜，根本不可能知道要怎麼殺掉5個人、棄屍在薩弗克各處。」

艾琳・卡蘿・伍爾諾斯
AILEEN CAROL WUORNOS

出生年月日：1956年2月29號

別名／暱稱：珊卓拉・克雷奇、蘇珊・琳・布拉霍維茨、李・布拉霍維茨、卡米・馬許・葛林、洛里・克里斯汀・戈羅迪

做案特徵：性交易、搶劫

受害人數：7人

犯案日期：1989年到1990年

逮捕日期：1991年1月1號

殺人手法：槍擊

已知受害人：理查・馬洛里，51歲；迪克・亨福利斯，56歲；特洛伊・伯瑞斯，50歲；大衛・史畢爾斯，43歲；瓦特・吉諾・安東尼奧，62歲；彼得・希姆斯，65歲；查爾斯・卡爾斯凱登，40歲

犯罪地區：美國佛羅里達州

狀態：2002年10月9號執行注射死刑死亡

個人背景

　　伍爾諾斯15歲的母親在伍爾諾斯出生前幾個月，就已經與丈夫李歐・皮特曼申請離婚。伍爾諾斯出生後，李歐因對一名7歲女孩強暴與謀殺未遂被定罪，因此伍爾諾斯從未見過生父。李歐經檢測確認患有精神分裂症，因為一直對兒童犯下各種性犯罪行為，多年來數次進出監獄，直到1969年在獄中上吊自盡為止。

　　伍爾諾斯大約4歲的時候，母親突然離去，將孩子們留給祖父母，祖父母後

來也於1960年3月領養了伍爾諾斯與弟弟。伍爾諾斯11歲的時候已經學會如何用性服務換取食物、毒品和香菸——就算在學校也一樣。她的弟弟也不例外,而且伍爾諾斯宣稱自己也跟弟弟有過性關係。

伍爾諾斯後來表示自己的祖父有酗酒問題,曾毆打並性侵她。伍爾諾斯僅14歲時便遭祖父友人強暴,並造成她懷孕。因此她被安置在未婚媽媽之家,而孩子則被交給領養機構。祖母去世後幾個月,伍爾諾斯與弟弟曾由法院短暫接手監護權。差不多在這時候,伍爾諾斯休學了。祖父將她趕出家門後,伍爾諾斯開始在附近的林地中生活,並從事性交易維生。

1974年5月,伍爾諾斯因酒駕、車輛行駛間開槍、行為不檢遭逮捕,開庭時也沒有出席。1976年,她攔便車搭到了佛羅里達州,認識了路易斯・格拉茨・費爾,一名69歲的遊艇俱樂部總裁。兩人結了婚,但伍爾諾斯一天到晚因為在酒吧裡跟人吵架生事,最後因攻擊行為入獄。她也用枴杖攻擊自己的丈夫,對方後來對她申請了禁制令。

伍爾諾斯回到了密西根州,然而沒過多久又再次惹禍上身。她於1976年7月14號被捕,因為她用撞球丟酒保的頭。三天後,她的弟弟因癌症病逝,她因此收到10,000元的保險金。她與費爾的婚姻關係也在同一個月宣告終結。

那之後,伍爾諾斯便常常違法滋事,包含偷車、妨礙司法公正、拒捕、持有武器、偽造文書與搶劫。1986年,她在佛羅里達州的代托納一家同志酒吧認識了一名飯店清潔婦,泰里亞・摩爾。兩人交往後開始同居,然而麻煩仍然沒有終止。一天到晚有人控訴伍爾諾斯動手攻擊,而摩爾總是替她擔任目擊證人。然而諷刺的是在幾年後,摩爾會再次成為伍爾諾斯的罪名中的目擊證人,只是那時候的摩爾是站在檢方那一邊。

凶殺紀錄

有強暴前科的理查・馬洛里於1989年11月30號遭伍爾諾斯槍擊致死,伍爾諾斯後來宣稱她是出於自衛。他的遺體於12月13號在佛羅里達州清水的林地中被人

尋獲，他被開槍擊中數次，其中兩顆子彈射入肺部，造成死亡。

1990年6月1號，大衛·史畢爾斯的裸屍於佛羅里達州西特拉斯郡高速公路旁被人發現。伍爾諾斯朝他開了六槍。她的下一名受害人是查爾斯·卡爾斯凱登。卡爾斯凱登於1990年5月31號遭伍爾諾斯開槍擊中九次。他的遺體於1990年6月6號在佛羅里達州帕斯科郡被人尋獲。彼得·希姆斯於1990年6月失蹤，他的車於7月4號在奧蘭治泉被找到。目擊證人曾見到伍爾諾斯與摩爾汽車，車門把上也蒐集到了伍爾諾斯的掌印，然而警方未曾找到彼得·希姆斯的遺體。

特洛伊·伯瑞斯於1990年7月31號被報為失蹤人口。他的遺體於8月4號在瑪里昂郡19號州立公路旁的林地裡被尋獲。9月11號，查爾斯·「迪克」·亨福利斯身軀與頭部共遭槍擊六次，他的遺體於隔天在瑪里昂郡被人發現，他的車後來出現在蘇萬尼郡。

伍爾諾斯受害人中最後一位，是瓦特·杰諾·安東尼亞。他於11月1號遭槍擊喪命，近乎全裸的遺體於狄西郡的伐木公路旁被人發現，警方於5天後在布拉瓦郡鎖定他的車輛位置。

兇殺案發生時間順序：
- 1989年11月30號——理查·馬洛里，55歲
- 1990年6月1號——大衛·史畢爾斯，43歲
- 1990年5月31號——查爾斯·卡爾斯凱登，40歲
- 1990年6月——彼得·希姆斯，65歲
- 1990年7月31號——特洛伊·伯瑞斯，50歲
- 1990年9月11號——查爾斯·「迪克」·亨福利斯，56歲
- 1990年11月19號——瓦特·杰諾·安東尼亞，62歲

逮捕行動與庭審

伍爾諾斯與摩爾丟棄希姆斯的車之後，有目擊證人提供兩人的外觀描述與姓

名給警方，警方進而透過媒體報導進行宣傳，呼籲民眾協尋兩名女性。警方在幾間當鋪中找到一些受害人的財物，並從部分物件上方取得指紋。因為伍爾諾斯之前就曾經被逮捕過，所以指紋已經建檔，經比對與檢方蒐集到的指紋相符。

警方於1991年1月9號以未清通緝令的名義逮捕伍爾諾斯。隔天警方也找到了摩爾，她同意協助讓伍爾諾斯坦承認罪，藉此換取豁免權。警方陪著摩爾離開賓州，回到佛羅里達州，並將摩爾安置在一家旅館裡。接著摩爾打了好幾通電話給伍爾諾斯，請求伍爾諾斯的協助，好還她清白。1月16號，伍爾諾斯坦承犯下殺人案，並自稱是為了阻止對方強暴她，出於自衛才犯案。

伍爾諾斯於1992年1月14號為馬洛里案出庭受審。因為佛州有「威廉斯規則」，檢方可以在庭審中使用伍爾諾斯前科罪行中的證據，用來展現被告的違法行為有相當的模式。

庭審於1992年1月27號結束，伍爾諾斯在殺害馬洛里的起訴中被判有罪。她於四天後被判處死刑。

結果

伍爾諾斯向最高法院請願，希望開除法律諮詢團隊，停止上訴。她提出此請求的理由如下：「我冷酷無情地殺了那些人，我搶劫他們，而且我也打算繼續這麼做。不需要保我一命什麼的，因為我就是會再去殺人。我體內有恨意潛伏……而我已經聽膩那些『她瘋了』的言論。我已經接受評估太多次，我行為能力正常、精神正常，現在就是跟你們老實說清楚。我就是一個對人類痛恨至極的人，我會再次出手殺人。」

此舉讓州長又派了三名心理醫師去評估伍爾諾斯，確認她做出這樣的決定時心智正常。三名心理醫師最後判斷伍爾諾斯的精神正常，也知道自己會被處決死亡。

等待處決日期公布時，伍爾諾斯開始胡亂提出指控。她宣稱一名獄中的護士長虐待她，並宣稱她的餐點被吐口水、加泥土和尿。她還說自己無意間聽到獄卒

策畫要「把她逼到絕境」讓她自殺。她後來又宣稱對方「想在我死刑行刑前強暴我」。她開始抱怨所有人事物，包含手銬（太緊弄得她瘀青）、脫衣搜身、囚窗檢查的頻率、黴菌、洗澡水壓太低。

獄方提供給伍爾諾斯的最後一餐是肯德基，她於2002年10月9號被送往行刑室。她的遺言是：「是的，我想說的就是我負重前行，而我會回來的，就跟有耶穌的獨立日一樣。6月6號，跟電影一樣。大母艦之類的，什麼都有，我一定會回來，我會回來的。」早上9點47分，她被宣告死亡。

伍爾諾斯經火化後骨灰交給了她的老友道恩‧博特金斯，他將骨灰撒在密西根州一棵樹下。她要求在喪禮上撥放娜塔莉‧馬茜特的歌曲，《狂歡》（Carnival）。

後記

• 是1976年起在美國遭處死刑的第十位女性。
• 是佛羅里達州處死刑的第二位女性。

楊新海
YANG XIN HAI

出生年月日：1968年7月17號

別名／暱稱：殺人怪物

做案特徵：強暴

受害人數：67人

犯案日期：2000年到2003年

逮捕日期：2003年11月3號

殺人手法：以錘子毆打致死

已知受害人：未公開姓名之兒童、女性與男性

犯罪地區：中國河南省

狀態：2004年2月14號以槍擊頭部執行死刑

個人背景

　　楊新海於1968年出生於中國河南省的一個極度貧困的家庭。事實上，他們一家子是那個村子裡最受貧困影響的一家。別人形容楊新海聰明但內向，他於1985年，也就是17歲的時候離開校園。他拒絕回去跟家人同住，選擇在中國四處遷移，尋找粗工活糊口。

　　楊新海於1988年與1991年皆因偷竊被定罪，被送往勞改營服刑。1996年，他因為強暴未遂入獄5年。不過他只服刑3年，於1999年獲釋。同一年，他開始了慘無人道的殺人行為——每一次犯案的手段都比上一次更加凶狠。他一直四處殺人，至少有67人死在他手中。

兇殺紀錄

楊新海在1999年到2003年間四處殺人，地點包含河北省、山東省、安徽省和河南省。他會在晚上侵入受害人家中，殺掉屋內所有人。多數受害人都是農民，如果他犯案的時候那家人全都在家，他就會全部殺掉。

他喜歡用錘子、斧頭和鏟子重擊受害人至死。他總是穿比雙腳實際尺碼更大的鞋子，這麼一來若是在現場留下腳印證據，也不會與他的尺碼相符。每次殺人犯案，他也都會穿新衣服，減少在每個犯案現場中任何從身上落下的證據。

他犯下的案件中，最殘暴的一起發生於2002年10月。他闖入一戶民宅，殺了那家人的父親，強暴當時懷有身孕的母親，最後再殺死他們6歲的孩子。不可思議的是當時的女性受害人頭部雖受重傷，仍幸運生還。

兇殺案發生時間順序：

- 2000年9月19號——郭莊鎮，殺死2人
- 2000年10月1號——肖營村椿樹莊，殺死3人，強暴1人
- 2001年8月15號——紡車劉村，殺死3人，強暴1人
- 2001年秋天——康樓鄉，殺死2人
- 2001年冬天——河南省，殺死2人
- 2002年1月27號——通許縣，殺死3人，強暴1人
- 2002年6月30號——柴崗鄉，殺死4人，強暴1人
- 2002年7月28號——鄧州市，殺死4人，強暴2人
- 2002年10月22號——翟胡村，殺死2人，強暴1人，1人重傷
- 2002年11月8號——高李村，殺死4人，強暴2人，1人重傷
- 2002年11月16號——劉莊村，殺死2人，強暴1人
- 2002年11月19號——石拐村，殺死2人
- 2002年12月1號——閻灣村，殺死2人，強暴1人，1人重傷
- 2002年12月6號——劉莊村，殺死5人，強暴1人

- 2002年12月13號——司家村，殺死2人
- 2002年12月15號——苗岔鎮小李莊，殺死3人，強暴1人
- 2003年2月5號——庫莊鄉，殺死3人，強暴1人，1人重傷
- 2003年2月18號——遲營鄉，殺死4人，強暴2人
- 2003年3月23號——城關鎮，殺死4人，強暴1人
- 2003年4月2號——三李寨村，殺死2人
- 2003年8月5號——李道村，殺死3人
- 2003年8月8號——東良廂村，殺死5人

逮捕行動與庭審

2003年11月3號，楊新海在河北省行為可疑，被人目擊，其後由警方拘留。在訊問過程中，警方發現楊新海在四個不同的省份皆因兇殺罪嫌被通緝。他後來坦承犯下六十五起兇殺案、二十三起強暴案以及五起重傷害案件。他的DNA也與許多犯罪現場蒐集到的證據相符。

楊新海出庭受審，於2004年2月1號被判有罪，判處死刑。

結果

楊新海的審判結束後，很快便執行了死刑。他於2月1號被判刑，於13天後，在2004年2月14號行刑。死刑執行方式是頭部槍擊。

後記

楊新海語錄

「我殺人的時候會有一股渴望，讓我想殺更多人。我不在乎那些人該不該活，那跟我無關……我不想成為社會一分子，社會與我無關。」

羅伯特·李·葉慈
ROBERT LEE YATES

出生年月日：1952年5月27號

別名／暱稱：斯波坎連環殺手

做案特徵：強暴

受害人數：16到18人以上

犯案日期：1975年、1988年、1996年到1998年

逮捕日期：2000年4月20號

殺人手法：槍擊

已知受害人：派翠克·奧利弗，21歲；蘇珊·賽維奇，22歲；史黛西·霍恩，23歲；夏倫·齊林斯基，39歲；派翠希亞·巴恩斯，60歲；海瑟·赫南德茲，20歲；珍妮佛·約瑟夫，16歲；達拉·史考特，28歲；梅琳達·莫瑟，24歲；蕭恩·強森，36歲；勞莉·魏森，31歲；桑尼·奧斯特，41歲；琳達·梅賓，34歲；美樂蒂·莫芬，43歲；米雪琳·德寧，47歲；蔻妮·艾利斯，35歲；蕭恩·麥克萊納漢，39歲

犯罪地區：美國華盛頓州

狀態：判處死刑，等待執行

個人背景

　　葉慈在華盛頓州奧克哈伯一個虔誠的中產家庭中長大，於1970年完成高中學業。1975年，他開始在華盛頓州州立監獄擔任獄警。6個月後，他加入軍隊，接受訓駕駛民用直升機和運輸機的訓練。在軍隊服役期間，他被派駐到好幾個不同

國家，包含德國和索馬利亞。

　　葉慈服役19年，在服役期間他獲頒許多徽章和獎項，包含三枚嘉獎獎章、三枚陸軍成就勳章、三枚美軍功績獎章，以及兩枚武裝部隊遠徵獎章。雖然在從軍生涯中表現耀眼，葉慈其實有不為人知的黑暗面。軍方不知道的是，他在服役期間曾殺害2人。更糟糕的是，他退役後還會再殺更多人。

凶殺紀錄

　　葉慈在1996年到1998年這兩年期間，於斯波坎殺害了好幾名女性。他會到「遊民街」一區，那裡有許多性工作者，與性工作者交易後，他會殺害對方。葉慈總是將遺體棄置在比較沒有人煙出沒的郊區，且都是藉由槍擊頭部殺害對方。他的棄屍全都是一樣的手法，除了美樂蒂·莫芬以外。葉慈殺害莫芬後，將她埋屍在自家臥室窗外。

受害人被尋獲日期：

- 1975年7月13號——派翠克·奧利弗，21歲
- 1975年7月13號——蘇珊·賽維奇，22歲
- 1988年12月28號——史黛西·E.·霍恩，23歲
- 1996年6月14號——夏倫·齊林斯基，39歲
- 1996年8月25號——派翠希亞·巴恩斯，60歲
- 1997年8月26號——海瑟·赫南德茲，20歲
- 1997年8月26號——珍妮佛·約瑟夫，16歲
- 1997年11月5號——達拉·史考特，28歲
- 1997年12月7號——梅琳達·莫瑟，24歲
- 1997年12月18號——蕭恩·強森，36歲
- 1997年12月26號——勞莉·魏森，31歲
- 1997年12月27號——蕭恩·麥克萊納漢，39歲

- 1998年2月8號——桑尼・奧斯特，41歲
- 1998年4月1號——琳達・戴維斯（梅賓），34歲
- 1998年5月12號——美樂蒂・莫芬，43歲
- 1998年7月7號——米雪琳・德寧，47歲
- 1998年10月13號——蔻妮・拉方丹・艾利斯，35歲

逮捕行動與庭審

陸續有目擊證人出面表示，在受害人失蹤當晚，曾見過一輛外觀鮮明的汽車接走受害人。那輛車是一輛1977年的白色Corvette，不是一般常見的車款。很快地，警方就查出葉慈有一輛這樣型號的車。警方沒有立刻逮捕他，而是跟監了好幾天，確認蒐集到足夠證據足以起訴他。

葉慈於1999年4月18號遭逮捕。他一開始是被以謀殺珍妮佛・約瑟夫的嫌疑逮捕，法院發出了搜索令，讓警方可以在他之前擁有的那輛Corvette中蒐證。他們在車中找到血液樣本，經對比與約瑟夫與葉慈血液相符。接著，檢方將葉慈的DNA與其他12名受害人比對。

2000年，葉慈被以十三起一級謀殺罪嫌以及一起謀殺未遂罪嫌起訴，為了逃過死刑，他接受條件，坦承犯下凶殺案，被判處480年有期徒刑。

一年後，葉慈被以殺害梅琳達・L.・莫瑟與蔻妮・艾利斯罪嫌起訴。2002年10月，他被判定有罪，這次他被判處了死刑。

結果

葉慈的死刑執行日期一開始是安排在2008年9月19號。然而在9月11號這天，他獲准延期執行，好讓他的辯護團隊有時間提出更多上訴。如今他仍是死囚。

後記

他曾於華盛頓州沃拉沃拉擔任獄警，更曾說：「每一條生命都有他的意義。」

柳永哲
YOO YOUNG-CHUL

出生年月日：1970年4月18號

別名／暱稱：雨衣殺人狂　**做案特徵**：食人行為、毀屍

受害人數：20人

犯案日期：2003年到2004年

逮捕日期：2004年7月17號

殺人手法：用錘子毆打致死

已知受害人：未公開姓名之富人、性工作者

犯罪地區：南韓首爾

狀態：判處死刑，等待行刑

個人背景

　　柳永哲從年紀很輕就是個罪犯，從年僅18歲起就因為各種罪名被起訴與定罪。其罪名在早年大多都是偷竊罪，一直到2000年前都沒有出現什麼太暴力的舉動。他早年的罪名如下：

1988年	偷竊
1991年	偷竊（入獄服刑10個月有期徒刑）
1993年	偷竊（入獄服刑8個月有期徒刑）
1995年	販售違法色情圖片
1998年	偷竊、盜用身分、偽造文書（入獄服刑2年有期徒刑）
2000年	強暴與性虐待兒童（入獄服刑3年6個月有期徒刑）

柳永哲與女友於1993年成婚,兩人的兒子於1994年10月出生。柳永哲的妻子在他於2000年遭逮後隨即與他離婚,柳永哲於2003年9月11號獲釋,不到兩週後,他便動手殺害了第一名受害人。

凶殺紀錄

柳永哲在2003年9月到2004年7月間犯下一連串駭人聽聞的殺人案件。他自稱為食人主義者,下手的對象鎖定有錢人和性工作者。他的受害人中至少有11人被毀屍以及被焚燒,他也坦承吃下其中幾名受害人的肝臟。

連續殺戮時間軸:

- 2003年9月24號──2名受害人,年紀為67歲與72歲。其中一名受害人遭刀刺,並被4公斤重的錘子毆打。另一名受害人死於錘子重擊。
- 2003年10月9號──3名受害人,年紀為85歲、35歲與60歲。3人皆死於錘子重擊。
- 2003年10月16號──1名受害人,年紀為60歲。遭錘子重擊,存活數小時後不治身亡。
- 2003年11月18號──3名受害人,其中兩人年紀為87歲與53歲,第3人為嬰兒。2名成人遭錘子毆死,凶手放火燒房以掩蓋證據。
- 2004年3月16號──1名受害人,女性伴遊,年紀為23歲。遭勒殺後毀屍,遺骸被棄置在當地大學附近的鐵軌上。
- 2004年4月到5月──未公布姓名之女性伴遊。遭錘子重擊後斬首。遭肢解的遺骸被棄置在廟宇附近的工地。
- 2004年5月──1名受害人,年紀為25歲。死法與前一名死者相同,皆遭到勒殺後肢解並斬首。
- 2004年6月1號──1名受害人,年紀為35歲。這時候凶手已經有了自己的一套作案模式,殺人手法也都相同。

- 2004年6月──未公布姓名之女性受害人。
- 2004年6月9號──1名受害人，年紀為26歲。
- 2004年6月18號──1名女性受害人，年紀為27歲。
- 2004年6月25號──1名受害人，年紀為28歲。
- 2004年7月2號──1名受害人，年紀為26歲。
- 2004年7月9號──1名女性伴遊，年紀為24歲。
- 2004年7月13號──1名女性伴遊，年紀為27歲。

逮捕行動與庭審

　　柳永哲於2004年7月17號遭逮捕，這天是他最後一名受害人被殺害之後兩天。他坦承殺害了21人，但是出庭受審時他僅遭二十起凶殺案定罪。其中一起案件因為技術問題撤告。

　　他於2005年6月19號遭判處死刑。

結果

　　雖然南韓從1997年起就沒有執行過死刑，然而柳永哲罪行之極端，使他最後遭判死刑。

　　柳永哲目前仍在等候行刑日。

後記

　　他曾說：「女人不該當個蕩婦，有錢人該知道自己做了什麼事。」

黃道十二宮殺手
ZODIAC KILLER

出生年月日：不明

別名／暱稱：紅色魅影

做案特徵：攻擊後報警

受害人數：5到37人

犯案日期：1960年代到1970年代

逮捕日期：從未逮捕到案

殺人手法：槍擊、刀刺

已知受害人：

確認者：大衛・法拉第，17歲；貝蒂・路・詹森，16歲；達琳・費林，22歲；瑟西莉亞・薛波，22歲；保羅・史汀，29歲

疑似受害者：羅伯特・多明哥斯，18歲；琳達・愛德華茲，17歲；雪莉・喬・貝茨，18歲；堂娜・雷斯，25歲

犯罪地區：美國加州

狀態：不明

個人背景

　　讓加州人人聞之喪膽、持續數年之久的黃道十二宮殺手，真實身分從未被查明過。關於他的真實身分為何，曾出現過一些線索，但是從未具體到能夠指出是哪一個人。各式各樣的理論和猜測從未間斷，但沒有任何一則夠有力，能夠發展下去。

黃道十二宮殺手讓數百萬人好奇了數十年之久，主要原因是他在1960年代到1970年代大量犯案期間，寄給當地報社的那些字謎。專家不斷嘗試，想解開所有謎團，但全都只是白費心力。直至今日，仍有許多人不時想起黃道十二宮殺手的故事。之所以如此，有一部分原因大概是多虧了根據這些案件所創作的書籍和電影。但是也因為兇手始終沒有被抓到，此事使得民眾的恐懼不斷延伸的緣故。

黃道十二宮殺手究竟是誰？而一直以來，每個人心中都想問的那個問題就是：他為何沒有再殺人了？他真的有停手嗎……？

凶殺紀錄

黃道十二宮殺手的第一起凶殺案發生於1968年12月20號，地點在加州。正值青春年歲的大衛‧法拉第與貝蒂‧路‧詹森雙雙被一把.22口徑的手槍槍擊身亡。接下來一直到1969年7月4號才又出現其他案件。麥可‧瑪格奧與達琳‧費林坐在車上，車子停在瓦列霍的藍岩溫泉公園停車場，這時黃道十二宮殺手突然現身，朝兩人開槍。費林當場身亡，瑪格奧生還但身受重傷。

接下來兩名黃道十二宮殺手的受害者於9月27號在貝里薩湖遭襲擊。布賴恩‧哈特內爾與瑟西莉亞‧薛波遭綁縛後被刺傷。薛波幾天後身亡，死前給了警方攻擊者的外觀描述，而哈特內爾從這次攻擊事件中生還。

最後一起無疑是黃道十二宮殺手所犯之案件發生於10月11號，兇手在舊金山普雷西迪奧高地，搭著保羅‧史汀駕駛的計程車。不知為何，黃道十二宮殺手朝史汀開槍將其殺害後，取下一小片上衣布面，跟著他的信件一起寄出。

凶殺案發生時間順序：
- 1968年12月20號——大衛‧亞瑟‧法拉第，17歲
- 1968年12月20號——貝蒂‧路‧詹森，16歲
- 1969年7月4號——達琳‧伊莉莎白‧費林，22歲
- 1969年9月27號——瑟西莉亞‧安‧薛波，22歲

- 1969年10月11號——保羅‧李‧史汀，29歲

疑似案件：
- 1963年6月4號——羅伯特‧多明哥斯，18歲
- 1963年6月4號——琳達‧愛德華茲，17歲
- 1966年10月30號——雪莉‧喬‧貝茨，18歲
- 1970年9月6號——堂娜‧雷斯，25歲

信件

　　有三封信件據稱來自黃道十二宮殺手，分別於1969年8月1號寄到《瓦列霍時代先驅報》、《舊金山觀察報》與《舊金山紀事報》。信件內容幾乎完全一模一樣，都是兇手自稱犯下藍岩溫泉案件以及赫曼路案件。每一封信裡都附上了三分之一段密碼電文，由408個符號編成，兇手宣稱若能破解內容，就能知道他的身分。兇手要求信件刊登到各大報頭版，否則就會再次殺人。

　　1969年8月7號，又有一封信寄到了《舊金山觀察報》。這封信中詳述殺人案件中未對民眾公開之細節，還強調一旦破解密碼，便能知道他是誰。

　　密碼電文於1969年8月8號由唐納與‧哈登破解。這段有拼寫錯誤的內容破譯如下：

　　「我喜歡殺人因為殺人很好玩比在森林裡的獵殺遊戲好玩因為人類是最危險的生物殺生是我體驗過最刺激的事比高潮還爽最棒的四（thae）等我死後我會在天躺（paradice）而且內些（thei）被我殺掉的人會成為我的奴隸我不會告訴你們我的名字因為你們會想SLOI DOWN或ATOP我死後世界的奴隸清單EBEORIETEMETHHPITI」

　　最後一段無法破解，但也許這段就是整個謎團的關鍵。

嫌疑犯外觀描述：

- 身高大約193公分到200公分。棕色鬈髮或淡紅色棕髮平頭。戴牛角框眼鏡。通常穿著深色服飾──通常是羊呢長褲與深藍色或黑色風衣夾克，搭配特別的軍事查卡靴，這種靴子人稱「翼行者」。
- 中等或有點壯的身材。走路姿態古怪。
- 鞋印尺寸為10號半。手套尺寸為7號。
- 講話語氣緩慢，語調單調。

嫌疑犯──路易・邁爾斯

生於1951年，卒於2002年

- 臨死前坦承自己就是黃道十二宮殺手。
- 與第一位死者同校。
- 與第二位女性死者同一工作地點。
- 可透過父親的工作環境取得軍靴。
- 曾在軍隊中服役。
- 是長途卡車司機。
- 曾因偷竊輕罪與失序行為遭起訴定罪。
- 黃道十二宮殺手暫停出手的那段時間，正值他被派駐在德國的軍事基地期間。

問題點──身材描述不符。

嫌疑犯──理查・「瑞克」・馬歇爾

生於1928年，卒於2008年

- 曾受過編碼訓練。
- 海軍水手。
- 電影迷，且是電影院的放映師。

- 業餘無線電熱衷份子。
- 脾氣很差，特別是對女性。

　問題點——沒有足夠的潛在證據。

嫌疑犯——傑克・塔蘭斯

　生於1928年，卒於2006年

- 曾為空軍與海軍招募人員。
- 業餘無線電操作人員。
- 替鋼鐵公司工作過。
- 奇異公司的領班。
- 自助洗衣店的保養人員。

　塔蘭斯的繼子發現數樣「證據」，並認為那些證據指出他的繼父就是黃道十二宮殺手之後，檢舉塔蘭斯為嫌犯。他交給當局的物件包含：

- 字跡樣本。
- 與其中一名生還受害者描述相似的兜帽。
- 沾染血跡的刀。
- 未沖洗的底片，拍攝的是令人毛骨悚然的畫面。
- 塔蘭斯暗指他可能就是黃道十二宮殺手的電話錄音。

　問題點——是為了進行起訴也好，亦或是為求排除嫌疑人，聯邦調查局進行了DNA測試。不幸的是他的測試結果顯示為無法判定。

嫌疑犯——亞瑟・利・艾倫

　生於1933年，卒於1992年

- 被視為首要嫌犯。
- 遭海軍非榮譽退役。
- 在小學當老師。

- 船帆製造商。
- 救生員。
- 擁有沾血的刀，但是宣稱血跡來自於雞。
- 黃道十二宮殺手暫停殺戮期間，正好是他因猥褻兒童入獄期間。
- 生還受害人麥可・瑪格奧於1991年經照片指認艾倫就是黃道十二宮殺手。

問題點——指紋與字跡樣本不符。針對信封上郵票的DNA檢測與嫌犯不符。然而據悉艾倫並不喜歡舔郵票，因為膠水的味道會讓他想吐。

連環殺手的養成

「惡魔跟著我一起出生」，H.H. 荷姆斯這麼說道。他於1893年利用世界博覽會以及自己位於芝加哥的大宅中分租出去的房間，在沒有引起太多人注意的情況下，殺害了至少27人。

「我就是個殺人兇手，這件事不是我能控制的，就跟詩人無法壓抑想要唱頌的那些靈感一樣。惡魔跟著我一起出生，就站在我的床邊照護我，看著我被送到這個世界上，從那之後他就沒有離開過，」荷姆斯說。

這個「我不能控制」的想法可說是許多連續殺人狂的標誌，除此之外還有不願意承擔自己行為帶來的責任，以及拒絕接受是他們自己在自由的情況下選擇了作惡。

「對，是我做的，但我生病了，不能用一般人的標準來評斷我，」胡安·柯羅那這麼說。他在1960年代晚期到1970年代初期在加州殺了25名移工，並將遺體埋在果園裡，那些果園本是這些受害人的希望，他們想透過果園為家人打造更好的生活。

後來自稱是BTK殺人魔的丹尼斯·雷德（綁縛、酷刑虐待、殺戮的縮寫），也將自己的人格特質怪罪給其他原因，他稱之為 X 條件，說是因為 X 條件的影響，他才會隨意殺害一整家人，然後再回自己家扮演愛家男子。

「這個怪物哪時候進入我的大腦，我永遠不會知道，但是它來了就不會走。一個人要怎麼治癒自己？我阻止不了它，怪物我行我素，傷害我也傷害社會。也許你可以阻止它，我沒辦法。」雷德這麼說。他說他進高中之前就發現自己跟其

他孩子不一樣了。「我真的覺得自己被惡魔附身了。」

但是他也一樣怪罪他人不在他第一次犯下殺人案時就阻止他。

「你知道嗎，某個人早該在某個時候注意到我的狀況，發現這件事才對。」他後來這麼說。

雷德不是唯一一個推卸責任的連環殺手。

法官稱威廉‧波寧為「犯下可怕犯罪行為的虐待狂」時，波寧竟還覺得被冒犯。「我覺得他沒有資格對我那樣說，」波寧後來抱怨道。「我控制不了我自己，我殺了那些男孩不是我的錯。」

這種話總會讓我們想問，「怎麼會這樣？」

對我們這些不是連續殺人狂的人來說，「為什麼」和「怎麼會」這兩個問題幾乎總是會浮現在腦海中，我們實在無法用這麼大的題目去理解殺人這個概念。

「有些夜裡我會睜著雙眼問自己，『到底誰是BTK殺人魔？』」聯邦調查局側寫員約翰‧道格拉斯說。他曾在寬提科的行為科學小組工作，後來寫作數本暢銷書，包含《破案神探：FBI首位犯罪剖繪專家緝兇檔案》及《沉迷：FBI傳奇側寫員剖析殺人兇手、強暴犯和跟蹤狂以及其受害人並解析如何反擊》（*Obsession: The FBI's Legendary Profiler Probes the Psyches of Killers, Rapists, and Stalkers and Their Victims and Tells How to Fight Back*，台灣尚未出版）。

這些問題從未離開過他的腦海──「到底是什麼東西讓一個人會做出那種事？是什麼東西觸發了他？」這就是讓側寫員和警探徹夜難眠的事，擔心、猜想、等著那些不常輕易到手的答案。

另一個專門研究瘋子的人是已逝聯邦調查局側寫員羅伯特‧雷斯勒，也就是發明出連續殺人狂和犯罪側寫這兩個詞的人。他也曾好幾個夜晚夜不成眠，只想拼湊出一個殺人兇手，這是精神科醫師詹姆士‧布魯塞爾於1940年幾乎可說是從未失敗過的挑戰。當時有一名對聯合愛迪生公司懷恨在心的管狀炸彈殺人狂讓全紐約市民人心惶惶。

布魯塞爾告訴警方兇手會穿什麼衣物，警方進而逮捕了兇手。雖然兇手是於深夜在自家中被逮捕，身上只穿了睡衣，但是當警方請他更換衣物的時候，走出房門的他穿上了雙排扣西裝，跟布魯塞爾預測的一模一樣。

　　「到底是什麼力量逼一個人踏出那一步？」滿心疑問的雷斯勒這樣想。他精彩的職涯裡訪談過無數殺人兇手。

　　為了想要深入了解連續殺人兇手的想法，道格拉斯與雷斯勒開始了一項任務，要與美國境內最瘋狂的連續殺人狂進行訪談。兩人從加州開始，「這裡有太多古怪獵奇的犯罪紀錄」，道格拉斯說。

　　在尋找兇手作案模式的時候，他們發現連續殺人狂通常可以分成兩種：有組織型和無組織型。

‧有組織型殺人兇手

　　有組織型殺人兇手從犯案現場就看得出來，現場通常整齊、有所控制並且一絲不苟，不僅從犯罪行為下功夫，對受害人也發揮了這樣的特色。有組織型殺人兇手犯案後通常會注意減少留下的線索。

　　狄恩‧柯羅爾就是有組織型殺人兇手。他徹夜對受害人酷刑虐待，用一張塑膠布小心地蒐集鮮血和體液，最後才將遺體以塑膠布捲起來跟個人物品一起埋入土中，地點多為租來的船屋地板下。他會在深夜前往船屋，靠夜色掩護行蹤。

‧無組織型殺人兇手

　　反觀另一種殺人兇手，也就是無組織型殺人兇手，他們會隨機抓住受害人，或者一時興起就出手，任憑受害人反擊時在指甲縫裡留下證據。通常這類殺人兇手都會留下許多線索，包含武器。

　　「無組織型殺人兇手完全沒有概念，或沒有興趣知道受害人的性格，」雷斯勒在自己寫的書《對抗怪物的人》（*Whoever Fights Monsters*，台灣尚未出版）裡頭這樣寫到，這是他詳述自己擔任罪犯側寫員生活時的工作細節的著作之一。

「兇手不知道受害人是誰，常會將受害人打暈、蓋住臉部或毀容，藉此消除受害人的人格特性。」

人稱優勝美地殺人魔的卡里・斯泰納，在最後一次出手殺人的案件中成為無組織型殺人兇手，當時他因為無法抗拒國家公園導覽員的外表魅力，臨時起意動手犯案。

對這名身在風景如畫的國家公園的年輕女性受害人來說，幸好兇手留下了大量線索，包含他駕駛的老舊1979年車輛International Scout留下的四道獨一無二的輪胎痕。

「犯案現場可以被視為兇手行為和人格特質的反射，就像屋子的擺設會反映出屋主的性格一樣。」道格拉斯與雷斯勒寫道。隨著兩人的採訪次數慢慢累積，收穫也越來越多。

連續殺人魔都認為自己獨一無二——但事實並非如此

海倫・莫里森醫生——長期研究連續殺人魔，為該領域中的知名人物，她將殺手小丑約翰・偉恩・蓋西的大腦保存在她家地下室（蓋西的死刑行刑後，她將大腦送去分析，最後證實這顆大腦完全正常）——說過，連續殺人魔的內心深處其實都是一樣的。

雖然心理學家還沒辦法判定到底是什麼動機讓連續殺人魔動手，不過這些人倒是有些共通的特點，曾研究或採訪過數名連環殺手，並將經驗編寫成著作《與連環殺手相處的日子》（*My Life Among the Serial Killers*，台灣尚未出版）的莫里森說道。

通常男性連環殺手比較有多話的疑病症，會對殺人的殘暴行為產生冷酷無情的成癮症。

他們會將受害人視為無生命體，或者說是玩物，存在價值只為取悅他們。

同情心？他們看待你的性命時可沒這種情緒。

「面對受害人展現出來的痛苦、恐懼和害怕，他們完全沒有任何感覺，」莫

里森說。「受害人在他們面前只是個物件，連續殺人狂是沒有感覺的。連續殺人狂沒有動機。他們出手殺害的時候，只是在殺害一個無生命體。」藉著這樣的行為，他們可以滿足心理的渴望，暫時將心裡的波瀾平復。

「你會自問『怎麼有人能對另一個人做出這種事？』」莫里森說。「然後你會意識到，這些殺人兇手並沒有把受害人視為人。對他們來說，就像拔下蒼蠅的翅膀，或是扯下蚊子的腳，就只是想看會怎樣而已，是最基本不過的實驗。」

先天還是後天？

對許多連環殺手來說，想殺人的渴望就跟頭髮或眼睛的顏色一樣，是與生俱來、無法控制的東西。但是許多專家表示，童年創傷是所有殺人魔都有的經驗。

1990年，科林・威爾森與唐納・夕曼對監獄裡的連環殺手進行了一場研究，發現引導連環殺手踏上死亡與毀滅之路的最大影響因素就是童年問題。

前聯邦調查局側寫員羅伯特・雷斯勒甚至說過，所有連續殺人狂，童年百分之百沒有裝滿像是去露營或去湖畔釣魚那種快樂的回憶。

根據雷斯勒的看法，他採訪過或研究過的每一個連續殺人狂，童年時期都遭遇過某種虐待——不論是性虐待、肢體虐待或情緒虐待，被父母冷落或排擠或羞辱，以及在學校發生的類似事件。

對於那些不幸已經因為遺傳學的緣故，心理狀態宛若隨時可能跌入谷底的人來說，這類事件就成了重點事件，會讓一個殺手開始採取行動，讓看似瘋狂的直覺成真。

因為通常他們家中沒有固定成員，如父母消失或將重心放在毒品和酒精上，就沒有人會注意到孩子遭受性虐待，而肢體虐待則根本不奇怪。因此，孩子的發展便開始失調。孩子們可能會產生隱藏在心底深處的憤怒，或是自己想像出一個完美世界，在那個世界裡，他們就是想像城堡裡的王。

這就是傑佛瑞・丹墨的世界，他很晚才意識到自己對於控制權的需要，他是透過數個小時的分析才知道童年時期受到的性侵害以及父母親那場難堪、充滿憤

怒的離婚帶來的影響。

「我離家之後，開始想要創造自己的小世界，我在那個世界裡可以完全掌握一切。」丹墨表示。「我只是太沉浸其中了。」

丹墨的經驗告訴我們，精神病行為通常會在童年時期出現，遭冷落和虐待的兒童會躲進想像世界裡，在這個世界裡孩子受到的痛苦會轉移到別人身上。

「孩童長成反社會人格是因為情緒與社交發展都發生於自我為中心的想像中，所以正常對於對錯的概念，以及對他人的同理心，在他們身上都發展不良的緣故。若想像世界的存在用意是滿足這個人的需求，那麼這個人在自己的世界裡可以毫不犯錯，其他人的痛苦對他來說也沒有什麼後果。」一名專家如是說。

一旦想像世界與現實世界的分隔線變得模糊，自我的想像就從無害變成真實存在，對狄恩‧柯羅爾這種禽獸來說，把年輕男孩綁在木板上，強暴、虐待他們，聽他們哭喊，他看待這樣的行為就只是最後變成凶殺的藝術創作而已。

深入心理：心理病態與其他精神疾病

雖然並非所有連環殺手都是心理病態，許多衝動型兇手仍會感到一點悔恨。例如格林里弗殺手蓋瑞‧里治威，他在法庭上聽見一名受害人父親說要原諒他的時候落淚。但莫里森認為這些殺人魔無法對自己的受害人感受到一絲一毫的同理心。

他們的焦點完全放在自己身上，以及放在自己能對他人施展的權力上，特別是心理病態的案件中更是如此。精神病態人格是很有魅力的，想想泰德‧邦迪，他可以輕易假裝受傷、引誘年輕女性因為同情而上他的車，他也有輕易就能控制受害人的技巧，在某些案件中也包含控制共犯。

狄恩‧柯羅爾被稱為斯文加利。這是一個虛構角色名稱，出自喬治‧杜莫里耶於1895年出版的小說《泰莉碧》，這個角色會誘拐、操控、利用主角，一名年輕女孩。因為柯羅爾也能讓好幾名社區裡的男孩出手相助，最終成為他的年輕男性受害人，就算那些少年是自己朋友也一樣，他對此毫無悔意。

經過多年側寫的資料蒐集，連環殺手還有一些很明確的特質，包含：

- **言語流暢但缺乏誠懇真摯。**泰德‧邦迪很有魅力，是那種能輕鬆讓對方落入他的獵網的人。「我一認識他就很喜歡他，但是像泰德這種人，很可能把你騙得團團轉，」暢銷書《枕邊陌生人》（*Stranger Beside Me*）的作者安‧魯爾說道，該書也正是以她與邦迪相處經驗寫出的作品，當時她認為邦迪是她的朋友。「我當過警察，懂那些心理學——但他的面具無懈可擊。我認為認識時間久一點真的能讓你了解一個人，可是你永遠無法真的確定。很恐怖。」

- **自我中心與誇大膨脹。**開膛手傑克把自己想得很偉大，覺得自己能智取警方，甚至還寄信去嘲笑倫敦警官。「親愛的長官，」他這樣寫道，「我一直聽說警方抓到我了，但是還沒有處置我。看他們一臉知道自己在做什麼的樣子，談論調查方向在正確軌道上，我笑了。那個皮革圍裙的笑話真的打中我。我就是鎖定了妓女，直到被抓之前都不會停手。最後那次行動，我表現非常好，我沒給那位小姐一點尖叫的時間。現在他們要怎麼抓我？我熱愛我的工作，想要再次出手。你們很快就會再聽到我和我那有趣的小遊戲的消息。我本來在上次犯案時用薑汁啤酒瓶好好蒐集了真正的紅色好料要來寫字用，但是它變濃稠了，像漿糊一樣，所以我用不了。希望紅色墨水還算適合哈哈。下次我再出手，我就要把那個小姐的耳朵割下來，寄到警察局去……我的刀非常好，非常鋒利，只要我逮到機會馬上就可以上工。祝好運。」

- **無悔恨之情或罪惡感。**喬爾‧里夫金被以殺害並分屍至少9名女性定罪後，陷入了自憐的狀態中。他說自己的庭審結果是一場悲劇，但是後來在監獄裡，他跟殺人狂科林‧弗格森吵誰的大開殺戒行為比較厲害。弗格森嘲笑他只會殺女人的時候，里夫金說「對，但我的受害人比較多。」

- **缺乏同理心。**不論受害人性別，會在殺人後吃下部分生殖器官的安德烈·切卡提洛認為取人性命沒什麼大不了的，不論過程對他的受害人來說是多慘烈的折磨。他說：「整件事，無論是哭喊、鮮血、痛楚，都讓我覺得放鬆，而且有種愉悅感。」

- **愛騙人又愛操控他人。**面對28名埋在自宅住處下方的男孩遺體，約翰·偉恩·蓋西拒絕承擔責任，他也曾說過小丑躲得過殺人罪嫌。「我認為喝了14年吐真水，要是我有犯案我一定會知道。」這個受到街坊鄰居喜愛的男子說道。「一定有東西……會自己在我的腦袋裡運作。我有21名受害人的照片，這些年來我天天都看著這些照片，可是我從來也沒認得任何一人。」

- **情緒淺白。**因殺害10人被定罪，後於獄中自殺的德國連環殺手魯道夫·普利爾將自己的「殺人嗜好」跟打牌拿來相提並論。他告訴警方，「我所作所為並沒有多大傷害，現在女人還是多得是。反正我玩得很開心就是了。」

- **衝動。**宣稱在美國中西部和南部殺害幾十人的湯米·琳·賽爾斯看見便利商店的女性，隨後跟蹤她回到家中，這是他無法控制的衝動。他等到屋內燈光熄滅後，「我進入屋內，走進我看見的第一間房間……我不知道那是誰的房間，然後我就開始揮刀。」受害人是女子的幼子。

- **控制不了自己的行為。**「我。真的希望自己能停手，但我無法。沒有其他事情能讓我興奮或開心。」英國殺人兇手丹尼斯·尼爾遜說道。他至少殺害了12名年輕男子，手段皆為勒殺，然後他替遺體泡澡、更衣，最後再棄屍，通常棄屍手法是焚屍。

- **追求刺激感。**對亞伯特·費雪來說——被虐狂殺人兇手，也是一名虐待狂，

曾寄信給其中一名受害人的母親，詳述自己如何切割、烹煮並吃下她的女兒。就連想到自己的死，也會特別興奮。「坐上電椅會是我人生中最興奮的事，」他說。

- **沒有責任感。**「比起犯罪者，我覺得自己更像是受害人，」蓋西在罕見承認自己犯下殺人案的一次談話中說道。「我的童年被偷走了。除了無照經營墳場以外，我不應該被以任何更嚴重的罪名定罪。那些人不過是一群沒有價值的小同性戀和混帳東西。」

- **早期行為問題。**「我還是個小男孩的時候，就沒有任何朋友。」德國連環殺手海因里希·帕默藍說道。他從青少年時期就開始強暴殺害女性。

- **成年反社會行為。**蓋瑞·里治威坦承殺害40名女性，其中多為性工作者，這些人是很容易到手的目標，也很少會有人去通報失蹤——至少不是馬上。「我不信人、神或魔鬼。我恨所有人類，包含我自己……我會控制不了自己的行為……我會替軟弱的人、無害的人以及單純沒有疑心的人祈禱。這是我從其他人身上學到的：意志成就一切。」

- **「我就喜歡。」**

　　許多精神病態者會在犯罪後說「我就是因為喜歡，所以就做了。」語氣帶著某種得意。

　　這就是BTK殺人魔丹尼斯·雷德的感覺。因為他完全不覺得自己的行為有什麼錯，所以可以一直輕鬆地跟妻兒過著正常的生活。要是其他人，態度可能就會改變。可能會變得坐立難安或顯露焦慮，他們會因此被逮到。

　　許多連續殺人魔冷血的程度讓他們可以殺完人直接去餐廳吃飯，對於自己做的事情完全不洩漏任何線索。

「連環殺手通常看起來很正常，」聯邦調查局表示。「他們都有家庭以及／或是穩定的工作。」莫里森補充道：「他們完全與一般人無異，就是因為這樣，才有那麼多受害人落入他們的魔爪。」那種正常的感覺就是殺人兇手在犯罪後還能逍遙那麼久的原因。

跟恐怖分子那種大規模殺人兇手不同，那種人通常會在犯案前就先銷聲匿跡，連環殺手則是會融入偵查範圍之中。他們可能會有點怪，如鄰居注意到艾德·蓋恩對個人衛生不太留意，鄰居也覺得威廉·波寧與年紀那麼小的男孩子玩在一起有點古怪，但是都不會嚴重到讓人想問太多問題。

「這就是為什麼有太多人會在朋友或鄰居被逮捕後說『我想都沒想到』或者是『他人那麼好』。」

這也是為什麼大家看見連環殺手的新聞不斷播送的時候會那麼地震驚。

「對於有理智的人來說，雷德的罪行很可怕，但是從他的角度來看，這些案件就是他最大的成就，他急著想要把自己做的這些美妙成果展現給大家，」波士頓東北大學布魯德尼克暴力與衝突研究中心博士、《極端殺戮》（*Extreme Killings*，台灣尚未出版）一書作者傑克·萊文表示。

心理病態的新觀點

心理病態現在被診斷為反社會人格疾患，將恐怖的診斷稍微美化了一下。

根據研究指出，監獄中至少有50%的男性，以及21%的女性曾被診斷出反社會人格疾患。在連續殺人魔之中，泰德·邦迪（喜歡與死去受害人性交）、約翰·偉恩·蓋西以及查爾斯·曼森（讓其他人幫他做髒事，包含殺害懷孕的雪倫·泰特）都被診斷出這樣的病況，此病況使兇手犯罪時完全無視其他人，無視法律。他們一點悔意都沒有。

- ### 精神分裂症

　　許多已為人知的連續殺人魔後來都被診斷出某種程度的精神疾病，其中包含精神分裂症。例如：大衛·伯科維茨（他於1970年代說鄰居的狗叫他殺害6名受害者）、艾德·蓋恩（悲哀地蒐集皮膚、骨頭和各種女性性器官，想讓死去的母親復活）以及理查·切斯（沙加緬度吸血鬼殺手，於加州殺害6人只為飲下他們的鮮血）。

　　精神分裂症的症狀非常廣泛，包含出現幻覺、妄想以及活在緊張的狀態中。

- ### 邊緣性人格疾患

　　邊緣性人格疾患的病兆特徵是強烈的情緒變化，有人際關係的問題，還有衝動行為。這些特徵在連環殺手身上也很常見。

　　被診斷出罹患邊緣性人格疾患的人包含艾琳·伍爾諾斯，經歷悽慘童年，遭到無數次性侵，導致她殺害了其中一名強暴她的人，事發後她一發不可收拾地接連殺害了6名在佛羅里達州高速公路旁讓她上車的男子、護理師克里斯汀·H.·吉伯特，她在維吉尼亞州的一家醫院中藉由注射過量腎上腺素殺害了4名病患，以及被逮捕前已經殺害17人的丹墨。

　　因為精神疾病被汙名化的問題仍十分嚴重，未來很有可能仍會是在為時已晚、無法保護受害人的情況下，才從連環殺手以及大規模殺人犯身上診斷出這類病症。

連環殺手的頭號徵兆

　　雖然並非所有殺人兇手都有某一種特徵，這也就是為什麼警方和聯邦調查局在現實生活中不像在電視劇《犯罪心理》那樣可以輕易破案的原因。不過專家表示，還是有些線索可以幫得上忙。

- 反社會行為。心理病態者通常是獨行俠，所以如果一個孩子本來很愛交朋友，也很外向，卻突然變得害羞、反社會，那就會是個問題。傑佛瑞．丹墨本來是一個擅長社交、充滿活力的孩子，一直到因為父親的新工作，父母舉家搬遷到俄亥俄州為止。他在新環境中變得退縮（據稱是在被性猥褻後）並且不去交新朋友，而是開始把注意力放在解剖遭路殺的動物。

- 縱火。火就是力量，力量與控制對連環殺手來說有著吸引力，他們享受擺佈受害者的感覺。大衛．伯科維茨從小就有縱火行為，他的同學都戲稱他為玩火仔，他對火的執念就是這麼人盡皆知。他在成為殺人兇手山姆之子之前，據報在紐約縱火超過一千次。

- 虐待動物。連環殺手通常從小就開始動手，並且會以動物來測試界線，包含家裡或鄰居的寵物。根據研究顯示，70%的暴力犯在童年時期就曾虐待動物，非暴力犯則僅有6%的比例有過這類行為。亞伯特．迪賽弗（波士頓勒殺狂）從小就會捕捉貓狗，用箱子將牠們困住，並往無力反抗的動物身上射箭作為娛樂。

- 惡劣的家庭史。許多連環殺手都來自有犯罪紀錄、精神病史或酗酒歷史的家庭。艾德蒙．肯珀殺害了自己的祖父母，只為了想看看結果會是什麼樣。在他殺害好幾名大學生後，他殺了自己酗酒的母親，將她的聲帶用水槽鐵胃碾碎，以求消滅她的聲音。

- 童年受虐。殺害至少21名男孩與年輕男性的威廉．波寧在小時候就被拋棄，被送到中途之家，在那裡遭受性侵害。這樣的連結通常會造成無法抹滅的憤怒感。少見的女性連環殺手艾琳．伍爾諾斯，童年時期遭身體虐待與性虐待，造成對他人無法建立信任感，以及壓抑的怒火，在後來一次遭強暴的時

候爆發——或者是產生解離狀態，也就是因為害怕再次被拒絕，而抗拒建立人與人之間的聯繫。

- **菸酒藥物濫用**。許多連續殺人狂都有吸毒或酗酒的歷史。傑佛瑞‧丹墨因為高中就養成的酗酒問題被軍隊開除，他也使用酒精引誘受害人回他的公寓，然後在公寓裡殺害對方，只為將對方變成像僵屍一樣的性奴，永遠留在他身邊，但終究是徒勞無功。

- **窺視症**。泰德‧邦迪還是青少年的時候就常常在夜裡到處偷窺，想要看鄰居家的女孩在臥室裡換衣服的景象。

- **連環殺手通常都很聰明**。雖然智商通常不是連環殺手能長時間躲開警方搜捕的原因，但連環殺手通常都有很高的智商。艾德蒙‧肯珀差點就可以被判定為天才（智商高達136，距離天才標準149分只差4分），他利用自己的智力來創造出複雜的假象，讓自己得以在殺害祖父母之後提早獲釋，造成另外8名女性死亡。

- **無法穩定維持同一份工作**。連環殺手通常難以一直保有工作，不論是因為他們下班後的活動太花時間（傑佛瑞‧丹墨因為殺人的速度太快，只得將遺體藏在淋浴間，而他每天早上去上班前都要用這個淋浴間）或者是因為他們太過執著，該去上班的時間也在獵捕受害人。

連環殺手的標誌

雖然我們知道的知識讓我們更加了解潛在的連環殺手，也許也讓我們更仔細地觀察了一下奇怪的鄰居。但對於警方和聯邦調查局探員來說，要追蹤連環殺手，沒有幾個線索是很困難的。

· 簽名

連環殺手喜歡對自己的殺人案宣告所有權。「連環殺手通常都有某種簽名。」紐澤西州德魯大學史考特‧波恩教授這麼說道。他們通常還是滿有手段的，簽名也不一定就代表是證據。

「當然，開膛手傑克的簽名就是將遺體開膛剖肚。」波恩說。

雖然有許多理論，凶殺案也有相似之處，開膛手傑克的真實身分仍未曾查明。笑臉殺手基斯‧杭特‧傑斯柏森（童年被酗酒父母親烙印、在學校被嘲弄，還有虐待小動物的傾向。他在寄送給媒體和當局的數封信件中都會畫下笑臉，像是故意丟出線索般地嘲笑收件人。

「如果鑑識證據，無論是骨骸還是屍身，或看究竟剩下什麼。若能做出那樣的辨識，也是一種藉由鑑識證據將凶殺案連起來的方式。」波恩說。

· 冷靜期

有組織型殺人兇手通常乾淨俐落、心思細膩，也許永遠不會留下任何線索，就算有留簽名也一樣。如果兩起案件之間有相當長的冷靜期，追蹤兇手就變得更加困難。

殺人之後——可以跟性愛體驗或嗑藥的體驗相比——讓殺人兇手動手的那種無法控制的渴望會消逝，至少暫時來說是如此。

但是根據雷斯勒的說法，連續殺人狂很少會對自己的殺戮行為感到滿足，每次殺人都只會增加想要再次下手的渴望——就跟對色情影片沉迷的人一開始可能只是著迷《花花公子》的刊物內容，當雜誌的圖樣已經無法提供滿足感的時候，就會發展到性虐待的影片或者其他類型戀癖。

「我殺完人之後，真的一路唱歌回家。那種緊繃感，想要殺死一個女人的渴望累積到一觸即發的程度，等我終於動手之後，所有壓力、緊張感、恨，就這樣煙消雲散，消失了，不過只會維持短暫一陣子，」人稱山姆之子的大衛‧伯科維茨說。

在那之後，關於殺人的記憶，或者殺人之後的紀念品（例如傑佛瑞・丹墨蒐集的頭顱骨、大衛・戈爾蒐集的頭皮，或者是艾德・蓋恩收在廚房的那一盒陰門）都顯得不夠了。殺人兇手一定要再次下手，形成「連環」的循環。

然而兩次下手之間的空檔，通常會越縮越短，這讓當局可以注意到犯案現場或犯案方式的相似之處，追蹤起來就會變得比較容易。

在威廉・波寧的例子裡可以看到頭幾件殺人案件之間相隔好幾個月，但是到了尾聲時期，他有時會一天殺害兩名年輕男子，只為滿足越來越難以控制的慾望。

「有時候……我會變得很緊繃，覺得自己再不找個出口發洩就會發瘋，好像頭會爆炸一樣。所以我會出去獵殺。殺人讓我……感覺就像……需要去賭博或是去喝醉一樣。我一定得去做。」波寧說。

・結伴狩獵

大約10%到25%的連環殺手認為組隊行動更有效率，他們會利用自己的魅力來誘拐幫兇。

艾德・蓋恩的幫兇，是一名精神障礙的男子，總是協助蓋恩把與自己母親神似的女人從墓中掘出，若他沒有被送到療養院，讓蓋恩自己沒辦法去把死者挖出來，蓋恩可能永遠不會真的出手殺人。

德州殺手狄恩・柯羅爾利用啤酒、毒品、金錢和糖果來收買鄰居小男孩，對他們承諾說會舉辦派對，要小男孩把自己的朋友找來，結果只是要對他們酷刑虐待以及殺害他們而已。要不是其中一名共犯最後朝他開槍，讓原本要發生的死亡之夜告吹，他一定會繼續殺更多人。

威廉・波寧也喜歡跟朋友一起做事，他會吸引那些據報智商較低的男孩幫助他虐待、強暴與折磨受害人。

• 其他應警戒項目

根據由羅伯特・雷斯勒創辦的聯邦調查局行為科學小組調查，60%的性侵犯殺人兇手小時候有尿床的問題，而且有時候這個問題會一直伴隨到成年時期。其中一名連環殺手，艾爾頓・科爾曼，時時會尿褲子，被取了一個很丟臉的綽號「尿尿男」。

在青春期時會透過暴力幻想而產生性興奮感也是未來成為連環殺手的跡象。

傑佛瑞・丹墨青春期的時候差不多就是他開始解剖路殺動物屍體的時候。所以，就某些方面來說，他的腦袋變得混亂又扭曲，性愛和死亡會讓他興奮。

腦部損傷？也許。

儘管海倫・莫里森的檢測證實約翰・偉恩・蓋西的大腦很正常，且雖然傑佛瑞・丹墨的父親和傑佛瑞本人都希望可以將大腦送去做研究，傑佛瑞的父親卻沒有機會這麼做。然仍有證據顯示，某些連續殺人魔有大腦損傷，影響了他們精準控制理性的能力。

「正常的父母？正常的大腦？我不認為。」神經學家，也是《本能：為什麼兇手會殺人》（*Base Instincts: What Makes Killers Kill*，台灣尚未出版）一書作者，強納森・平柯斯醫生這麼說。

「遭虐經驗、精神疾病和神經損傷這幾項因素交互作用，產生報紙上報導的那些悲劇。最慘絕人寰的犯罪行為也幾乎都是那些童年時期就經歷千奇百怪的虐待行為、並且有偏執型思考模式的人所犯，」平柯斯在書裡這樣寫道，並表示童年創傷會衝擊發育解剖學與腦部功能發展。

＊＊＊

所以我們現在能掌握的是什麼？

連續殺人魔可能是超級聰明的人，也可能有大腦損傷，可能是超有魅力的人，或者超級古怪的人，可能是高功能人格，也看似正常，也可能連一份工作都

保不住。

　　但是最重要的是，不論他們的背景故事、犯案手法或風格是什麼，「他們就是邪惡，」犯罪側寫員派特·布朗說。

　　除此之外，我們還需要知道其他的嗎？

作者後記

　　哈囉，我是傑克・羅斯伍德。謝謝你讀完這本書。我希望你有享受閱讀過程。如果你有，我會很感謝你花點時間到你取得此書的地方留下評論。

　　我也希望你能訂閱我的電子信，這樣就能收到更新消息、新書資訊與折扣，還可以免費取得我的新作電子書：www.jackrosewood.com/free

　　再次感謝你閱讀本書，記得到Facebook上追蹤我喔。祝順心如意，

傑克・羅斯伍德筆

・ 欲知本書中連續殺人狂的參考內容以及嫌犯照片，請至http://jackrosewood.com/mugshot

高寶書版集團
gobooks.com.tw

BK 050
殺人魔名冊：全球150名極惡連環殺手檔案
The Big Book of Serial Killers

作　　者　傑克・羅斯伍德（Jack Rosewood）、蕾貝卡・洛 (Rebecca Lo)
譯　　者　翁雅如
主　　編　吳珮旻
編　　輯　賴芯葳
封面設計　林政嘉
內頁排版　賴姵均
企　　劃　何嘉雯

發 行 人　朱凱蕾
出　　版　英屬維京群島商高寶國際有限公司台灣分公司
　　　　　Global Group Holdings, Ltd.
地　　址　台北市內湖區洲子街88號3樓
網　　址　gobooks.com.tw
電　　話　（02）27992788
電　　郵　readers@gobooks.com.tw（讀者服務部）
傳　　真　出版部（02）27990909　行銷部（02）27993088
郵政劃撥　19394552
戶　　名　英屬維京群島商高寶國際有限公司台灣分公司
發　　行　英屬維京群島商高寶國際有限公司台灣分公司
初版日期　2021年7月

國家圖書館出版品預行編目（CIP）資料

殺人魔名冊：全球150名極惡連環殺手檔案 / 傑克.羅斯伍德
(Jack Rosewood), 蕾貝卡.洛(Rebecca Lo)作；翁雅如譯.
-- 初版. -- 臺北市：英屬維京群島商高寶國際有限公司臺灣分
公司, 2021.078
　面；　公分. --（Break；BK050）

ISBN 978-986-506-158-6（平裝）

1.刑事案件　2.謀殺罪

585.8　　　　　　　　　　　　　　　110008348